書物は語る

小城《おぎ》鍋島《なべしま》文庫《ぶんこ》の古典籍たち

中尾友香梨・白石良夫・二宮愛理…［編］

文学通信

小城鍋島文庫の逸品

比売鑑

ひめかがみ

o34-05　写本　中村惕斎《なかむらてきさい》著。大本、三十二巻三十四冊（うち拾遺二冊）。
表紙題簽に墨筆（題簽剥脱の冊は打ち付け書き）「比賣鑑　一（〜卅二）」「比賣鑑拾遺　上（下）」。

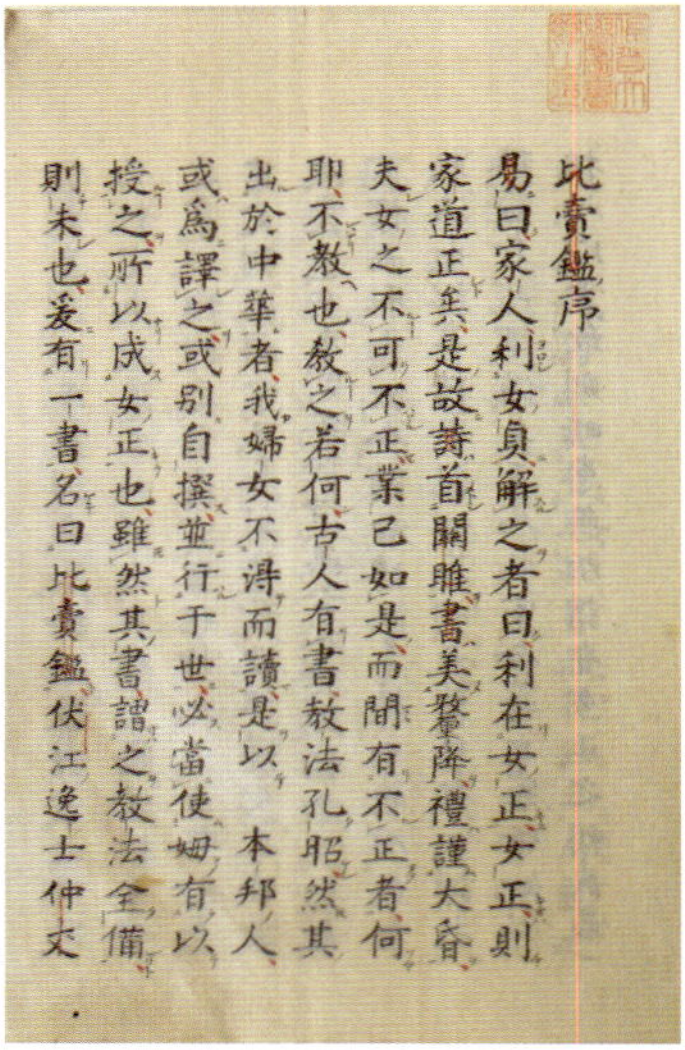

比賣鑑序
易曰家人利女貞解之者曰利在女正女正則
家道正矣是故詩首關雎書美釐降禮謹大昏
夫女之不可不正業已如是而間有不正者何
耶不教也教之若何古人有書教法孔昭然其
出於中華者我婦女不得而讀是以本邦人
或爲譯之或別自撰並行于世必當使姆有以
授之所以成女正也雖然其書語之教法全備
則未也爰有一書名曰比賣鑑伏江逸士仲文

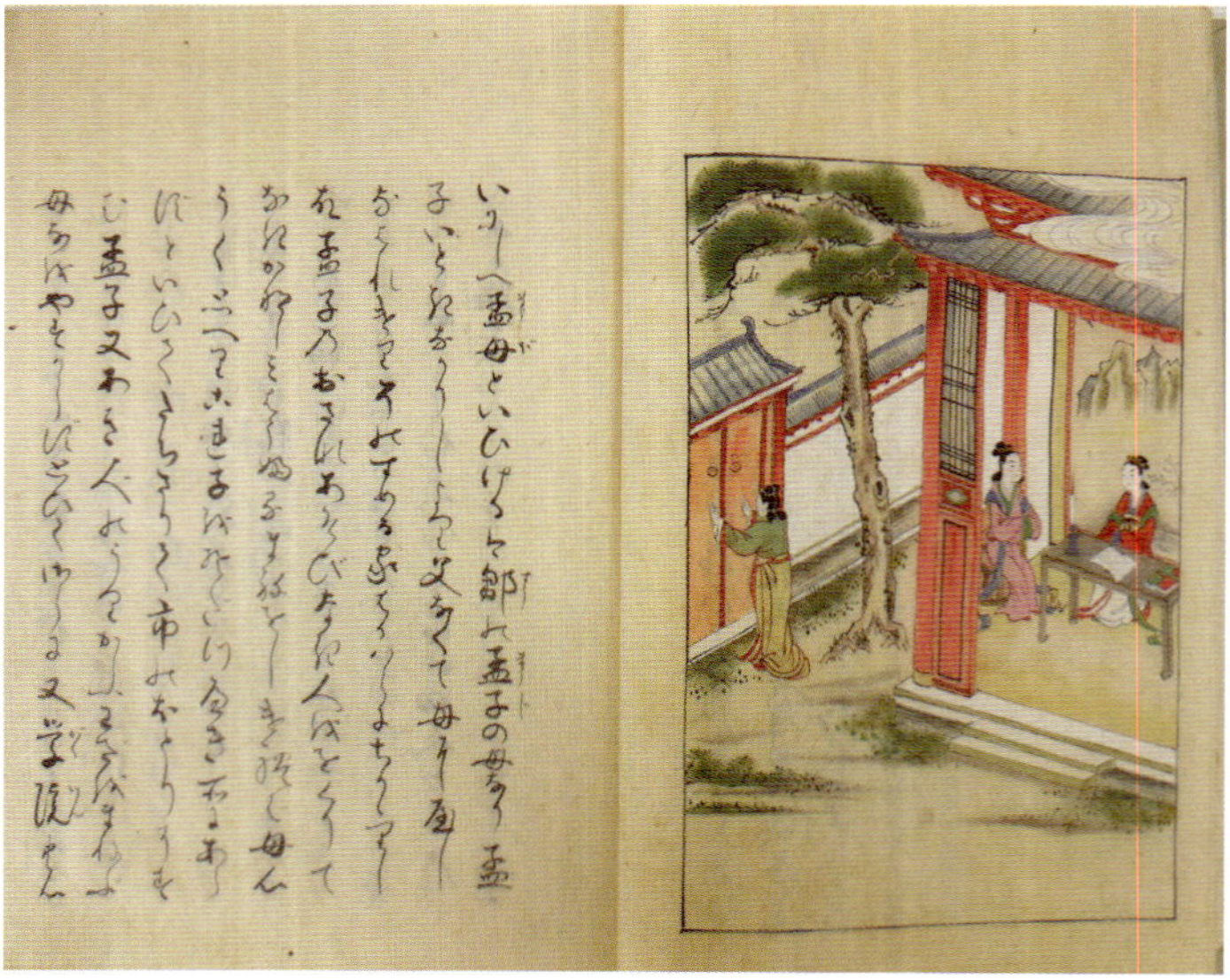

江戸前期の儒学者・中村惕斎《なかむらてきさい》（1629〜1702）が著した女性教訓書。中国の『列女伝《れつじょでん》』『世説新語《せせつしんご》』をはじめとする人物逸話等や和漢の古典を引用し、親子・夫婦・君臣・長幼の序等、倫理的な徳目の様々な「鑑《かがみ》」を説いている。第一冊には、著者と同時期の儒学者・藤井懶斎《ふじいらんさい》（1628〜1709）の「伊蒿子滕蔵書」「貞享丁卯冬十一月」（1687）の真名序《まなじょ》と、惕斎自身の「ゆたけきふみといふ年の名のあらたまる年のしもつき」「伏見江閑人書」の序がある。本文庫の所蔵本は豪華な手彩色の施された装幀の写本（いわゆる大名本《だいみょうぼん》）であり、ところどころに朱点の書入れがみられる。（大久保順子）

小城鍋島文庫の逸品

一目千本《ひとめせんぼん》

035-09　安永三年（一七七四）刊本　紅塵陌人《こうじんはくじん》作・北尾重政《きたおしげまさ》画。横本、二巻二冊。
刷題簽に「一目千本　東（西）」、序文題に「華すまひ」とある。

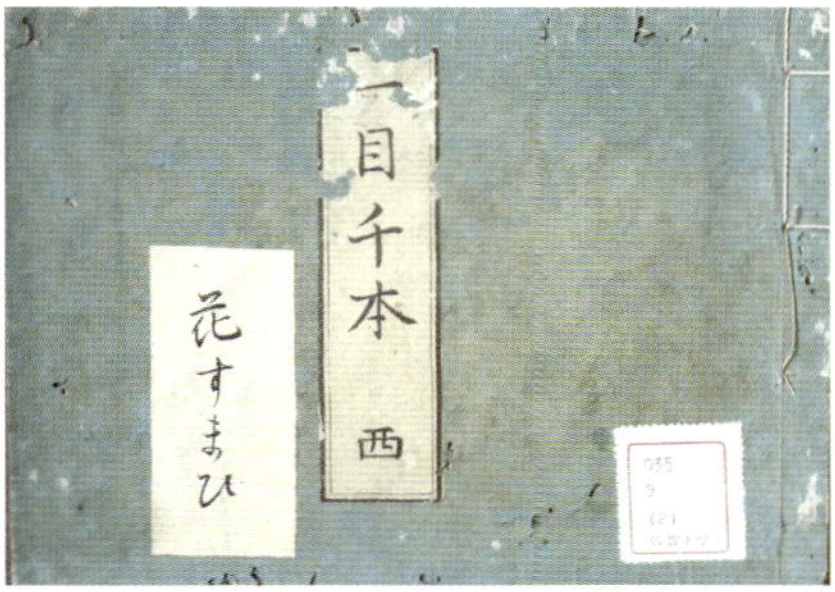

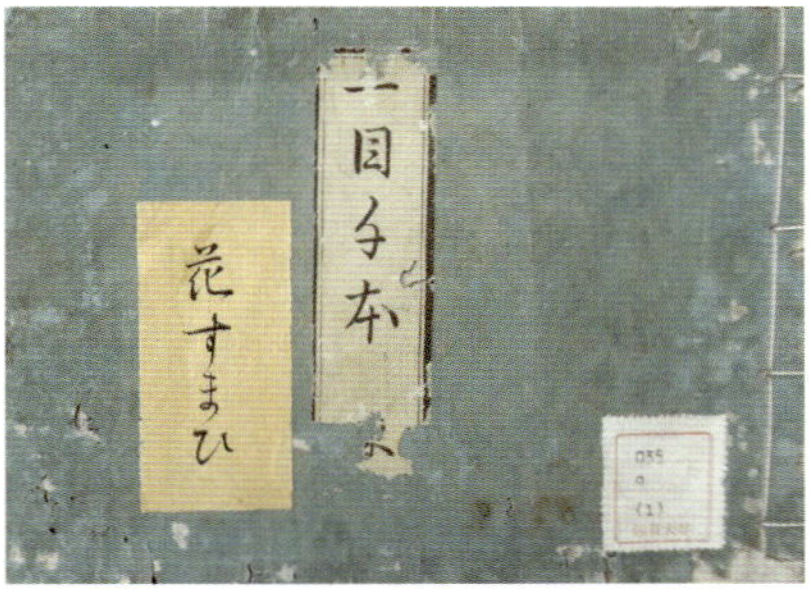

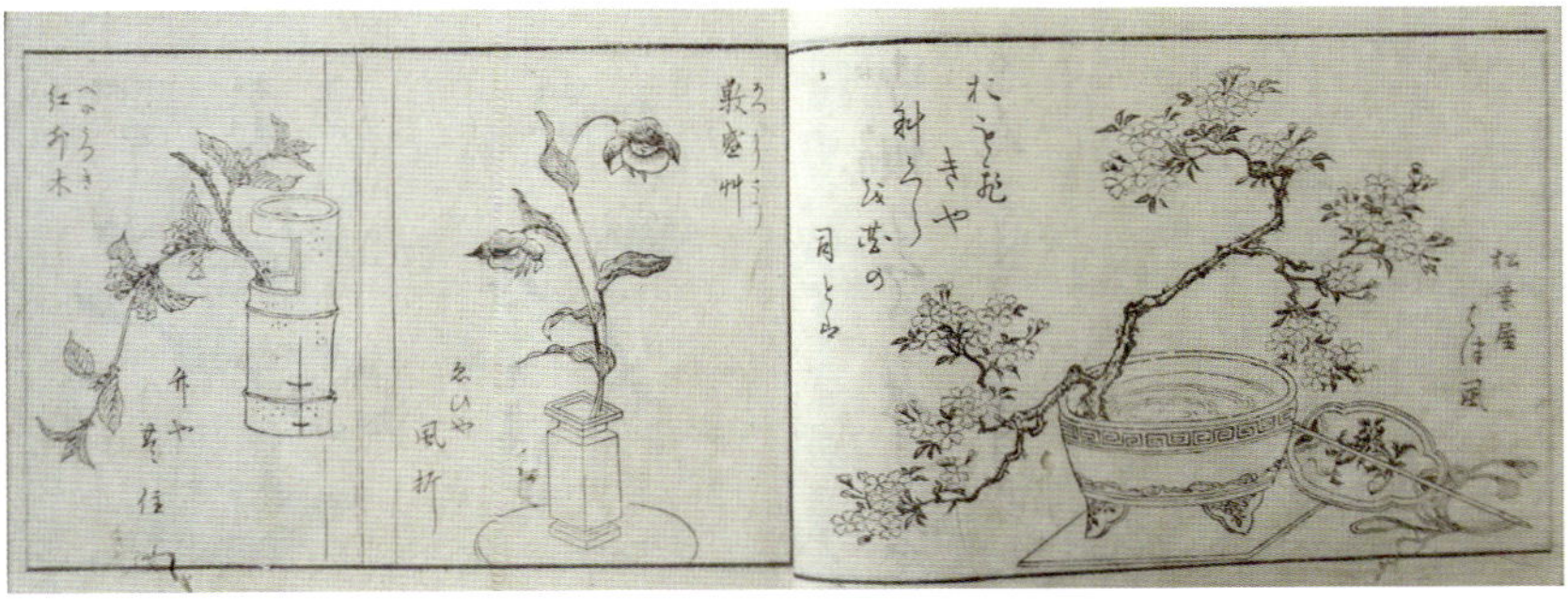

遊女を立花に見立てて相撲《すまひ》の趣向で競わせた遊女評判記。中国では、妓女を科挙《かきょ》に見立てて品評する遊びが文人の間で行われたが、それを我が国の相撲に趣向を替えた。洒落本大成に影印される。作者・紅塵陌人の正体は不明であるが、画者・北尾重政（1739 ～ 1820）は当時人気の浮世絵師。本作品は、後に浮世絵や遊女評判記などの出版で成功した蔦屋《つたや》重三郎《じゅうざぶろう》（1750 ～ 1797）の最初の記念すべき出版物。伝本稀少。小城藩七代藩主鍋島直愈《なべしまなおます》（1756 ～ 1801）の旧蔵書であることにも興味をそそられる。（白石良夫）

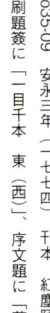

小城鍋島文庫の蔵書印

↓各印の詳細については「蔵書印一覧」（三六五頁）をご参照ください。印の下は「印文」「印主」です。

1

紀伊
元茂

2

元茂
元茂

3

藤
直能

4

伯養
直能

5

朝散大夫
直能

6

不弐之印
直能？

7

菴蘿園
直能？

8

桜岡（縦長）
直能？

9

桜岡（正方形）
直能？

10

直頼
元武

11

叢桂館蔵
直嵩

12

曲肘亭
直愈

13

藤直愈印
直愈

14

直愈之印
直愈

15

□直亮印
直亮

16

彩衡
直亮

17

□愛
直亮

18

又新館
直亮？

19

又新舎
直亮？

20

又新館主
直亮？

21

尚軒

虎直

22

温故

直虎？

23

半酣

直虎？

24

皆可

直虎？

25

青山緑水

直虎？

26

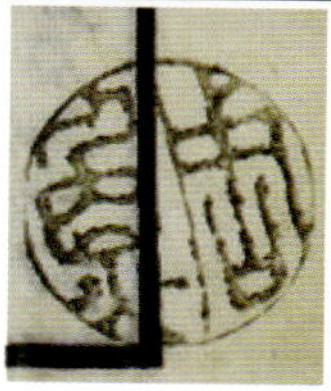

周魚

直虎？

27

竹間風印

直虎？

28

□外之淳

直虎？

29

□□□□□翠

直虎？

30

荻府学校（大）

藩校

31

荻府学校（小）

藩校

32

荻亭蔵書

藩主

33

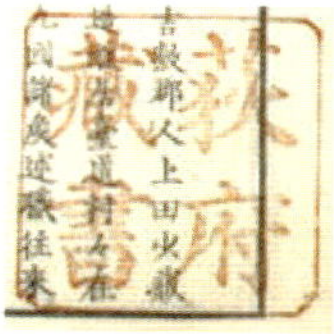

荻府蔵書

藩主

34

荻黌蔵書

藩校

35

小城蔵書

藩主

36

小城藩

藩主

37

長崎県小城中学校印

学校

38

桜岡小学

学校

39

桜岡図書館印章

学校

40

佐賀県小城中学校印

学校

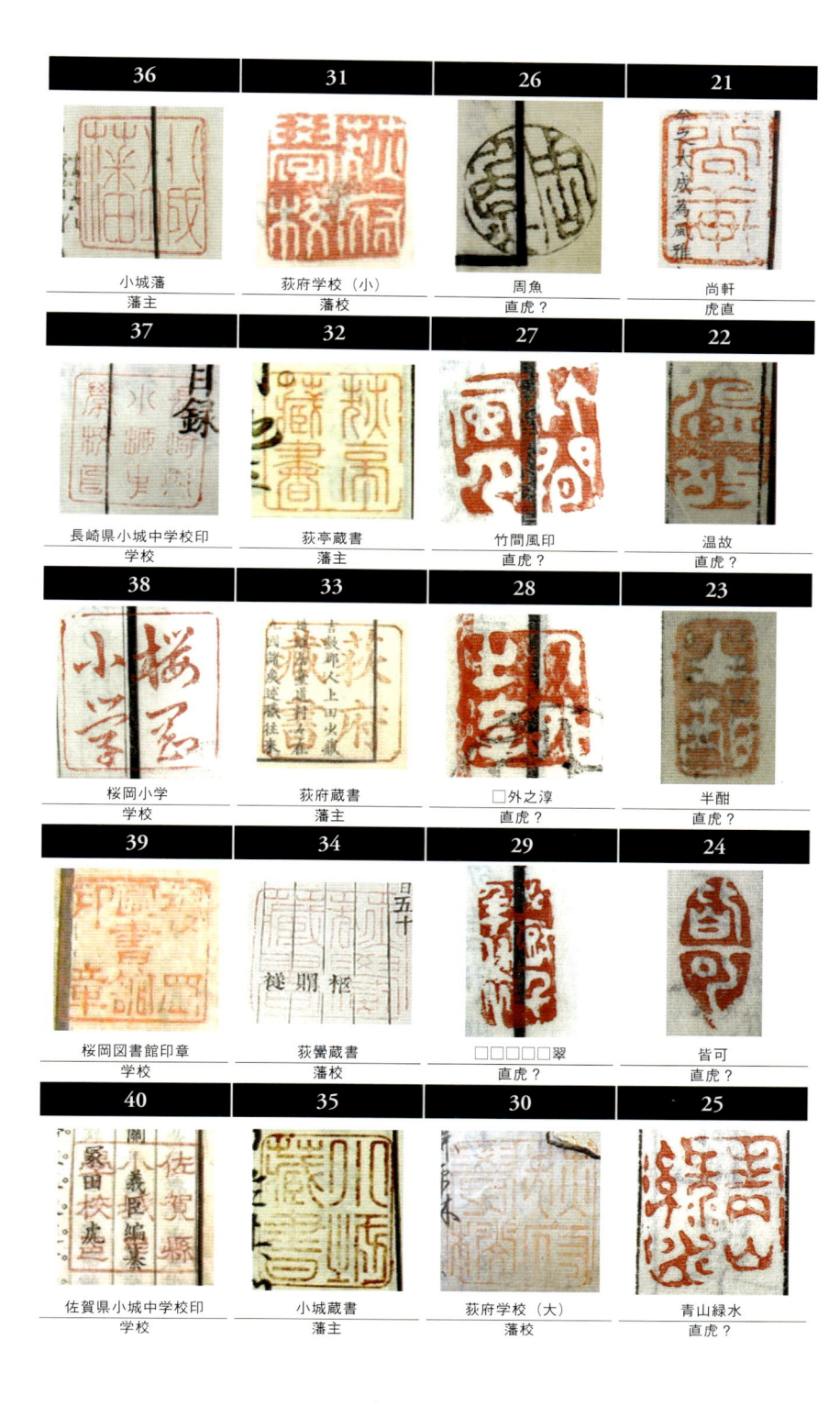

41
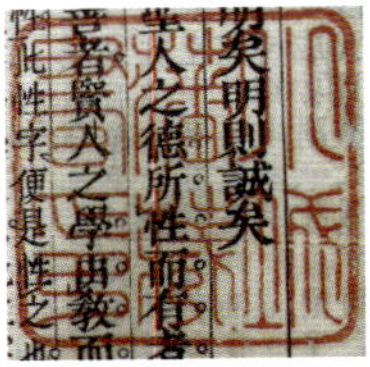
小城藩蔵書印
藩主

42

小城藩松本蔵
藩士

43

荻府主人
藩主

44

弘道館図書印
佐賀藩校

45

弘道館蔵書印
佐賀藩校

46

岩蔵小学
学校

47

清陰
不明

48

清陰所蔵
不明

49

田潜之印
不明

50

寿
不明

51

福嶋清印
不明

52

橋似峯之図書
不明

53

福豊
不明

54

福清
不明

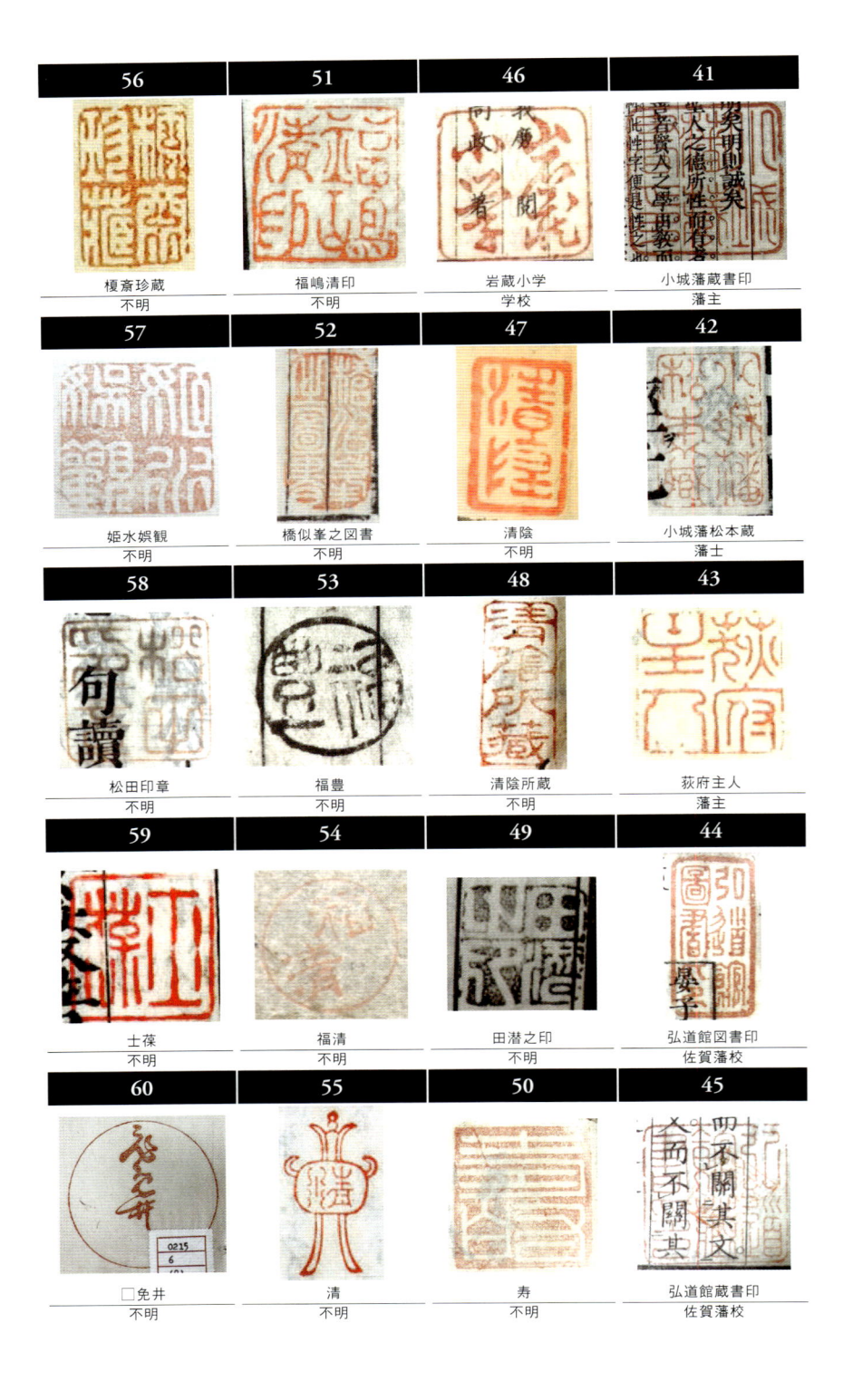

55
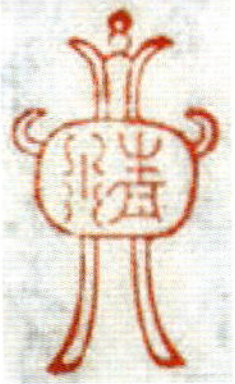
清
不明

56

榎斎珍蔵
不明

57

姫水娯観
不明

58

松田印章
不明

59

士葆
不明

60
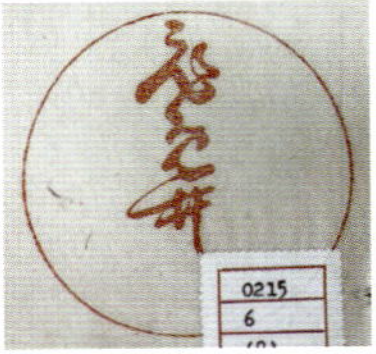
□免井
不明

61

誠求堂蔵書記

不明

62

楳崎光信

不明

63

山本蔵

不明

64

□□門

不明

65

珍宝

不明

66

釈氏大祈

不明

67

凌波閣蔵書印

不明

68

田吉

不明

69

寺井文庫

不明

70

久野家蔵

不明

71

小山蔵書

不明

72

墨田蔵書

不明

73

多福文庫

不明

74

佃屋

不明

75

湖氏蔵書

不明

76

山田文庫

不明

77

雲竹蔵書

不明

78

松屛書庫

不明

79

鳳池鄭澄私印

不明

80

遼海祝氏蔵書

不明

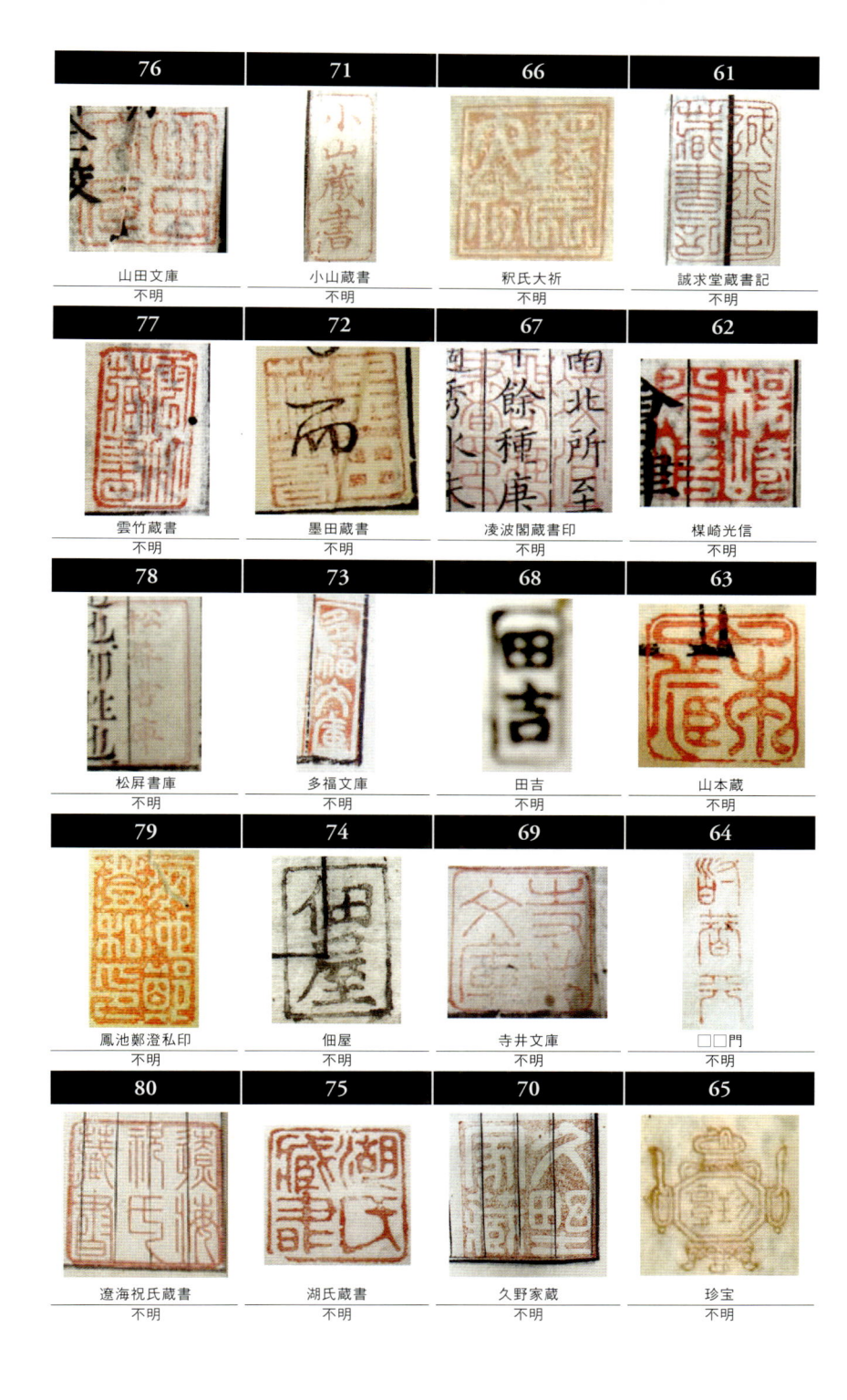

81

隋宣堂蔵書

不明

82

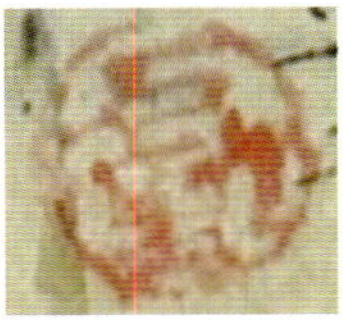

石動

不明

83

井芹

不明

84

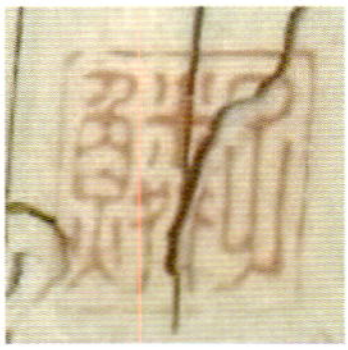

子鱗

不明

85

栄斎

不明

86

□遠斎図書記

不明

87

庭瀬□東□□図書記

不明

88

研□堂蔵書記

不明

89

油屋杏安（小城上町）

不明

90

翠篁園

不明

91

芳桂

不明

92

蘭雲亭蔵書

不明

93

小俣氏図書記

不明

94

小俣積善堂図書記庫

不明

95

尚徳館蔵書印

不明

96

惕所

不明

97

集義精舎

不明

98

百千斎

不明

99

蒿□

不明

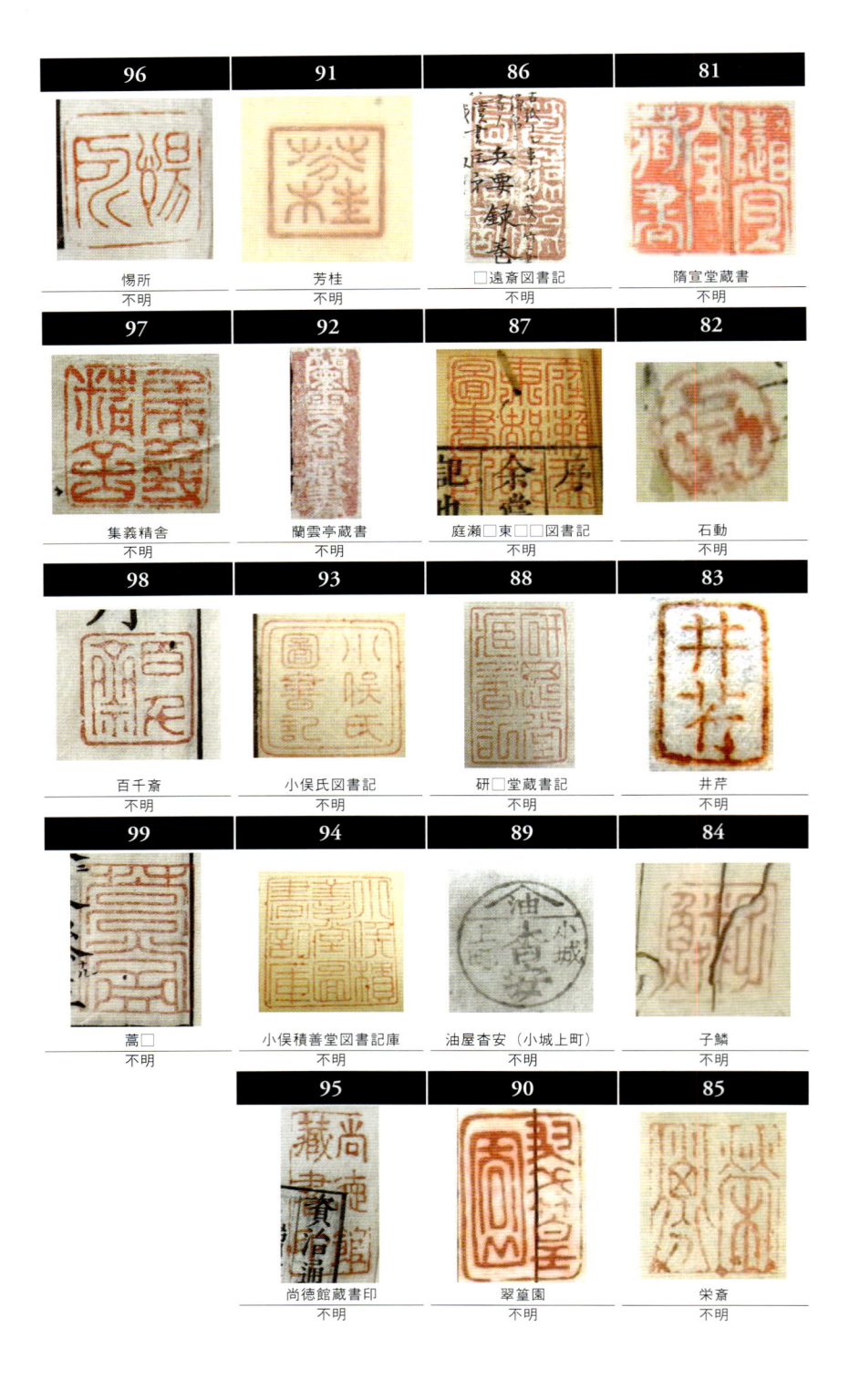

小城鍋島家略系図

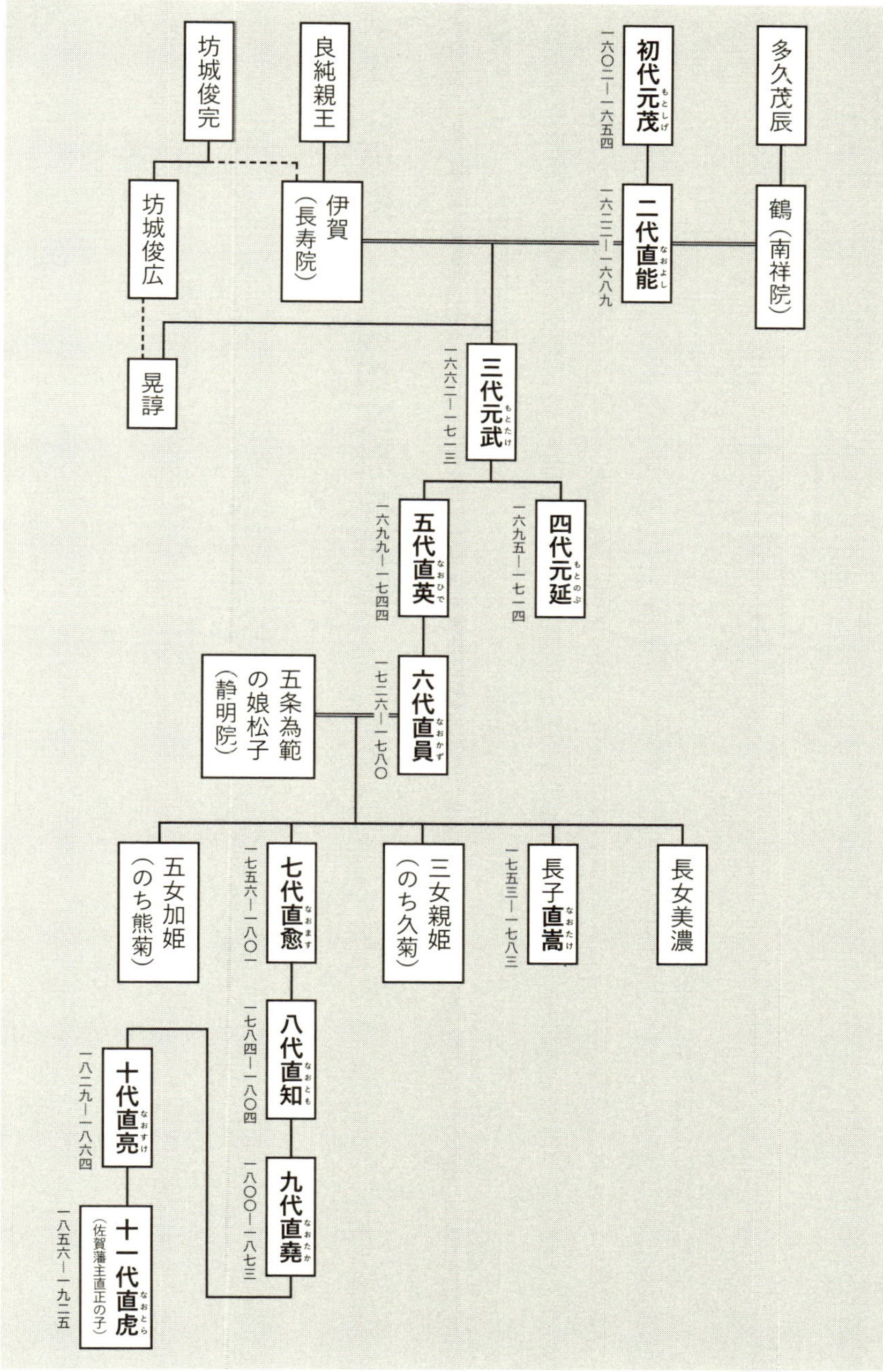

「鍋島紀伊守系譜」（『佐賀県近世史料』第一編第七巻、佐賀県立図書館、一九九九年）にもとづく。

目次

Ⅲ 『和学知辺草《わがくしるべぐさ》』を深掘りする

Ⅳ 当文庫のユニークな面々

付録

まえがき——書物は多くを語ってくれる

小城《おぎ》鍋島《なべしま》文庫とは肥前小城藩の藩主家と藩校の蔵書である。現在、佐賀大学附属図書館に蔵されている。

二代目までに作られた蔵書の基礎

小城藩は佐賀藩の支藩のひとつである。初代藩主は鍋島元茂《なべしまもとしげ》（一六〇二～五四。以下、巻頭に示した「小城鍋島家略系図」を参照しながらお読みいただきたい）。元茂は佐賀藩の初代藩主勝茂《かつしげ》の長子として生まれたが、母の身分が低かったため、嫡子にはなれず、代わりに祖父直茂《なおしげ》（佐賀藩祖）の隠居領と家臣団を譲り受けて分家した。こうして誕生したのが小城藩である。公称石高は七万三千石余。但し内分分知《ないぶんぶんち》であるゆえ、小城藩の石高は佐賀藩の三十五万七千石余に含まれており、政治の面においては佐賀本藩の統制を受けていた。いわゆる部屋住み格の大名であった。

一方、文化の面においては、早くから独立性をもって発展した。藩主家の蔵書は初代元茂のときすでに基礎がつくられた。中でも慶長期の写本『平家物語』、古活字版の『東坡先生詩』や『徒然草』、連歌の『漢和集《かんなしゅう》』などは貴重である。茶道の『喫茶数寄《きっさすき》』、本草学の『宜禁本草集要歌《ぎきんほんぞうしゅうようか》』、馬医書の『仮名安驥集《かなあんきしゅう》』なども注目に値する。

二代藩主直能《なおよし》（一六二二～八九）は、飛鳥井雅章《あすかいまさあき》に師事して和歌と蹴鞠《けまり》を究め、早くから公家文化に親しんだ。四十歳のとき北野天満宮《きたのてんまんぐう》の社僧能貨《のうか》より古今伝授を受け、同じ年に親王の娘を後室に迎えた。また、国元の鯖岡《さばおか》を庭園に整備して「桜岡《さくらおか》」と名を改め、京都の公家衆や上皇・親王、江戸の林門《りんもん》に依頼して、記念の歌と詩文を集めた。

なお、歌集や歌学書、源氏物語の注釈書などを自らも写し、家臣にも多く写させている。晩年に編纂した『夫木和《ふぼくわ》歌類句集《かるいくしゅう》』は霊元天皇の叡覧《えいらん》を受け、武家三十六人の歌を百人一首の形式で編んだ『武林歌仙《ぶりんかせん》』は上梓された。一方、俳諧師野々口立圃《ののぐちりゅうほ》の自筆紀行文『みちのき』や同自筆奥書の『十帖源氏《じゅうじょうげんじ》』などがその蔵書に含まれているのも興味深い。

蔵書はいかにまとまったか

小城鍋島家と藩校の蔵書がまとまった形になるのは、六代藩主直員《なおかず》の長男直嵩《なおたけ》（一七五三〜八三）とその弟直愈《なおます》（一七五六〜一八〇一）の時代である。二人は前大納言五条為範《ためのり》の娘である母静明院《じょうみょういん》の影響もあって、学芸ことに歌学に造詣が深かった。

病弱であった直嵩は、藩主への道を弟に譲り、文事に潜心した。三十一年の短い生涯であったが、歌会や歌合などの文芸サロンを主催し、直能以来、小城鍋島家に伝わる公家文化の余香《よこう》を一身に具現した。直嵩個人の歌集としては、冷泉為村《れいぜいためむら》に点を受けた『続田心和歌集《ぞくでんしんわかしゅう》』『直嵩公御詠草《なおたけこうごえいそう》』のほか、『叢桂館御詠《そうけいかんごえい》』などの遺稿が存する。

一方、七代藩主となった弟の直愈は、直嵩が主催する歌会や歌合に、母静明院、姉久菊、妹熊菊、及び家臣たちとともに参加しており、藩の教育機関としては天明四年（一七八四）に文武稽古所《ぶんぶけいこしょ》を設立し、三年後の天明七年に藩校興譲館《こうじょうかん》に改めた。家臣の岩松柞延《いわまつしょうえん》（通称左五六《さごろく》）を興譲館の教官に任じて、藩士の教育に当たらせ、歴代藩主の年譜の編纂も命じている。

現在、小城鍋島文庫蔵典籍のうち、藩校の蔵書を除けば、最も数が多いのは「曲肘亭《きょくちゅうてい》」（蔵書印12）の蔵書であり、その次が「叢桂館蔵《そうけいかんぞう》」（蔵書印11）である。この両印がともに押されている書籍も多いことから、これまではいずれも直嵩の蔵書印とされてきた。

しかし、それでは説明できないものがある。たとえば、俳諧の『うづら衣』。前編は天明七年（一七八七）、後編は翌八年に出版された。当文庫本には「曲肘亭」の蔵書印が押されているが、直嵩は天明三年に死去している。直嵩の『叢桂館御詠』にも「曲肘亭」印が押されているが、本人が自身の歌集を「御詠歌」と題するはずはない。これは明らかに藩主の直愈が、兄の死後、その遺稿を家臣たちにまとめさせたものである。つまり「曲肘亭」は直愈の蔵書印である。「叢桂館蔵」と「曲肘亭」の両印が押されているのは、直嵩の死後、その旧蔵書が直愈に受け継がれたからである。一方、前出の『うづら衣』と同じく俳諧の『口真似草《くちまねぐさ》』『俳諧旅枕《はいかいたびまくら》』には「曲肘亭」印のみが押されている。これは直嵩に比べて、直愈の方がより俳諧に関心があったことを意味する。仮名草子は「叢桂館蔵」と「曲肘亭」の両印が備わるものもあれば、「曲肘亭」印のみが押されたものもあり、どちらかと言えばやはり直愈の方がより関心を寄せていたことを示す。

小城鍋島文庫の典籍のうち、最も多いのは藩校の蔵書である。藩校の蔵書は当然ながら漢籍が大部分を占め、和学の書物も一部含まれている。前述の藩主家の蔵書にも、藩校の蔵書印が押されている場合が多く、藩主家から藩校に寄贈されたものであろう。しかし小城鍋島家と藩校の蔵書は、近代化の荒波の中で多く散佚した。書画は基本的に残っておらず、典籍も彩色刷りのものはあまりない。東京の小城鍋島家にあった貴重書は昭和時代に売りに出され、そのうちの一部のみが後に小城市立歴史資料館に収蔵された。現在の小城鍋島文庫のみで小城藩の藩主家と藩校の蔵書の全貌を語るのは難しいが、それでも貴重な書物は多く残っている。特に国文学関係の資料には見るべきものが多い。

書物は自ら語ってくれる

書物は、「モノ」としての側面（パソコンに喩えればハードウェア）と「作品」としての側面（同じくパソコンに喩えればソフトウェア）を持ち合わせている。古典籍においては、この二つの側面のいずれもが、重要な情報である。「モノ」としての側面には、書型（書物の形や大きさ）、巻数（または冊数）、丁数《ちょうすう》、表紙、題簽《だいせん》、袋、綴じ方、紙質、奥付または刊記、既刊広告、近刊予告、蔵版目録、整版か活字版か、初刷りか後刷りか、同一版木で刷られたか否かなどの諸要素が含まれる。一方、「作品」としての側面には、本文のほかに、序文、題字、凡例、目録（目次）、口絵、挿絵、跋文《ばつぶん》などが含まれる。この二つの側面は、書物（写本でも刊本でも）の制作過程で決まる。つまり書物がもって生まれる固有の属性といえよう。しかし書物の価値は、けっしてこの二つの側面だけで決まるものではない。もうひとつ重要な要素は「享受」である。古典籍でいえば、読者による書入れ（落書きも含む）、識語《しきご》、奥書、蔵書印などの情報が、これに該当する。この三者は、一見無関係のようであるが、実は不可分の関係にある。書型は書物の内容のジャンル・分野などをある程度規定しており、表紙のデザインなどの装丁は時代や所有者の身分・趣味を反映している。身分社会においては、書物にも身分があった。

序文・跋文は、当該書物が生まれたきっかけや、当時の時代背景、社会情勢、誕生秘話などを教えてくれ、読者による書入れ、識語、奥書などは、その書物がいかに読まれ、解釈され、または写されてきたのかという歴史を伝えてくれる。蔵書印は所有者の変遷を物語っており、ある人物がどのような書物を愛読したのか、または集めたのか、という情報を統計的に提示してくれる。

したがって、書物を正しく理解するためには、この三者のいずれにも気を配る必要がある。それが、表現を変えれば、書物と向き合って、書物の語る声に耳を傾けるということになろう。右に挙げたのは、代表的な数例のみであるが、ほかにもあらゆる情報を、書物は自ら語ってくれる。われわれがその声に耳を傾ける用意さえできていれば。

本書では、このようなコンセプトのもと、ひとつひとつの書物の個性と魅力を、それぞれの書き手の個性によって、最大限に引き出すことを重視した。そのため一見、不統一が目立つかもしれない。そのような批判は甘んじて受ける。人間の個性が大切であるように、書物の個性も大切にしてあげたい。書き手の個性も尊重したい。これをモットーとした。強いて言えば、文庫の蔵書をなるべくわかりやすく、読者が肩の力を抜いて読めるように紹介しようという目標を掲げたが、これも受け取り方は書き手によって異なったようである。でも、これはこれで面白い。違っていて面白いこともある。

本書の構成

以下、本書の構成を簡単に紹介しよう。**第Ⅰ部**には、当文庫の基礎を築いた二代藩主直能に関する文章を収めた。国元に「桜岡」庭園を営み、当代一流の歌人・儒者らと交わった文人大名の華やかな交遊とその背景に焦点をあてた。**第Ⅱ部**には、当文庫を形作った直嵩・直愈兄弟（今回は主に兄の直嵩）が催した藩主家の文芸サロンとその周辺のことに関する文章を収めた。小城歌壇または小城文壇と称すべきものが、この時期に形成されていたことが窺える。**第Ⅲ部**には、当文庫の蔵書のひとつである『和学知辺草《わがくしるべぐさ》』に関する文章を収めた。該書については、小城鍋島文庫研究会がかつて翻刻・注釈・現代語訳を世に出したが、頭注の形式では十分に論じることのできなかったトピックスについて、補注や抜書の形で説明を補っている。**第Ⅳ部**では、当文庫を構成するユニークな面々にスポットライトをあてた。文庫の蔵書の、「モノ」としての側面に重きを置き、その個性をクローズアップさせた。**第Ⅴ部**では逆に、和漢・雅俗の多彩な蔵書の「作品」としての側面と「享受」に重きを置き、文学史のなかで読み解いた。

本書は幅広い読者層を想定しており、古典籍からの引用には現代語訳や大意を附した。専門家には、ややくどい嫌いがあるかもしれないが、どうかご諒解を願いたい。なお、図版キャプションに所蔵先の明記がないものは、すべて小城鍋島文庫所蔵の資料である。

令和七年春

小城鍋島文庫研究会代表　中尾友香梨

Ⅰ　直能、小城の文雅を創る

小城藩二代藩主鍋島直能。
国元に「桜岡」庭園を営み、
当代一流の歌人・儒者らと交わった。
その華やかな交遊と背景を、書物は語る。

1 桜岡三部作（一）

『八重一重』

中尾友香梨

『八重一重《やえひとえ》』は小城藩の桜岡《さくらおか》（現在の小城公園の前身）をテーマとした詩歌集である。木下順庵《じゅんあん》、堂上歌人、江戸の林門《りんもん》による三部作を一冊にまとめている。［書誌情報］写本、大本、一冊。函架番号 o97-05［❶］。

直能の奥書と歌

巻末に二代藩主鍋島直能《なおよし》による奥書、自詠の歌一首、古歌二首と印記が備わる［❷］。

此《こ》の一帖は、予が桜岡《さくらおか》の吟詠《ぎんえい》なり。固《まこと》に希世《きせい》の栄《ほまれ》にして、其の岡の名を耀《かがや》かすものなるかな。（原漢文）

もしほ草かきあつめたるうれしさの袖にも身にもあまりてぞおもふ

【現代語訳】

❶『八重一重』表紙

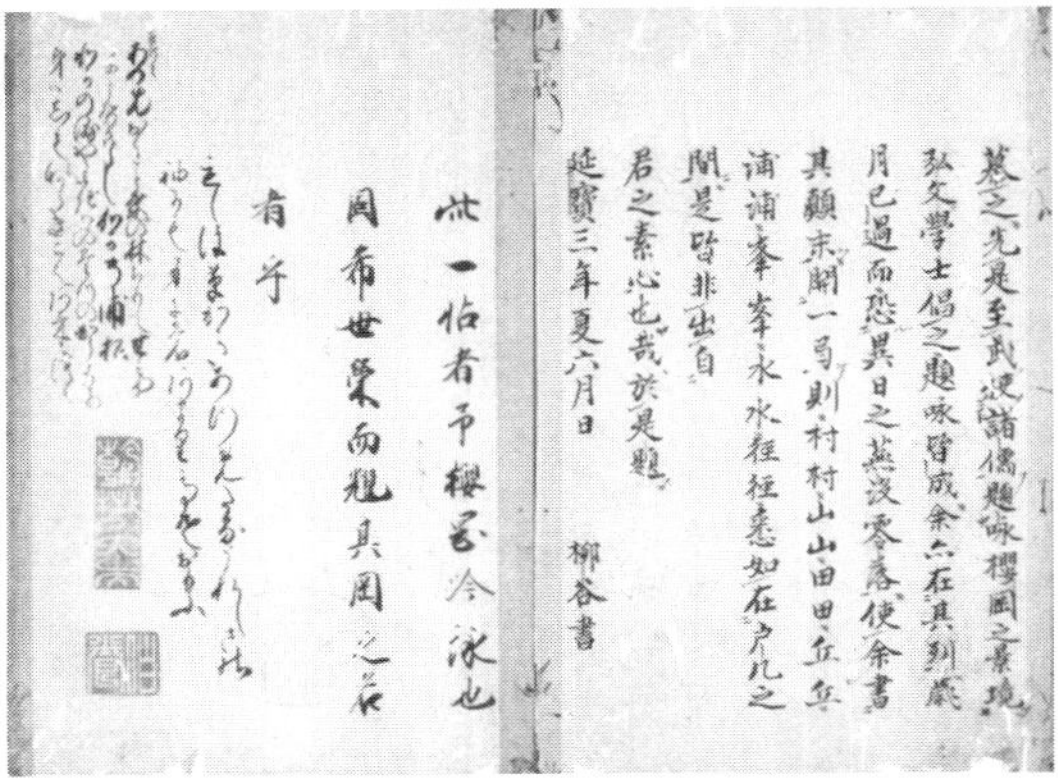

❷直能の奥書と歌、古歌、印記

詩歌を集めたうれしさが、袖にも身にもあふれているように思う。

〈古歌に〉

あつめおくこと葉の林ちりもせで千とせかはらじわかの浦松

わかの浦やみぎはのたづの声ばかり身はしもながらきこえあげつゝ

【現代語訳】

集め置いた言葉の林は、散り失せることなく、千年の後まで変わらぬ姿で伝わるであろう、和歌の浦の松林のように。

和歌の浦では、水ぎわの鶴の鳴き声だけが聞こえている。身分の低い者でありながら、一首を届け申す。

印記「朝散大夫」「伯養」

奥書と自詠の歌には、桜岡の詩歌を集めた喜びと感激、達成感と自負がにじみ出ている。古歌は一首目が後宇多《ごうだ》院（一二六七〜一三二四）の作品（続千載集）。この一冊に収めた桜岡の詩歌が、散逸することなく、遠い後世にまで伝わってほしいという願いを、古歌を借りて表現している。

二首目は鎌倉〜南北朝時代の神職であり歌人であった津守国夏《つもりくになつ》（一二八八〜一三五二）の作品（新千載集）。高貴な人たちの歌の中に、直能自身の歌も一首収めたことを、古歌を借りて表現している。
印記の「朝散大夫」は従五位下の唐名、「伯養」は直能の字である。

豪華な創作陣

『八重一重』は大きく三つの部分で構成されている。それぞれ木下順庵《じゅんあん》の「桜岡記」【❸】、堂上歌人の「岡花」和歌【❹】、江戸の林門《りんもん》による「桜岡景境詩」【❺・❻】である。所収作品の題と作り手は次のとおりである。

「桜岡記」　木下順庵　万治元年（一六五八）十月執筆
「桜岡花倭歌序」　人見竹洞
「岡花」和歌　堂上歌人

後西院（新院）　道寛親王（聖護院門跡）
坊城俊広（権大納言）　飛鳥井雅章（正二位）
日野弘資（正二位）　烏丸資慶（正二位）
中院通茂（正二位）　松木宗條（正三位）
万里小路雅房（権中納言）　阿野季信（参議左近中将）
河鰭基共（従三位）　勘解由小路資忠（従三位）
難波宗量（左中将）　高辻豊長（少納言）
梅園季保（左中将）　庭田重條（侍従）

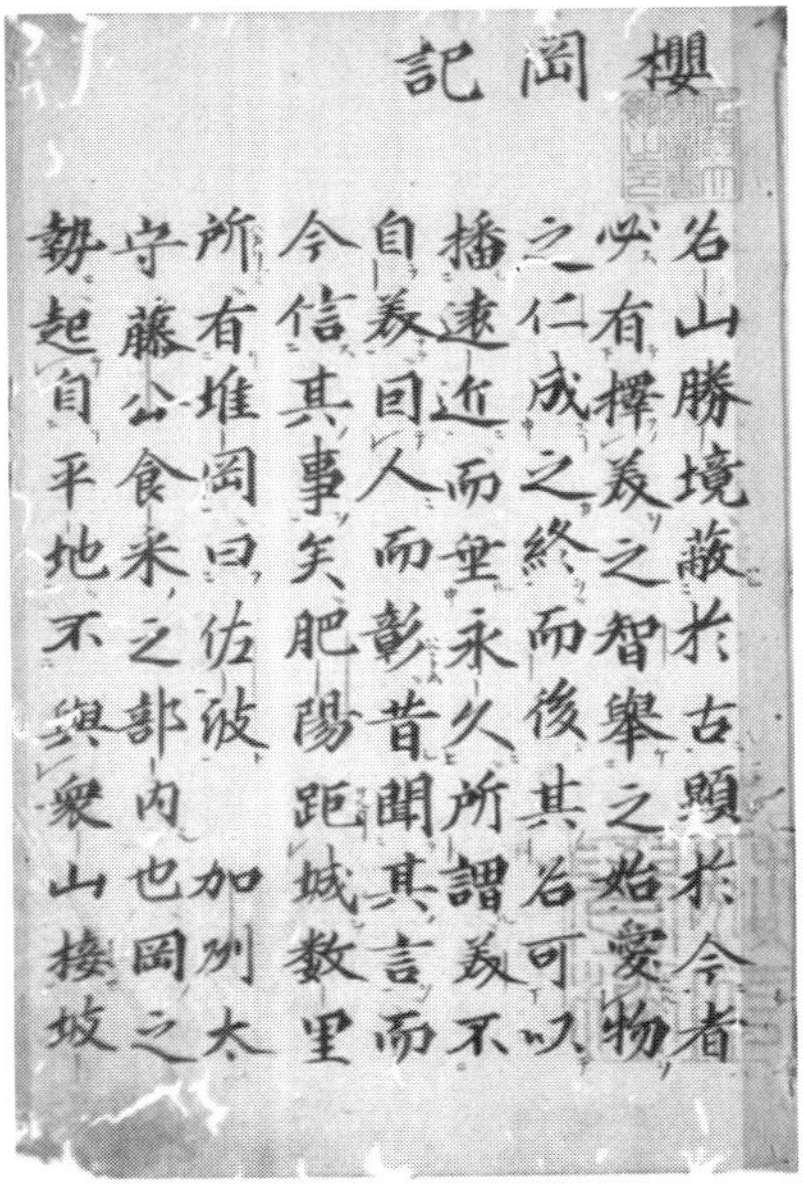
櫻岡記
名山勝境蔽於古顯於今者必有擇義之智擧之始愛物之仁成之終而後其名可以播遠近而垂永久所謂義不自義因人而彰昔聞其言而今信其事矣肥陽距城數里所有堆岡曰佐波加別太守藤公食釆之部内也岡之勢起自平地不與衆山接坡

❸木下順庵の「桜岡記」

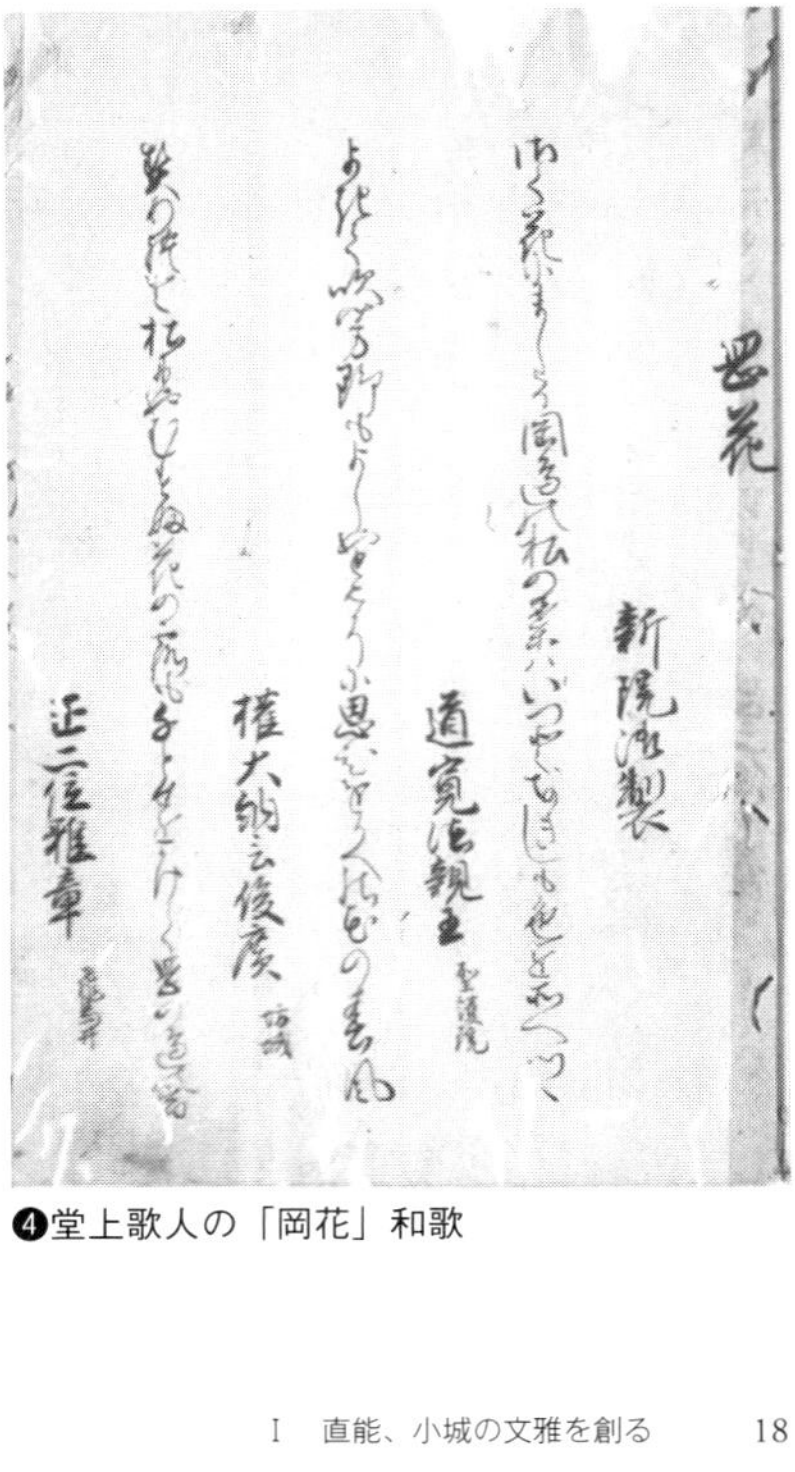
岡花
新院御製
道寛法親王 聖護院
権大納言俊廣 坊城
正二位雅章 飛鳥井

❹堂上歌人の「岡花」和歌

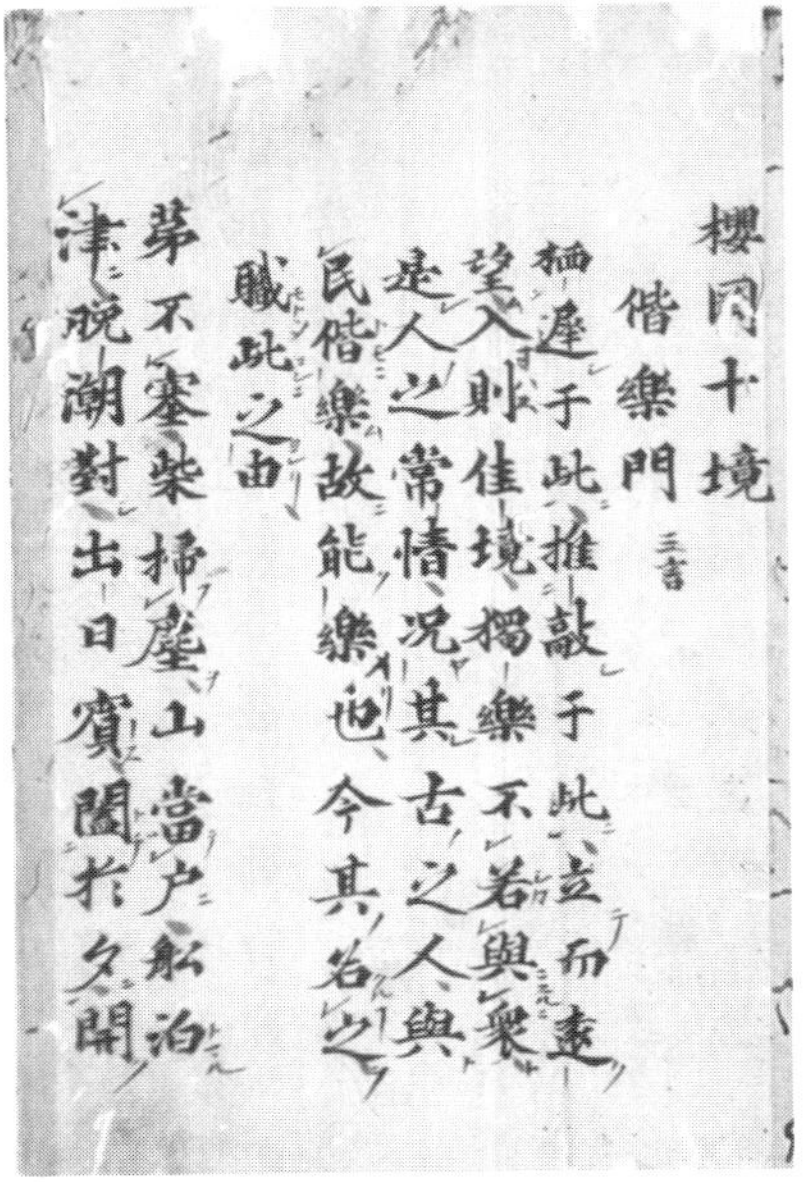
櫻岡十境
偕樂門 三言
栖遅于此推敲于此立而遠望入則佳境獨樂不若與衆是人之常情况其古之人與民偕樂故能樂也今其名之職此之由
茅不塞柴扉塵山當户舩泊津晩潮對出日賓闔於夕開

❺林門の「桜岡十境詩」

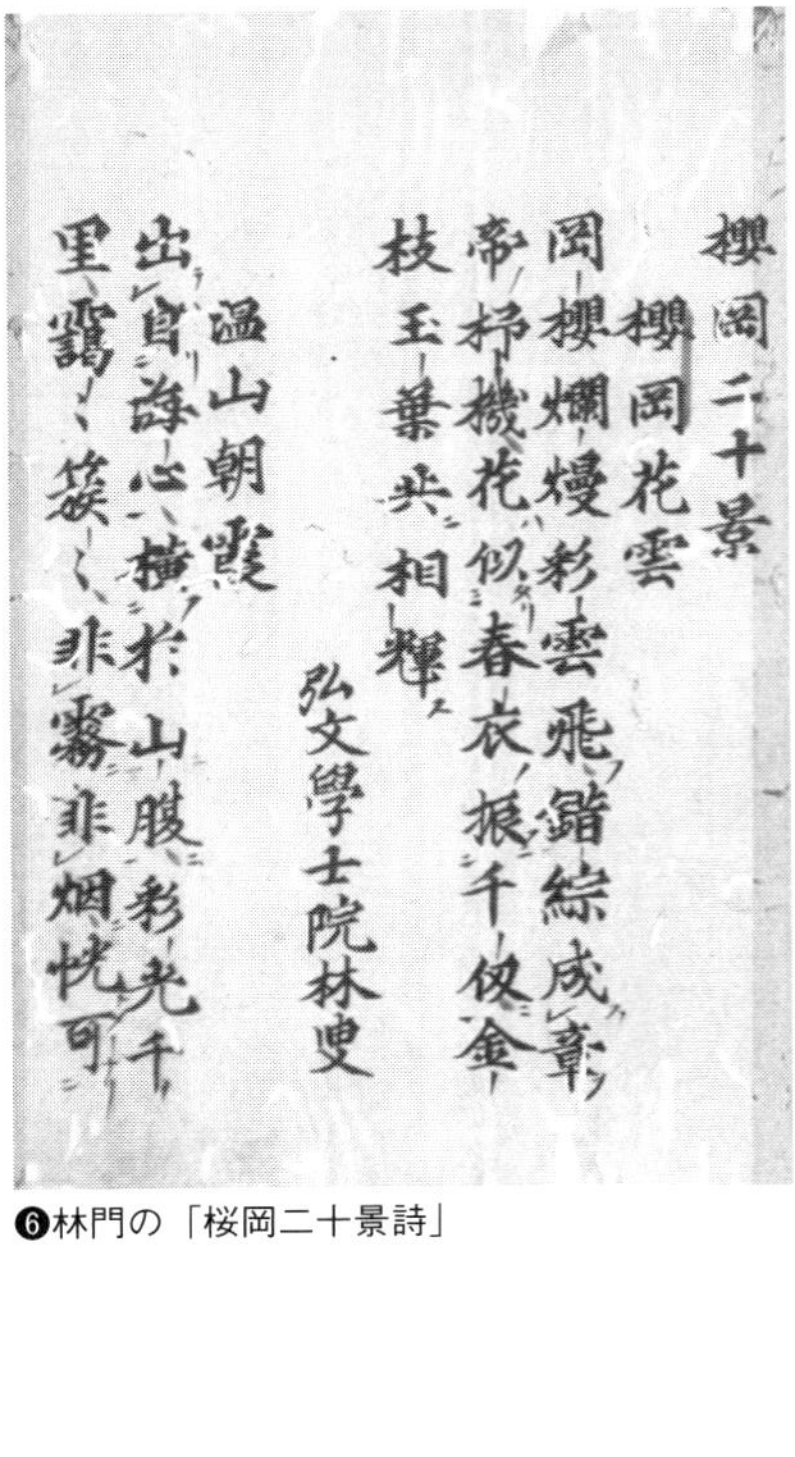
櫻岡二十景
櫻岡花雲
岡櫻爛熳彩雲飛錯綜咸彰帝栝纖花似春衣振千伮金枝玉葉共相輝
弘文學士院林叓
温山朝霞
出自海心横於山腹彩光千里靄々簇々非霧非烟恍可

❻林門の「桜岡二十景詩」

竹内当治（中務丞）　水無瀬兼豊（左中将）

裏松意光（左中弁）　鍋島直能（散位）

後水尾法皇　聖護院宮代書

奥書　道晃親王

「岡花倭歌跋」　林鵞峰　延宝三年（一六七五）七月執筆

「桜岡景境詩」　林門

「桜岡十境詩」

「偕楽門」　林鵞峰　「竹下径」　林鳳岡

「嵐白園」　人見竹洞　「碧瓦楼」　坂井伯元

「百魁墩」　林晋軒　「風浴亭」　人見必大

「範馳囿」　辻端亭　「拾葉庵」　狛高庸

「換鵞亭」　人見卜幽軒　「桜岡館」　野間三竹

「桜岡二十景詩」

「桜岡花雲」　林鵞峰　「温山朝霞」　林鳳岡

「吉田啼鵑」　人見竹洞　「厦林翠密」　坂井伯元

「川上長流」　林晋軒　「今河流蛍」　狛高庸

「祇園河月」　深尾春庵　「岩蔵暁鹿」　人見卜幽軒

「遠城薄霧」　辻端亭　「松尾霜葉」　林鵞峰

「円通疎鐘」　人見卜幽軒　「水上帰鴉」　林鳳岡

「金立奉祠」林鵞峰　　　「賀瀬水村」伊庭春貞
「西嶺斜暉」人見必大　　「珠簾匹練」林晋軒
「阿蘇晴煙」坂井伯元　　「三岳岑蔚」辻端亭
「牛津遠帆」人見竹洞　　「天山秋雪」野間三竹
「桜岡景境詩引」　野間三竹　延宝三年（一六七五）六月執筆

創作陣の錚々《そうそう》たる顔ぶれが目を引く。しかも、冒頭の木下順庵の「桜岡記」の成立年と末尾の野間三竹《のまさんちく》の「桜岡景境詩引」の執筆年の間には、実に十七年の歳月の隔たりがある。異なる時期に異なる文化集団や文化人によって創作された三部作が、直能によって一冊にまとめられたのである。

「八重一重」という書名

「八重一重」とは桜の品種の一つである。八重と一重の花が同じ木に混じって咲くことからいう。桜の最高の品種とされる。

直能が該書を「八重一重」と名付けたのは単に、桜岡をテーマにしているからではあるまい。この一冊には当代の学芸をリードする和漢の文化集団や文化人の教養が織り交ぜられている。直能自身の歌も一首含まれている。それはまるで八重と一重の花が、同じ一本の木に混じって咲いているかのようである。

直能の父元茂《もとしげ》は、佐賀藩初代藩主勝茂《かつしげ》の長男として生まれたが、庶子ゆえ佐賀本藩の嫡子にはなれなかった。代わりに祖父直茂《なおしげ》の隠居領を譲り受けて分家し、支藩の一つである小城藩を領した。もっとも佐賀藩の場合、支藩の創出は内分分知《ないぶんぶんち》であり、支藩の藩主は基本的に部屋住み大名の処遇を受けた。特に慶安元年（一六四八）以降、幕府は蔵米の下賜の有無、殿中儀礼への参加の可否など、あらゆる面において大名の嫡子と庶子の待遇を差別化したという（野口朋隆『佐賀藩鍋島家の本分家』）。

このことは庶子の子である直能に、大きな不遇感と劣等感を与えたと考えられる。まるでその不遇感と劣等感を払拭しようとするかのように、直能は当代の学芸の最先端にいる人たちの文雅の力を借りて、自らの家格を証明しようとした。「八重一重」という書名には、直能のそのような思いが託されていよう。

木下順庵の「桜岡記」の成立背景

明暦三年（一六五七）正月の大火の後、幕府は江戸城周辺に密集していた武家屋敷を、郊外や新たに造成した築地に分散させ、代わりに広小路、火除地をもうけるなどして、本格的な防火対策に乗り出した。また翌万治元年（一六五八）からは、諸大名の避難所として郊外に別邸の屋敷を下賜し、下賜されない場合も百姓から農地を購入して避難所（下屋敷）を確保するように命じた。明暦の大火では多くの大名が、避難所を確保できず野宿を強いられたからである。

郊外や築地に広い屋敷を構えた大名たちは、自然の景色を利用して庭園を造営するようになる。江戸の造園ブームは、やがて諸大名の国許にも波及し、各地に大小さまざまな大名庭園が誕生した。なお大名たちは自らが造った庭園を記念する詩文や絵画を文人墨客に依頼した。言うまでもなくそれは中国や平安時代、鎌倉時代の庭園文化の流れを汲むものである。

そのような動きの中で、小城藩の桜岡はきわめて早い事例に属する。しかも多くの著名人が和歌や詩文の創作に携わったことは注目に値する。

直能が「桜岡記」の執筆を木下順庵に依頼したのは、庭園ブームが到来する前夜であった。「桜岡記」の末尾には次のようにある。

余《よ》の公に京東に謁《えっ》するや、其の崖略《がいりゃく》を述べ、之が記を為《つく》らんことを求む。余、嘗《かっ》て先太守の知《ち》を辱《かたじけな》くす。其の遺美《いび》の彰《あらわ》るることなれば、喜びて辞せず、遂《つい》に聞く所に拠《よ》りて書す。（原漢文）

【現代語訳】
わたしが京都の東山で公（直能）に謁見《えっけん》すると、公は桜岡の概略を述べ、記を作ることを求めた。わたしはかつて有り難くも先代藩主（元茂）の知遇を得ていた。その生前に手掛けた桜岡のことを、世に広く知らせることができるので、喜んで引き受け、公から聞いた話をもとに、この記を書いた。

「桜岡記」が完成したのは、万治元年（一六五八）十月。この年、直能は五月十八日に江戸を発《た》って六月中旬に佐賀に帰着している。道中、京都に立ち寄った可能性があるが、『直能公御年譜』では確認がとれない。あるいは一、二年前に依頼したかもしれない。二年前の八月には確実に京都に立ち寄っている（『直能公御年譜』）。

順庵が記すように、桜岡の整備は初代藩主元茂が手掛けたものである。承応三年（一六五四）に元茂が病没した後、直能がその遺志を継いだ。もっとも本格的な整備に乗り出したのは、順庵の「桜岡記」が完成した二カ月後である（『直能公御年譜』）。直能は庭園ブームの前兆と時代の趨勢を、いち早くとらえ、桜岡を名園に仕立てるために動き出したのである。その第一歩が、木下順庵の「桜岡記」であった。

佐賀大学附属図書館の「貴重書デジタルアーカイブ」にて『八重一重』の全画像が確認できる。なお、参考文献の『小城藩と和歌――直能公自筆「岡花二十首和歌」の里帰り』には全篇が翻刻されている。但し一部翻刻の誤りがあるので注意が必要である。本章には拙著『小城藩主鍋島直能――文雅の交流』から抜粋したものが含まれている。

参考文献

野口朋隆『佐賀藩鍋島家の本分家』（佐賀大学地域学歴史文化研究センター、二〇一三年）。

白石良夫・青木歳幸編『小城藩と和歌――直能公自筆「岡花二十首和歌」の里帰り』（佐賀大学地域学歴史文化研究センター、二〇一三年）。

中尾友香梨『小城藩主鍋島直能――文雅の交流』（佐賀大学地域学歴史文化研究センター、二〇二二年）。

2 桜岡三部作（二）

『八重一重』

『八重一重《やえひとえ》』を構成する第二部は、堂上歌人の「岡花」和歌である。その完成には聖護院門跡の道寛《どうかん》法親王と勝仙院の晃玄《こうげん》が深くかかわっていた。

中尾友香梨

堂上歌人の『桜岡懐紙集』

堂上歌人による「岡花」和歌の成立については、井上敏幸「直能の和歌」[*1]に卓越した見解が示されている。これによりつつ若干の補説を試みる。

まず、道晃《どうこう》親王の奥書に次のようにある【❶】。

肥前国に佐波と云所あり。其国主のゆかりの人しるよしゝて、行て住けり。山水海岳の遠望、似たる所なきに、桜をうへて、年毎の花のさかりにはけうじあへり。さるにより、桜岡と所の名をあらため、岡花と云題にて、さるたよりありて、程は雲井の人々に大和歌をすすめ、新院御製をはじめ、懐紙あまたになりぬ。しかあれば、あ

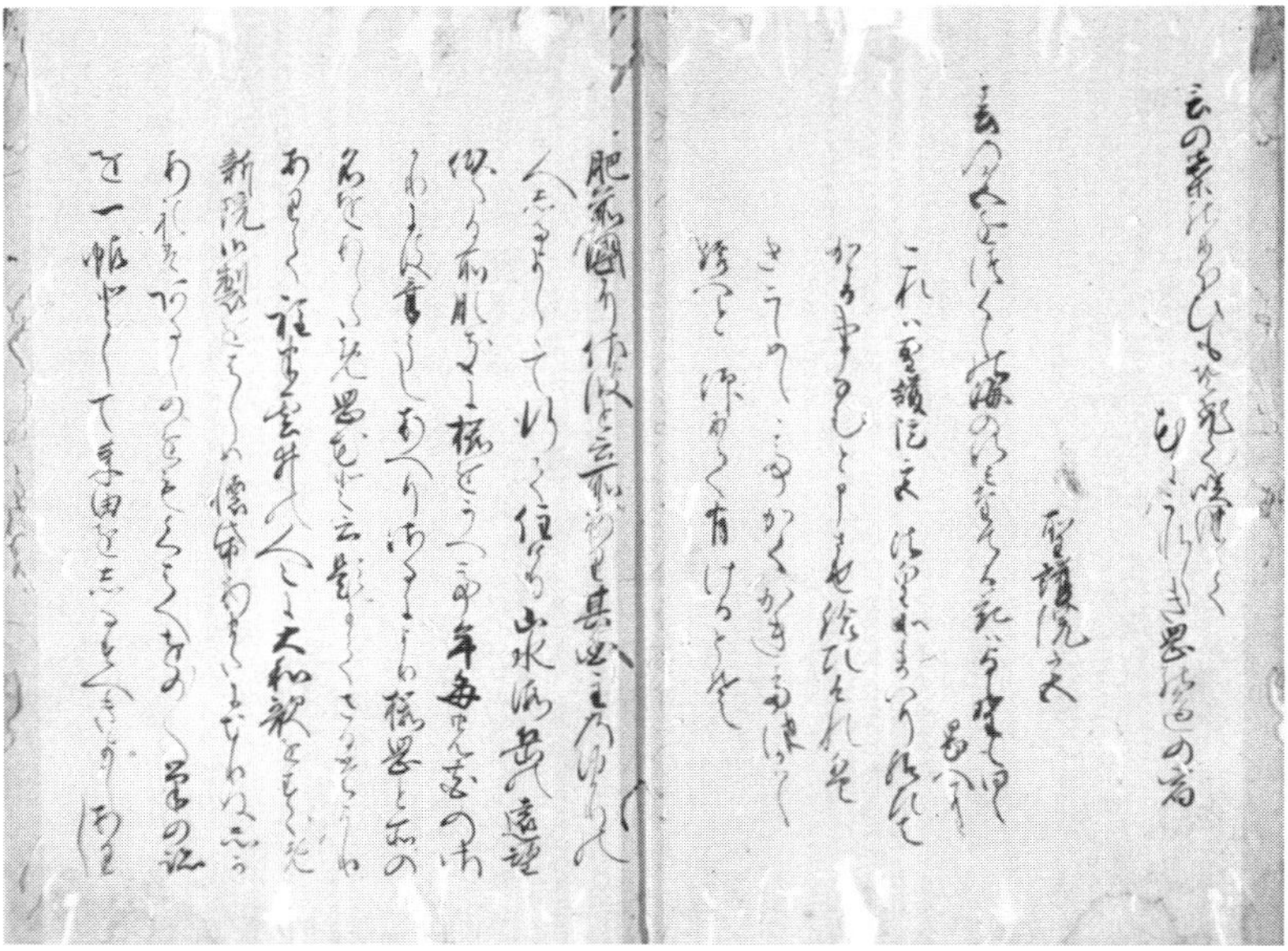

❶道晃親王の奥書（『八重一重』）

るじのをもくはへ、をのをの筆の跡を一帖として来由をしるすべきよしありしかば、いなびがたくて書つけ侍りぬ。

大意を述べよう。肥前国に「さば」というところがある。国主（佐賀藩主）の縁故の人（直能）が、そこに領地をもっていた縁で行って居住した。遠い山や川、海の眺めが類いなく素晴らしいところに桜の木を植えて、年々花の季節には人々と興じ合った。そのようなことから、場所の名を「桜岡」に改め、「岡花」という題で、しかじかの手紙を送ってきて、宮中の人々に歌をすすめた。その結果、新院（後西院《ごさいいん》）の御製《ぎょせい》をはじめ、懐紙が多く集まった。そこで、自身（直能）の懐紙も加えて、各人の親筆懐紙を一帖にまとめ、その来由を書いてほしいということなので、断りがたくて記した次第である。

堂上歌人と直能自身の親筆懐紙を一帖にした『桜岡《さくらおか》懐紙集《かいししゅう》』なるものができあがっていたことがわかる。この懐紙集に関しては、すでに井上氏によって指摘さ

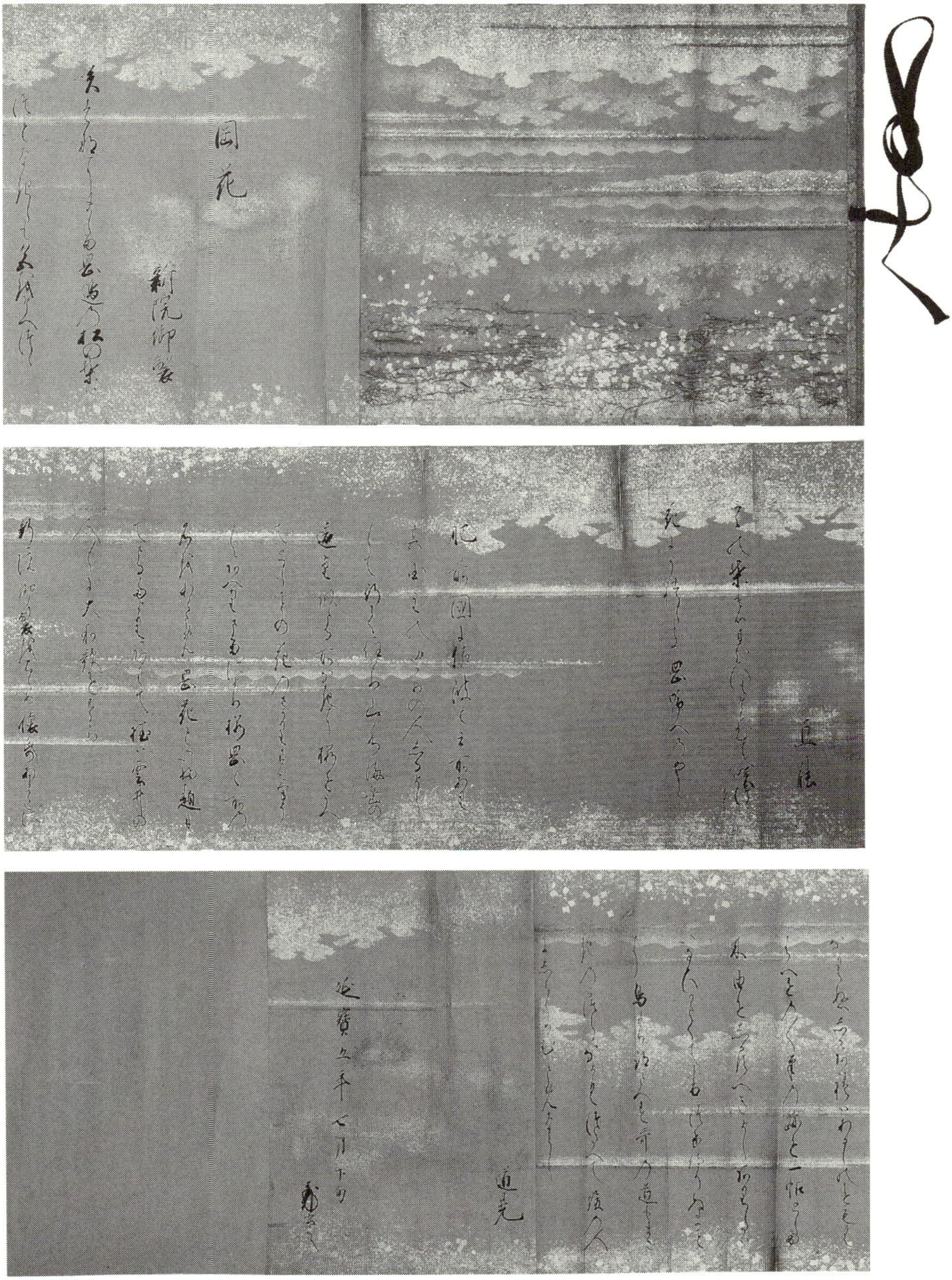

❷『岡花二十首和歌』（小城市立歴史資料館蔵）

れたことではあるが、島津忠夫氏がかつて「御製以下各自筆の懐紙を『御筆花月集』として、胡蝶装に仕立てた一帖が、近年まで伝えられていた」「かつて是沢恭三氏のところで一見したが、今は小城市立桜城館蔵となっている」と記した。[*2]しかし現在、当館（正式名称は小城市立歴史資料館）にこの懐紙集は存在しない。代わりに直能が金箔散らしの高級和紙に写した『岡花』巻子が、二〇一三年ごろに井上氏の尽力により同館に収蔵された【❷】。

『弘文荘待賈古書目』に掲載された『桜岡懐紙集』

実はこの懐紙集、かつては古書肆弘文荘《こうぶんそう》の販売目録（『弘文荘待賈古書目』三十四号、名家自筆本専集、一六五九年）に掲載されていた。

〈肥前国〉桜岡懐紙集〔後西天皇等々御筆、道晃親王御奥書〕

後西天皇、道寛親王（後水尾院の皇子、聖護院門跡）以下二十人の貴紳の懐紙を一巻に装し、末に道晃法親王（後陽成院の皇子、号照高院宮）の跋あり。料紙は大奉書紙、詠者は院・宮の外は飛鳥井雅章・中院通茂・烏丸資慶以下寛文時代の公卿歌人の十七人、最後にこの巻の主鍋島直能（従五位下加賀守。肥前国小城郡鯖岡改メ桜岡の城主、七万三千石。延宝七年没）の一枚を付く。巻末の道晃親王の来由書は左の如し。

（前掲、略）

文中の佐波は即ち鯖である。添紙に「寛文九己酉年桜岡懐紙次第」とあり、その末に「奥書照高院道晃　賢筆智恩院宮尊光」とあるから、文は道晃、書は尊光のものと見られる。首に桜の押花六つあり、その時、その所のものであろう。

歌題は岡花。書写謹しみ、保存よく、とり〴〵にめでたし。殊に院・雅章・通茂のは文字も歌も、抜んでて美事である。

古緞子美装、保存良。黒の塗箱入。

目録には後西院の宸筆《しんぴつ》懐紙と道晃親王の奥書もモノクロの写真で掲載されている【❸・❹】。「一巻に装し」とあるので、この時点で『桜岡懐紙集』はすでに巻物に仕立てられていたのであろう。島津氏が記した「胡蝶装に仕立てた一帖」とは形態が異なる。

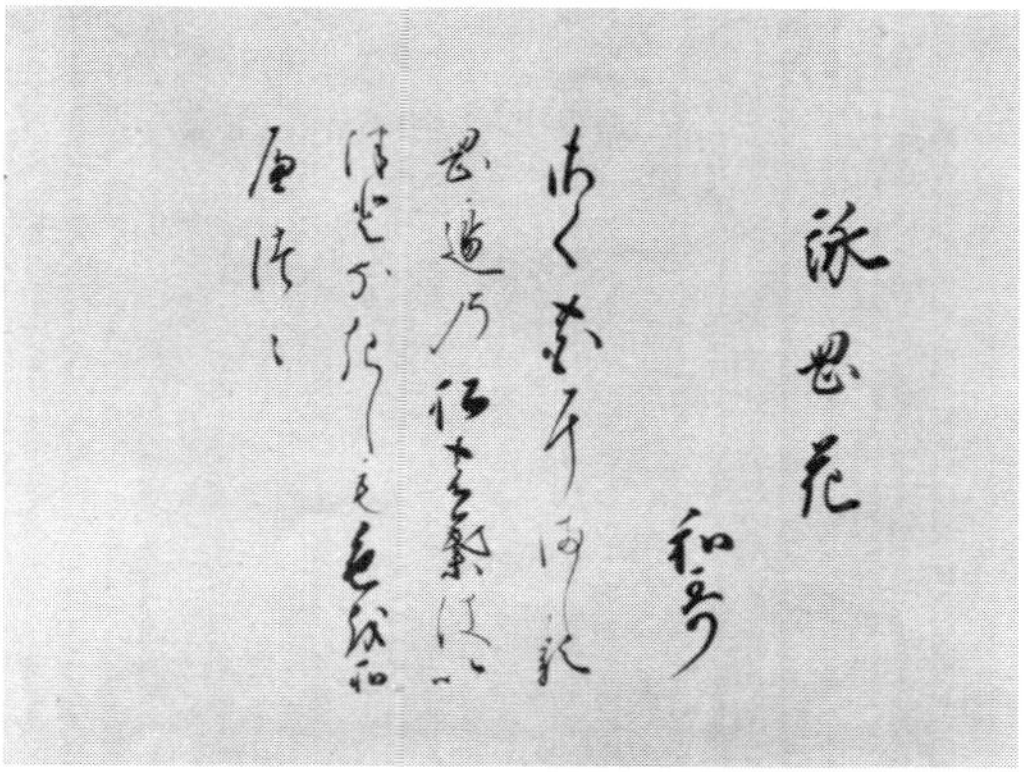

❸後西院の宸筆懐紙（『弘文荘待賈古書目』34号より転載）

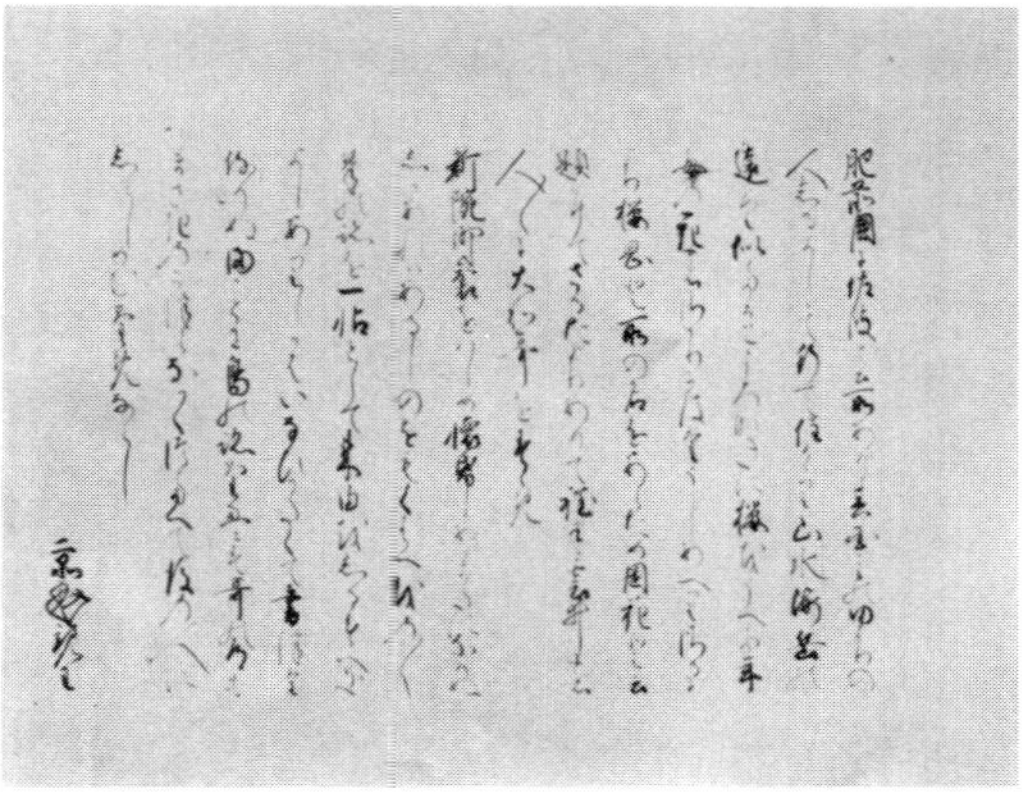

❹道晃親王の奥書（同）

なお、この懐紙集には「寛文九己酉年桜岡懐紙次第」の添紙が付されているという。これは寛文九年（一六六九）にひとまず懐紙集ができあがっていたことを意味する。ただ院・宮の懐紙はまだ加わっていなかったはずである。つまり公家衆だけの懐紙集が、先にできあがっていたと推測される。

後西院の懐紙

日下幸男編「道寛親王略年譜」延宝元年（一六七三）の条に、「是歳、鍋島加賀守（直能）所望勝仙院取次懐紙。『岡花』」とある。[*3]直能の所望する「岡花」懐紙を、勝仙院が聖護院門跡の道寛《どうかん》親王に取り次いだことをいう。出処が示されていないので確認のすべがないが、氏が調査した聖護院文書にもとづくものであろうか。また、このとき直能が所望したのは、道寛親王本人の懐紙だけなのか、それとも後西院や後水尾《ごみずのお》法皇の懐紙も含まれていたのかも判然としないが、おそらく後者であろう。

二年後、直能は念願の懐紙を一枚手に入れる。延宝三年（一六七五）四月二十日に東叡山寛永寺で徳川家光の二十五回忌供養が取り行われ、この法会のために下向した聖護院宮が、後西院の「岡花」懐紙を持参して直能に与えたのである。[*4]

これを受けて直能は、道晃親王に奥書を依頼し、最終的に『桜岡懐紙集』を完成したと見える。延宝三年夏のことである。

後水尾法皇の懐紙

一方、後水尾法皇の懐紙は、この時点でもまだ入手できていなかった。『弘文荘待賈古書目』の記事にも、道晃の奥書にも言及がないのを見れば、『桜岡懐紙集』には含まれていなかったはずである。

『八重一重』では、直能本人の歌よりも後、つまり末尾に置かれており、明らかに後で加えられたものである。そして次のような添え書きが備わっている【❶】。

これは聖護院宮、法皇へまいり給ひて、か丶る事なむと申させ給ひければ、きこしめして、かくかきてつかはし給へと仰にて有けるとぞ。

聖護院宮が後水尾法皇のところへ参り、かくかくしかじかのことがあった（直能が「岡花」和歌を所望している）と申し上げると、法皇はそれを聞き入れて、このように書いてやりなさいと仰せになったという。

そこで聖護院宮が、後水尾法皇の歌を代筆して、直能に送ってきたのである。しかし懐紙が直能の手元に届いたときには、すでに『桜岡懐紙集』が完成していたのであろう。

親王門跡の働き

ここまで見てきたとおり、『桜岡懐紙集』の完成には二人の法親王が深くかかわっている。一人は奥書を撰した道晃（一六一二〜一六七九）。後水尾法皇の弟で、この時期、堂上歌壇の中心にいた人物である。もう一人は道寛（一六四七〜一六七六）。後水尾法皇の皇子で、叔父の道晃と同じく、幼い頃より後水尾法皇から歌学や古典の指導を受けていた。万治元年（一六五八）には道晃の後を受けて聖護院門跡となった。

『直能公御年譜』では、延宝三年四月に徳川家光の二十五年忌のために下向した人物が「聖護院宮道晃法親王」となっているが[*5]、正しくは道寛でなければならない。当時の聖護院門跡はすでに道晃から道寛にかわっていた。『徳川実紀』の該当箇所も「聖護院門跡道寛法親王」と明記されている。道寛はこの法会で開白導師をつとめた。道晃は聖護院門跡を道寛に譲った後、照高院に移っていた。

鈴木健一氏は、後水尾院の叔父や弟たちがその歌壇活動を支えたことに注目して、「(堂上歌壇を)天皇と臣下という二項対立で捉えるのではなく、親王門跡という存在に注目していくことで、より親密な空間が中核にあったことがうかがえ、歌壇のありかたが実態に即した形で立体的に把握できる」*6と指摘したが、親王門跡が堂上歌壇において果たした役割は、単に内向けだけでなく、外向けにも顕《あらわ》れた。堂上歌壇という閉ざされた空間に一つだけ、外部に向けて開かれた窓口があったとすれば、それは親王門跡である。

親王門跡は、堂上歌壇の中心にいて天皇や上皇を補佐し、歌壇をまとめると同時に、外部(地下《じげ》)からの依頼を引き受け、歌壇内で調整、手配を行い、その結果を外部に伝達するといった渉外《しょうがい》業務も担っていた。それは堂上の人々の生活を支える収入源の一つとなり、歌壇の活動を維持する上でもきわめて重要な役割であった。

直能は後西院から「岡花」懐紙を賜った御礼に、黄金二十両と「御国元焼」(鍋島焼か)の香炉を届けており、*7届け先は聖護院であった。道寛がこれらを後西院の御所へ届け、また後西院の女官がしたためた礼状を受け取って、後西院に代わって封書裏書きをし、直能に送っている。

当時まだ二十代であった道寛は、同じく門跡としてそれまで歌壇を支えてきた叔父道晃の引き立てを受けながら、徐々に頭角を顕していた。直能の依頼を引き受け、後西院や後水尾法皇のところへ参上して「岡花」和歌を入手し、直能に与えたのは、彼が堂上歌壇で存在感をましていたことのひとつの象徴でもある。ただ惜しいことに、『桜岡懐紙集』が成立した翌年に、道寛は三十歳の若さで世を去った。

勝仙院の取次

前掲、日下幸男編「道寛親王略年譜」延宝元年の記述から読み取れる、もう一つ重要な情報は、直能の依頼を勝仙《しょうせん》院《いん》が聖護院門跡に取り次いだということである。

勝仙院は京都にあった寺院で、江戸中期に住心院《じゅうしんいん》に改称され、現在も続いている。本山派山伏（修験者）を統べる聖護院門跡の代表的な院家先達として、江戸時代には乗々院《じょうじょういん》と並んで日本全土の本山修験をほぼ二分して支配するほどの勢力を振るった。

直能の依頼を道寛に取り次いだのは、勝仙院の晃玄《こうげん》（一六三四〜一六九四）である。晃玄は佐倉藩主松平家信《いえのぶ》の子であるが、大炊御門経孝《おおいのみかどつねたか》の猶子《ゆうし》となって、勝仙院に入った。公家の猶子となったのは、院家に入寺できるのが、堂上家の子弟に限られていたからである。晃玄は最終的に勝仙院の大僧正《だいそうじょう》にまでのぼり、九代住職をつとめた。

『桜岡懐紙集』が完成した翌々年の延宝五年（一六七七）、直能は庶子の多賀丸《たがまる》（十一歳）を坊城俊広《ぼうじょうとしひろ》の猶子にして、晃玄に入門させた。多賀丸は始め晃存《こうそん》を名乗り、のち晃諄《こうじゅん》に改め、二十歳になったころ勝仙院の僧正に任ぜられた。続いて大僧正に昇進し、晃玄の跡を継いで十代住職となった。最終的には天皇の加持祈禱を担う地位にまでのぼりつめた。

直能は『桜岡懐紙集』の奥書を撰してもらった御礼として、道晃法親王にも黄金十両を進上したが、[*8] 照高院へ礼金を持参したのは「勝仙院僧正」である。『佐賀県近世史料』の翻刻では、「直能男、幼名多賀丸」と注記されているが、[*9] 多賀丸はこの時まだ九歳にすぎず、勝仙院僧正になるのは十一年後である。これはやはり晃玄でなければならない。

前述の後西院への礼金と香炉を聖護院に持参したのも、同じく晃玄のはずである。院・宮の「岡花」和歌を所望する直能の依頼は、勝仙院の晃玄によって親王門跡に取り次がれ、事後の礼金もまた晃玄によって親王門跡に届けられたのである。

親王門跡と院家のネットワーク

ここで一つ浮かび上がるのは、親王門跡と院家によるネットワークの存在である。それは堂上歌壇と地下をつなぐ役割を果たした。

地下からの依頼は、院家によって親王門跡に取り次がれ、さらに親王門跡によって殿上人に伝えられた。殿上人からの返答も、親王門跡を介して院家に下達され、さらに院家によって地下に伝えられた。

堂上歌壇の権威も、このネットワークを通じて外部（地下）に影響を与え、外部からの経済的報酬も、またこのネットワークを介して堂上の人々に届けられた。『桜岡懐紙集』の完成をめぐる一連の動きは、まさにこのネットワークの存在と役割をよく示してくれる。

直能と晃玄

では、直能と勝仙院晃玄の接点は、どこにあったのか。その一つの可能性を提示しよう。前述したように、晃玄は佐倉藩主松平家信の子であったが、公家の猶子となり、院家の大僧正にまでのぼりつめた。それを可能にしたのは、徳川家康の側室阿茶局《あちゃのつぼね》（雲光院《うんこういん》）の存在である。

阿茶局と先夫神尾《かんお》忠重《ただしげ》の間に生まれた神尾守世《もりよ》は、松平家信の家臣尾関定勝《おぜきさだかつ》の娘婿である。忠重の死後、阿茶局が家康の側室になってからは、守世も秀忠に仕えた。松平家信は阿茶局と守世を通じて家康や秀忠と関係を深めた。

阿茶局は秀忠の姫君和子《まさこ》が、後水尾天皇に嫁ぐとき、母親の代わりに守役として宮中に随行しており、皇女（のち明正《めいしょう》天皇）が生まれるときも上洛して世話をした。これらの功労により後水尾天皇から従一位の階位を与えられた。

松平家信の子晃玄が、勝仙院に入ったのは、阿茶局の力によるところが大きい。後水尾天皇の中宮となった和子（東福門院《とうふくもんいん》）が新熊野《いまくまの》神社を復興させたときも、再建の奉行を任ぜられたのは晃玄である。

佐賀藩の初代藩主勝茂《かつしげ》（直能の祖父）に嫁いだ菊姫《きくひめ》（高源院《こうげんいん》）は、家康と阿茶局の養女であり、幼い頃から江戸城で育った。直能の父元茂《もとしげ》は菊姫の産んだ子ではないが、勝茂の長子である。しかも元茂は秀忠の世子（のち三代将軍家光《いえみつ》）の打太刀《うちたち》をつとめていたこともあり、秀忠から特別な待遇を受けていた。

直能が晃玄に取次を依頼できたのは、このような背景があったからであろう。そして前述したように、『桜岡懐紙集』が完成した翌々年、直能は庶子を晃玄に預け、その後継者とした。晃玄と同じ道を歩ませるためであった。

良純法親王の娘との婚姻

直能の後室伊賀《いが》（長寿院《ちょうじゅいん》）は、良純《りょうじゅん》法親王（後水尾法皇の弟）の娘である。良純は知恩院《ちおんいん》の初代門跡をつとめたが、寛永二十年（一六四三）十一月に甲斐国天目山《てんもくざん》に配流された。

配流の理由については諸説ある。曲亭馬琴《きょくていばきん》は有職家橋本経亮《はしもとつねあきら》（一七五五〜一八〇五）から聴いた話として次のように記す。

八の宮（後陽成天皇の第八皇子良純）は、遊女八千代《やちよ》にふかく契《ちぎ》りたまへり。日夜をかぎらず放蕩その度《ど》に過ぎたれば、その頃の所司代《しょしだい》板倉侯（板倉重宗《いたくらしげむね》）、屢諫言《しばしばかんげん》すといへども、もちひたまはず。板倉止《やむ》ことを得ず、若干《そこばく》金を以て八千代を身うけし、これを八の宮に献《けん》じ、しかして後、八の宮を配流《はいる》せらる。則《すなはち》八千代もともに配所に至らしむ。

（『羇旅漫録《きりょまんろく》』四十「遊女八千代が噂」）

真偽はわからないが、門跡の身分で遊女と契《ちぎ》りを結び、放蕩が度を超えたのが罪状のようである。人名事典等にも似たようなことが記されている。伊賀は良純と遊女の間に生まれた娘であるという。

知恩院は良純が配流された後、しばらく門跡がいなかったが、明暦二年（一六五六）に甥の尊光《そんこう》（後水尾法皇の第十二皇子）が後任として入った。『桜岡懐紙集』の奥書は、道晃が撰し、尊光が代書している（前掲『弘文荘待賈古書目』記事）。

良純は万治二年（一六五九）六月に罪を許されて帰京し、泉湧寺《せんにゅうじ》山内の新善光寺《しんぜんこうじ》に住した後、寛文四年（一六六四）に北野に移った。直能は万治四年（一六六一）二月に北野天満宮の社僧能貨《のうか》から古今伝授を受け、同じ年に二十五歳の伊賀と婚礼をあげた。この二件が単なる偶然であるはずはない。父親の配流により婚期を逃した娘の身の上を案じる良純のために、門跡と院家のネットワークの中で話が進められ、結実したものであろう。

それから十四年後、同じく門跡と院家のネットワークによって、『桜岡懐紙集』は完成した。

注

1 白石良夫・青木歳幸編『小城藩と和歌——直能公自筆「岡花二十首和歌」の里帰り』（佐賀大学地域学歴史文化研究センター、二〇一三年）所収。

2 『島津忠夫著作集』第十巻（和泉書院、二〇〇六年）付章一「佐賀藩の文事」、四二九頁、四五〇頁。

3 日下幸男編『近世初期聖護院門跡の文事——付旧蔵書目録』（私家版、一九九二年）、八七頁。

4 詳しくは本書所収の日高愛子「鍋島直能と堂上歌壇——『新拾葉集』」に引用されている『直能公御年譜』の該当箇所を参照されたい。

5 『佐賀県近世史料』の翻刻だけでなく、小城鍋島文庫所蔵の原本もそのようになっている。

6　鈴木健一「後水尾院歌壇と親王門跡――歌壇を支える多層性」(『近世文学史論――古典知の継承と展開』、岩波書店、二〇二三年)。

7　「聖護院御門主仰之由、佐野隼人之状」として「一筆致啓上候、御門主弥御機嫌能被為成候、然ば新院御所江黄金二十両、御国元焼之香炉一ッ御進上御満悦被候、則御門主首尾能被掛御目候処、御満悦被思召候、女房之奉書出申候間、則懸御目候、新院仰与之裏書ハ御門主被遊候、将又御門主江も黄金十両被進、別而御満足ニ被思召候、此等之趣相心得可申入之旨御意ニ候、恐惶謹言。佐野隼人判。六月四日。鍋島加賀守様 御小性中」(『直能公御年譜』延宝三年)。

8　「其後、照高院御門主(道晃法親王)之御内、杉本刑部卿ゟ之状」として「一筆致啓上候、然は先日桜岡御懐紙之奥書之儀、御門主へ被仰上、被遊遣候。為御礼黄金拾両被進之候、勝仙院僧正御持参、右之通被仰上候、御念入候御事思召候、恐惶謹言。杉本法印。六月三日。鍋島加賀守様 人々御中」(『直能公御年譜』延宝三年)。

9　『佐賀県近世史料』第二編第一巻(佐賀県立図書館、二〇〇九年)、六五八頁。

3

桜岡三部作〈三〉

『八重一重』

中尾友香梨

『八重一重《やえひとえ》』を構成する第三部は、江戸の林門による「桜岡景境詩《さくらおかけいきょうし》」である。林鵞峰《はやしがほう》の『国史館日録《こくしかんにちろく》』によりその成立過程をたどる。

「桜岡景境詩」の依頼

直能と林門の交流は、遅くとも寛文二年（一六六二）にはすでに始まっていた。この年の五月、林鵞峰《はやしがほう》は直能の求めに応じて、佐賀本藩藩主勝茂《かつしげ》の五女長姫《ちょうひめ》（のち島原藩主松平忠房《まつだいらただふさ》室）秘蔵の箏「新月」の記を執筆した。『直能公御年譜』にその全文が翻刻されている。

翌三年から直能は江戸の品川に下屋敷を構え、たびたび林門の人々をここに招いて雅会を催した。直能の依頼により、鵞峰はこの屋敷を「咸臨閣《かんりんかく》」と名付け、「咸臨閣記」を書いた。人見竹洞《ひとみちくどう》は「鳥止園記《ちょうしえんき》」、鵞峰の長男梅洞《ばいどう》は「蟠《ばん》龍泉歌《りゅうせんか》」を執筆した。また雅会が開かれるたびに、林門は直能のために詩巻を巻いた。*1

直能が林門に「桜岡景境詩」を依頼したのは寛文五年（一六六五）冬である。鵞峰の『国史館日録《こくしかんにちろく》』（以下日録）寛文六年一月十二日の条に次のようにある。

> 今夜、閑暇《かんか》あれば、独坐して鍋島直能の求むる所の詩を吟案《ぎんあん》す。頗《すこぶ》る推敲するも未《いま》だ愜心《きょうしん》(満足)せず。直能、其の治むる所の肥前領内に於いて二十景十境を標示《ひょうじ》す。其の題名は友元《ゆうげん》(人見竹洞)と胥議《しょぎ》(相談)せし所なり。余が父子、門生及び石丈山《せきじょうざん》(石川丈山《いしかわじょうざん》)等に請《こ》いて之れを分賦《ぶんぷ》せしむ。然《しか》れども旧臘《きゅうろう》(前年十二月)、今春、未だ興《きょう》に乗《じょう》ぜず。且《か》つ辻達《つじたつ》(辻端亭《つじたんてい》)の外、群作《ぐんさく》未だ成らず、故に遅引《ちいん》す。今夜、初めて興を起こせば、日を逐《お》いて之れを成すべし。(原漢文、( )の中は筆者注。以下同じ)

鵞峰の日録には、ここで初めて桜岡景境のことが登場する。直能は小城の桜岡を庭園として整備し、十の佳境(すぐれた場所)と二十の佳景(すぐれた景色)を選定した。景境の題名は人見竹洞の協力を得て決めた。そして林鵞峰・鳳岡父子と門生、及び石川丈山(一五八三~一六七二)に、景境詩を依頼した。「旧臘、今春、未だ興に乗ぜず」とあるので、直能が林門に依頼をかけたのは寛文五年冬で間違いない。

この夜、鵞峰はようやく興が湧いて詩作にとりかかったが、なかなか満足のいく詩ができあがらない。もっともこの時点では、辻端亭《つじたんてい》以外の人たちの詩はまだできていないので、自分もこれから日を追って完成させようと鵞峰は考えた。

当時、林門は全力を挙げて『本朝通鑑《ほんちょうつがん》』の編纂に取り組んでいたので、昼間はプライベートで頼まれた詩文を考える余裕がなかった。結局すべての詩ができあがるのは寛文八年(一六六八)四月である。依頼を受けてからすでに二年半が経っていた。幕府から命じられた史書の編纂に追われ、プライベートでは直能以外の大名たちからも似たような依頼を複数受けていたので、すべてが同時進行であった。

右の日録を見れば、林門のほかに石川丈山も分詠を依頼されていた。しかし完成した「桜岡景境詩」に丈山の作品は含まれていない。何らかの理由で担当を辞退したのであろう。詩巻が完成する寛文八年にも丈山はまだ生きていた。鵞峰の長男梅洞も当然「桜岡景境詩」の担当が決まっていたはずであるが、寛文六年九月に病気で急死した。予想もしていなかった出来事に見舞われながら、林門の「桜岡景境詩」は二年半後にようやく完成する。

林鵞峰の詩、成る

桜岡景境のことが、再び鵞峰の日録に登場するのは、二ヶ月後である。三月二十二日の日録に次のようにある。

申刻《さるのこく》の後、休所《やすみどころ》に在りて「松尾霜葉《まつおのそうよう》」詩を作る。此《こ》れ、鍋《か》加《か》牧《ぼく》の求むる所なり。

鍋加牧は鍋島加賀守、つまり直能である。「牧」は「守」と同じく地方長官の唐名である。古代中国で、州の長官を「牧」、郡の長官を「守」と称した。

鵞峰はこの日、午後四時すぎに国史館の仕事が終わった後、休憩所で「松尾霜葉」詩を作った。桜岡二十景詩の一つである［❶・❷］[c]。

また、翌二十三日の日録には、

館事の業畢《お》わりて後、館に在りて「金立秦祠《きんりゅうのしんし》」律詩四韻《しいん》を作る。是《こ》れも亦《ま》た鍋加牧の求むる所の内なり。金立は、加牧の肥州采地《さいち》の名なり。山の上に徐福祠《じょふくし》有り。伝称するに、福（徐福）の船を繋《つな》ぎ憩息《けいそく》せし跡に、祠《ほこら》を建てて之《こ》れを祭《まつ》ると云々。故に標《ひょう》出《しゅつ》して以て一景と為すなり。

とあり、この日も国史館の仕事が終わった後、館に残って「金立秦祠」の律詩を作った。同じく桜岡二十景詩の一つである【❸・❹】。

続いて、二十五日の日録には、

灯下《とうか》、「偕楽門《かいらくもん》」三言詩並びに小引《しょういん》を作る。是れも亦た鍋加牧の求むる所なり。加牧の肥州采地の別業《べつぎょう》（別荘）に桜花多ければ、桜岡と号す。岡の中《うち》、遠近に景多し。去冬《きょとう》、友元と与《とも》に議し、二十景十境を標出す。分かちて群作を求む。余の詠ずる所、凡そ四首なり。

とあり、桜岡十境の一つである「偕楽門」の三言詩と小引（短い序）を作っている【❺】。鷲峰が担当したのは計四首である。うち三首は右のとおり寛文六年三月に立て続けにできた。残り一首は初めて興の湧いた一月十二日夜にとりかかった詩であろう。日録には題が記されていないが、桜岡二十景の一つである「桜岡

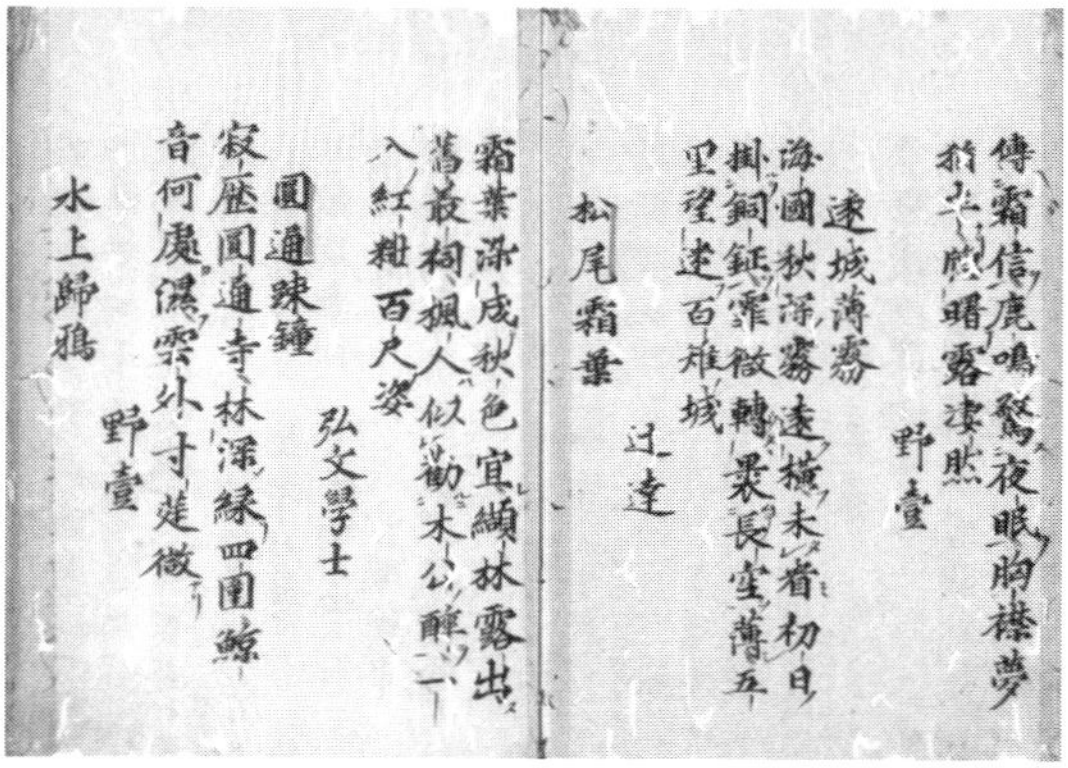
侍霜信鹿鳴驚夜眠胸襟夢
稍[illegible]曙露凄然
野壹
遠城薄霧
海国秋深霧遠横未肯初日
掛銅鉦霏微轉裊長空薄五
里望遠百雉城
辺達
松尾霜葉
霜葉添成秋色宜纈林露出
蔦蘿樹楓人似勸木公醉一
入紅樹百尺姿
弘文學士
圓通疎鐘
寂歴圓通寺林深緑四圍鯨
音何處湿雲外寸莚微
野壹
水上歸鴉

❶林鷲峰「松尾霜葉」（『八重一重』）

❷「松尾霜葉」（『桜岡二十景図』、小城市立歴史資料館蔵）

花雲」の詩であることが『八重一重』で確認できる【❻・❼】。当日は満足のいく作品にならなかったが、日を追って推敲を重ね完成させたのであろう。

こうして鵞峰に割り当てられた四首は、寛文六年春にすべてできあがったが、それを浄書するのは一年半後になる。

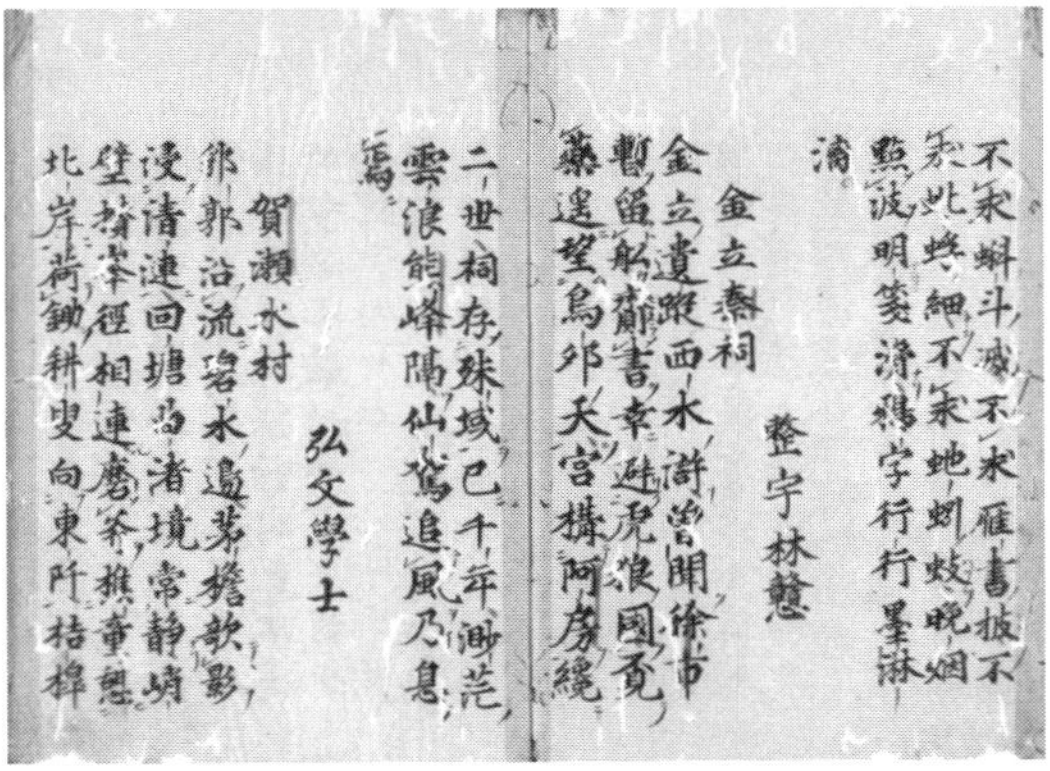
不求蝌斗减不求雁書披不
求此蜂細不求蛇蚓蚊蜺烟
點破明窓済鵝字行行墨淋
漓

金立秦祠　　登宇林慤

金立遺蹤西水滸曽聞徐市
暫留船舊書幸避虎狼國覓
藥遥望烏邪天宮搆阿房纔
二世祠存殊域已千年渺茫
雲浪飽峰陽仙鶴追風乃息
焉

賀瀬水村　　弘文學士

郊郭沿流碧水邊茅檐欹影
浸清漣回塘為渚境常静崎
壁??徑相連磨斧樵童想
北岸荷鋤耕叟向東阡枯槔

❸林鵞峰「金立秦祠」（『八重一重』）

❹「金立秦祠」（『桜岡二十景図』、小城市立歴史資料館蔵）

「桜岡景境詩」巻、成る

寛文七年（一六六七）十一月二日の日録に次のようにある。

夜に入り賀璋《がしょう》侍す。鍋加州《かかしゅう》（直能）の「桜岡景境詩」四首を浄書《じょうしょ》す。是《こ》れ去春《きょしゅん》に作る所なり。浄書の絹《きぬ》、友元（人見竹洞）・狛庸《はくよう》（狛高庸《はくこうよう》）に附すも、二人倶《とも》に懶慵《らんよう》（無精《ぶしょう》）なれば、之れを促《うなが》さず。絹は久しく史館の筥《はこ》（丸い竹箱）の中に蔵して、相い共に之れを忘る。頃日《けいじつ》、偶《たま》たま此《こ》の事に及べば、昨日、庸《よう》、其の書式を栄清《えいせい》に諭《さと》して、並《あわ》せて其の絹を附すなり。今夕閑闃《かんげき》なれば、乃ち染筆《せんぴつ》し了《お》わる。凡そ二百余字なり。

賀璋と栄清は塾生。鍋加州の「州」は官の意。「閑関」は「閑暇」に同じ。「染筆」は筆に墨をつけて書画を書くことをいう。鷲峰は「桜岡景境詩」の浄書用の絹を、人見竹洞と狛高庸に預けていた。浄書してもらうためであった。しかし二人とも無精者であることを鷲峰は知っていたので、あえて催促しなかった。その結果、絹は長い間、国史館の竹箱に入ったまま忘れられていた。

先日、たまたまこのことに話が及び、鷲峰が催促したのであろう。昨日、高庸が浄書の書式を栄清に伝え、絹も預けてくれた。高庸は林門の中でも能書で知られたので、書式は彼が決めることになっていたのであろう。この日の夜、鷲峰は時間の余裕があったので、去年春にできた自身の詩四首を自ら浄書した。全部で二百余字あった。

そして鷲峰から催促を受けたのか、九日後には次男の鳳岡が自身の景境詩を鷲峰に見せた。

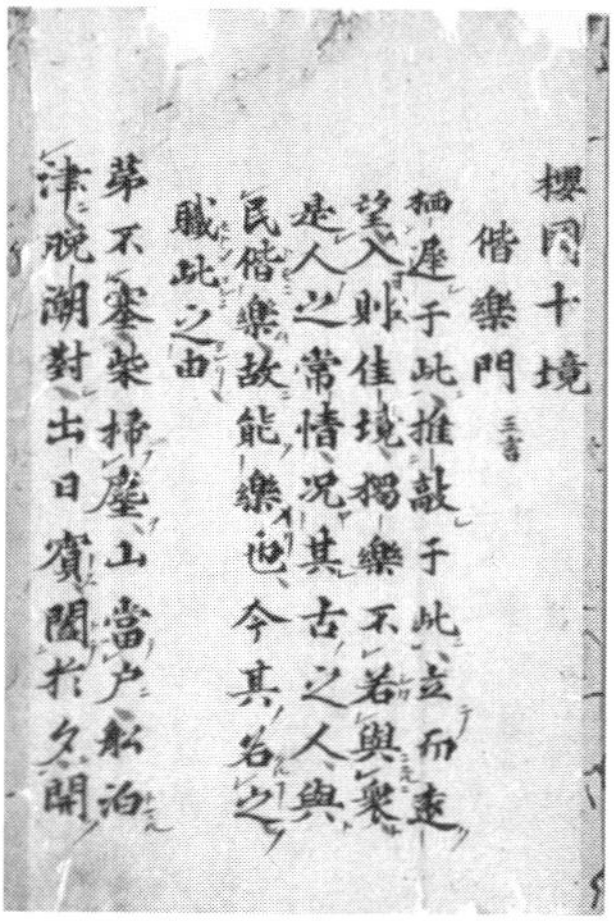
櫻岡十境
偕樂門 三言
栖遅于此推敲于此立而遠
望入則佳境獨樂不若與衆
是人之常情況其古之人與
民偕樂故能樂也今其名之
職此之由
茅不塞柴扉塵山當户船泊
津脱湖對出日賓閣於夕開

❺林鷲峰「偕楽門」(『八重一重』)

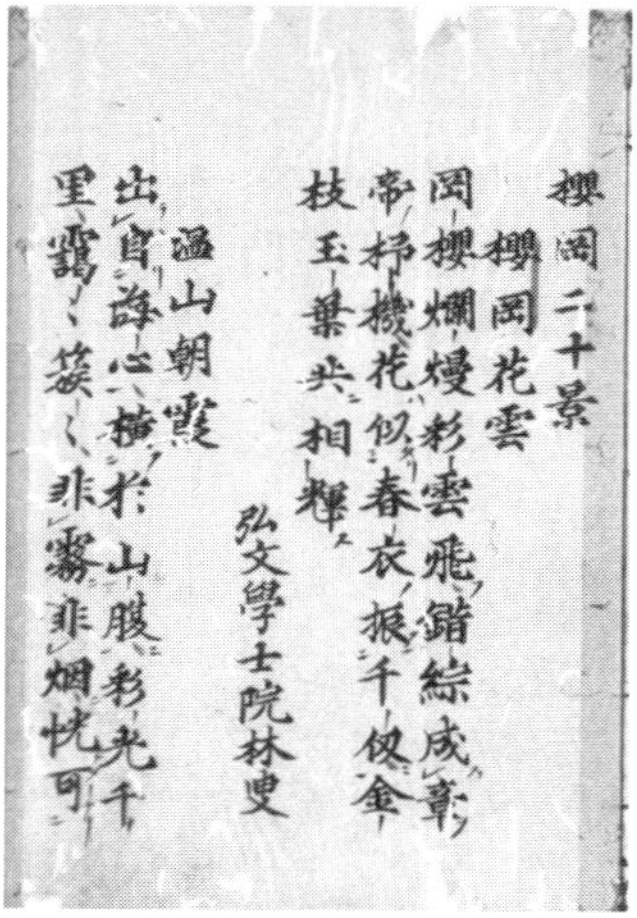
櫻岡二十景
櫻岡花雲
岡櫻爛熳彩雲飛錯綜成章
帝杼機花似春衣振千仞金
枝玉葉共相輝
弘文學士院林叟
温山朝霞
出自詩心描於山腹彩光千
里靄靄簇簇非霧非烟恍可

❻林鷲峰「桜岡花雲」(『八重一重』)

❼「桜岡花雲」(『桜岡二十景図』、小城市立歴史資料館蔵)

春常《しゅんじょう》、鍋加州の景境詩三首を呈《てい》す。大概好《たいがいよ》し。批語《ひご》を加えて之れを授く。（『国史館日録』寛文七年十一月十一日）

春常は鳳岡の名。兄梅洞が病死した後、その空白を埋めるべく、全力で父の仕事を輔佐していた。鳳岡が担当したのは三首である。鵞峰は概ねよくできていると見て、批評を加えて鳳岡に返した。

しかし林門の他の人たちの詩は、その後もできあがらず、結局すべての詩が揃うのは翌八年（一六六八）四月になってからである。

狛庸、「会津山水賦《あいづさんすいのふ》」を浄書し畢《お》わる。是れ去秋以来、暇《いとま》無ければ遅引《ちいん》し、昨日漸《ようや》く成《な》る。又《ま》た鍋島加賀守の「桜岡廿景十境詩《さくらおかにじっけいじっきょうし》」の浄書も亦《ま》た成る。是れ三年以前に催《もよお》す所にして、友元及び狛庸は其の价《かい》（使者）なり。余が詩は去々年夏に既《すで》に成る。然《しか》るに各《おのおの》が詩遅々《ちち》たり。就中《なかんづく》、伯元《はくげん》の詩は頃日《けいじつ》に成り、狛庸の詩は昨日に成る。此の二通は共に藤勿斎《とうぶっさい》の知る所なり。明日、勿斎の招く有り。且《か》つ加賀守も来会す。故に今日成就《じょうじゅ》す。

（『国史館日録』寛文八年四月二十四日）

「会津山水賦」は会津藩主保科正之《ほしなまさゆき》から頼まれて、鵞峰が執筆したものである。依頼を受けたのは寛文六年であるが、興が乗らず、そのままにしていた。仲介者の加藤勿斎《ぶっさい》（名は明友《あきとも》、のち近江水口《みなくち》藩主）から催促され、寛文七年八月二十四日夜に初めて筆を起こしたものの（当日の日録）、忙しくて遅延し、昨日ようやくできあがった。それを狛高庸が、この日、浄書したのである。

鍋島直能の「桜岡景境詩」も浄書が終わった。これは三年前の寛文五年に企画されたものであり、人見竹洞と狛高庸がその伝言者であった。鷲峰の詩は二年前の夏（実際は春）にできていたが、門人たちの詩が遅れに遅れた。中でも坂井伯元の詩は先日できたばかりであり、狛高庸の詩は昨日やっとできあがった。

保科正之と鍋島直能からの詩文の依頼は、いずれも勿斎の知っているところである。林門を直能に紹介したのも勿斎である（寛文七年八月七日の日録）。明日、鷲峰らは勿斎から招待されており、直能も来るので、本日その詩巻を仕上げたのである。

翌日、鷲峰一行はこれらの詩巻を携えて勿斎の邸宅へ赴いた。

> 主人、喜びて相い語る。（中略）良《や》や久しくして狛庸来たり、「会津山水賦」の浄書を主人に示す。主人披《ひら》き見て、其の翰墨《かんぼく》の鮮麗なるに感じて之れを労慰《ろうい》して曰く、「近日自《みずか》ら之れを携え、会津羽林《うりん》（保科正之）に呈すべし云々」と。漸《ようや》く未《ひつじ》の刻に至りて鍋島加賀守来《き》たる。今年初めて対面す。此の人、火災に逢いて遠方の別墅《べっしょ》に在り、互いに積鬱《せきうつ》を述《の》ぶ。既《すで》にして友元、「桜岡詩巻」二通及び「倭歌序」を示す。加牧甚《はなは》だ喜ぶ。
>
> （『国史館日録』寛文八年四月二十五日）

狛高庸から「会津山水賦」の巻子を受け取った勿斎は、浄書した文字の美しさに感激し、近日中にこれを携えて保科正之に会いに行くと言った。鍋島直能は午後一時ごろにやって来た。火災に遭って遠方の別荘にいるというが、二月一日に糀町筋《こうじまちすじ》から出た火事で上屋敷を焼かれ、梅園《ばいえん》屋敷（品川の咸臨閣のことか）に避難していたことが、『直能公御年譜』で確認できる。「積鬱」は沈んで晴れない気分。竹洞が「桜岡景境詩」二巻と「倭歌序」を見せると、直能はたいそう喜んだ。二巻とあるのは、「桜岡二十景詩」と「桜岡十境詩」に分かれているからである。これらの詩巻は現在、小城市立歴史資料館に蔵されている【❽・❾・❿】。

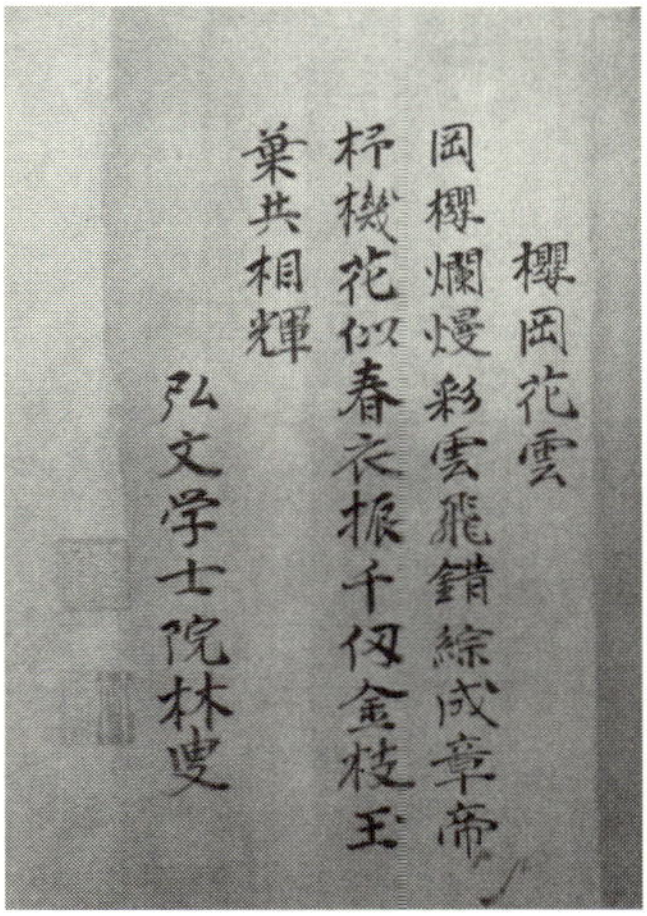
櫻岡花雲
岡櫻爛熳彩雲飛錯綜成章帝
杼機花似春衣振千仞金枝玉
葉共相輝
弘文学士院林叟

❾林鵞峰「桜岡花雲」(『桜岡二十景詩』、小城市立歴史資料館蔵)

❽「桜岡景境詩」巻（小城市立歴史資料館蔵）

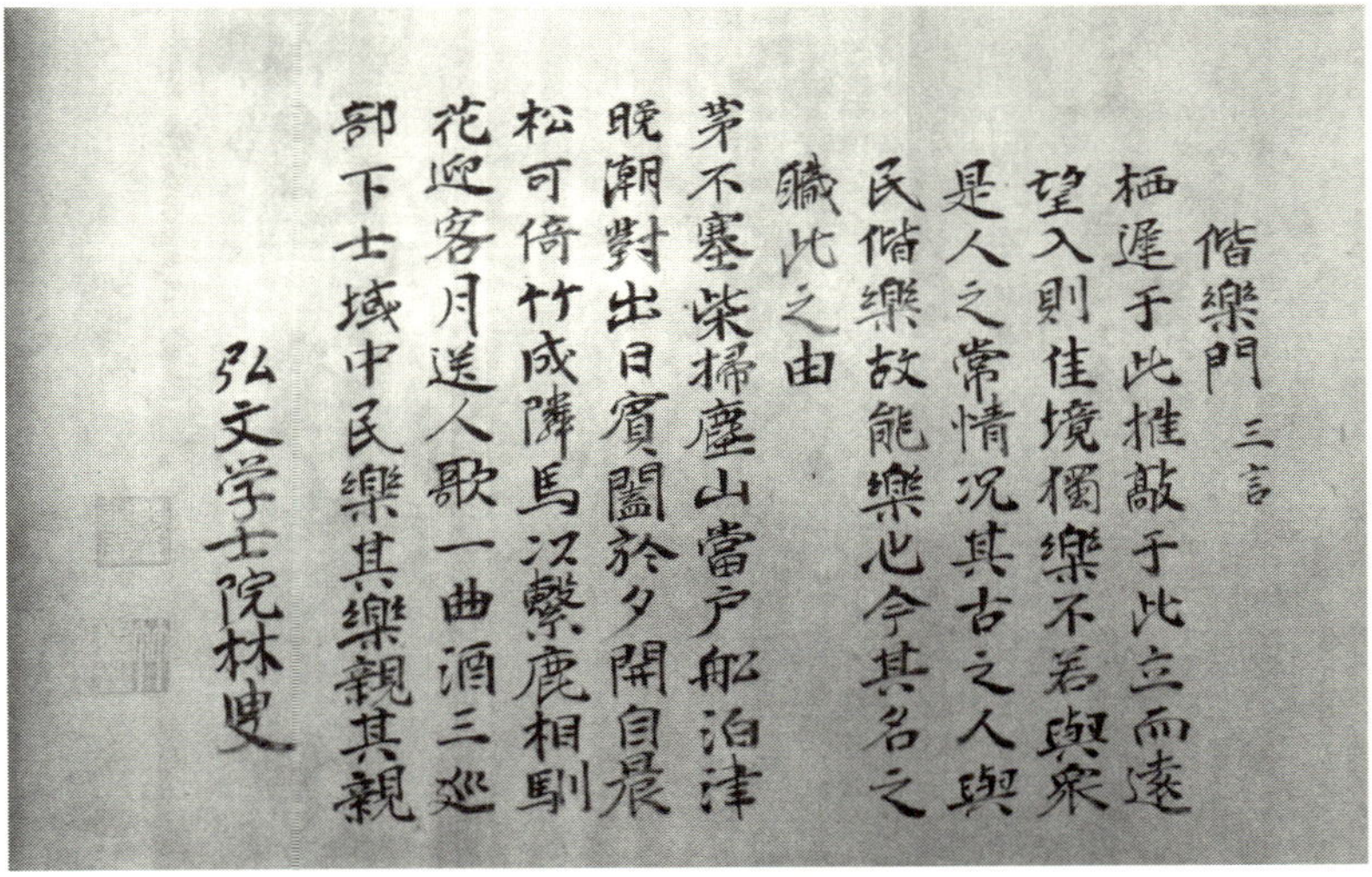
偕樂門 三言
栖遅于此推敲于此立而遠
望入則佳境獨樂不若與衆
是人之常情況其古之人與
民偕樂故能樂也今其名之
職此之由
茅不塞柴掃塵山當户舩泊津
晩潮對出日賓闔於夕開自晨
松可倚竹成隣馬以繫鹿相馴
花迎客月送人歌一曲酒三巡
部下士域中民樂其樂親其親
弘文学士院林叟

❿林鵞峰「偕楽門」（『桜岡十境詩』、小城市立歴史資料館蔵）

「岡花」和歌の序跋、成る

寛文八年（一六六八）四月二十五日に勿斎の邸宅で、竹洞が「桜岡景境詩」二巻とともに直能にわたした、もうひとつのものは「倭歌序」である。堂上歌人の「岡花」和歌に添えるための序文である。三日前の鵞峰の日録には次のようにある。

> 今日、友元、其の作る所の「桜岡花倭歌序」を示す。今夕、之れを見れば、則ち駢儷体《べんれいたい》にして、其の中に往々にして佳対《かつい》有り。以て喜ぶべし。此《こ》れ鍋島直能の求むる所なり。桜岡は彼の肥前の采邑《さいゆう》に在り、岡に十境二十景有り。我が輩及び門生、之れを題詠《だいえい》す。此の倭歌《わか》は亜相納言《あしょうなごん》及び雲客《うんかく》等の詠ずる所の倭歌なり。以て一軸と為し、友元に請いて序を作らしむ。
>
> （『国史館日録』寛文八年四月二十二日）

この日、竹洞は「桜岡花倭歌序」の原稿を鵞峰に見せた。それは駢儷体で書かれていて、美しい対句を多く含んでいた。鵞峰は喜んだ。駢儷体とは漢文の文体のひとつで、四字句と六字句を基本とし、対句と典故を多く用いる。直能は堂上歌人の「岡花」和歌を一巻にまとめて、竹洞にその序文を依頼したのである。「此の倭歌は亜相納言及び雲客等の詠ずる所の倭歌なり」とあるので、この時点ではまだ後西院や道寛親王の歌は加わっていなかったことがわかる。亜相は大納言の唐名、雲客は殿上人。公家衆だけの「岡花」和歌集が先にできたであろうことは前章に述べたとおりであるが、遅くとも寛文八年四月より以前にはすでに一巻を成していたことが改めて確認できる。

その時点で直能が竹洞に序文を依頼したのを見れば、はじめから院・宮の歌を望んだのではなく、公家衆の「岡花」

和歌集をつくるのがもともとの計画であっただろう。したがって、竹洞が鷲峰に見せた「桜岡花倭歌序」にも当然、院・宮への言及はなかったはずである。一方、『八重一重』に収められた竹洞の「桜岡花倭歌序」には、

事は太上天皇《だいじょうてんのう》（上皇）の叡聞《えいぶん》に達して、辱《かたじけな》くも御製《ぎょせい》の倭歌有り、聖護院法親王に勅《ちょく》して之れを主人に賜う。法親王も亦た倭歌有り。主人、拝戴《はいたい》して以て之れを栄《ほまれ》とす。是《ここ》に於いて公卿数十輩　各《おのおの》倭歌を裁《さい》して之れを寄す【⓫】。

とあり、あたかも後西院の御製和歌が先に下賜され、このことが契機となって公家たちも「岡花」歌を寄せたかのように読み取れる。明らかに加筆修正されている。

延宝三年（一六七五）六月六日の鷲峰の日録には次のようにある。

午半《うまなか》ばの後、余及び春常（鳳岡）、出《い》でて伯元（坂井伯元）を過《よぎ》る。元（伯元）は病《やま》い未だ愈《い》えず。少《しばら》く談じて出で、鍋島加賀守の宅に赴く。藤勿斎（加藤勿斎）来《き》たる。友元（人見竹洞）・狛庸（狛高庸）先に至る。晩炊《ばんすい》出でて、主人、「岡花」倭歌一帖を示す。御製及び公家十余輩の詠ずる所なり。

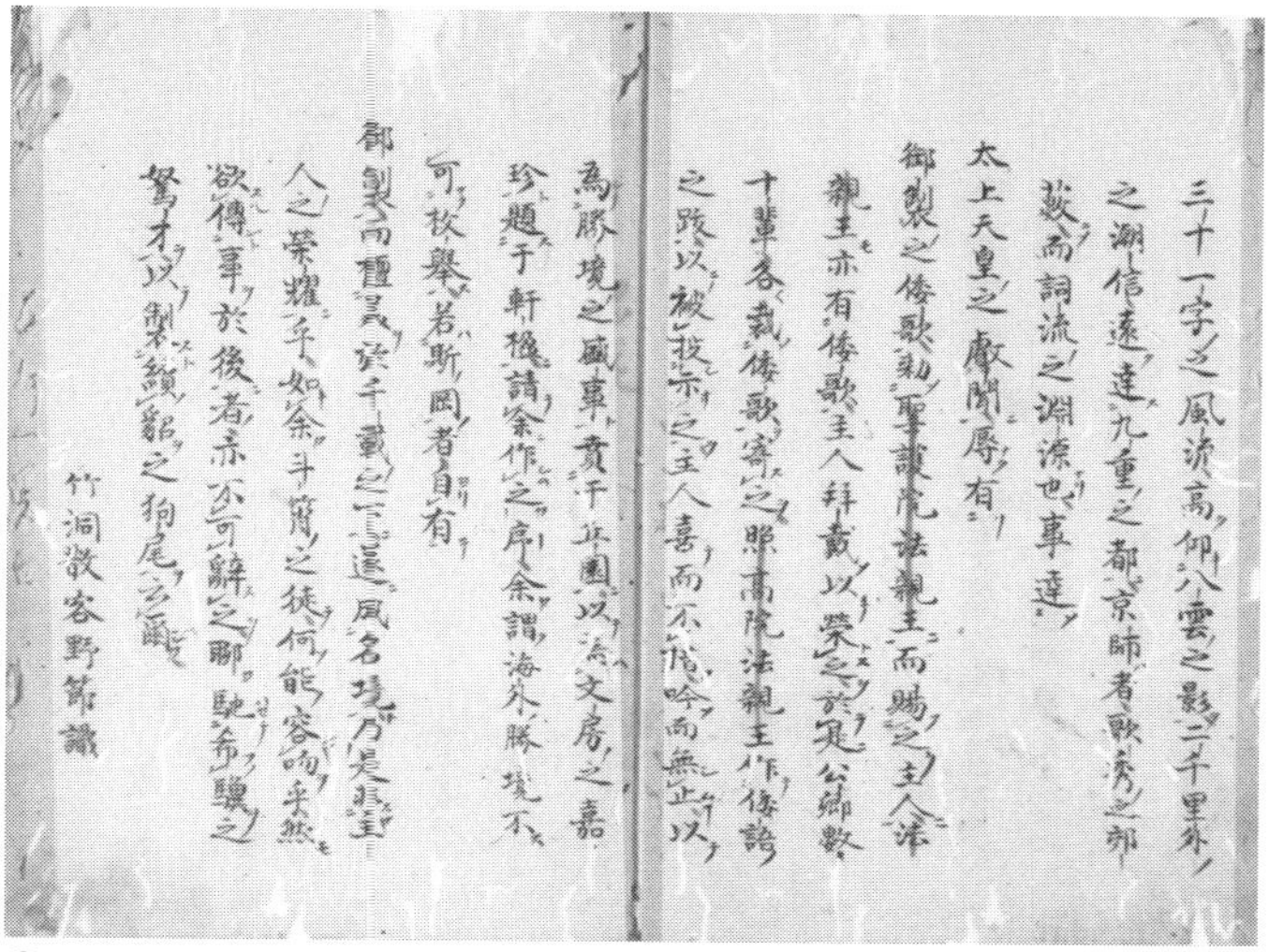

⓫人見竹洞「桜岡花倭歌序」（『八重一重』）

余に其の事を記さんことを請う。

（中略）

又た曰く、「今春三月、東行の時、京を過《よぎ》りて、祇園・清水の花色を見る」と。其の花数片之れを示す。其の蘂《しべ》は乾《かわ》くと雖も、形は猶《な》お存す。一首を作らんことを請う。余、四韻を作り、春常は一絶。友元・狛庸は先に度《わた》りて既に之れを賦す。余が詩、狛庸之れを筆し、春常自ら筆すと云々。

寛文十年（一六七〇）に『本朝通鑑』が完成して国史館は廃止されたので、鵞峰の『国史館日録』も『南塾乗』に名称が変わるが（南塾は家塾名、乗は史書）、ここでは引き続き「日録」と称する。

昼十二時すぎ、鵞峰は子の鳳岡をつれて同門の坂井伯元を見舞った後、直能の屋敷を訪ねた。加藤勿斎も来た。人見竹洞と狛高庸は先に来ていた。夕食が出された後、直能は「岡花」和歌一帖を披露した。後西院の御製の下賜を受けて仕上げた『桜岡懐紙集』である。直能は鵞峰に記念の文を依頼した。後の「桜岡花倭歌跋」である。

また直能は、今年三月に江戸に来る途中、京都に立ち寄って祇園と清水の桜を愛《め》でたと言い、そのとき採ってきた桜花数片を見せた。しべは乾いていたが、花の形は保たれていた。直能は鵞峰らにこの桜花についても詩を詠んでほしいと頼んだ。鵞峰は律詩を作り、鳳岡は絶句を詠んだ。竹洞と高庸は先に来ていて、すでに詩を作った後であった。鵞峰の詩は高庸が浄書し、鳳岡は自分で清書した。

⑫『九重白雲』（小城市立歴史資料館蔵）

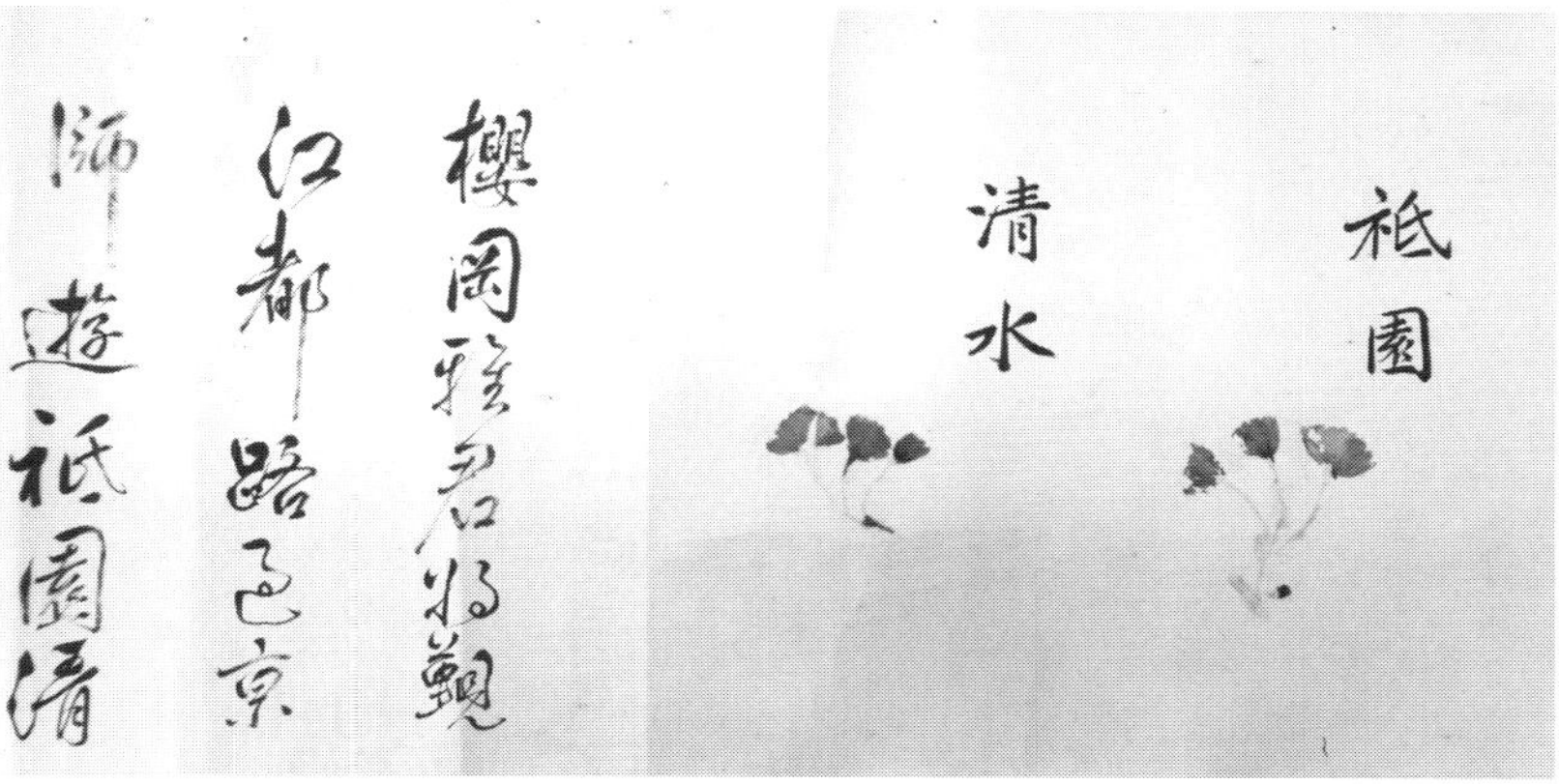

⓭『九重白雲』巻頭の押花

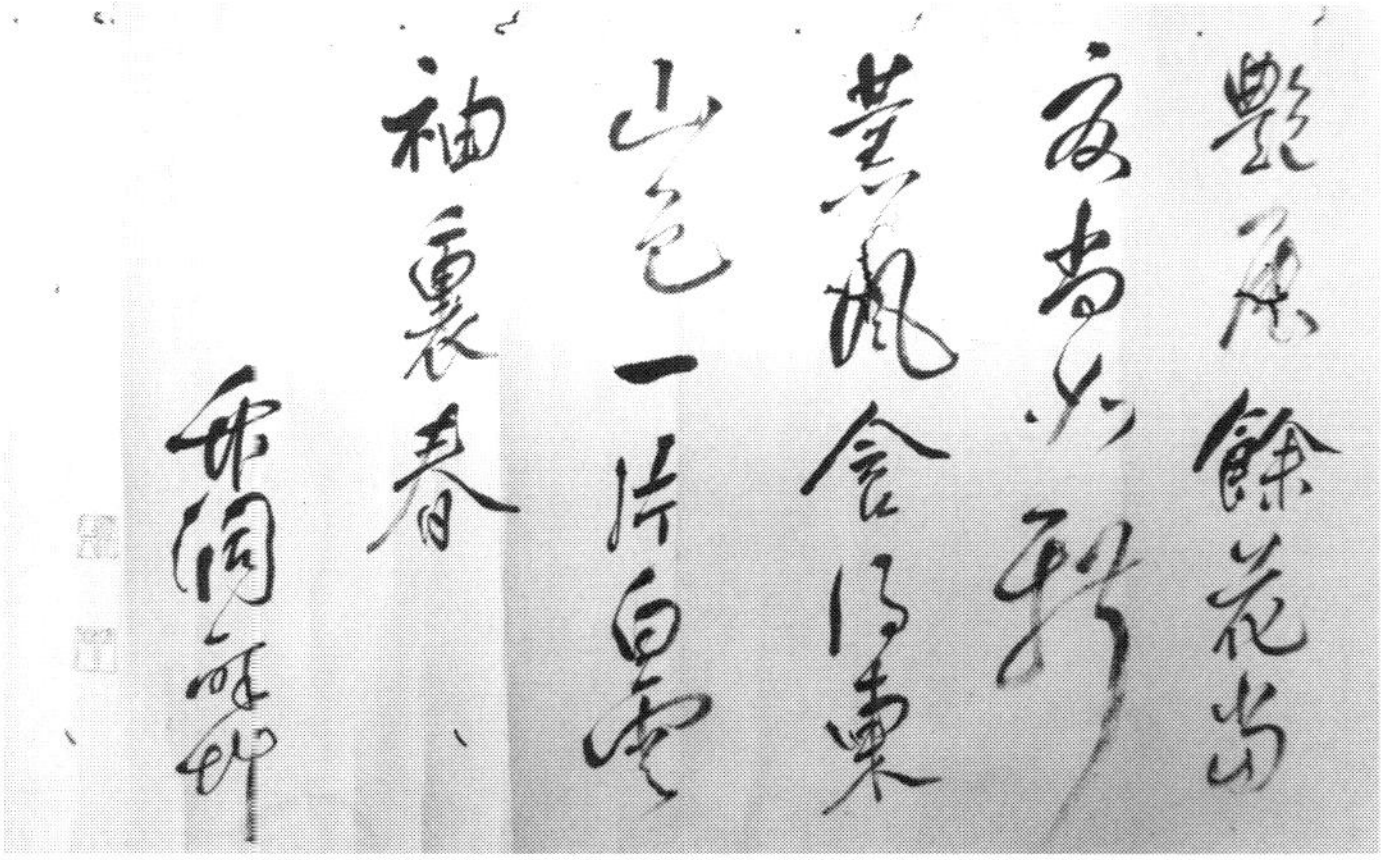

⓮人見竹洞の詩（『九重白雲』、小城市立歴史資料館蔵）

前章で紹介した『弘文荘待賈古書目』三十四号に掲載された『桜岡懐紙集』の記事には、「首に桜の押花六つあり」と記されている。このとき林門に披露した花の一部であることは容易に推測できる。なお、この日の集いのことは『直能公御年譜』にも記されており、鷺峰の詩も翻刻されている。そのもとになった詩巻『九重白雲』は現在、小城市立歴史資料館に蔵されておる【⓬・⓭・⓮・⓯・⓰】。

直能から『桜岡懐紙集』の記念の文を依頼された鷺峰は、ちょうど一ヶ月後の七月五日の日録に次のように記している。

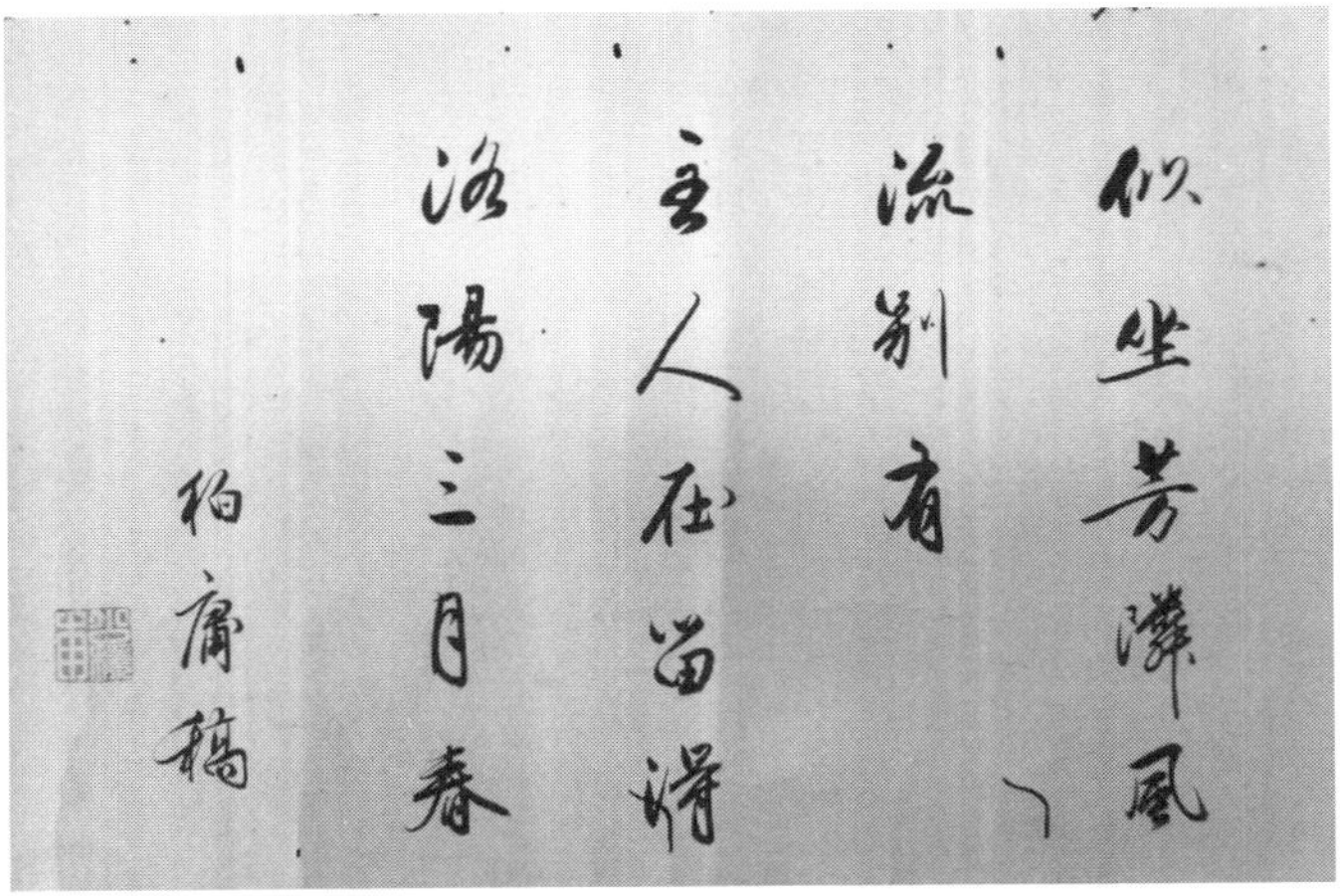

⑮狛高庸の詩（『九重白雲』、小城市立歴史資料館蔵）

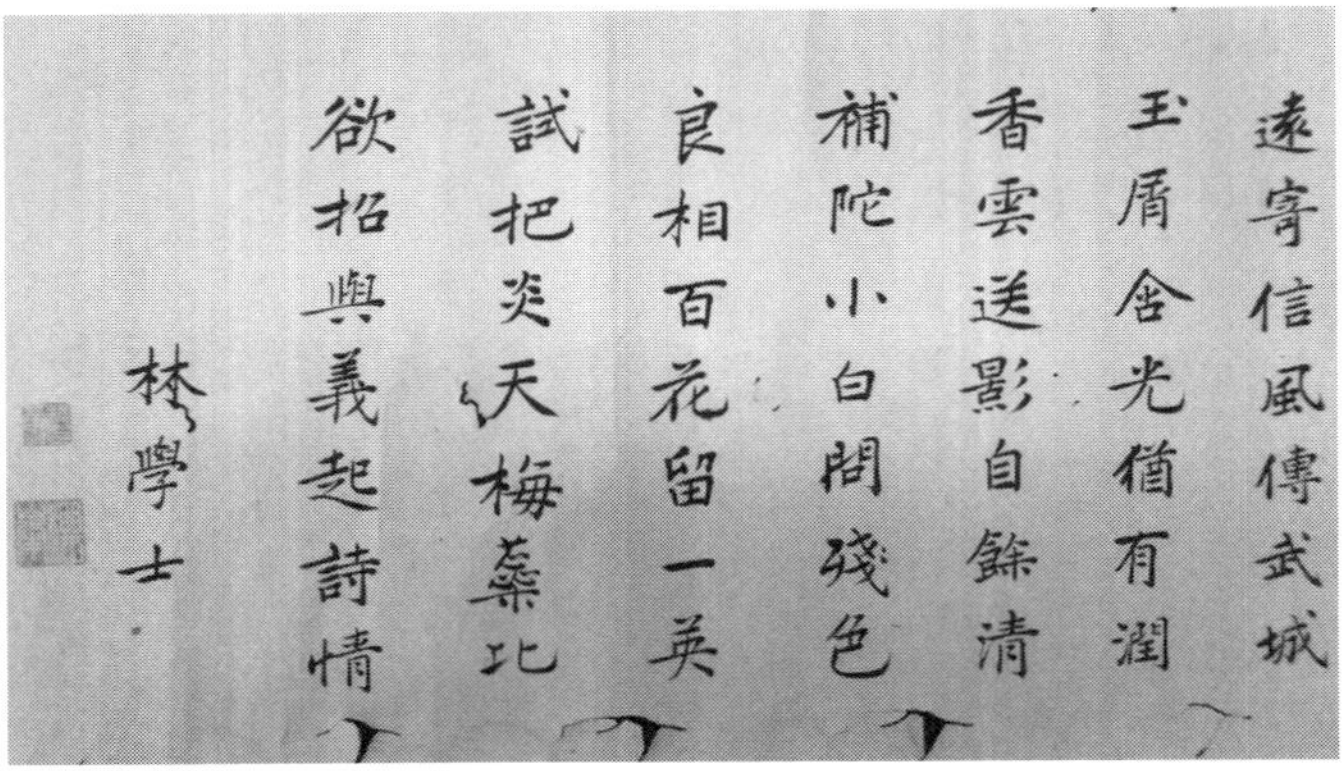

⑯ 林鵞峰の詩（『九重白雲』、小城市立歴史資料館蔵）

灯下《とうか》、村喬《そんきょう》に口授《こうじゅ》して「岡花倭歌跋」を作らしむ。夜半《やはん》に及びて臥《ふ》す。

この日の夜、鵞峰は宿直の塾生村喬に口頭で「岡花倭歌跋」を授けて作らせ、夜中になってようやく寝床に着いた。

そして翌日、また当日宿直の塾生に清書させ、別の塾生に訓点をつけさせた。

顧言《こげん》（中村顧言）・田植《でんしょく》（岸田春植）、侍して坐す。植（田植）をして「岡花倭歌跋」を書せしめ、而して顧言をして点を加えしむ。

（『南塾乗』延宝三年、七月六日）

こうして鵞峰の「岡花倭歌跋」はできあがった【⑰】。直能の桜岡三部作もこれをもって完成を見た。

前節で見たように林門が分詠した「桜岡景境詩」巻は、寛文八年（一六六八）四月にはすでに直能の手にわたった。『八重一重』に収められた「桜岡景境詩」の末尾には、野間三竹《のまさんちく》が延宝三年（一六七五）六月に執筆した「桜岡景境詩引」が付されている。明らかに桜岡三部作を一つのまとまった作品集として仕上げるにあたって補われたものである。

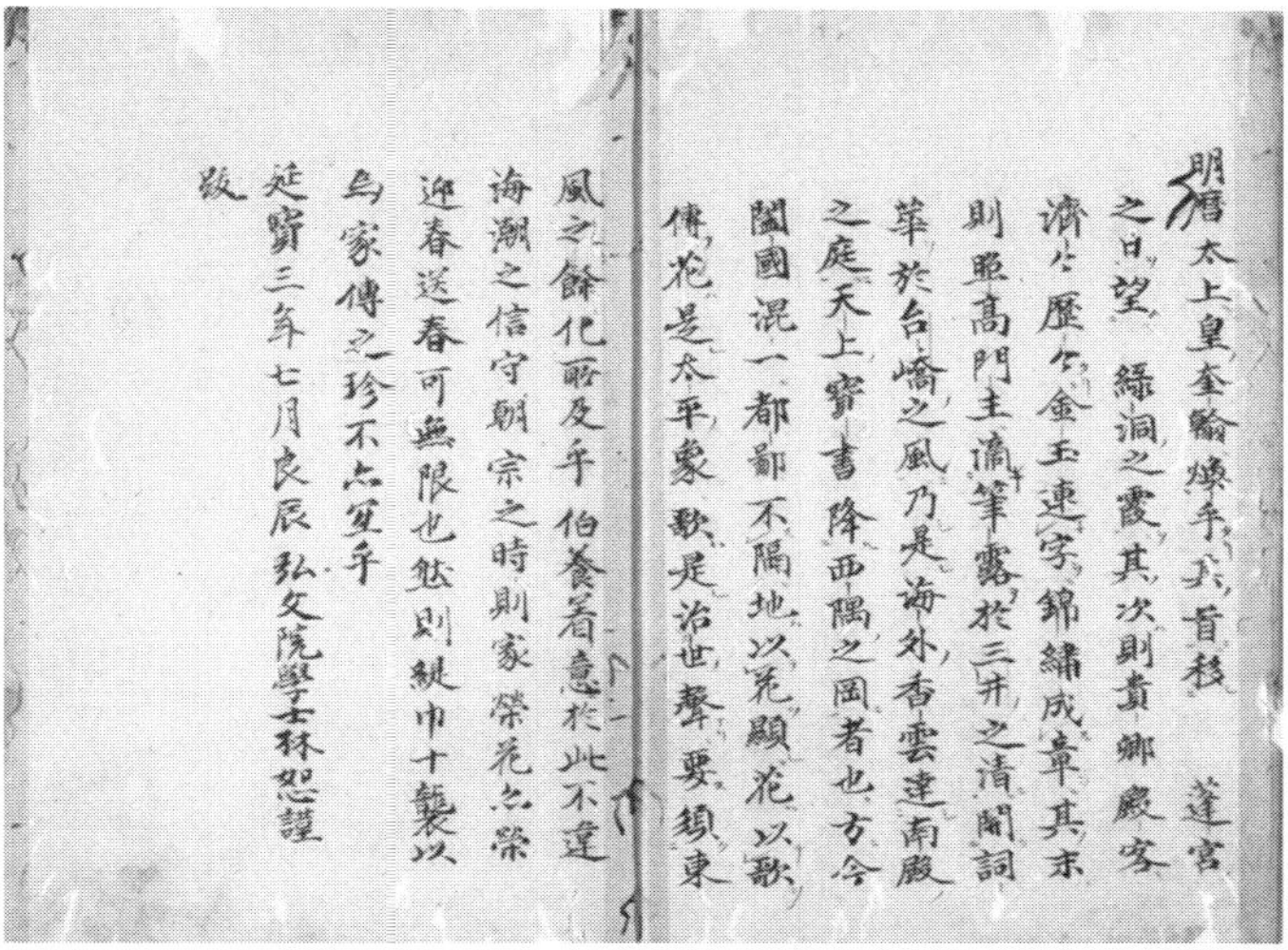
蓬宮
明暦太上皇奎翰煥乎其首秋
之日望締洞之霞其次則貴卿殿客
濟々歷々金玉連字錦繡成章其末
則照高門主滴筆露於三井之清閑詞
華於台嶠之風乃是海外香雲連南巖
之庭天上寶書降西隅之岡者也方今
闔國混一都鄙不隔地以花顧花以歌
傳花是太平象歌是治世聲要頌東
風之餘化所及乎伯養着意於此不違
海瀬之信守朝宗之時則家榮花亦榮
迎春送春可無限也然則緘巾十襲以
為家傳之珍不亦宜乎
延寶三年七月良辰弘文院學士林恕謹
跋

⑰林鵞峰「岡花倭歌跋」（『八重一重』）

以上三章にわたって、桜岡三部作の成立過程を追ったが、直能が和漢の学芸をリードする人たちの文雅の力を借りて、自らの家格を証明しようとしたのもさることながら、その背景にある堂上歌壇と地下の関係、両者をつなぐ親王門跡と院家のネットワーク、また林門と大名の交際の様子などが窺えて興味深い。桜岡三部作の成立過程は、まさにその諸相をよく示してくれる好例である。

参考までに、桜岡三部作の成立をめぐる一連の出来事を、判明している範囲で時系列に並べると概ね次のようになろう。

時期	事項
万治元年（一六五八）五～六月、あるいは一、二年前	直能は京都の東山を訪れ、木下順庵に「桜岡記」を依頼。
万治元年（一六五八）年十月	木下順庵の「桜岡記」が成立。
寛文五年（一六六五）冬	直能は人見竹洞の助力を得て桜岡十境・二十景を選定し、景境詩を林門に依頼。
おそらく同じ頃	直能は京都の公家衆に「岡花」和歌を依頼。
寛文六年（一六六六）三月	林鵞峰の景境詩四首ができあがる。
寛文七年（一六六七）十一月二日	鵞峰は前年春にできた自身の景境詩四首を絹に浄書。
九日後	林鳳岡の景境詩三首ができる。
寛文八年（一六六八）四月より前	公家衆だけの「岡花」和歌一巻が成立。直能は人見竹洞に「桜岡花倭歌序」を依頼。
同年四月二十二日	竹洞が「桜岡花倭歌序」の原稿を鵞峰に見せる。
二日後	林門の「桜岡景境詩」巻が完成。
翌日	「桜岡景境詩」巻が直能の手にわたる。
延宝元年（一六七三）	直能は勝仙院の晃玄を介して、聖護院門跡の道寛親王に院・宮の「岡花」和歌を所望。
延宝三年（一六七五）四月	徳川家光の二十五回忌のために江戸に下向した道寛が後西院の「岡花」和歌懐紙を直能にわたす。院・宮の懐紙を加えた『桜岡懐紙集』が新たに成立。
同年六月六日	直能は『桜岡懐紙集』を鵞峰らに披露し、鵞峰に「桜岡花倭歌跋」を依頼。
同月	野間三竹が「桜岡景境詩引」を執筆。
同年七月六日	鵞峰の「桜岡花倭歌跋」が成立。直能の桜岡三部作も完成。

注

1 中尾友香梨「小城藩主・鍋島直能と江戸の林家一門――咸臨閣を舞台とした交流」（『佐賀学III――佐賀をめぐる「交流」の展開』佐賀大学地域学歴史文化研究センター、二〇一七年）を参照。

4 鍋島直能と堂上歌壇
『新拾葉集』

日高愛子

『新拾葉集《しんしゅうようしゅう》』は第二代小城藩主鍋島直能《なおよし》が蒐集した短冊や懐紙、歌会資料をまとめた歌集。江戸時代前期の堂上《とうしょう》歌人たちと直能の文化的交流がうかがえる。［書誌情報］写本、半紙本、一冊。貞享四年（一六八七）から元禄元年（一六八八）頃成立。印記「藤」「荻府学校」。函架番号 o953-09【❶】

『新拾葉集』の成立

小城鍋島文庫に「新拾葉集《しんしゅうようしゅう》」と冠する一書がある。後補題簽《こうほだいせん》と内題《ないだい》に「新拾葉集」とあり、一丁目に鍋島直能《なおよし》（一六二二～一六八九）の蔵書印「藤」と「荻府学校」の印が捺《お》される。直能の編んだ歌集にはほかに『歌集』（函架番号 o953-08）があるが、本書はその名のとおり『歌集』の続編として成されたものらしい。巻頭歌は、

花半落　　最胤《さいいん》　梶井《かじい》

谷ぢをば猶やうづまん春風にかたえきえ行《ゆく》花のしら雪

【現代語訳】

花半ば落つ　　最胤《さいいん》法親王

谷あいの小道を白雪のような花がいっそう覆い隠すだろう。その一方で、春風に吹かれて雪がとけるように舞い散り消えていく梢の花よ。

という邦輔《くにすけ》親王の皇子最胤法親王の歌で、続いて常胤《じょういん》法親王、後陽成《ごようぜい》天皇の弟道勝《どうしょう》法親王・良恕《りょうじょ》法親王（覚円《かくえん》）、後陽成天皇の皇子尭然《ぎょうねん》法親王・良純《りょうじゅん》法親王の歌が並び、その後に直能と同時代の堂上《とうしょう》歌人たちの歌が配される。

奥書《おくがき》等はないが、詠作年が記されるものがあり、それによって成立年を推定することができる。詠作年が記される歌のなかで上限となるのは、次に示した寛永十五年（一六三八）正月十四日の歌会記録である。

鶯声和琴　　権大納言季継《すえつぐ》　四辻《よつつじ》

律のうたにたつる柱のをあはせに声のあやなす春の鶯

左近衛権中将公業《きみかず》　阿野《あの》

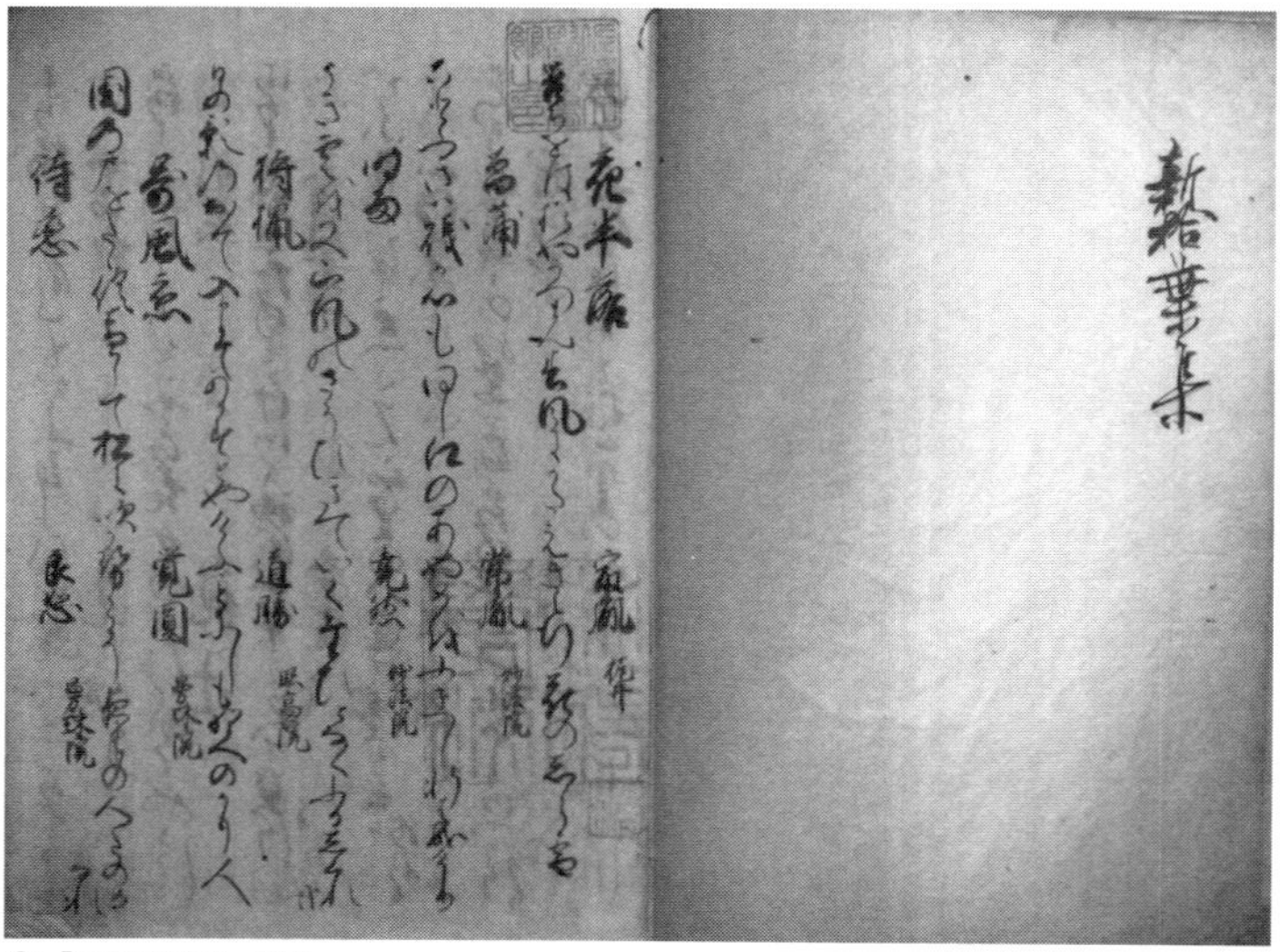

❶『新拾葉集』巻頭

よろづよを君にはじむる御あそびのことのねかよふ春の鶯

蔵人頭左大弁共綱《ともつな》　清閑寺《せいかんじ》

ひくことのしらべにそへてなくこゑは春にのどけき宮の鶯

参議左近衛権中将公景《きんかげ》　姉小路《あねがこうじ》

ひくことのしらべをそへて青柳のいともえならぬ鶯のこゑ

右近衛権中将具起《ともおき》　岩倉《いわくら》

うぐひすの声の匂ひもかよひきぬ梅がえうたふ琴のしらべに

右、寛永十五年正月十四日禁裏御会始

【現代語訳】

鶯声《おうせい》琴に和す　権大納言　四辻季継《よつつじすえつぐ》

律の歌に琴柱《ことじ》を立てて響かせる琴の調弦の音に合わせて、綾を織るように美しい声でさえずり鳴く春の鶯であるよ。

左近衛権中将　阿野公業《あのきみかず》

君の御代が末永く続くことを願う初春の宴の琴の音に、鶯も心を通わせ、さえずり鳴いていることよ。

蔵人頭左大弁　清閑寺共綱《せいかんじともつな》

弾く琴の調べに合わせてさえずり鳴く声の主は、春ののどかな宮廷に訪れた鶯であったよ。

参議左近衛権中将　姉小路公景《あねがこうじきんかげ》

弾く琴の調べに合わせて、青柳の糸枝が織をなすように、とても美しい鶯の声が唱和しているよ。

右近衛権中将　岩倉具起《いわくらともおき》

鶯の声に香りまで薫ってきたよ。梅が枝にとまって琴の調べに合わせて歌っているから。

右は、寛永十五年一月十四日に行われた禁裏御会始の歌である。

この歌会について、『資勝卿記《すけかつきょうき》』寛永十五年正月九日条に、

九日 癸酉《みずのととり》、仙洞《せんとう》和《わ》歌《か》御会始《ぎょかいはじめ》、来十四日候也。阿野（実顕《さねあき》）亜相より御触候也。「鶯声和琴」之次御さし筵の衆、予、烏丸《からすまる》（光広《みつひろ》）大納言、柳原《やなぎわら》中納言、烏丸（光賢《みつかた》）中納言、弘資《ひろすけ》、資行《すけゆき》、資慶《すけよし》等也。

【現代語訳】

九日、癸酉《みずのととり》。仙洞《せんとう》での和歌御会始が来《きた》る十四日に開催されることになった。阿野実顕《さねあき》権大納言から通達があった。「鶯声琴に和す」の題で、座の参加者は、烏丸光広《からすまるみつひろ》大納言、柳原《やなぎわら》中納言、烏丸光賢《みつかた》中納言、日《ひ》野《の》弘資《ひろすけ》、柳原資行《すけゆき》、烏丸資慶《すけよし》などである。

とあり、同月十四日条には次のように記される。

十四日 戊寅《つちのえとら》、晴、秉燭《へいしょく》已前、参院、和歌御会始也。弘御所《こうごしょ》にて如例年、読上講師《こうじ》有、読師《どくじ》烏丸（光広）大納言、講師頭弁《とうのべん》、発声《はっせい》四辻（季継）大納言也。

【現代語訳】

十四日、戊寅《つちのえとら》、晴。夕刻前に、院に参上し、和歌御会始が行われた。弘御所《こうごしょ》において、例年どおり、講師《こうじ》による歌の読み上げがある。進行役の読師《どくじ》は烏丸光広大納言が、講師は頭弁《とうのべん》、講師に続いて歌う発声《はっせい》は四辻季継大納言が担当した。

また、『新拾葉集』には見られないが、『雅章卿《まさあききょう》御詠《ごえい》』（大阪公立大学蔵）にも、

寛永十五年正月十四日　仙洞御会始

鶯声和琴

万代の春のしらべの玉琴に心ひかるるうぐひすのこゑ

【現代語訳】

寛永十五年一月十四日、仙洞御会始

鶯声琴に和す

末永く続く御代の春の調べを奏でる美しい琴の音に、心惹かれたのであろう。調べに合わせて鶯がさえずり鳴く声がするよ。

として、同歌会で飛鳥井雅章《あすかいまさあき》（一六一一〜一六七九）が詠じた歌が確認される。詠作年が記されるもので下限となるのは、

貞享四年卯、聖護院宮道祐《しょうごいんのみやどうゆう》親王、入峰三熊野《みくまの》にて

都にておもひしよりも三熊野のみつの御山は神さびにけり

【現代語訳】

貞享四年（一六八七）丁卯《ひのとう》、聖護院宮道祐《しょうごいんのみやどうゆう》親王が熊野三山に詣でて詠んだ歌。

都で思っていたよりも、実際に詣でてみると、熊野の三つの御山は神々しく見えることだなあ。

という貞享四年の後西院《ごさいいん》皇子聖護院宮道祐親王の歌である。すなわち、本書は寛永十五年から貞享四年頃までの堂上歌人の歌を中心に蒐集したものである。直能は元禄二年（一六八九）に六十八歳で没しているので、本書の成立は貞享四年から元禄元年頃と推される。

『歌集』は、後西院の歌に「当今様良仁　明暦」とあることから、後西院の在位期間である明暦二年（一六五六）から寛文三年（一六六三）の間、直能が三十代の頃に編んだものと考えられる。一方、『新拾葉集』は最晩年に成したものということになり、直能がその生涯をかけて蒐集した短冊や懐紙、歌会資料から、堂上歌壇との関係が見て取れる。

雅章の和歌門人として

『直能公御年譜《なおよしこうごねんぷ》』寛永十六年四月十九日条に、

直能公は兼て和歌の道御心懸、飛鳥井大納言雅章卿へ御入門、歌道の秘事、詠方の口決等、連々御相伝被成候。蹴鞠《けまり》の道も同じく御執心に付、御免許之御状有之候。

【現代語訳】

直能公は以前から歌道を心に掛けておられたので、飛鳥井雅章大納言に御入門になり、歌道の秘事や詠作の秘伝などの相伝を続けてお受けになった。蹴鞠道についても同じように関心をお持ちだったので、門弟となる免許状を授かられた。

とあるように、直能は寛永十六年に十八歳で飛鳥井雅章に和歌と蹴鞠を入門した。先に触れた寛永十五年仙洞和歌御会始の歌群も、初学びの頃に入手したものであろうか。

『新拾葉集』には、師範であった雅章の歌が最も多く収められている。そのなかから、詠作年が明記されるものを見てみると、次に挙げたように、いずれも寛文年間のものである。

寛文九年やよひ、東に旅行の時、飛鳥井大納言雅章卿へ山吹《やまぶき》を折て　西園寺《さいおんじ》実晴《さねはる》

つつしめや世はなにごとも山吹の花の色なる口なしにして

かへし　雅章卿

つつしまるよは松かげもやまぶきの花の色なる口なしにして

【現代語訳】

寛文九年三月、東国に旅に出たとき、飛鳥井雅章大納言に、山吹《やまぶき》を手折って送った歌　西園寺《さいおんじ》実晴《さねはる》

気をつけてくださいね。世間は何事も、この山吹の花の梔子《くちなし》色のように、口に出して思っていることをはっきりとは言わぬものですから。

返歌　雅章卿

慎みますよ。松の木陰にある山吹の花の梔子色のように、待っていても世の人は思ったことを口にいたしませんので。

寛文十年、雅章卿、御やく御ゆるされの時

なにか残るこれひとつやはつとめこし世をばゆづりの翁さびしも

【現代語訳】

寛文十年、雅章卿が武家伝奏《ぶけてんそう》を罷免《ひめん》となったときの歌

いったい何が残っただろう。これ一筋に長年働いてきたのに、役を譲り渡すことになってしまった翁は寂しいものだなあ。

直能は、『直能公御年譜』寛文元年二月二日条に、

二月、直能公、兼て歌道御執心之末、北野の能貨《のうか》より古今集御伝授相済候。右、能貨と申は能円《のうえん》が次男也。

【現代語訳】

二月、直能公は以前から歌道にご熱心であった結果、北野天満宮の能貨《のうか》から古今集の伝授を相伝されるに至った。この能貨と申す者は、能円《のうえん》の次男である。

とあるように、四十歳で能貨より古今伝受を受けた。早くから和歌に執心し、雅章門人として詠作に励む直能であったが、本藩の第二代藩主光茂《みつしげ》（一六三二〜一七〇〇）を差し置いて和歌宗匠である飛鳥井家から伝受を授かることは憚《はばか》られたらしい。その光茂は、寛文十一年十月、やはり四十歳にして雅章より三部抄伝受《さんぶしょうでんじゅ》（藤原定家の歌書とされた『詠歌大概《えいがのたいがい》』『百人一首』と仮託書『未来記《みらいき》』『雨中吟《うちゅうぎん》』の相伝）を受けているが、これを仲介したのも直能であったと考えられる。

『新拾葉集』には、雅章との贈答歌も収められている。

富士　　　　　　　　　　　雅章　飛鳥井

この度《たび》はさこそ心につもるらしころもさ月の雪のふじのね

返し

ふることをおもひいでつつむかひみむ五月の空の雪のふじのね

【現代語訳】

富士　　　　　　　　　　　飛鳥井雅章

今度の旅では、さぞや心に積もる思いがあるらしい。時期は五月だというのに、富士の峰は雪の衣をまとっているよ。

返歌

昔のことを思い出しながら正面から見てみたいものです。五月の空に、時節を知らずに雪が降るという富士の峰を。

寛文五年、雅章が勅使として江戸へ参じた帰途に交わした歌で、『直能公御年譜』や『雅章卿御詠』にも採録される。

このように、寛文年間の直能は、古今伝受を授かったのち、いよいよ和歌修練にいそしみ、雅章に添削を乞うべく頻繁に歌を送っていたようである。また、そうした和歌指導のなかで、飛鳥井家伝来の歌書のほか、短冊や懐紙などが直能の手に渡ることがあった。たとえば、

詠二首和歌　　　　　侍従藤原雅経《まさつね》上《たてまつる》

山河水鳥

いはたがはいくせのなみを
かづくらむたちぬるをしの
するゑにおりゐる

旅宿埋火
よもすがらまきのしたおれ
かきつめてあさたちやまぬ
うづみびのもと

【現代語訳】

詠二首和歌　侍従飛鳥井（藤原）雅経《まさつね》　たてまつる

山河の水鳥
岩田川でどれだけ多くの瀬の波を潜ってきたのだろうか。羽を濡らした鴛鴦《おしどり》が下流にいるよ。

旅宿の埋火
一晩中、薪となる垂れ枝をかき集めて、旅立つ朝まで火が消えることのない炉火のもとで過ごしたことだ。

の二首は、正治二年（一二〇〇）十二月の後鳥羽院《ごとばいん》（一一八〇〜一二三九）の熊野御幸の折に滝尻王子《たきじりおうじ》へ奉納するために催された歌会の懐紙、いわゆる熊野懐紙の一つを写したものである【❷】。このほか、

七夕　雅綱《まさつな》　飛鳥井
星合をよそにおもへばあまの河ながれてはやき月日ならずや

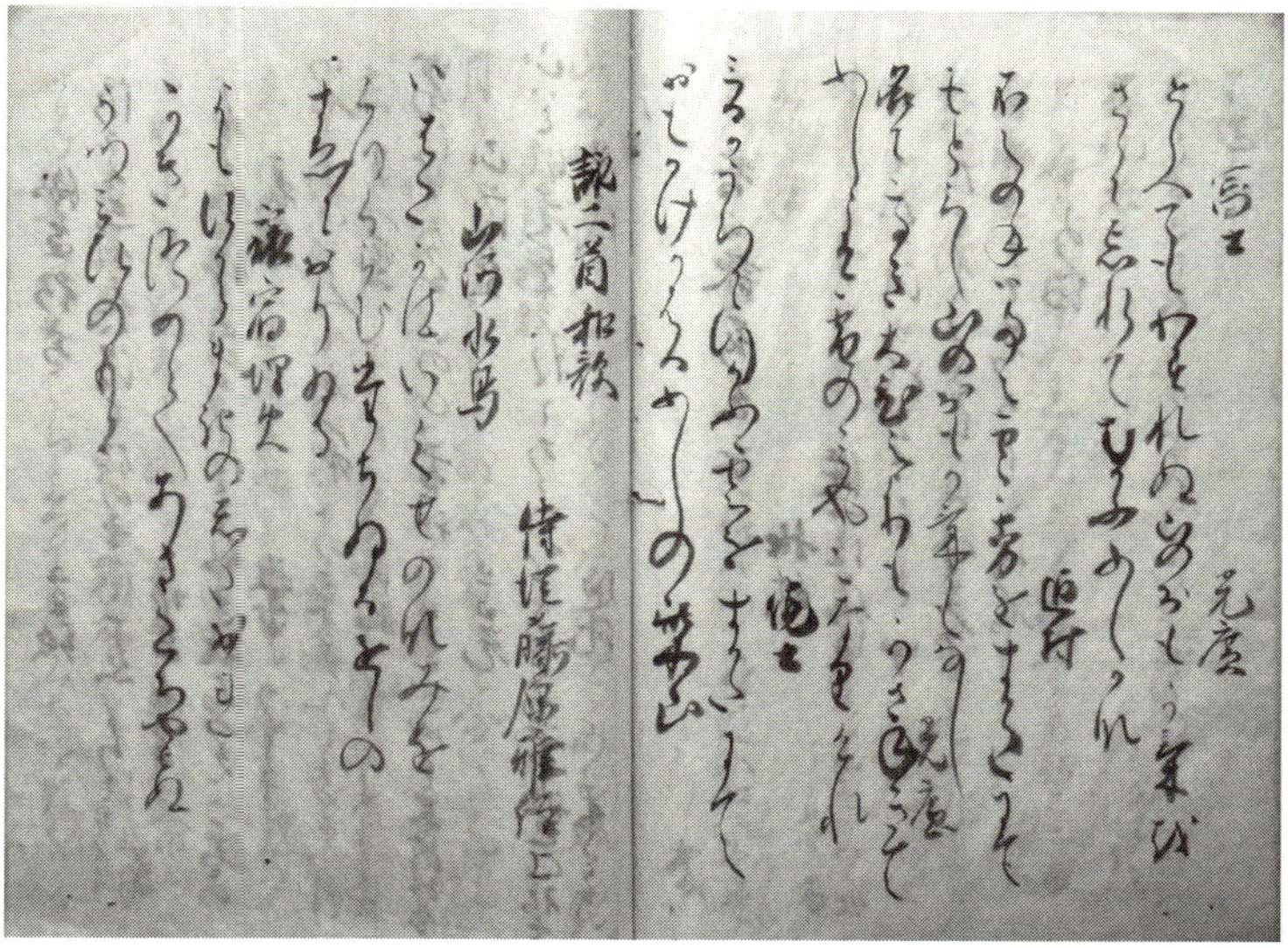

❷『新拾葉集』

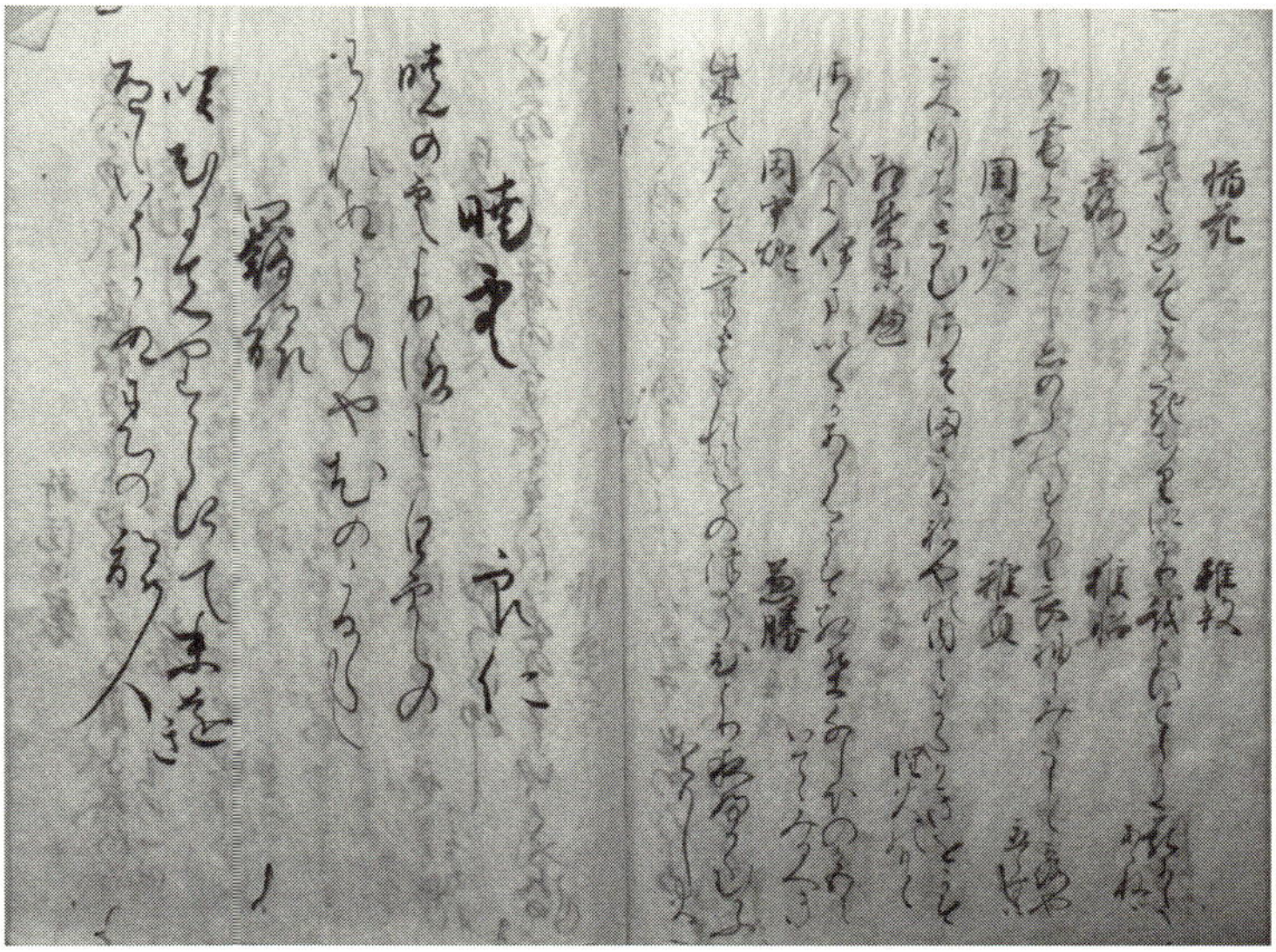

❸『新拾葉集』

【現代語訳】

七夕　　　　　　　　　　　　飛鳥井雅綱《まさつな》

七夕に牽牛と織女が逢うことを遠く離れた場所で思うにつけても、天の川のように、月日の流れもなんと早いことであろうか。

という雅綱《まさつな》（一四八九～一五六三）の歌も確認されるが、それ以外は雅章の父雅庸《まさつね》、兄の雅宣《まさつら》（難波宗勝《なんばむねかつ》）、子の雅直《まさなお》らの当代の歌で、いずれも雅章から入手した短冊によるものと思われる。

後水尾院・後西院の和歌

後水尾院《ごみずのおいん》（一五九六～一六八〇）や後西院（一六三八～一六八五）の歌が多く収められることにも触れておきたい。後水尾院の歌は、「法皇」や「仙洞」と記され、『後水尾院御集《ごみずのおいんぎょしゅう》』などに確認される歌もあるが、他の詠草類に見いだせないものもある。一方、後西院の歌には、「良仁親王《ながひと》」と記すものと「新院」と記すものがある。注目したいのは、後西院の歌群のなかに、懐紙によるとおぼしい二首が見られることである【❸】。

暁空　　　　　　　　　良仁

暁の空より後も白雲の
わかれぬみねや花のこるらん

羇旅

咲花に先やすらぎて末遠き
道もいそがぬ春の旅人

【現代語訳】

暁の空　良仁

暁の空から後も白雲がちぎれることなくかかって見える峰には、白い花が咲き残っているのだろう。

羇旅

咲く花に真っ先に心が安らいで、行き先は遠いというのに旅路を急ぐこともない、のどかな春の旅人よ。

寛文六年、直能は小城鯖岡《さばおか》に新たな庭園を造り、桜を植えて「桜岡」と称し、皇族や堂上衆に「岡花」の題による和歌を依頼した。『直能公御年譜』延宝三年（一六七五）四月二十日条に次のような記述がある。*1

四月廿日、大猷院《たいゆういん》殿廿五年御忌、東叡山《とうえいざん》に於て御供養有。右御法会に付、聖護《しょうご》院宮《いんのみや》道晃《どうこう》法親王、江戸へ御参向、此御序《ついで》に、明暦《めいれき》太《だ》上天皇《じょうてんのう》の宸翰の御懐紙を直能公御拝戴有。此時、親王、勅命を伝へて曰、「是汝が望請ふ処の岡花の御製」と云々。

御製和歌

咲花にまじる岡辺の松の葉は
いつとなきしも
色をそへつつ

【現代語訳】

四月二十日、大猷院《たいゆういん》（徳川家光公）の二十五回忌で、東叡山寛永寺《とうえいざんかんえいじ》において追善供養が行われた。この追善供養のため、聖護院宮道晃《しょうごいんのみやどうこう》法親王が江戸に参向した。そのついでに、明暦太上天皇《めいれきだじょうてんのう》（後西院）ご宸筆の懐紙が直能公のもとに届けられ、ありがたく拝領した。このとき、道晃法親王が後西院の勅命をお伝えになり、「この懐紙は、そなたが欲しいと懇願した、岡花をお詠みになったものである」という。

御製の和歌

桜の花が咲くのに混じって、岡辺の松の葉は、いつまでもその常緑の色を添え続けることでしょう。

このとき懐紙に認められた「咲花に……」の歌は、『岡花二十首和歌《おかのはなにじっしゅわか》』（小城市立歴史資料館蔵）一帖にまとめられたほか、『八重一重《やえひとえ》』（o97-05）にも収められている。[*2]

寛文元年に坊城俊完《ぼうじょうとしまた》（一六〇九～一六六二）の養女として直能の後室となった長寿院《ちょうじゅいん》（伊賀《いが》）は、実は後陽成天皇の皇子良純法親王の姫君であった。[*3] すなわち、道晃法親王は直能にとって義理の叔父にあたり、後西院とも姻戚関係になるのであって、長寿院との婚姻を機に後水尾院・後西院周辺の皇族たちとの交流が一層盛んになったと考えられるのである。

『新拾葉集』には先に取り上げた後西院の懐紙二首のほかにも、道晃法親王、道寛《どうかん》法親王、後西院の皇子幸仁《ゆきひと》親王や道祐《どうゆう》親王などの皇族の歌が確認される。巻末歌は、

梅が香をしるべにたのむこの宿の春をときはになびく青柳

【現代語訳】

梅の香を春を知らせる頼みとするこの宿に東風《こち》が吹き、春が永遠に続くことを願うように、風になびいている青

柳であるよ。

という坊城俊完の息俊広《としひろ》の歌であり、飛鳥井雅章への歌道入門に加え、長寿院を後室として迎えたことによって堂上歌壇との華やかな文化交流が築かれていったことがわかる。

注

1 「道晃」は「道寛」の誤り。『新拾葉集』に「聖護院道寛　延宝三年乙卯卯月東ニ下向之時／むさしのも山ありけりとかたりいでぬ都のつともことの葉もなし」（二九五）とあり、江戸参向の折に直能と面会したのは道寛法親王（後水尾院皇子）であることがわかる。

2 井上敏幸「直能の和歌」（『小城藩と和歌――直能公自筆『岡花二十首和歌』の里帰り』佐賀大学地域学歴史文化研究センター、二〇一三年）参照。なお、『岡花二十首和歌』には、道晃法親王による跋文がある。

3 「類題白縫集姓名録」（中原勇夫編『今泉蟹守歌文集』一九七一年）。長寿院の出生をめぐっては、北島治慶「鍋島直能の教養とその周辺」『新郷土』三百十〜三百十四号（一九七五年一月〜五月）に詳しい。

5 支藩の藩主、本藩の世子
『不忘集』

中尾健一郎

鍋島直能《なおよし》は延宝八年（一六八〇）から翌年にかけて贈られた詩歌を自ら編集して『不忘集《ふぼうしゅう》』と名づけた。詩歌を寄せた人々には、友人や家臣のほかに佐賀本藩の世子・鍋島綱茂《つなしげ》が含まれる。直能と綱茂の作品を読み解くことによって、両者の交流の知られざる一面が明らかになる。

［書誌情報］写本、大本、一巻一冊。直能の自筆本で自序あり、跋《ばつ》・奥書《おくがき》なし。序文末に「時延宝辛酉春三月、把筆於松菊之北窓」。直能の六十歳を記念して編まれたものである。「藤」と「荻府学校」の印が捺《お》されている。函架番号097-08。

文人大名・鍋島直能

小城藩第二代藩主・鍋島直能《なおよし》（一六二二〜八九）は、武人であり、かつ歌人でもある。実質的に小城藩における最初の文人大名といえる。後西《ごさい》上皇、公家と林家一門の詩歌を集めた『八重一重《やえひとえ》』や『夫木和歌類句集《ふぼくわかるいくしゅう》』『武林歌仙《ぶりんかせん》』の編者として知られており、近年、初めて人物伝[*1]が刊行されたことにより、知名度は上がっている。ただ、直能の隠居後に成った『不忘集《ふぼうしゅう》』については、まだ十分に知られるには至っていない。

直能は延宝七年（一六七九）十二月に家督を子の元武《もとたけ》に譲り、桜岡の西にある西ノ岡に隠居した。延宝九年に成立した『不忘集』は、六十歳という節目の年を記念する詩歌集であり、老年の直能の精神生活、知友との交流の記録という側面をもつ。

本章では、『不忘集』から読み取れる直能の晩年の庭園と交友関係、なかんずく、直能とその甥にあたる佐賀本藩の世子・鍋島綱茂《つなしげ》（一六五二〜一七〇六）との間で交わされた詩文を中心に取り上げ、併せて佐賀本藩と小城・蓮池《はすのいけ》・鹿島の三支藩が対立したとされる時期にあって、直能と綱茂がいかなる交流をもったかについて述べよう。

不忘集序

『不忘集』の冒頭を飾る直能の序を読むと、該集の命名の由来と、これがいかなる詩歌、漢文を集めたものであるかがわかる。そこで、序の本文を二段に分けて紹介する。本章において漢文は書き下し文にして引用する。

芳桂子、少《わか》き時、山と水とを楽しむ。其の癖《へき》、老いてよりこのかた、猶《な》お未だ痊《い》えず、遂に膏肓《こうこう》に入る。然れども其の楽しむ所、仁智の楽に非ず、只だ其の閑なるを楽しむのみ。且つ夫れ月と花と、雲と雪と、魚と鳥と、舟と杖とは、都《すべ》て山水の際に在りて、又た予の閑を助くる者なり。故に世人の閑に乗じて斯《こ》の境に来たる者も、亦た敢えて拒まず。敢えて之れを拒まざれば、来たる者は其の楽を楽しみ、亦た敢えて俗ならず。或いは裁《さい》するに詩賦を以てし、或いは送るに和歌を以てす。予や、隠棲の暇、他の塵事を忘れ、偏《ひと》えに淡泊の余味を甘しとす【❶】。

芳桂子《ほうけいし》（直能）は若いときから山水を楽しんでいた。その愛好癖は年老いてもおさまらず、癒やしがたい病となっている。しかしながら私は、「知者は水を楽しみ、仁者は山を楽しむ」（『論語』雍也《ようや》篇）といった儒者の楽しみではなく、ただ閑雅なおもむきを楽しむのである。秋の月、春の花、夏の雲、冬の雪、水中の魚の姿、山林の鳥の鳴き声、舟遊び、散策などは、すべて山と川にあって私の静かな暮らしを彩ってくれるものである。したがって、世間の人で閑暇《かんか》を得てこの場所を訪れるものは拒まない。拒まれることがないので、来訪者はこの場所で閑雅なおもむきを楽しみ、俗に染まらない。ある人はここで詩や賦を作り、またある人は和歌を詠んで贈ってくれた。私といえば隠居して世間の俗事を忘れ、淡泊な日常にある余情をしみじみと味わっている。

直能は若いときから山水を愛好する性格であった。四季折々の景観を楽しむことができるのは、桜岡とその附近である。すでに隠居の身である直能は、自身の庭園で静かな生活を楽しんでいるが、時には楽しみをともにする人が此処で詩賦を作り、時には心を寄せてくれる知友が和歌を寄せてくれるのである。

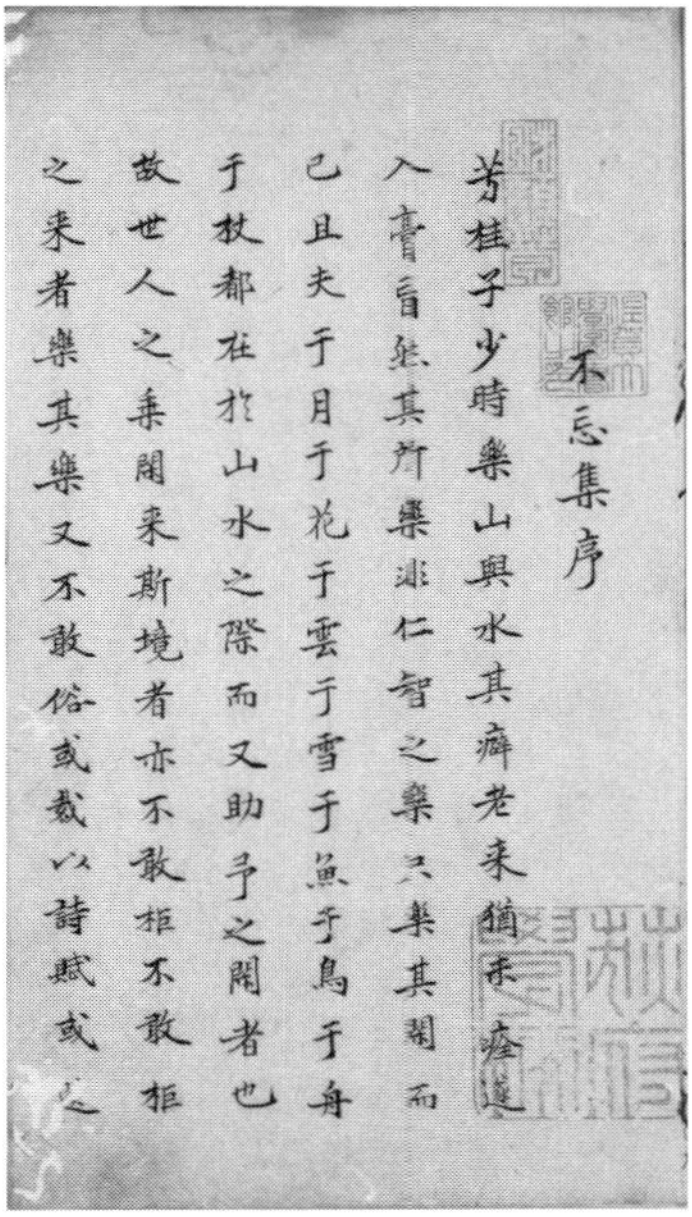
不忘集序

芳桂子少時樂山與水其癖老来猶未瘥遂
入膏肓然其所樂非仁智之樂只樂其閑而
已且夫于月于花于雲于雪于魚于鳥于舟
于杖都在於山水之際而又助予之閑者也
故世人之乗閑来斯境者亦不敢拒不敢拒
之来者樂其樂又不敢俗或載以詩賦或

❶『不忘集』巻頭

このようにして集まった詩歌を一巻にまとめることにしたことを次のように述べる。

此れより前《さき》、送らるる詩歌、若干篇《じゃっかんへん》有り。其の善悪と貴賤とを論ぜず、彙《あつ》めて以て巻を為さんと欲す。時に送るに詩歌を以てする人有り、之れを披《ひら》けば、則ち予を賀する所の者なり。古《いにしえ》に云う、喜び有れば則ち以て物に名づく。忘れざるを示すなり、と。因りて此の篇に冠するに賀の詩歌を以て

す。時に延宝辛酉《かのととり》春三月、筆を松菊の北窓に把《と》る。（傍線筆者、以下同じ）

編纂方針や内容について述べている。手元に以前送ってもらった詩歌が若干ある。その作の上手下手、作者の身分の何如《いかん》を問わず、まとめて一巻をなそうと思った。そこへ先日、詩歌を送ってきた人がいた。開いてみると、直能の六十の齢を祝うものであった。古人は、喜ばしいことがあれば、ものに名づけて忘れないという思いを示したという。そこで、この書を「不忘」と名づけ、祝いの詩歌を巻頭に置いた。時は延宝九年（一六八一）の三月、松と菊を植えた北側の窓辺でこの序文を記した。

ここには直能の『不忘集』編纂の重要な動機が記されている。それは、彼の六十歳を祝う詩歌を送ってきた人がおり、これを喜んで「不忘」と題する詩歌集を編纂することにしたということである。「不忘」とは、次に掲げる蘇東《そとう》坡《ば》の「喜雨亭記《きうていのき》」をふまえたものである。

> 亭に雨を以て名づくるは、喜びを志《しる》すなり。古《いにしえ》は喜び有れば、則ち以て物に名づく。忘れざるを示すなり。周公は禾《か》を得て、以て其の書に（「嘉禾《かか》」と）名づけ、漢武《かんぶ》は鼎《かなえ》を得て、以て其の年に（「元鼎《げんてい》」と）名づけ、叔孫《しゅくそん》（春秋時代の叔孫得臣）は狄《てき》（北狄）に勝ちて、以て其の子に（「僑如《きょうじょ》」［北狄の大将の名］と）名づく。其の喜びの大小は斉《ひと》しからずとも、其の忘れざるを示すは一なり。
> （『東坡集』巻三十二）

蘇東坡は北宋の嘉祐七年（一〇六二）、鳳翔府《ほうしょうふ》（現在の陝西省《せんせいしょう》鳳翔市）の判官であったとき、旱天《かんてん》に慈雨を得て喜んだ。そこで周公旦《しゅうこうたん》や漢の武帝《ぶてい》などの古人が慶事を得て物に命名し、その喜びを忘れなかったことにちなんで、亭に「喜雨」と命名した。直能はこれをふまえて、六十の長寿を祝う詩歌を送られた喜びを忘れないように、「不忘集」と名づけたという。

さて、『不忘集』をひもとくと、「不忘集序」に続いて、鍋島綱茂の漢詩と和歌が各一首、元武の漢詩と和歌が各一首、直能の娘（未詳）の和歌が一首掲載されており、これらのみが直能の六十歳を祝う詩歌である（直能の娘に続く碧《へき》湖元達《こげんたつ》の詩は別の慶事）。直能の六十歳を祝う綱茂の詩歌は次のようである【❷】。

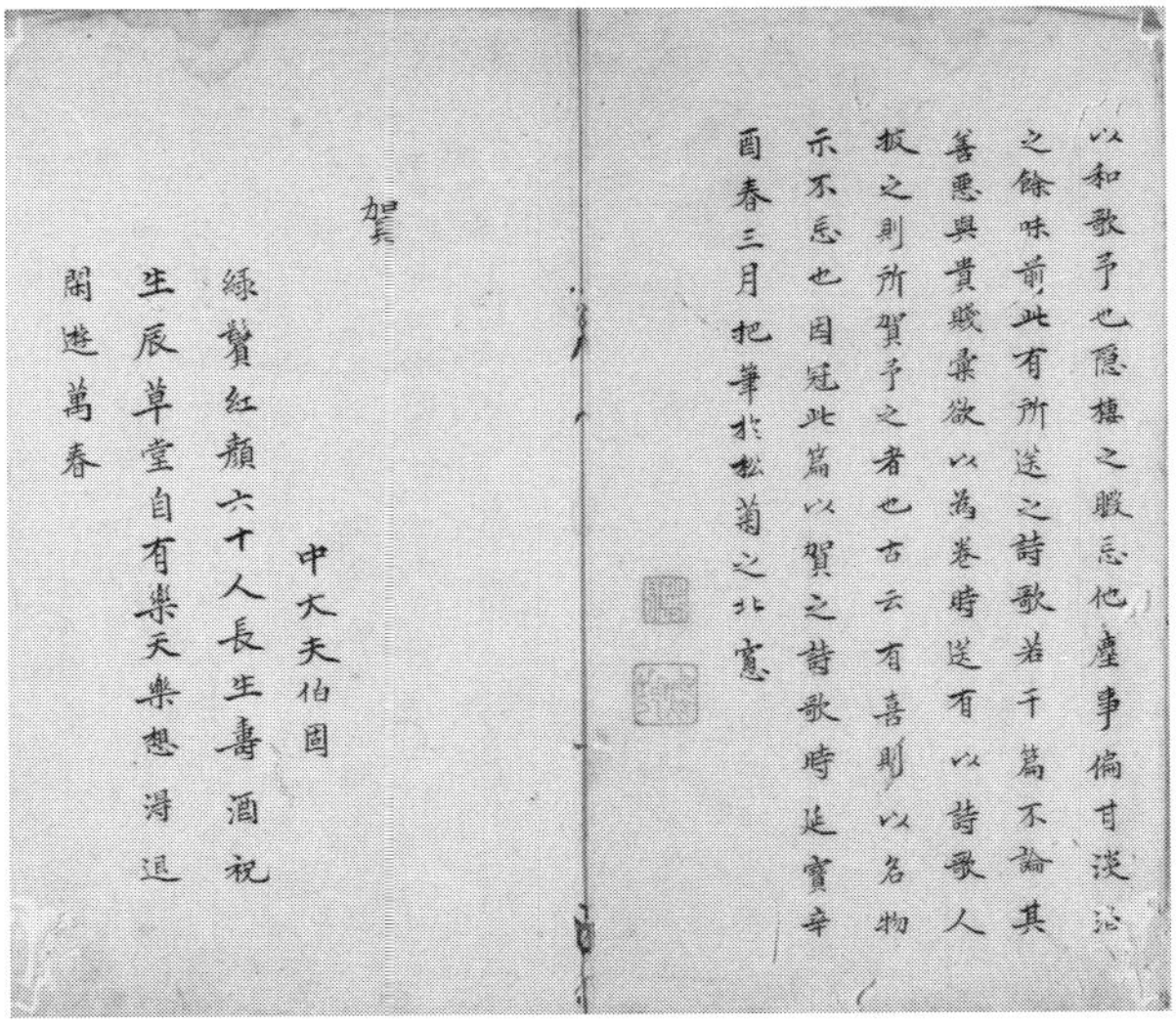
以和歌予也隠棲之暇忘他塵事偏寸渋沁
之餘味前此有所送之詩歌若干篇不論其
善悪與貴賤彙欲以為巻時送有以詩歌人
挍之則所賀予之者也古云有喜則以名物
示不忘也因冠此篇以賀之詩歌時延宝辛
酉春三月把筆於松菊之北窓

賀
中大夫伯固
緑鬢紅顔六十人長生寿酒祝
生辰草堂自有楽天楽想得退
閑遊萬春

❷『不忘集』鍋島綱茂の賀詩

賀　　中大夫伯固

緑鬢紅顔六十人
長生寿酒祝生辰
草堂自有楽天楽
想得退閑遊万春

緑鬢《りょくびん》　紅顔《こうがん》　六十の人
長生の寿酒もて　生辰を祝う
草堂　自《おのずか》ら天を楽しむ楽有り
想い得たり　退閑し　万春に遊ぶを

はるかなるするゑをこゝろにあそぶらんみぎりの田鶴《たづ》の千世のもろ声

延宝九年（一六八一）の春、綱茂は佐賀藩の世子として江戸に滞在していた。綱茂が思い浮かべる直能の姿は次のようである。鬢《びん》は黒々として、顔は血色がよい。めでたい酒を飲んで六十歳を祝い、質素な草堂にて楽天知命の境地を楽しむ。直能がいつまでもそのような閑適を楽しむことを、綱茂は願っている。

また、和歌には、直能が長寿を得て、千年の齢をもつ鶴と声を合わせて心ゆくまで遊ぶであろうと詠む。前掲の賀詩の後半二句に、長寿の象徴である鶴を加えたと見える。

綱茂の詩の後に置かれている直能の子・元武の詩は、綱茂に和したと見られ、韻字に同じ韻目に属する上平《じょうひょう》・真韻の「春」「新」を用いている（元武の詩は省略）。おそらく元武の詩と歌、および直能の娘の歌も、江戸から直能に送られたのであろう。六十歳を慶賀する綱茂らの詩歌は、直能の心に喜びと、六十歳の節目を記念する詩文集を編纂する意思を生じさせたと考えられる。綱茂はこのほかにも長文の題をもつ詩を寄せているが、これについては後節にてふれる。

詩歌を寄せた人々

鍋島直能の『不忘集』は、本人の序に始まり、家族、家臣、友人等から贈られた漢詩文、和歌を集めたものである。収める作品をジャンルごとに数えると、漢文が一篇（不忘集序）、漢詩二十三首、和歌三首となる。直能の序に続けて詩歌を寄せた人々を、掲載順に並べると次のとおりである（重複する者は省略する）。

中大夫伯固（佐賀藩世子、鍋島綱茂）　漢詩二首、和歌一首
朝散大夫藤子（直能の子、三代藩主元武）　漢詩二首、和歌一首
藤氏女（直能の娘、未詳）　和歌一首
栖聖沙門碧湖（黄檗僧、碧湖元達）　漢詩一首

正之（未詳。元武の知人か）	漢詩一首
持福隆昌（曹洞宗持福寺の僧か）	漢詩一首
曾谷格元（幕府の御番医師、曾谷謙祐）	漢詩一首
光明梅堂（黄檗僧、梅堂寂香か）	漢詩八首
弄此（未詳）	漢詩一首
蘭室（未詳）	漢詩一首
禅関（黄檗僧、禅関元青）	漢詩二首
下川文蔵（小城藩儒、下川三省）	漢詩一首
山田玄寿（小城藩医）	漢詩一首
梅嶺（黄檗僧、梅嶺道雪）	漢詩一首

前述の鍋島綱茂、元武、直能の娘のほかに、小城藩主の菩提寺である祥光山星巌寺《じょうこうざんせいがんじ》の開山・潮音道海《ちょうおんどうかい》の法嗣碧湖《へきこ》（法諱は元達、栖聖《せいせい》は佐賀の栖聖寺）、悦山道宗門下の禅関《ぜんかん》（法諱は元青）、即非如一《そくひにょいつ》門下の梅嶺《ばいれい》（法諱は道雪）など、黄檗《おうばく》僧たちが詩を寄せている。光明梅堂《こうみょうばいどう》は鹿島の黄檗宗普明院《ふみょういん》の梅堂寂香《じゃくこう》、持福隆昌《じふくりゅうしょう》は小城の曹洞宗持福寺の僧であろうか。直能にその才を愛され、朱舜水《しゅしゅんすい》の門に学んだ藩儒・下川三省《しもかわさんせい》や、藩医・山田玄寿《やまだげんじゅ》も詩を寄せている。

『不忘集』の構成

『不忘集』に収められた詩歌の内容を概観すれば、四つの部分に分けられる。一つ目は前述のように、延宝九年

（一六八一）春に執筆の直能の序から、直能の娘の和歌までの、直能が六十歳を迎えたことを慶賀するものである。

二つ目は、延宝八年に作られた碧湖元達の「鍋島加賀守老居士の隠居を賀す」と題する漢詩と、正之《まさゆき》の「朝散大夫藤子の父、翁老居士の国に還り退隠するを送り奉る」と題する直能の隠退を祝う漢詩である。両人の詩が作られたのは、延宝八年（一八六〇）の春から夏にかけてと考えられる。『直能公御年譜』に次のようにある。

五月四日、直能公、江戸御発駕。此節為御暇乞、御老中方御廻勤被成候。且数十年薫山ニ雅会之文人・詩客、又兼而御懇志之面々、為御暇乞、皆々罷出。（以下略）

（『直能公御年譜』巻六、延宝八年五月四日の条）

直能が家督を子の元武に譲り、隠退を許されたのは延宝七年十二月である。翌年の正月、隠居の身となった直能は江戸で春を過ごし、五月四日に小城へ向けて出発した。出発に際して、直能は老中をはじめとする幕府の枢要に挨拶に回った。また長年、薫山《かおるやま》（現在の東京都渋谷区）の中屋敷で開いた雅会に集った文人・詩客、懇意の人々に暇乞いをした。正之の詩はこの頃の作であり、碧湖の詩も直能の小城到着後に贈られたものであろう。*2

三つ目は、持福隆昌《じふくりゅうしょう》の「延宝辛酉《かのととり》の春、桜岡に、主君梵木を以て新たに大悲の瑞像を造り、兼ねて香堂を城中に構えて、之れを安んじ奉る」云々という題の七言絶句、鍋島綱茂の「頃日《さきごろ》、従者藪内了和《（ママ）》、西肥より来たりて云う」で始まる題の五言律詩、そして曾谷謙祐《そだによしすけ》の七言絶句である。詩の製作時期は、隆昌と謙祐の作は延宝九年の春、綱茂の詩は延宝八年の秋と見られる。隆昌は小城で詩を作り、謙祐と綱茂は江戸から詩を寄せている。製作の時期も場所も同じではないため、この部分は統一感を欠くが、いずれも小城に構えられた直能の別荘の具体的な建物の名を言わないことは共通している。

ちなみに謙祐は法橋《ほっきょう》に任じられた御番《ごばん》医師である（『寛政重修諸家譜』巻七百七十二）。彼は直能に寄せた詩の序文の中で、興味深い逸話を述べている。直能は江戸在府中、薫山屋敷に設けられた「宿花堂」にしばしば遊んだ。謙祐は春の花、秋の月をともに愛でた同志直能の雅趣をよく知っているので、御用絵師狩野家に久しく蔵されている謝氏《しゃし》（未詳、明代の宮廷画家謝環《しゃかん》か）真筆の「芝蘭画」を、狩野探幽《たんゆう》の子、探雪《たんせつ》に謄写《とうしゃ》させて贈ったという。直能は遠く離れていても自分のことを覚えていてくれる知友に感謝し、その作を『不忘集』に収めることにしたのだろう。

四つ目は、光明梅堂の「盈視観《えいしかん》に遊ぶ」に始まる七言律詩八首から梅嶺道雪《ばいれいどうせつ》の「臨川閣《りんせんかく》に遊ぶ」と題する五言絶句までである。『不忘集』に収められている二十三首の漢詩のうちの十六首、つまりおよそ七割がここに配置されている。梅堂の連作詩は春の景物を詠んでおり、この後に掲載されている詩も、基本的に延宝九年春の作である。ただし最後の梅嶺の詩のみは、「孟夏望後」（四月十五日の後）で始まる文が添えられており、夏の作であることがわかる。したがって、直能の「不忘集序」の日付は延宝九年三月となっているが、『不忘集』が実際に完成したのは延宝九年の四月と目される。

四つ目の部分は主として庭園内の景勝、あるいは花を題とする。具体的には、光明梅堂の「盈視観に遊ぶ」「躑躅《てきちょく》花を看《か》る」「臨川閣に題す」「蔵王堂に遊ぶ」「観音堂に遊ぶ」「三聖堂に礼す」「福寿菴に遊ぶ」「山崎亭に遊ぶ」の八首をはじめとする直能の別荘とその周辺に構えられた各種の建物について詠むもの、および桜岡の桜を愛でる詩が収められる。『直能公御年譜』を確認すると、建物の所在が明らかなものもある。たとえば「三聖堂」（三聖庵）は、桜岡に釈迦、孔子、老子の像を安置した建物であった。また、「山崎亭」は、西ノ岡の北、紅葉山の辺りにあったことがわかっている。

『不忘集』には題に臨川閣を含む詩が四首あり、隠退後の直能は、主にここで賓客と詩歌を応酬したようである。桜岡に設けられた「桜岡十境」に見える建物とは名称が異なるため、臨川閣は桜岡ではない場所——西ノ岡——に別に建てられていたであろう。『直能公御年譜』に次のように見える。

六月九日、直能公桜岡江御着館被成候。此已後西ノ岡を御隠栖之地と御定め被遊候。

（『直能公御年譜』巻六、延宝八年六月九日の条）

直能は延宝八年（一六八〇）六月九日に桜岡に帰着後、西ノ岡を隠棲の地と定めた。小城郡教育会編『小城郡誌』（再版、名著出版、一九七三年）附録の地図を確認すると、桜岡の西側にある岡であることがわかる。『直能公御年譜』巻四の寛文六年（一六六六）の項に、「今年夏、小城西岡御泉水出来、岡山へ桜御植させ被成候」とあり、この頃から整備が始まったようである。前述の地図を閲覧すると、桜岡と西ノ岡の間には南北に流れる川が描かれており、臨川閣は川を挟んで桜岡を望むことができる西ノ岡に建てられていたと考えられる。なお、『直能公御年譜』には、直能が隠退後、西ノ岡に盛んに建物を構えたことについて、次のように記されている。

直能公桜岡御草創之後、所々御茶屋を御建、夫々ニ雅名を御附被成、寛文・延宝之頃に及んてハ、尚又観閣之数も増長し、御隠居之後、天和・貞享の今に至てハ、於西岡楼舎亭館之美景、水石園林之風色を一々石井左助ニ命せられ、是を図せしめ、温公（司馬光）の独楽園に擬して自楽園と銘し給ふ。

（『直能公御年譜』巻八、貞享元年十二月の条）

直能は桜岡に雅名を附したお茶屋を建て、延宝九年以降も建物の数を増やした。隠居した後、天和・貞享年間には西ノ岡に楼閣などを建造し、北宋の司馬光の独楽園に擬《なぞら》えた「自楽園」を造成するまでになったという。石井《いしい》左助《さすけ》の手になる「自楽園図并序」（『直能公御年譜』巻八、貞享元年十二月）に臨川閣は見えないが、前述のように西ノ岡にあったと考えられる。参考までに、蘭室《らんしつ》が臨川閣で詠んだ詩を掲げよう。

遊臨川閣　蘭室
楼台高架水雲開
花笑春風撲鼻来
今日初看臨川閣
人間亦自有蓬莱

臨川閣に遊ぶ　蘭室
楼台　高く架《か》かり　水雲《すいうん》開け
花笑《さ》き　春風　鼻を撲《う》ち来たる
今日　初めて看る　臨川閣
人間《じんかん》にも亦自《ま》た蓬莱《ほうらい》有《あ》り

蘭室はおおむね次のように詠んでいる。臨川閣は高く聳《そび》えて、その眼前には川を含む自然の風景が広がり、咲く花の香りが東から春風に乗って漂ってくる。この日、初めて臨川閣に遊んで、この世にも蓬莱山のような仙境があることを知った。

同じく禅関は「桜花」詩と「臨川閣即興」を併せて作っており、臨川閣から見える桜について、「枝々爛漫勝仙境、終日吟花興没窮（枝々《しし》爛漫《らんまん》として仙境に勝り、終日 花を吟じて興の窮《きわ》まる没《な》し）」（「桜花」詩）と詠み、臨川閣は仙境以上であると賞賛する。直能を読者とする詩であることを割り引いても、蘭室と禅関にとって、臨川閣からの眺望は仙界のように素晴らしかったはずである。『不忘集』中の詩歌に詠まれた春景色が、桜岡にて詠まれたのか、それとも西ノ岡で詠まれたのかは俄《にわか》には判断できない。しかし、いずれにしても当地の景観が美麗であったことは、蘭室や禅関をはじめとする人々の作から見て取れよう。

直能と綱茂

直能と綱茂は、叔父・甥の関係にあった。延宝九年（一六八一）に直能が六十歳のとき、綱茂は三十歳であるから、親子ほど年が離れている。しかし前節に見たように、直能の六十歳を祝う詩歌を綱茂が送っていることから、両者の間には文雅な交わりをもつ関係が築かれていた。それはこのときではなく、遅くとも延宝三年（一六七五）頃には始まっていた。次の二つの記事は、林鵞峰《はやしがほう》の『南塾乗』（内閣文庫蔵）に見えるものである。

鍋島加賀守宅に赴き、（中略）又た八月十八日に約す。其の嫡家《ちゃっけ》信濃守の招く有り。

（『南塾乗』巻十、延宝三年六月六日の条。原漢文、以下同じ）

而して約に依り鍋嶋信濃守に赴く。時に春常と門に逢い、同道して入る。友元・春東・狛庸来会し、鍋嶋加賀守も来たる。晩炊の後、主人の求めに依り、月の句題を探し、各おの之れを賦す。又た屛風の賛を作る。主人、名、字《あざな》を求むれば、乃《すなわ》ち名を貞、字を伯固と定む。其の余、件々、談闌《たけなわ》にして、燭を秉《と》りて出づるに及ぶ。

（同右、延宝三年八月十八日の条）

鵞峰は延宝三年の六月六日、直能（加賀守）の江戸藩邸に赴いた。そのとき、八月十八日に綱茂（信濃守）の招きに応じることを約束したという。そして当日、約束どおりに鵞峰・鳳岡《ほうこう》父子と門弟の人見竹洞《ひとみちくどう》らは綱茂の邸宅を訪問した。当然、直能もやって来た。晩餐の後、月を詠んだ詩句に題を求めて詩を作り、鵞峰は綱茂の屛風に賛も寄せた。さらに綱茂の求めに応じて、彼の名を「貞」、字《あざな》を伯固と定めた。その後は雑談に興じ、灯火を取って綱茂の邸宅を出たという。鷲峰の日録の続きを読むと、九月四日に「伯固説」を完成させ、その翌日に清書していることがわかる。前月に字を定めたとき、その説を作ることも約束していたので、約束を果たしたのである。当時綱茂は二十四歳。一流の文人である鷲峰に、名と字を決めてもらいたかったのであろう。その仲介役を果たしたのが、鷲峰と交流のあった直能であった。

ところで、小城藩と佐賀本藩との関係については、良好ではなかったことが通説となっている。『直能公御年譜』巻六の次の記事を見ると、本藩と小城・蓮池・鹿島の三支藩の間に亀裂が生じているように見える。

信濃守殿御行跡不宜様ニ世上致風聞候。両人（直朝、直能）も其通ニ存候。各も定而可為見聞かと存候。（以下略）

（『直能公御年譜』巻六、延宝七年正月十六日の条）

右の文は、延宝七年（一六七九）の正月に、佐賀本藩の世子である綱茂の行いがよくないと、三支藩の藩主たちが連名で本藩の二代藩主光茂《みつしげ》に届け出たものである。佐賀本藩と支藩との間に不和が表面化したのは、延宝期（一六七三〜一六八二）であり、そのきっかけの一つとなったのが、三支藩に対する綱茂の強圧的態度であったとされている。[*3]三人の藩主には直能も名を連ねており、延宝三年に直能が綱茂を鷲峰に引き合わせたことに鑑みれば、意外の念を抱かざるを得ない。もっとも直能や鹿島藩三代藩主直朝《なおとも》に、一代下の若い世嗣たちと比べると、綱茂に対して冷静に対処しようとしていたとの見方もあるが、[*4]それにしても本藩の世子を名指しで批判するとは尋常のことと思えない。案ずるに直能は、小城藩主としての公の立場から、蓮池・鹿島の二人の藩主と足並みを揃えざるを得なかったが、綱茂との個人的な関係はさほど悪くなかったのではないか。その根拠となるのが、『不忘集』の綱茂による直能の六十を祝う賀詩とは別の五言律詩である。詩の題は長文であるため、二段に分けて紹介しよう。

頃日《さきごろ》、従者藪内了和（ママ）、西肥より来たりて云う、将《まさ》に郷を発《た》たんとする前日、小城の前加州丈を其の別墅《べっしょ》に訪《おとな》う。其の境や山は峙《そばだ》ちて、城市と心と共に遠し。其の居や水遶《めぐ》り、世慮と身と共に忘る。時は秋、白露《はくろ》は林に滴《したた》り、翠嵐《すいらん》は袖を湿《うるお》す。池浅くして月を邀《むか》え、山高くして雁を送る。青苔厚《せいたいあつ》くして略彴《りゃくしゃく》（丸木橋）通じ、紅稲秀《こうとうひい》でて晩《ばん》風《ぷう》香る。佳境勝景、乃《すなわ》ち枚挙し難し。

綱茂のもとに先日、藪内了知《やぶのうちりょうち》（了智）[*5]が国元からやってきた。了智は佐賀を出発する前に、小城に元藩主の直能を訪ねた。直能の別荘の所在は、桜岡と西ノ岡が向かい合って聳え立つところである。市街地から遠く、邸宅を取り囲むように川が流れている。このような環境であるから、別荘の主人の心は繁華な街から離れて世間に対する慮《おもんぱか》りを忘れ、世間も主人のことを忘れたかのようである。季節は秋にあたり、白露は林に滴《したた》って、山のみずみずしい空気は袖を湿らせる。浅い池は水面に月影を映し、高い山の彼方に雁が渡る姿が見える。来客がまれであるゆえに青い苔がむした両岸に丸木橋がわたされ、赤米は稲穂をつけて夕暮れの風に香っている。心身ともに心地よく感じられる景勝は、枚挙の暇もない。

了智は鍋島家に仕えた茶人であった。風流を解する彼が、直能の庭園を逍遥し、園内の景観を楽しんでいたところ、偶然にも庭園の主である直能が姿を見せた。そのときのことは次のように述べられる。

是《ここ》に於いてか、丈人手《て》づから弐《ふた》つの瓢《ひさご》を携え、偶然来たる。之れを見れば則ち酒在り、肴在り。且つ酔い且つ吟じ、其の楽しむこと陶然たり。因りて告げて曰く、今、吾が草亭、松牖《しょうゆう》の閑寂たるは、何物をか之れに加えんや。汝、武陵《ぶりょう》（江戸）に到るの日、侍して話《かた》らば之れに及べ、と。余、之れを聞き、欣然《きんぜん》として親《みずか》ら其の境を見るが如し。

就《すなわ》ち横川《よかわ》の幽致と輞川《もうせん》の佳景とを思い、并《あわ》せて按ずべきなり。嗚呼《ああ》、丈人、泉石の膏肓《こうこう》、煙霞の痼疾《こしつ》あり。人と其の楽を楽しまずして、世の楽を避くる者か。何《いず》れの日か相い共に一瓢《いっぴょう》を携え、余清《よせい》を酌《く》まん。漫《みだ》りに蕪律《ぶりつ》（律詩）を綴《つづ》りて之れを寄す。

中大夫伯固

了智の目の前に、二個の瓢箪《ひょうたん》を手にした直能がたまたまやってきた。酒と肴を持参し、酔っては詩を吟じ、うっとりとして楽しげである。そこで直能は次のように語った。現在、我が草庵と松に面した窓の侘《わ》びた佇《たたず》まいは、何も不足しておらず、言葉に尽くせぬ興趣がある。おまえが江戸に着いて主人に伺候したときには、ここで見たり聞いたりしたことを話して聞かせよ、と。綱茂は了智の報告を聞くと、うれしくなり、自身の眼で直能の庭園を見ているかのような気がした。そこですぐさま、比叡山の横川《よかわ》の幽境や、王維の輞川《もうせん》荘の佳境を思い浮かべ、直能の庭園もこれらと比肩すべきものであろうと考えた。そして、直能が深く山水を愛好し、世俗の人および世俗の楽しみを避けていることに感嘆し、質素な酒肴を持ち寄り、直能と世俗を離れた清らかな宴を楽しみたいと述べるのである（五言律詩の本文は、前に掲げた詩題の内容をまとめたものなので割愛する）。

直能が『不忘集』を編んだ延宝九年（一六八一）は、三支藩の藩主が綱茂を名指しで批判した二年後にあたる。直能が綱茂の詩歌を排除しなかっただけでなく、そもそもその編纂のきっかけが綱茂から六十歳を祝う詩と歌を寄せられたことであったのに鑑みれば、公的な立場は別として、両者の間は風雅を愛するという共通点で結びついていたと見てよい。綱茂と直能の間で交わされた詩歌を読む限り、綱茂は山水と文雅を愛する直能に対して尊敬の念を抱いていたようであり、直能も自分より三十歳も若い綱茂に対して同好の思いを抱いていたと考えられる。その上、直能の山水の愛好、庭園内の建物の造営は、綱茂にも大きな影響を与え、江戸初期における最大級の大名庭園「観頤荘《かんいそう》」として結実した。[6]

風雅の世界に遊ぶ老年の直能の心境は、石井左助に作らせた「自楽園図幷序」の末尾に示されているように思われる。その言葉をもって締めくくりたい。

官を辞め、世に求むる無く、身老いて事《こと》足れり。豈《あ》に名に汲々《きゅうきゅう》たらんや、豈に利に汲々たらんや。

注

1　中尾友香梨『小城藩主鍋島直能——文雅の交流』（佐賀大学地域学歴史文化研究センター、二〇二二年）。

2　『禅学大辞典』（新版、大修館書店、一九八五年）「寂錬」の項に、寂錬が延宝八年に栖聖庵に住する師碧湖元達に随従したことが記されている。この記述より、碧湖は当時、佐賀にいたことがわかる。

3　野口朋隆『佐賀藩鍋島家の本分家』（佐賀大学地域学歴史文化研究センター、二〇一三年）、九一〜九七頁。

4　野口朋隆氏は、注3所掲書に「彼ら（鍋島元武・直之・直條—中尾注）より一世代前の小城家の直能、鹿島家の直朝などは、事態を冷静に対処していこうとしており、八朔の太刀献上をしてしまった子ども達の行動についても本家の家老に対して「何も若気之儀候」（いずれも若気のためです）と説明している」とする（一〇四頁）。

5　藪内了智は茶道藪内流三世・藪内紹智（剣翁）の次男。冨永南陔『茶人系伝』（天保八年刊）藪内流の系図に、「了智、剣翁二男、号覚然。佐賀臣」とあり、子の宗也とともに佐賀藩に仕えたことがわかる。

6　綱茂の観頤荘については、中尾友香梨『佐賀城下にあった幻の大名庭園——観頤荘』（佐賀大学地域学歴史文化研究センター、二〇一八年）を参照。

付記

本章は、『京の雅と小城藩』（佐賀大学地域学歴史文化研究センター、二〇一九年）所収の『不忘集』翻刻資料の解題に加筆修正をほどこし、大幅に改稿したものである。

七代藩主直愈と兄の直嵩。
五条家出身の母静明院と姉や妹。
家臣たちも交えて催された歌合や歌会。
小城文壇と称すべきものが形成されていた。

II　藩主家の文芸サロンと小城文壇

6 薄幸の若様を守り立てて

鍋島直嵩覚書

白石良夫

三十一歳の若さで逝去した鍋島直嵩《なおたけ》の文芸資料を紹介する。直嵩が中心に催された歌合、冷泉為村《れいぜいためむら》の指導の跡のわかる直嵩詠草、家臣によって編纂された直嵩の私家集である。小城の歌壇で営まれた京都堂上《どうじょう》派《は》の風雅が垣間見られる。

夭折の歌人

鍋島直嵩《なおたけ》は、小城鍋島藩第六代藩主直員《なおかず》の長男として、宝暦三年（一七五三）に国元の小城で生まれた。通称を喜三郎、のち右京といった。生まれつき病弱であったため家督を同腹の弟直愈《なおます》に譲り、自身は国元で過ごした。二代藩主直能《なおよし》以来蓄積された宮廷文化の余香を身につけ、五条家出身の生母静明院《じょうみょういん》の伝手《つて》もあって、堂上歌壇の大立者冷泉為村《れいぜいためむら》から詠歌の指導を受けた。

病気療養と文学三昧《ざんまい》の生活であったが、天明三年（一七八三）五月十四日逝去。享年三十一のみじかい生涯であった。そのみじかすぎる生涯のため、こんにち地元小城においてもめったに語られることがない。

明和九年の小城藩歌合

当文庫目録で仮に「歌合集」と名づけられたこの資料（o956-19）は、明和九年（一七七二）に行われた計十三回の歌合を一冊に集めたものである。各篇の書式や大きさが統一されていないところから、歌合ごとに書き写されていたものをそのまま合綴《がってつ》したと想像される。現状は表紙がない。逸したものか最初からなかったものか、それは定かではない。なお、弟直愈の蔵書印「曲肘亭」が捺《お》されている。

以下に、各歌合の概要を記す。詠者名は原本の表記に従った。

第一回　十二番　題「梅薫風」「霞隔浦」「竹裏鶯」
開催日　情報なし
詠者　御前様（藩主直愈）・喜三郎様（直嵩）・松隈・八重・永田・橋本・岩松七・岩松左
判者　直嵩。九番の直嵩歌の判詞中に「賤しき丸《まろ》が歌にて侍れば」とある。
本文　各丁オモテ一面に左右一番の歌を清書、そのウラに判詞を記入。筆跡異なる。

第二回　十八番　題「帰雁」「柳」「春雨」❶
開催日　扉「辰正月廿四日夜／御歌合」
詠者　御前様・喜三郎様・久ぎく様（直嵩の異母姉）・熊ぎく様（直嵩同腹の妹）・松隈・八重・永田・橋本・岩松七・岩松左・いと・読人しらず
判者　情報なし

本文　各丁オモテ一面に左右一番の歌を清書、そのウラに判詞を記入。筆跡異なる。

第三回　二十一番　題「待花」「春曙」「水郷春望」

開催日　扉「歌合／明和九年辰三月廿六日」

詠者　松姫君（直嵩母静明院）・直嵩君・久菊君・熊菊君・玄廓・昌許・いと・柳薗・規美・相延・貞忍尼・世忠・則祇・喬林。作者附あり。

判者　末尾「判者　中原玄廓」。

本文　歌・判詞とも同筆、追い込みで清書される。

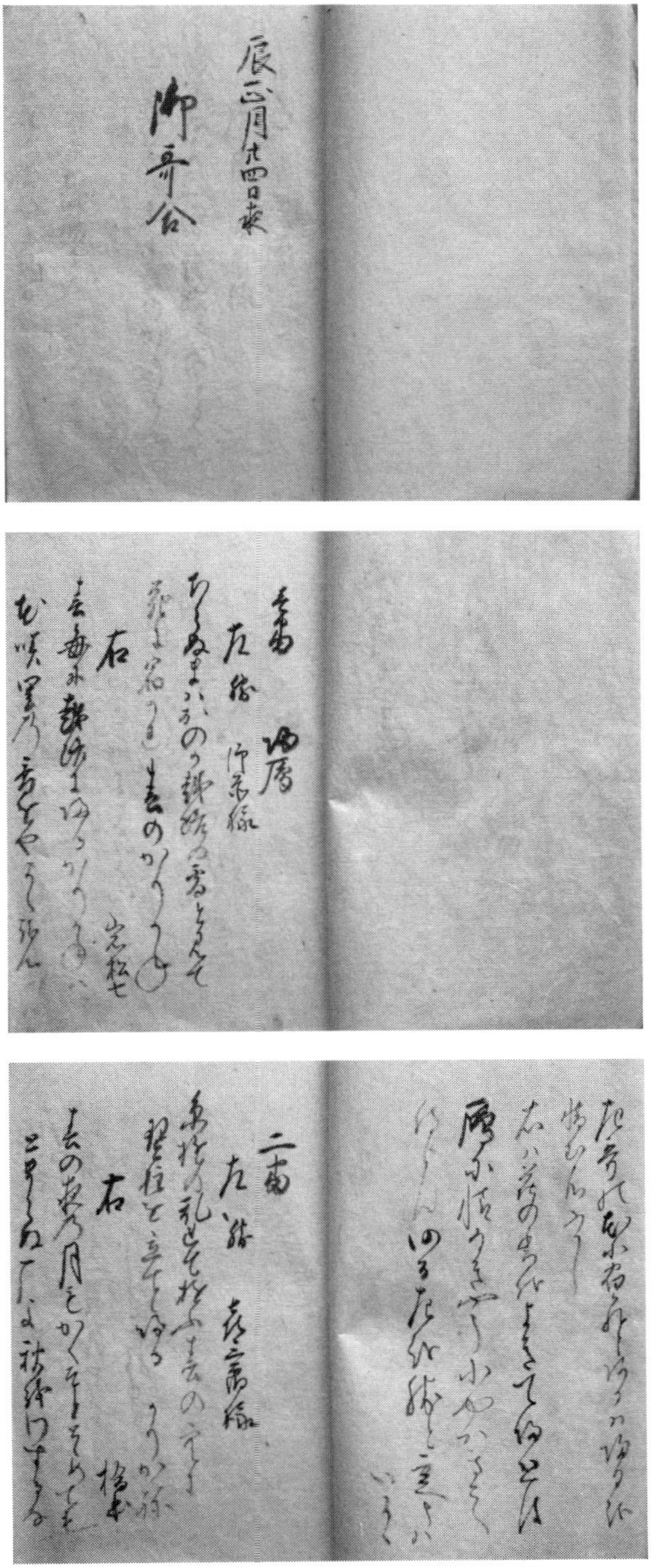

❶第二回の歌合の一部

第四回　二十四番　題「暮山子規」「卯花留客」「忍涙恋」
開催日　扉「明和九年／辰卯月御歌合」
詠者　御前様・喜三郎様・久菊様・熊菊様・図書殿・玄庭・八重・規美・相延・貞忍・世忠・則祇・喬林・村川・よみ人しらず
判者　末尾「判者　直嵩君〔暮山子規　卯花留客〕／忍涙恋　昌許」。判は直嵩と菅原昌許で分担。
本文　各丁オモテ一面に左右一番の歌を清書、そのウラに判詞を記入。筆跡異なる。
第五回　七番　題「橋五月雨」
開催日　扉「明和九　五月御歌合」。この扉は第五回〜七回の表紙。
詠者　御母公様（直嵩母静明院）・喜三郎様・久菊様・熊菊様・図書殿・松隈・八重・永田・橋本・岩松・貞忍・木下・田代・岩佐
判者　扉「玄庭判」
本文　各丁オモテ一面に左右一番の歌を清書、そのウラに判詞を記入。筆跡異なる。
第六回　七番　題「蛍」
開催日　前回と同日か
詠者　御母公様・喜三郎様・久菊様・熊菊様・図書殿・松隈・八重・永田・岩松・貞忍・木下・田代・岩左・橋本
判者　情報なし
本文　各丁オモテ一面に左右一番の歌を清書、そのウラに判詞を記入。筆跡異なる。
第七回　七番　題「鶴」

開催日　前回と同日か
詠者　御母公様・喜三郎様・久菊様・熊菊様・松隈・八重・永田・岩松・貞忍・木下・田代・橋本
判者　明記しないが、四番の松隈歌の判詞中に「愚老がふつゝかなる心にて云々」とある。松隈は、同年開催の「岡花百首歌合」の末尾に歌を寄せる松隈衍翁と同一人物か。
本文　各丁オモテ一面に左右一番の歌を清書、そのウラに判詞を記入。筆跡異なる。
第八回　五番　題「水上夏月」
開催日　扉「六月御会」。この扉は第八〜十回の表紙。
詠者　直嵩君・久菊君・玄庭・八重・規美・相延・貞忍・則祇・忠利・増蔵
判者　情報なし
本文　各丁オモテ一面に左右一番の歌を清書、そのウラに判詞を記入。筆跡異なる。
第九回　五番　題「山蟬」
開催日　前回と同日か
詠者　直嵩公・久菊君・玄庭・八重・規美・相延・貞忍・則祇・忠利・増蔵
判者　情報なし
本文　各丁オモテ一面に左右一番の歌を清書、そのウラに判詞を記入。筆跡異なる。
第十回　五番　題「夏恋」
開催日　前回と同日か
詠者　直嵩公・久菊君・玄庭・八重・規美・相延・貞忍・則祇・喬林
判者　情報なし

本文　各丁オモテ一面に左右一番の歌を清書、そのウラに判詞を記入。筆跡異なる。
第十一回　二十一番　題「月前風」「野外月」「名所月」
開催日　扉「辰八月御歌合」
詠者　殿様（「加州様」とも表記、直愈）・御母公様・喜三郎様・久菊様・熊ぎく様・図書殿・松隈・八重・永田文・橋本文・岩松左・貞忍・木下・田代・岩左
判者　明記しないが、十三番松隈の歌の判詞中に「愚老が作なり」とあり、同じく二十番松隈の歌にも「是も愚坊が秀作不及判詞」とある。
本文　頁（半丁）の右側に左右一番の歌を記し、頁左側に判詞を記入。
第十二回　四十六番　題「閑夜擣衣」「菊花薫林」「翫紅葉」
開催日　扉「辰九月御歌合」
詠者　直愈公・松姫君・直嵩公・久菊様・熊菊様・玄庭・昌許・八重・規美・相延・貞忍・世忠・則祇・喬林・忠利・元隣・胤延・宣安・季棟・秀利・包澄・重矩・義明・邦脩・増・剛甫・成章・宗春・之成・由澄・胤秀・義陶
判者　直嵩。明記しないが、二番の直嵩歌の判詞中に「予が歌なれば」「愚判をくはへざるものか」、十八番直嵩歌に「愚詠なれば勝負を争ふべきにあらず」、同じく三十七番の直嵩歌に「例の予がほれ歌なり」とある。
本文　頁（半丁）の右側に左右一番の歌を記し、頁左側に判詞を記入。
第十三回　十四番　題「花」「郭公」「紅葉」「雪」「忍恋」「神祇」
開催日　扉「安永元年辰十二月／御歌合」
詠者　直嵩公・中原玄庭・菅原昌許・源義明

判者　情報なし
本文　頁（半丁）の右側に左右一番の歌を記し、頁左側に判詞を記入。筆跡異なる。

出詠者の直愈は直嵩の弟で現藩主、静明院松姫は直嵩・直愈の生母、久菊《ひさぎく》・熊菊《くまぎく》は直嵩の姉と妹である。明和九年は直嵩二十歳であった。毎月あるいは隔月に開催していて、すべての歌合に直嵩は参加し、確認できるところで三度、判者を務めている。この年、直嵩はほかに、自身の侍医松隈亨安《まつくまきょうあん》（中原氏、玄庭・玄廓と同一人物）の自詠「岡花百首歌合」に判詞も書いている（後述）。直嵩の文学への傾倒ぶりがうかがえるのみならず、このサロンが直嵩を囲むかたちで運営されており、藩をあげてこの不遇の若様を守《も》り立ててゆこうとする、暖かい思いやりを感じさせるものがある。

直嵩の判詞と小城歌壇

直嵩が判者を務めた第四回の第二番（題「暮山子規」）、

左　哀れいかに待かね山の時鳥夕の空にたれ契りけん　（直嵩詠）
右　暮て行待かね山の時鳥心ぼそくも鳴渡る哉　（久菊詠）

の判詞は詳細である。

右歌は、「遠近のたづきもしらぬ山中におぼつかなくも呼子鳥哉」（古今集）といへる歌を思ひてよめるにこそ侍りめるに、むねのつかひ心ゆかず（第二句以下が初句と切り離されていてよくない）。大形《おほかた》此歌にとりては、「五月雨にしらぬ杣木《そまぎ》の流来ておのれと渡す谷のかけはし」、斯よめる歌は古人も「くびきれ歌」と難ぜられたり（悦目抄）。依て此類ひにや。

左は愚成ル愚詠にて侍れど、たまく〳〵判者の身に罷成れりける徳分に、かへすぐ〳〵も片腹いたくは侍れど、少しはまさると申に付て、行末の冥加のほども恐しくや。

この若君（周囲の大半は直嵩よりも年長であろう）はこう言って自作に軍配をあげた。そのほかの自詠への判が「勝負を争ふべきにあらず」などと言って「持《じ》」であったり、相手に「勝」を譲ったりしているところを見れば、かならずしも若様のわがままともいえまい。むしろ、「判者の徳分」「かへすぐ〳〵も片腹いたく」「冥加《みょうが》のほども恐しくや」などという言葉に、サロンを率いている自信のほどがうかがえるのである。

それはさておいて、直嵩のこの判には、このサロンにおける、ある共通の評価パターンが見られる。それは、古典をいかに生かしているか、である。その生かし方の巧拙をもって評価する。そして、その評価規準とするのは、古都京都で継承構築され、直嵩もその空気を吸った堂上二条派の伝統歌学である。

以下にその傾向のある評言をいくつかピックアップする。もって、「小京都」と呼ばれた小城の地で営まれた文芸サロンの空気を感じ取っていただくとともに、江戸派国学者井上文雄《いのうえふみお》の、いかにも学者歌人といった評言との対照ぶりを読み取っていただきたい（『井上文雄判柳河藩歌合集』、本節末付記参照）。もちろん、どちらがいいとかわるいとか言うのではない。

○第一回第一番（題「梅薫風」）

千載集に俊成卿歌に「春の夜は軒端の梅をもる月の光もかほる心地こそすれ」と侍る歌の心にや。されども、「片題」（竹園抄など）にて侍らん。

○第一回第十番（題「竹裏鶯」）

古風たりといへども、「同心病」（孫姫抄など）に侍れば、

○第三回第十番（題「春曙」）

六百番歌合に有家朝臣の歌思ひ出られてよろしく見え侍る。仍て勝とす。

○第四回第一番（題「暮山子規」）

尤宜に似たるを、喜撰式に見へ侍める「岸樹の病」にて侍り。尤《もっとも》「四病」は、俊頼は去べき由申侍りき。

○第十二回第三十二番（題「翫紅葉」）

「紅葉しにけり」と果たる所、古人も度々とめ所（結句）にしかるべからざる由、沙汰有事にて侍り。但、此歌の本歌は土御門院御製に「下紅葉夜の間の露や染つらんあしたの原の昨日よりこき」と侍る歌をよくも取なされて侍り。

○第十三回第一番（題「花」）

左歌は、詞つゞきやすらかに、たけ有て艶なり。又さりぬべきふることをも引れたるかとも見ゆ。

右の歌は、花さかぬ宿もがな、花故人を恨むとある様なれば、題にはよろしからんかし。殊に「中々」の五文字、定家卿の判にも「末かけあひがたき」と嫌れ、為家卿の判にも「此五文字は始終云おほせがたき」と難ぜられし由。其後、普光院良基卿も「是を制せらるべき」と有り。玄旨法印（細川幽斎）の説にも「初の五文字には読むべからじ」とやらん見ゆ。然ば、「古人の制禁」、山賤が身としてやぶるべきにあらざれば、左をもつて勝とさだめ侍る。

○第十三回第九番（題「雪」）
左の歌、前にもことわる様に、「中々」五文字を詠せられぬ。其上、「雪の夕暮」は「主有る詞」（詠歌一体など）ならん。右歌も「霞しく雪の夕暮」とある物から、持定ぬ。寔に「制の言葉」（耳底記など）を取用ひらるゝは、態と成べけれ共、山がつが云しらざる品なれば、筆に任せ侍る。

付記する。以上の文章は、柳川文化資料集成『井上文雄判柳河藩歌合』の月報のために書いたものである。当該集成は、量・質ともにまとまった「近世歌合資料」刊行の嚆矢《こうし》となる。今後この方面の研究を先導してゆくことが期待される。その意味も込めて、それと対照させるべく、その場を借りて小城藩の歌合を紹介した。

直嵩判『岡花百首歌合』

小城鍋島文庫研究会では小城鍋島家旧蔵書調査をおこなっているが、直嵩自身の文事のみならず、小城鍋島藩の文学振興や藩校蔵書形成に果たした直嵩の役割の大きかったことが明らかになりつつある。

標記の資料は、大本一冊の写本（o956-18）。桜岡の桜を詠んだ歌百首を五十番につがえて、それに判詞を付したもの。内題《ないだい》「岡花百首歌合」、その下に、

直嵩公御判　明和九辰年

とある【❷】。また、第一番の判詞中に次のごとくある。

夫《それ》、大和歌の道はじまりしより家々の翫《もてあそび》物と成て、あまざかる鄙の果までも、世をほめ国を治る媒としてまねびゆくまゝに、明暦の御製を始として「桜岡」と名付しより年々の歌共多き中に、中原玄庭みづからの歌どもを集て、判の言葉を付べきよし申侍りければ、いなみがたくて、しかまの市の勝負をはつかに付侍るべきなり。しかはあれど、難波の浦のよしあしをいかでか弁えずは侍れど、左歌のさまは忝も「八重一重」の古き跡をしたひて優には侍るを、右歌も祝の心にて侍れば、持と定め侍らん。

巻末に松隈衍翁《まつくまえんおう》なる人物の歌を付す。衍翁は右文中の「中原玄庭」と同一人であり、直嵩の侍医松隈亨安のことである（本書所収の中尾友香梨「埋もれていた和学入門書——『和学知辺草』」参照）。『明和九年歌合』にもしばしば参加している。

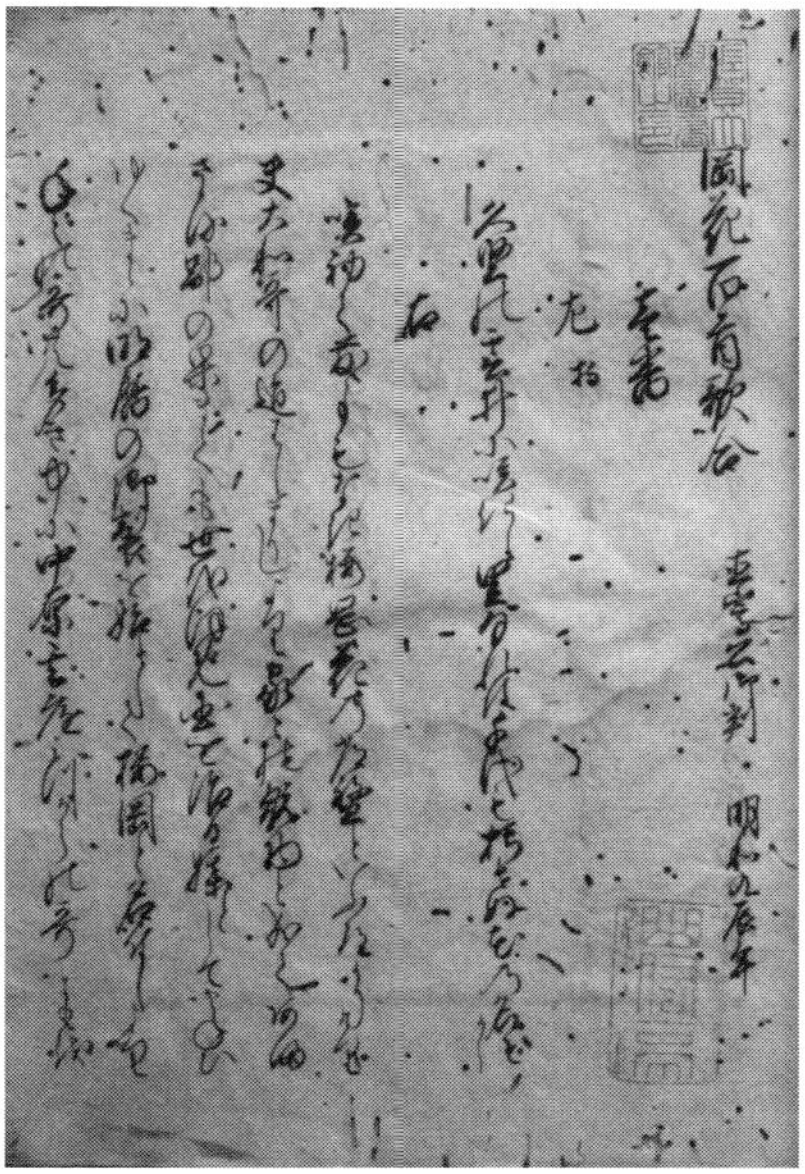
❷『岡花百首歌合』巻頭

それに直嵩が判を加えた。

右判詞中の「明暦の御製云々」とは、後西《ごさい》天皇の御製「咲くはなにまじる岡辺の松の葉はいつとなきしも色をそへつつ」。この歌が延宝三年（一六七五）に鍋島直能に下賜され、領内の桜の名勝鯖岡《さばおか》を「桜岡」と改めた、そのことをいう。「八重一重」は直能編の詩歌集で、桜岡の桜を詠んだ漢詩（江戸林門の儒者）と和歌（京都堂上歌人）を収める。

冷泉為村添削『続田心和歌集』『直嵩公御詠草』

京都堂上歌壇の大立者、冷泉為村（一七一二～一七七四）の指導を受けたことを証明する直接資料である【❸】。

『続田心和歌集《ぞくでんしんわかしゅう》』（o954-22）は写本、半紙本、一冊。外《げ》題《だい》（原題簽《げんだいせん》）「続田心和歌集」。墨付十二丁。百六十首余の題詠を四季・恋・雑に分類する。

鍋島直嵩の詠草に、為村が懇切な添削と合点を加え、巻末に、

御点　上冷泉正二位権大納言藤原為村卿

作者　藤原直嵩

という識語をもつ【❹・❺】。「田心和歌集」は鍋島直能の家集名であり（伝存不明）、直嵩の直能への敬慕の現れである。『直嵩公御詠草《なおたけこうごえいそう》』（o955-63）は写本、横本。折り紙懐紙を紙縒《こよ》りで綴じ、「直嵩公御詠草」と墨書された袋に包まれる。もと六冊だったものを二冊に綴じなおしている。

為村筆跡の添削と合点があり、六回にわたって為村の指導を受けたものである。それぞれの最初に「直嵩上」と記す。「立春」「古郷花」などの題で、各回二十首。

三回目の末、白紙部分に為村筆の左の書付けがある。

❸『続田心和歌集』表紙

三折詠草

一折に五行といふ。

五七

五七

七

五七

五七

ナリ。已下非之。

歌むつかしく候。古歌をみつゝやさしうなるべし。

書式が間違っているという指摘、および詠みぶりが素直でないという注意である。素直に詠めというのは、藤原定家・為家以来の二条家歌学の伝統的な教えである。

さらに、その裏に、

卯十二月十三日被遣之

辰七月廿二日封表

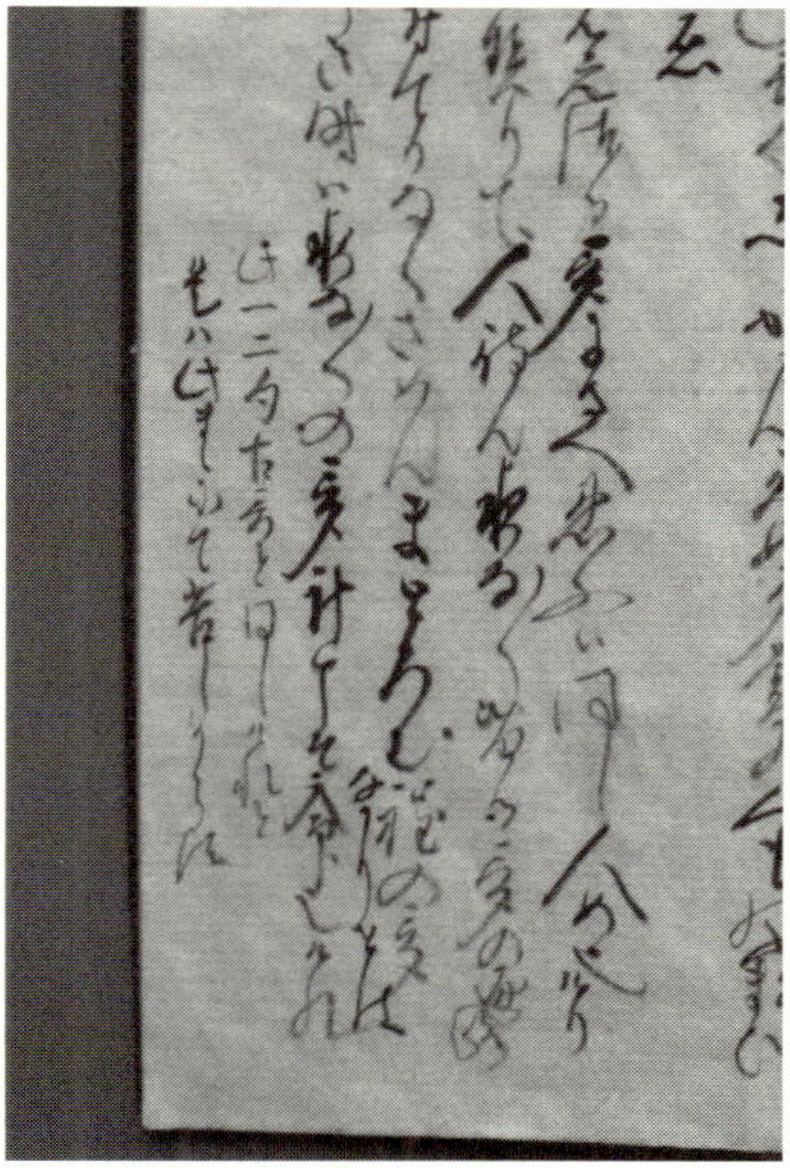

❹為村の添削が見える

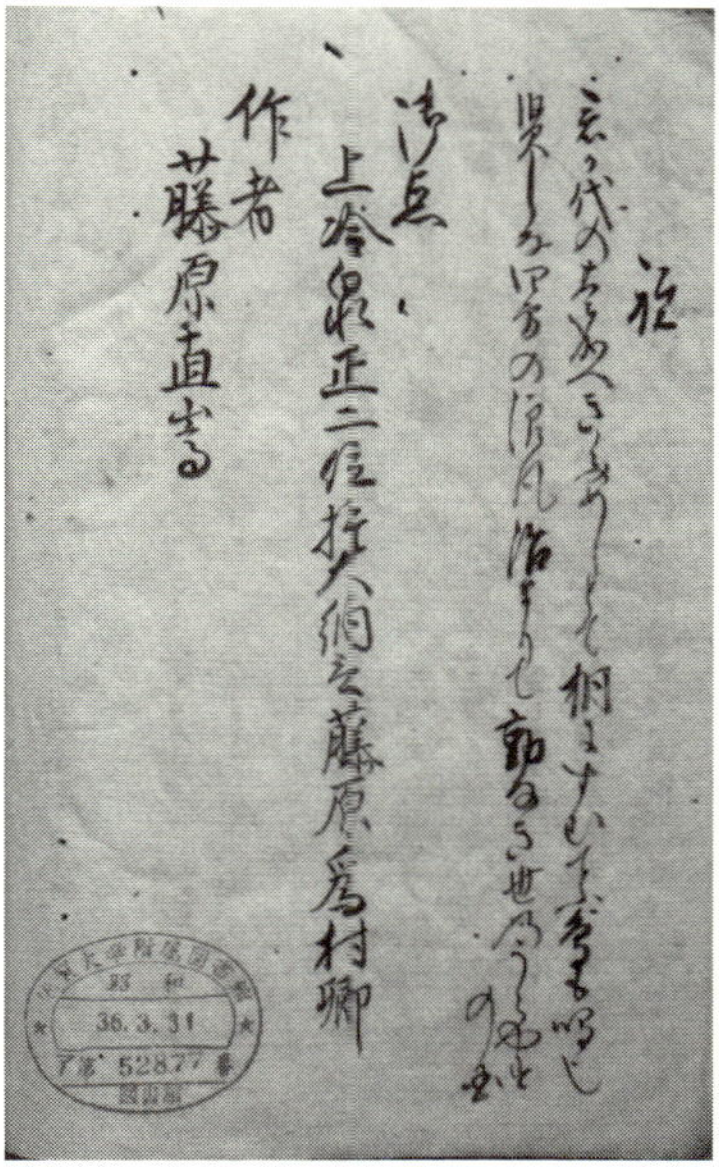

❺詠者直嵩と添削者為村の奥書

とある【❻】。直嵩・為村間のやりとりの日付を語るか。であるならば、「卯」は明和八年（一七七一）、「辰」は翌九年にあたる。

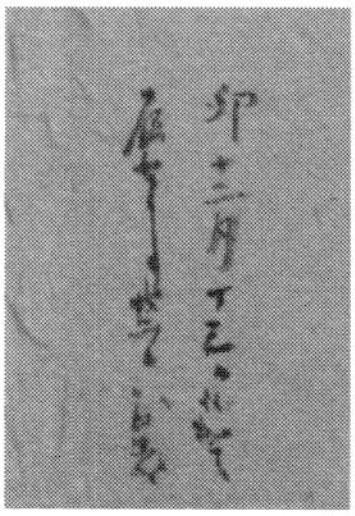
❻『直嵩公御詠草』書入れ

直嵩家集『叢桂館御詠』

函架番号 o954-23。写本。三冊。【❼・❽】

第一冊は題簽なく、打付け書きで「叢桂館御詠歌《けいそうかんごえいか》」とする。扉に「御詠歌　春夏秋冬恋神祇釈教雑」とある。第二冊は二種の後装表紙、一に打付け書き「叢桂館御詠」、二におなじく打付け書き「叢桂館御詠歌」とあり。第三冊は表紙後装か、題簽に「御詠歌」とあって、その右肩表紙に「叢桂館」とあり。叢桂館は鍋島直嵩の号。

第三冊扉に、

己丑春ヨリ
御詠歌

とある。「己丑」は明和六年（一七六九）、直嵩十七歳。

歌数約三千首（うち重複歌あり）。複数の筆跡が認められる。直嵩没後、家集編纂のための資料として作成されたものであろう。大半が題詠歌であるが、冷泉為村逝去に臨んで詠んだ歌、

葉月斗《ばかり》、冷泉入道身まかり給ひけるに、年比《としごろ》は此道の師と頼申せし事などおもひつゞけて、

なき人をこふる涙はとゞまらで露けき袖に秋風ぞふ
く

また、直嵩の小城での歌の師が前述の中原玄廓《なかはらげんかく》（松隈亨安）なる人物であることを知る記事などがある。

楓の紅葉したるに付て、玄庭がもとに遣しける、
時しもあれうき身の袖にたぐへつゝ紅葉の色のまが
ひ行哉

中原玄郭、此夢を聞て、「静成世《しづかなる》にすむからに住の江の松の千年《ちとせ》を君にゆづりて」と申遣て侍りける返りごとに読て遣しける、
千年ともかぎらぬ松の言の葉に世は住吉と成ぞたの
しき

❼『叢桂館御詠』表紙

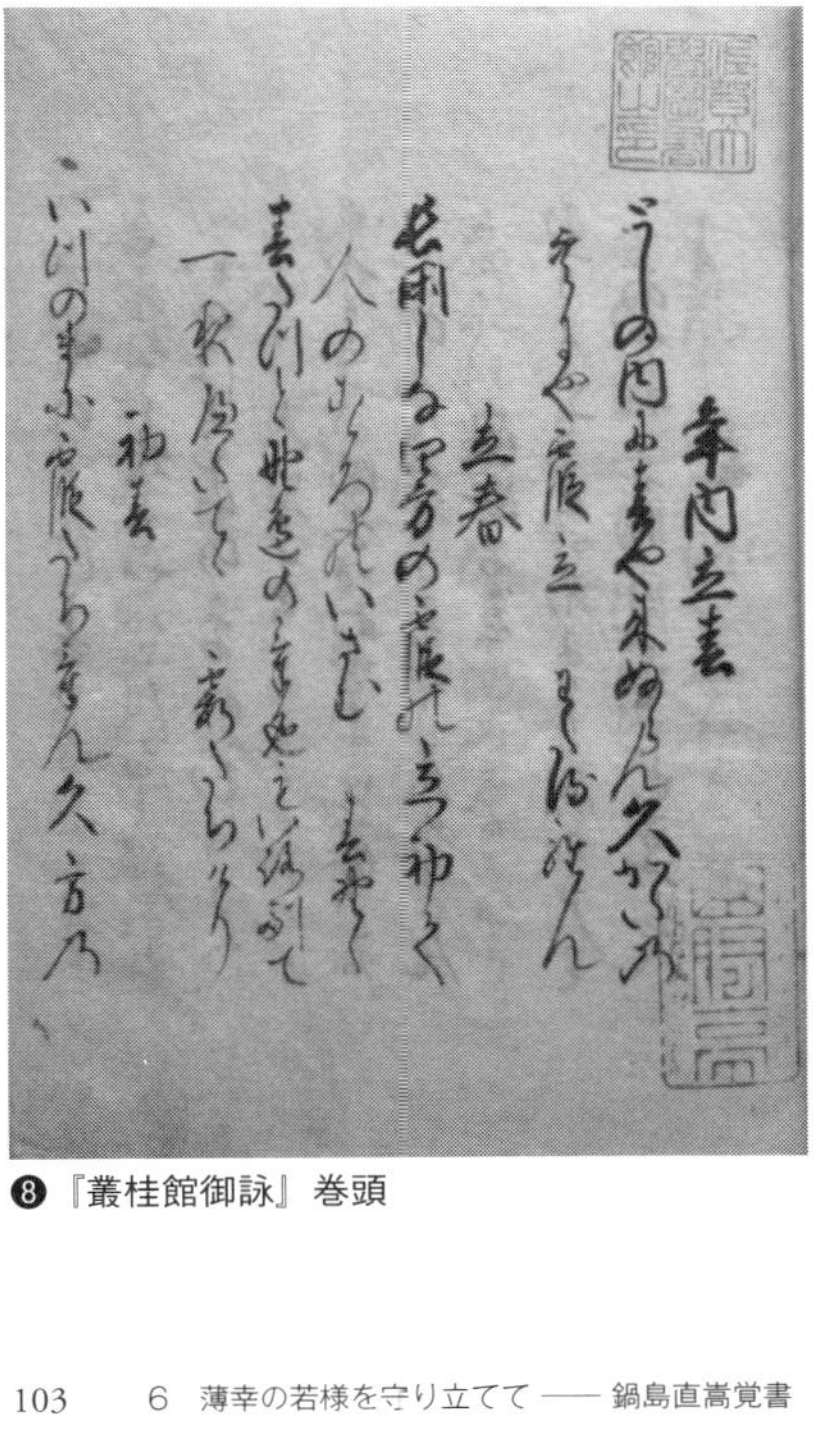
❽『叢桂館御詠』巻頭

7 鍋島直嵩の和歌習練
『為範卿御筆歌書』

日高愛子

『為範卿御筆歌書《ためのりきょうごひっかしょ》』【❶】は、『邦輔親王御詠《くにすけしんのうぎょえい》』と『拾遺愚草《しゅういぐそう》』『雪玉集《せつぎょくしゅう》』の五句別類句を抄出したもの。『名所和歌《めいしょわか》』【❷】は、山城国（京都府南部）から対馬国（長崎県対馬）までの名所を詠む例歌を国別にまとめたもの。いずれも詠作の手引き書として用いられたと考えられる。［書誌情報］『為範卿御筆歌書』、写本、大本、一冊。序跋等なし。印記「叢柱館蔵」「曲肘亭」。配架番号 o951-21。『名所和歌』、写本、大本、一冊。序跋等なし。印記「叢柱館蔵」「曲肘亭」。配架番号 o951-34。

『邦輔親王御詠』の転写

小城鍋島文庫に、五条為範《ごじょうためのり》（一六八八～一七五四）筆と伝えられる歌書がある。表紙題簽《だいせん》に「為範卿御筆哥書 御書挽シ物之由」とある一冊がそれである。黒紙と銀紙による格子織《こうしおり》の表紙に、表には「芳野《よしの》」の文字と桜花、裏には紅葉があしらわれている。巻頭に「叢柱館蔵」「曲肘亭」の印記があり、直嵩《なおたけ》旧蔵（のち、直愈《なおます》が所持）であることが知られるが、同コレクションのなかでも一際目を引く一冊である。
巻頭の一丁分には、次の詠草が引かれる。

みなと江の浪もうちそへみだれ蘆のみだりにさむき風の声《音歟》哉
かれてたつ入江のあしの末葉までこほりかさねてかかる浪哉

初恋　同

いかさまにみだれかゆかん言の葉に今かけそむるささがにのいと
＼いはでおもふ心の色《をいかで》を袖の上の涙よりまづ《のまだき》もらしそめぬる《むらん歟》

海路　同

漕いでてただしら浪の海ばらに山をみそむる遠つ舟人
もしほやく煙もあとに立きえていくしらなみのおきつ舟人

野若菜　天文三二

＼さと人は春さむき雪の野べに出て若菜に年をつみや知らん
春ながらふるのの雪を袖に見てつむ手のわかなたまるともなし

水郷月　同

難波がた蘆ふく小屋のひまもなくもりくる月にたれあかすらん
里の名を月に忘て□浪にぞあかすうぢの河舟

寄石恋　同

□石のなかにある物とも思ひよそに《ならまし歟》しられん

❶『為範卿御筆歌書』表紙

❷『名所和歌』表紙

つゐに身のあふ瀬は浪の玉がしはふかきえにのみしづみはてまし

磯浪　同

旅衣うらふく風のあらいそを《は》きくより《浪かけずとも》袖の波やか《やぬれなん》ゝらん

あら磯の巌にねざす松のはになびくや浪の玉藻成らん

海辺霞

いとまなきな《み》だの塩やく煙にも立《春》はをくれぬ《ず》朝《たつ歟》霞かな

しほならぬ霞も八重の奥の海になにをみるめの海士小舟哉

【現代語訳】

港の入り江の波も風に加わって、水辺の葦が揺れ乱れている。ひどく寒さを感じる風の音だなあ。

枯れて立っている入り江の葦の葉先まで凍てついて、氷襲のように繰り返し白波がかかることだなあ。

初恋　同

どのように思い乱れていくのだろうか。草葉に掛け始めたと思ったらすぐに張りめぐらされる蜘蛛の糸のように、あなたの言葉に早くも思いを懸け初めた私は。

口に出さずに秘めていた心の色が、袖の上に落ちる涙よりも先に漏れ出して、紅の色に染めてしまったよ。

海路　同

沖を漕ぎ出し、ただ白波が立つ海原で、岸から遥か遠く離れた船人は、山なみを初めて眺めたことだよ。

岸辺で藻塩を焼く煙も遥か後ろに消えてゆく。幾重も白波を越えて、遠く海原へと漕ぎゆく船人よ。

野の若菜　天文三年（一五三四）二月

里人は、まだ雪の残る春の余寒のなかを野辺に出掛けて摘んだ若菜に、新たな年を積んだことを知るのであろう。

春なのに、野にはまだ雪が降っている。袖を濡らしながら摘んだ手のなかの若菜を見ると、積もる雪ほど多くたまることはないなあ。

水郷の月　同

難波潟の葦を葺いた小屋に、隙もなく始終漏れてくる月光のもと、いったい誰が眠らずに夜を明かしているのだろう。

里の名を月に忘れて〔　　　〕波に揺られながら夜を明かす、宇治の川船よ。

石に寄する恋　同

〔　　　〕石のなかに秘めた物思いがあるとは、どうして他の人に知られることがあろうか。

ついにあなたと逢えたならば、波が堅い岩に当たって砕け散り深い江に沈むように、この身はあなたとの深い縁に涙ばかり流れて沈んでしまうことでしょう。

磯の波　同

浦風が吹きつけ、磯に打ち寄せる荒波の音が聞こえるが、旅人の衣の袖も風に散る波がかかって濡れているだろうか。

打ち寄せる荒波が岩に当たって砕ける。そこに生える松に砕けた波がなびく様子は、まるで美しい玉藻のようだ。

海辺の霞

休む暇なく灘で塩を焼く煙にも気後れすることなく立つ朝霞であるなあ。

塩焼きの煙ではないが、その煙のように霞が幾重にもたなびく陸奥《みちのく》の海に、いったいどうやって海松を見つけるのだろうなあ。海女の小船は。

これは、邦輔親王《くにすけしんのう》（一五一三〜一五六三）の詠草を収めた、宮内庁書陵部図書寮文庫『邦輔親王御詠《ぎょえい》』（『貞敦《さだあつ》親王御詠』に合綴《がってつ》）の九四四〜九五九番歌と一致し、三条西公条《さんじょうにしきんえだ》（一四八七〜一五六三）の評点や書き入れ、欠損部分の表記まで忠実に転写したものである。

『拾遺愚草』『雪玉集』の類句索引

一方、二丁表以降は、次のような内容が綴じられている【❸】。

中七オ　たびごろもそでふくかぜや｜　かよふらんわかれていでしやどのすだれに
下五ウ　うぐひすのかへるふるすや｜　たどるらんくもにあまねき春雨の空
中十三ウ　みよしのにはるのひかずや｜　つもるらんえだもとををのはなのしら雪
末行
上六十オ　なつかあきかとへどしらたま｜　いはねよりはなれておつるたきがはのみづ
外上卅三オ　あきのたをてらすいなづま｜　よそへてもみればほどなし忘れがた見に
上卅七ウ　おのづからひともときのミ｜　おもひいでばそれをこのよのおもひでにせん

【現代語訳】

（中冊・七丁表）旅衣の袖に吹く風は、故郷とも通じているだろうか。愛しい人に別れを告げて出てきた家の簾にも、この風は吹くだろうか。

（下冊・五丁裏）鶯が迷いながら古巣へと帰っていることだろう。雲に一面覆われている春雨の空であるよ。

（中冊・十三丁表）　吉野に春の日数が積み重なっているだろうか。白雪が積もったかのように、枝もたわわに花が咲いているよ。

ま行

（上冊・六十丁表）　涼しさに夏か秋かと問うけれど、季節を知らない滝川の水は何も言わずに、大きな岩から飛び散り白玉となって落ちる。

（員外上冊・三十三丁表）　秋の田を照らす稲妻を、妻にたとえ、恋の忘れ形見としてみても、程もなくすぐに消えてしまう。はかない恋の思い出は忘れがたいのに。

（上冊・三十七丁裏）　もしあの人がほんの少しの間でも思い出してくれることがあれば、私はそのことをこの世の思い出にしよう。

いずれも藤原定家《ていか》（一一六二〜一二四一）の『拾遺愚草《しゅういぐそう》』の歌で、第二句の句末をイロハ順に配列した、いわゆる類句索引である。たとえば、「末《ま》行」一首目に「外上卅三オ」とあるのは、『拾遺愚草員外《いんがい》』上冊の三十三丁表に当該歌があることを示す（丁数は刊本と一致している）。宮内庁書陵部図書寮文庫に『拾遺愚草』と三条西実隆《さねたか》（一四五五〜一五三七）の『雪玉集《せつぎょくしゅう》』の五句別類句をまとめた『遺玉類礎《いぎょくるいそ》』二十五冊があるが、本書と字配りなどが完全に一致している。本書は「や行」より前の部分が欠けているが、『遺玉類礎』を写したものとみられる。十丁表には、

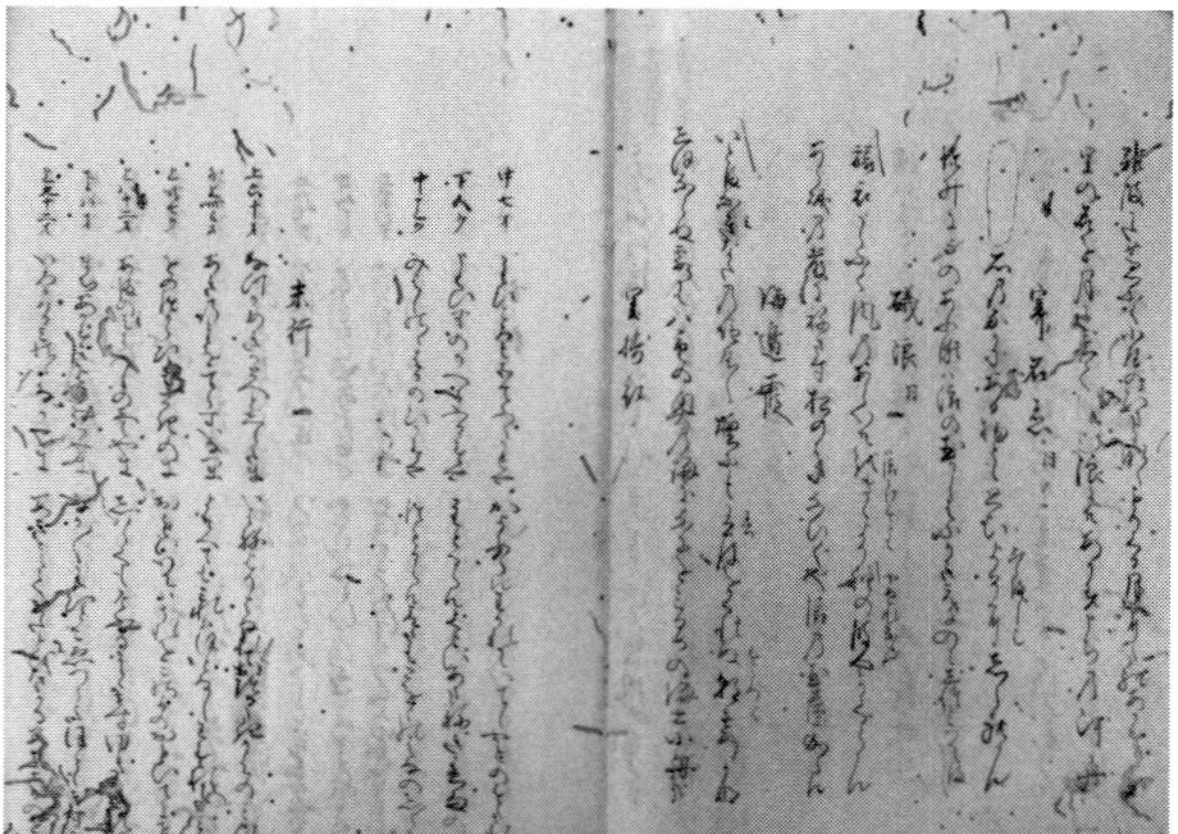

❸『為範卿御筆歌書』

雪玉類礎第四句

呂行

十七巻三オ　あさなあさなをしねほにいづるやまもとのこずゑいろいろとりわたるなり

十四巻廿七ウ　なげくともひかずはうつる

【現代語訳】

「雪玉類礎」第四句

ろ行

（十七巻・三丁表）朝ごとに稲の穂先が実り、山のふもとの梢には渡り鳥たちがさまざまにやってくるよ。

（十四巻・二十七丁裏）嘆いても日数は経過していく……

とあり、『雪玉集』の第四句類句を『遺玉類礎』により引く。ところが、依拠本と考えられる『遺玉類礎』には、

雪玉類礎第四句

呂行

十七巻三ヲ　あさなあさなをしねほにいづるやまもとのこずゑいろいろ　とりわたるなり

十四巻廿七ウ　なげくともひかずはうつるつき草のいろなるこころ　いかがとぞ思ふ

【現代語訳】

（十四巻・二十七丁裏）嘆いても日数は経過していく。月草の移ろう色のように、人の心が移ろいゆくのは、どうしてかと思われる。

とあるのに対し、本書では、「なげくとも……」（雪玉集・六一二三）の歌が第二句までしか記されていない。「雪玉類礎第四句」であるから、本来であれば第四句「色なるこころ」（句末が「ろ」となる）を示すことが肝要であるが、本書はこのように筆を途中で留めたような箇所が散見され、本文が未完全のままなのである。

『名所和歌』の伝来

小城鍋島文庫には、本書と同じように、黒紙と銀紙の菱文様《ひしもんよう》と格子織に紅葉をあしらった表紙を持つ『名所和歌《めいしょわか》』一冊がある。「畿内　山城之部」（京都南部）から「対馬之部」（長崎県対馬）までの名所の例歌を国別に数首ずつ掲げたもので、書写年は未詳だが、「叢柱館蔵」「曲肘亭」の印記があるため、これももとは直愈の所持本で、没後に直愈が受け継いだものと思われる。

直嵩の母静明院《じょうみょういん》（松《まつ》）は、五条為範の女で、第六代小城藩主直員《なおかず》との婚姻に際し、第六代佐賀藩主鍋島宗教《むねのり》の養女となった人物である。[*1] すなわち、ここに紹介した『為範卿御筆歌書』は、静明院を介して直嵩の手に渡ったと考えられるのである。『名所和歌』には為範の名は認められないが、同様の表紙を有することから、これも為範から伝来した一冊である可能性が高い。類句集や名所例歌は、詠作の手引き書となるもので、直嵩もこのような書を用いて和歌を習練したのであった。直嵩は、母静明院の影響によって堂上の文化に触れ、その短い生涯のなかで和歌の才を開花させたのである。

注

1　「白縫集八編姓名録」（中原勇夫編『今泉蟹守歌文集』一九七一年）などを参照。

8 静明院の和歌とその周辺
『松の志都久』

日高愛子

『松《まつ》の志都久《しづく》』【❶】は第六代小城藩主直員《なおかず》の室で、直愈《なおます》の母静明院《じょうみょういん》（松《まつ》）の没後に編まれた歌集。静明院や子の直嵩《なおたけ》・直愈・周子《かねこ》（仙妙院《せんみょういん》）たちを中心とする江戸中期の小城藩の歌壇の様相を伝える。［書誌情報］写本、大本、十冊。第一・二冊の見返しに「静明院殿御遺草（静明院殿御遺詠）」とある。文化二年（一八〇五）以後成立。函架番号o954-24。

静明院の遺草集

第六代直員《なおかず》の長男直嵩《なおたけ》は短い生涯でありながら和歌を愛好したことで知られ、その歌集『続田心和歌集《ぞくでんしんわかしゅう》』（o954-22）、『叢桂館御詠《そうけいかんごえい》』（o954-23）、『直嵩公御詠草《なおたけこうごえいそう》』（o955-63）が今に伝わる。これらの詠草のなかに冷泉為村《れいぜいためむら》（一七一二〜一七七四）の評点が見られることから、直嵩が為村から和歌の添削を受けていたことがわかっている。江戸

❶『松の志都久』

中期の堂上《とうしょう》歌壇の代表歌人であった為村は、地方にも広く門弟を持っていたが、直嵩が堂上歌壇とつながるのには、母である静明院《じょうみょういん》（一七三三〜一八〇五）の存在も大きかったと想像される。また、『類題白縫集姓名録端書《るいだいしらぬいしゅうせいめいろくはしがき》』*1に、

　仙妙院尼《せんみょういんに》　生　明暦元乙未
　　死　享保十一丙午二月廿二日　住片田江　鍋島周子《かねこ》　鍋島紀伊守直員女　鍋島山城直賢《なおかた》妻
　　寿　七十二

と載る周子《かねこ》（仙妙院《せんみょういん》、白石鍋島家第五代直賢《なおかた》室）も歌人として名が知られるが、やはり母静明院の影響を受けている。

静明院は、五条為範《ごじょうためのり》（一六八八〜一七五四）の娘で、直員と婚姻する際に、第六代佐賀藩主鍋島宗教《むねのり》の養女となった。京都で育った静明院は詠歌を多く残しており、それらは『松の志都久《まつのしづく》』（o954-24）十冊にまとめられている。序跋等はないが、第一冊と第二冊の見返しに「静明院殿御遺草（静明院殿御遺詠）」との記述があることから、本集が静明院没後に編まれたことがわかる。『松の志都久』という書名は、静明院が松姫と称されたことによろう。

『松の志都久』の部立を見てみると、おおよそ次のような構成となっている（部立が明記されない箇所には括弧書きでその内容を示した）。

〔第一冊〕　春部一
〔第二冊〕　春部二・春部三
〔第三冊〕　（春部三）・春部四
〔第四冊〕　夏部三

〔第五冊〕（夏部）
〔第六冊〕（秋部）
〔第七冊〕（秋部）・「寛政十 八月 月和歌秋之部」
〔第八冊〕紅葉部・冬部二
〔第九冊〕松部・月部・神祇部
〔第十冊〕（恋部）・雑部二・「享和三亥十一月十九日 御祭之和歌」

春部四を収める第三冊に続いて、第四冊には夏部三があり、夏部一・二が欠けているほか、第八冊では紅葉部の後に冬部二が配されるなど、歌集としての部立構成が不完全であること、また奥書《おくがき》等もないことから、本集は編纂途中であった可能性が考えられる。

たとえば、夏部三を収める第四冊の本文七丁目を見ると、次に示したように、歌題ごとに歌を配し、それぞれ後から歌を補えるように数行分の余白が置かれている【❷】。

安永六

閑中五月雨　降ままにとふ人もなき庭たづみ陰さへみえぬ五月雨の頃

（五行分余白）

天明元

杣五月雨　五月雨におのれ宮木をながすらん晴間もまたずひくは杣人

（二行分余白）

浦五月雨　須磨のあまの五月雨髪もほす間なしつげのおぐしもさしてくらさぬ

（二行分余白）

【現代語訳】

安永六年

閑中の五月雨

雨が降るにつれて、訪ねて来る人もいない庭に水溜まりができるが、水面には誰の姿も映らない。五月雨の頃は。

天明元年

杣の五月雨

五月雨の水の流れにまかせて宮殿を造る木材を運び出していることだろう。晴れ間を待たずに木を切り出す樵夫は。

浦の五月雨

五月雨の頃は髪も乾く暇がない。灘の塩焼きで暇がなく身なりを整えられない須磨の海女のように、私も黄楊《つげ》の木で作った櫛をさして暮らすこともない。

このような余白が随所に見られることからも未完本と考えられるのである。

先に示したとおり、『松の志都久』は年次順ではなく四季・神祇・恋・雑の部立構成により歌題ごとに分類されているのだが、詠作年が明らかなものには年月が書き込まれており、それによれば、明和元年（一七六四）から寛政十年（一七九八）まで、静明院三十一歳から六十六歳頃までの詠草が収録されている。また、贈答歌や詞書から静明院の和歌活動や小城歌壇の様相を知ることができる。

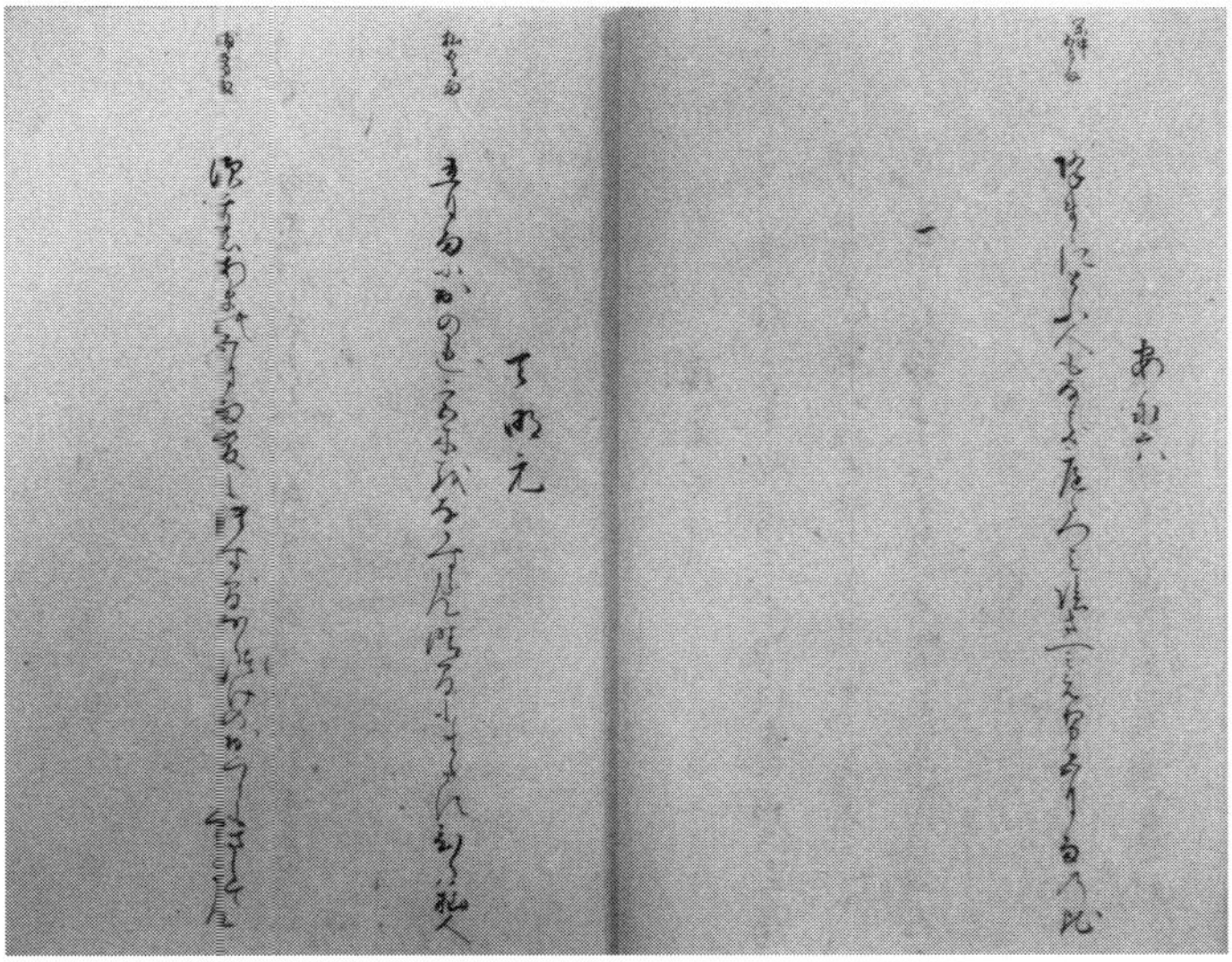

❷『松の志都久』

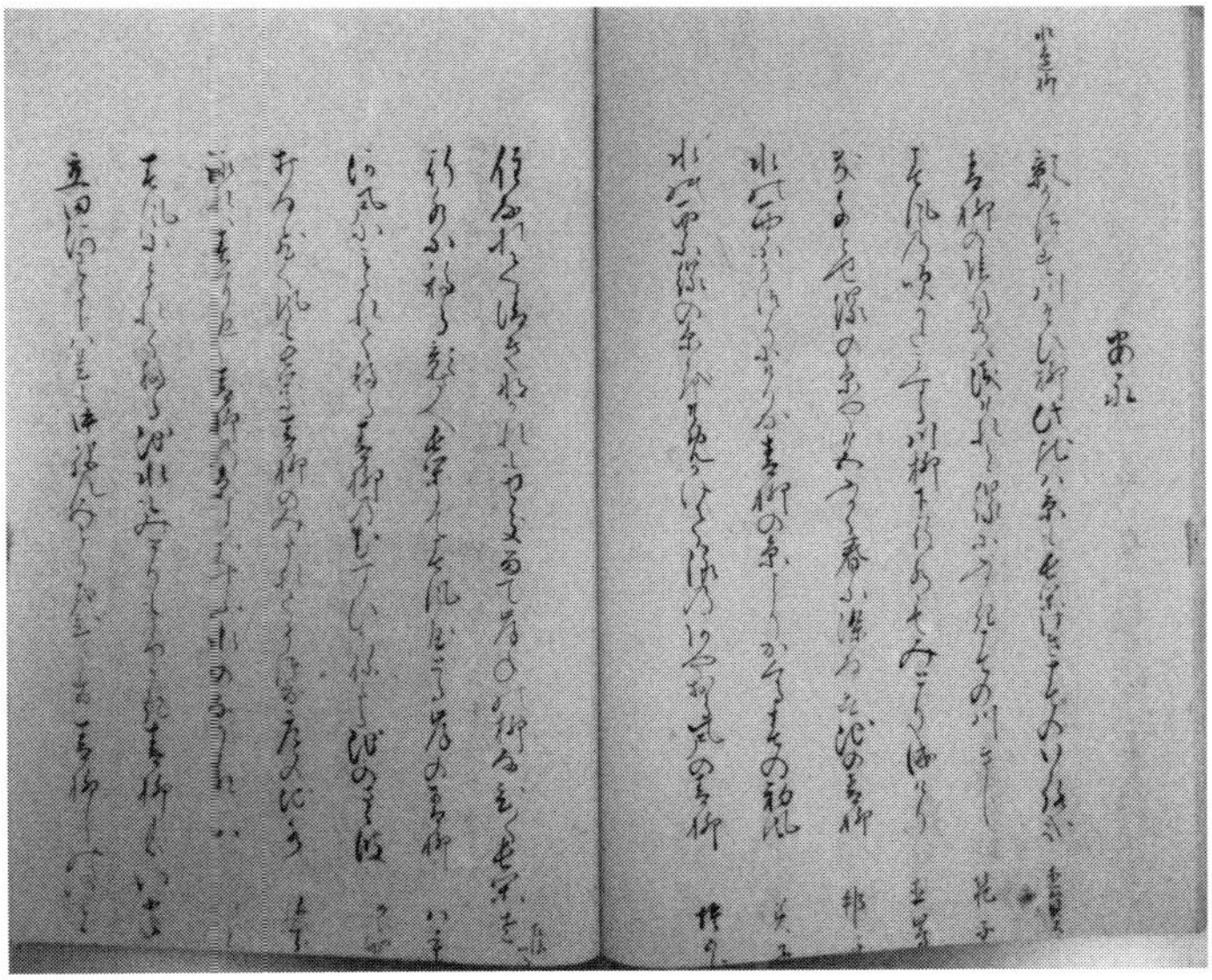

❸『松の志都久』

静明院とその周辺

第一冊には、安永年間（一七七二〜一七八一）に行われた歌会の記録が載る【❸】。

水辺柳

影うつす川ぞひ柳此頃は糸も長閑《のど》けき春のいろ哉《かな》　直員公
青柳の陰行《かげゆく》水は浅けれど緑にふかき春の河きし　範子
春風の吹かたみする川柳下行《したゆく》水はみどり成《なり》けり　直嵩
幾千《いくち》とせ緑の糸や色ふかく春に染《そめ》なす池の青柳　邦子
水の面にうつりにけりな青柳の糸よりかくる春の初風　美子
水の面に緑の糸をそめかけて浪のあやおる風の青柳　捨五郎
住なれて清きながれもせき留《とめ》て岸ねの柳なびく長閑《のどけ》さ　左治馬
行《ゆく》水に移る影さへ長閑《のどか》にて春風やどる岸の青柳　八重
河風にみだれて移る青柳のむすびかねたる池のさざ波　ぬいの助
打《うち》なびく風も長閑に青柳のみだれてうつす庭の池水　弥三郎
詠《ながむ》れば春くり返し青柳の糸よりむすぶ水のながれは　いと

【現代語訳】

水辺の柳

川沿いの柳が水面に映り、その糸のような枝の緑色も美しい、とてものどかな春であるよ。　直員

川の水は浅いが、その水面に映る青柳は緑が色濃く美しい春の川岸であるよ。　範子

春風が吹く方向を示すように川辺の柳が揺れている。その下を流れる水は柳の色が映って緑に染まっているよ。　直嵩

幾千年も、春が訪れるたびに池の青柳がその緑の糸で水辺を色濃く染めることよ。　邦子

水面に柳の緑色が移ってしまったなあ。柳の枝が糸を撚り合わせるように春の初風になびき乱れるのが映って。　美子

まるで緑の糸を染め掛け、波が綾を織るようだ。風になびく青柳が水面に映って。　捨五郎

澄んで清らかな水の流れも堰き止めるように、岸の柳の糸が住みなれた様子で風にのんびりと揺れ絡み合っている。　左治馬

春風が岸の柳をなびかせている。流れる水に映るその姿までものどかなことだ。　八重

川風に青柳が揺れ動き、池にさざ波が立っている。水面に映る柳の糸も乱れて結びかねるようだ。　ぬいの助

吹く風ものどかで、青柳の糸が乱れるさまが映っているよ、庭の池の水面に。　弥三郎

ぼんやりと眺めていると、繰り返し訪れる春風に、青柳が糸を手繰っては寄り合わせ結ぶように川水の流れの中でなびいていることだ。　いと

直員と静明院（範子）に加えて子の直嵩、周子（美子）、直賢（捨五郎）たちの名が並ぶほか、のちに離縁するが直《なお》愈《ます》の妻であった数《かず》（鍋島重茂《しげもち》の娘）の母八重野《やえの》（八重）とおぼしい人物の名も確認される。

安永五の年、八重よりあまた歌こし侍る返歌

露ふかき秋としりつつ虫の音に何をおもひの袖ぬらすらん

【現代語訳】

安永五年、八重からたくさん歌が送られてきましたときの返歌

露の深い秋と知りながら鳴く虫の音にいったい何を思って袖を濡らすのでしょう。

右の歌は、『源氏物語』鈴虫巻で源氏と女三の宮が「鈴虫の声」の歌を詠み交わす場面などを踏まえるか。このように、『松の志都久』には静明院と八重野の贈答歌が多数あり、頻繁に交流していた様子がうかがえる。

また、第十冊には、次のような追善和歌が載る。

菊月晦日《きくづきつごもり》、徹翁百ケ日に付、図書方へ遣す

敷島《しきしま》の道たどたどしさしる人とたのみ来し人の、水無月《みなづき》はじめの頃より、いたくなやみて床に臥、初秋十日あまり九日、終に身まかりぬ。八十にひとつふたつたらぬ年にしあれば、今はおしむべきにもあらねど、百とせの外までもかぞゑん物とおもふに、たがひたらぬ月日の残多き、すゑの露もとの雫、おくれさき立は、なみだいとどおきあまる秋の夕のただならぬに、荻ふく風のおとづれに、此世は雁となき渡る涙や落て、白《しろ》妙《たへ》の袖にあらそふ秋の露ひるまもしらで、こしかた思ひつづけて、浜千鳥なく文字のあとつたなく、まして言の葉のもとすへもあわず、くだくだしく、口おしく侍れど、せめて菩提《ぼだい》をとわんがため、はらからの子どもに、大和島《やまとしま》ねの言の葉をひろはせ、みずからのこしおれをもくはへて、冠に六字のそんがうをおき、六首の題にて、いさか（ママ）心ざしをのぶる

夢　範子

南《な》きひとをしのぶとすれどむしの音《ね》にゆめもむすばぬ秋のよなよな

幻　直愈

無《む》かし今はかなきことを思ひきや夢まぼろしの此世成《このよなり》とは

泡　直嵩

阿《あ》なし河たへずさかまく水のあわもきへてもなどかうかまざらなん

影　邦子

弥《み》し人は名のみ残りて秋の夜の月のしのぶのおも影もなし

露　美子

陀《た》ちへだつ夕《ゆふべ》の霧のふかければいとど露けき秋の夕がた

電《いなずま》　範子

仏《ふ》りにけりわさ田の庵《いほ》のかりの世にはかなく露をてらすいな妻《づま》

【現代語訳】

九月晦日、徹翁の百箇日のため、図書方へ遣わす。

私に歌道におぼつかなく、その道をよく知る人と以前から頼みに思ってきた人が、六月初めの頃から、ひどく患って床に臥し、七月十九日に、とうとう亡くなってしまった。八十歳になるまであと一、二年という年であったので、今はいつまでも名残を惜しんでいるわけにはいかないが、百歳を越えても年を数えたいものだと思っていたのに、互いに百歳に足らぬ月日が残り多く、草木の先の露と根元の雫のように人の寿命も後先はあっても死ぬことに変わりはないのだと思うにつけても、涙がとめどなく流れる。そんな秋の夕べはただでさえ心が落ち着かないのに、荻に吹く風が音を立てて哀愁をそそる。この世は所詮かりそめだと、鳴き渡る雁のように泣いて涙をこぼし、秋の露と競い合うように袖を濡らして乾く間もないほど、過ぎ去った日々を思い続けた。浜千鳥がしきりと鳴くように、泣きながら書く筆跡は拙く、まして言葉の本末も合わぬことをしつこく書き記して、つまらないものですが、せめて菩提を弔うために、私の子どもたちに和歌を詠ませ、私の拙い腰折れ歌も加えて、各歌の初めに「南無阿弥陀仏《なむあみだぶ》」の六字名号を置き、六首の題で、心ばかりの追善供養として詠じる。

夢　　　　　　　　　　範子

亡き人の面影を偲んでも、しきりと鳴く虫の音に眠れず、夢の中でも再会は叶わない。物悲しい秋の夜であるよ。

幻　　　　　　　　　　直愈

昔や今がこれほど無常であるとは思いもしなかったよ。夢まぼろしのようなこの世であるとは。

泡　　　　　　　　　　直嵩

痛足川《あなしがわ》に絶えず湧く水の泡は、一度消えても、どうして再び浮かばないことがあろうか。この泡のように、亡き人の姿はもうこの世にはないが、あの世で成仏なさっているであろう。

影　　　　　　　　　　邦子

かつて知り合いだった亡き人は、その名だけがこの世に残って、秋の夜の月を眺めながら懐かしんでも、その人の面影はもうここにはないのである。

露　　　　　　　　　　美子

亡き人との間を遮るように、霧が深く立ちこめているので、露もいっそう湿っぽく、悲しみの涙で袖を濡らす、秋の夕暮れ時であるよ。

稲妻　　範子

悲しみの涙を流しているうちに、月日はあっという間に過ぎてしまったなあ。早稲田を刈るための仮庵に置く露を稲妻が照らす、その閃光のように、かりそめの世ははかないものだ。

詞書には、次のような『新古今集』をふまえた表現が散りばめられる。

すゑの露もとの雫や世の中のおくれさきだつためしなるらん　（新古今集・哀傷・七五七・僧正遍昭）

【現代語訳】

草木の葉末の露と根元にかかる雫は、わずかな時間差はあれ、最後はどちらもはかなく消えるものである。それは、人に後れて死んだり、先に死んだりする世の無常の例であろうか。

我が恋はいまをかぎりとゆふまぐれ荻ふく風のおとづれて行く　（新古今集・恋四・一三〇八・俊恵法師）

【現代語訳】

私の恋はこれが最後だというように、夕暮れの薄暗いなかを、荻に吹く風が音を立てて通り過ぎていくことだ。

こととへよおもひおきつの浜ちどりなくなくいでし跡の月かげ　（新古今集・羇旅・九三四・藤原定家）

【現代語訳】

尋ね聞いておくれ、思いを残してきたあの人がいる興津の浜の千鳥よ。千鳥のように泣きながら、別れて出て行った跡を照らす月の光に。

徹翁は、『類題白縫集《るいだいしらぬいしゅう》 九編姓名録』[*2]に、

鉄翁　　小城　　鍋島大内蔵藤原元辰入道

と載る、小城藩分家で柳生新陰流《やぎゅうしんかげりゅう》を伝える西小路鍋島家の人物である。[*3]『小城藩日記』寛政四年五月十七日条に、徹翁十七回忌法事に関する記事があり、これに基づけば、徹翁の百ケ日法要が行われたのは、安永五年のこととなる。「敷島の道たどたどしさしる人とたのみ来し人」と記されることから、徹翁は兵道のみならず歌道においても藩にとって重要な人物であったらしい。西小路鍋島家が初代藩主元茂《もとしげ》と第二代直能《なおよし》を源流に持つことも関係していようか。「はらからの子どもに、大和島ねの言の葉をひろはせ」とあるように、静明院（範子）が子の直愈たちに追善和歌を詠ませていることにも注目したい。

『松の志都久』を見るに、長男の直嵩や五男の種信《たねのぶ》らが歌会を主催することが多かったようである。たとえば、第四冊には、直嵩邸（叢桂館）で行われた歌会の記事がある。

そうけい館にて当座十四日夜

五月雨に幾重《いくへ》かさねし雲晴て待出し月の影のさやけさ

【現代語訳】

叢桂館にて、十四日夜、当座歌会

五月雨が降りやみ、幾重も重なっていた雲の晴れ間から、待っていた月が姿を見せた、その澄んだ明るさよ。

直嵩の主催した歌合は、『岡花百首歌合《おかのはなひゃくしゅうたあわせ》』（o956-18）や『明和九年歌合集《めいわくねんうたあわせしゅう》』（o956-19）に見ることができるが、右の詞書からも直嵩のもとで定期的に歌会が行われたことがうかがえる。また、種信の主催する歌会での歌も数首見られる。

　　十八日、種信家和歌会始に、江上霞

住の江の松ふく風の音もなしみどりもわかず霞こめけり

【現代語訳】

　十八日、種信の家の和歌会始で、「江上の霞」

住の江の松に吹く風の音もせず、松の緑もわからぬほどに、霞が立ちこめているなあ。

このほか、安永四年の歌会記録がいくつか確認されることも触れておきたい。

　　安永四ひつじのとし、四月廿五日夜当座、牡丹

咲《さき》しより心をこめて深見草《ふかみぐさ》あかずみるまも廿日《はつか》へにけり

【現代語訳】

　安永四年（乙未）四月二十五日夜、当座歌会にて、「牡丹」

牡丹（深見草）が咲いてからというもの、心を寄せて飽きることなく見ているうちに、あっという間に二十日も経ってしまったものだよ。

安永四、五月廿三日夜当座、夏人事

我おもふ恋しき人の身のうへを語《かたり》つくさず明《あく》るみじか夜

【現代語訳】

安永四年五月二十三日夜、当座歌会にて、「夏の人事」

我が慕っている恋しい人が身の上を語り尽くす間もなく明けてしまった、夏の夜の短さよ。

安永四ひつじ、九月廿三日夜当座、秋風

久《ひさ》かたの天津《あまつ》空《そら》行《ゆく》雁金《かりがね》をさそふ夕《ゆふべ》の秋のはつかぜ

【現代語訳】

安永四年（乙未）九月二十三日夜、当座歌会にて、「秋風」

空高く飛んでいく雁を誘うように、夕べに秋の訪れを告げる風が吹くよ。

いずれの歌会も直嵩や種信の主催で行われたものか。長男である直嵩が文化面で目立った背景には身体虚弱という問題があった。直嵩は母静明院とともに多くの詠草を残したが、天明三年（一七八三）五月に三十一歳で早世することとなる。次に引くのは、直嵩（文景院）三回忌の折に静明院が詠じた追善和歌である。句頭に「南無阿弥陀仏」の六字名号を冠し、亡き愛息に対する母の思いが伝わる。

文景院三回忌、六字の名号を句の上におきて

夏草《なつくさ》の茂き思ひをわけまよふたもとにいとど露ぞあまれる
むかしぞとしとふにつけて立《たち》ばなのみさへながるる袖の五月雨
あだし野の露のうき世におくれても何かなげかんあわれいつまで
弥《み》とせにもはや成にけりはかなさはただ夏の夜の夢の間ぞかし
陀《た》のむかいなき世の中ぞ兼《かね》てしも思ひの外《ほか》に袖ぬらしけり
仏《ふ》るままに遠ざかれどもけふはなを立居に忍ぶ涙とまらで

【現代語訳】

直嵩（文景院）三回忌に、六字名号を句の上に置いて詠んだ歌

生い茂った夏草をかき分けて袂が濡れるように、あの人が亡くなった夏のことを思うと心が乱れて、ますます涙に濡れるばかりである。

昔のことだと思っても、慕うにつけて橘の香に思いを断ち切れず、この身まで流れてしまいそうなほどに涙で袖を濡らす、五月雨の頃よ。

あだし野の露のようなはかない憂き世に消え後《おく》れても、何を嘆くことがあろうか。ああ私はいつまで生きるというのか、人は必ずやいつか死ぬのだから。

あの人が亡くなって早くも三年が経ったのだな。この世のはかなさは、夏の夜の夢のように短い時間であるよ。

頼りにする甲斐もない世の中だと以前から思っていたけれど、予期せぬあの人との別れに、涙で袖を濡らしてしまったよ。

年を経るままに過去は遠ざかっていくけれど、忌日の今日はやはり立ち止まり思い出してしまう。亡き人を偲ん

で流す涙が止まらなくて。

正親町公明の和歌指導

ところで、五条為範の娘として京に生まれ、堂上文化のなかで育った静明院は、直員の正室となった後には誰から和歌を学んだのであろうか。『松の志都久』第十冊には、

公明《きんあき》卿の御もとより和歌の点有けるに、皆人々へもすすめ遣す
遠津国《とほつくに》つくし人まで敷嶋《しきしま》の路《みち》ある御代《みよ》とたどりてぞ行

【現代語訳】
公明《きんあき》卿のもとから和歌の添削が送られてきたので、その場にいた人たちにも見せて和歌を学ぶように勧めた
遠く離れた都にいる御方が、九州の者にまでこのように和歌の道を教え導いてくださる。なんとありがたいご治世であろうと、私はこの教えを糧に和歌の道を辿り、学んで行くのである。

として静明院が正親町公明《おおぎまちきんあき》（一七四四～一八一三）から和歌の添削を受けたことが記されており、注目される。公明は天明三年四月に直員の娘親《ちか》（久菊、千賀）と婚姻し、正室とした。静明院は公明の義母となったのである。
公明の娘には、後桜町《ごさくらまち》天皇の女房となった鐘子《あつこ》や、光格《こうかく》天皇后欣子《よしこ》内親王の女房となった環子《ゆきこ》などがいる（いずれも母は親《ちか》とは異なる）。光格天皇の父閑院宮典仁《かんいんのみやすけひと》親王への太上天皇の尊号宣下をめぐり朝幕間に軋轢《あつれき》が生じた尊号事件で、公明は武家伝奏として幕府との交渉にあたったが、光格天皇の歌壇の一員となったのもこの頃であったとされる。[*4]

右の静明院の歌では、光格天皇とも縁の深い堂上歌人から和歌添削を受ける喜びを詠じ、周囲の人々にも和歌を学ぶよう勧めたという。また、第九冊には、親《ちか》の安産祈願のために太宰府天満宮に百首歌を奉納した折の歌が確認される。

公明卿北方《きたのかた》、平産の願、大宰府天満宮江百首の和歌、雲の上人《うへびと》をはじめ、おもと人までよみて奉、いと神《しん》恵《けい》かけまくもかしこければ、「山路菊」といへる題にて、自《みづから》もよみて奉

あし引の山路の秋はいくちとせ流《ながれ》つきせじきくの下水

【現代語訳】

公明卿の北の方である親姫の安産祈願として、太宰府天満宮へ百首歌を公卿をはじめ側近の者たちまで詠んで奉納した。神の恵みを口に出して申し上げるのも畏れ多いので、「山路の菊」という題で私も歌を詠んで奉納した。

山路の秋は何千年たっても、飲むと長寿を保てるという菊の下を行く水の流れが途絶えることはないでしょう。

「雲の上人をはじめ、おもと人までよみて奉」とあるように、このとき堂上歌人たちも百首を詠じて奉納したらしい。このほか、第一冊にも公明との交流が見られる。

大納言公明卿より春の文返しに

千々《ちぢ》の春返してやみむ若みどり恵《めぐみ》もふかき春のことのは

【現代語訳】

大納言の公明卿から初春の挨拶のお返事に

幾春も繰り返し拝見しようと思います。若葉のように未熟な私に、恵みも深く温かい春のお言葉をかけてくださるのがありがたくて。

文化九年（一八一二）に堤範房《のりふさ》が佐賀藩の諸芸についてまとめた『雨中《うちゅう》の伽《とぎ》』（佐賀県立図書館鍋島家文庫蔵）には「和歌」の項に、

仙妙院尼君、鍋島敬文《たかふみ》、石井孝朝《たかとも》、生野時興《ときおき》、田尻種信、相良頼恭《よりたか》、中島利安《としやす》、堤範房、是等は正親町前大納言実連《さねつら》卿〔入道号竟空〕の御門人也。佐嘉は昔より二条家の和歌伝りて、冷泉家はいまだ伝らず。

【現代語訳】

仙妙院（周子）、鍋島敬文《たかふみ》、石井孝朝《たかとも》、生野時興《ときおき》、田尻種信、相良頼恭《よりたか》、中島利安《としやす》、堤範房、彼らは前大納言正親町実連《さねつら》卿（法名は竟空）の門人である。佐賀の地では昔から二条家流の和歌が伝えられていて、冷泉家流はいまだ伝わっていない。

とあり、静明院の娘周子（仙妙院）や種信たちを公明の父実連《さねつら》（一七二〇～一八〇二）の歌道門人とするが、公明の書き誤りかと思われる（竟空は公明の法名である）。

娘親《ちか》の婚姻により公明と姻戚関係でつながった静明院は、公明から和歌の添削を受けていた。長男の直嵩もまた早くから母の影響を受けて和歌を能くしたが、親《ちか》が京都へ輿入れして程なく没しており、公明から直接の和歌指導を受けることは叶わなかったものとみえる。だが、周子や種信たちが相次いで公明の歌道門人となり、小城歌壇を支えていくことになる。さらに周子は直賢の正室として白石鍋島家に入り、和歌の伝統は直賢の子直章《なおあき》へと伝えられていった。佐賀県立図書館鍋島文庫には直章（花殿）たちの詠草が多く残り、白石鍋島家では直章の時代に和歌活動が盛んであったことがわかるが、そこには母静明院とともに公明の歌道門人として学んだ周子の影響も少なからずあったと考えられるのである。

注

1 中原勇夫編『今泉蟹守歌文集』（中原勇夫、一九七一年）。
2 注1。
3 今村嘉雄「鍋島新陰流」『柳生一族——新陰流の系譜——』（新人物往来社、一九七一年）。
4 盛田帝子『近世雅文壇の研究』（汲古書院、二〇一三年）。

9 俗書と小城藩の知識人たち
『近代公実厳秘録』

中尾健一郎

『近代公実厳秘録《きんだいこうじつげんぴろく》』は鍋島直嵩《なおたけ》が小城藩士に筆写させた俗書。筆写者の筆頭である岩松相《いわまつしょう》延《えん》が、直嵩主催の歌合の常連であったことは注目に値する。本章では、小城鍋島文庫本の特徴を紹介するとともに、相延という人物に焦点を当てることによって、直嵩の文芸サロンの一端にふれる。［書誌情報］写本、大本、十巻二冊。序文と跋文はなし。上冊の最終丁に、「筆者／天明三年卯三月／岩松相延／松田之恭／城島義成／堤重吉／村崎喜廉／千秋万歳御目出度シ々々」。蔵書印「叢桂館蔵」。函架番号 o213-1。

鍋島直嵩の『近代公実厳秘録』

小城鍋島文庫には、大名家らしからぬ俗書がある。たとえば、『青葉のふえの物語』（御伽草子）、『可笑記《かしょうき》』（仮名草子）、『三国物語』（仮名草子）がそうである。これらには鍋島直嵩《なおたけ》（一七五三～八三）の蔵書であることを示す「叢桂館蔵」の印が捺されており、彼が仮名草子等にも関心をもったことがうかがわれる。直嵩は小城藩六代藩主・鍋島直員《なおかず》の長子である。詳細は白石良夫氏の「薄幸の若様を守り立てて」（本書所収）に譲るが、和歌にすぐれた人物であった。連歌にも興味を覚えていたと見え、昌億《しょうおく》の『連歌新式追加』、宗祇《そうぎ》の『名所方角抄《めいしょほうがくしょう》』、『連歌花千句《れんがはなせんく》』にも「叢桂館蔵」印が見える。直嵩の幅広い関心のありさまを知ることができる書物に、時代小説である『近代公実厳秘録《きんだいこうじつげんぴろく》』がある。本章ではこの書物を手がかりとして、直嵩の文芸サロンの一端にふれよう。

『近代公実厳秘録』は、巷間の噂話を取り込んだ逸話集で、八代将軍徳川吉宗（一六八四〜一七五一）の治世下における武家を中心に記録したものである。『小城鍋島文庫目録』（佐賀大学附属図書館、一九六二年）では「日本史・雑史」に分類されている。筆写された年代が明らかなものとしては、東京国立博物館所蔵の宝暦三年（一七五三）本がもっとも古く、九州大学附属図書館雅俗文庫の宝暦八年（一七五八）本、同図書館広瀬文庫の明和五年（一七六八）本がこれに続く。[*1] 天明三年（一七八三）に書写された小城鍋島文庫本は、四番目に古く、かつ近世中期における『近代公実厳秘録』の書写の状況をうかがい知ることができる貴重なものである。

著者の馬場文耕《ばばぶんこう》（一七一八〜五八）は江戸の講釈師。ゴシップに類する著述を講釈したことにより刑死した。公儀の禁にふれたためか、江戸時代、その著作はすべて写本の形で伝わり、幕末以前の写本には筆写の年代が不明なものが多い。活字本は明治二十五年（一八九二）に金港堂の「百万塔」シリーズに収録され、現在通行する『馬場文耕集』（国書刊行会、一九八七年）所収のものは、これを底本としている。

佐賀では小城鍋島文庫のほかに、佐賀県立図書館の鍋島家文庫・蓮池《はすのいけ》鍋島家文庫に写本が収められており、文耕の著作に関心を寄せたのが小城藩にとどまらなかったことがわかる。

◇佐賀大学附属図書館　小城鍋島文庫　o213-12　写本十巻二冊　天明三年（一七八三）

◇佐賀県立図書館　鍋島家文庫　鍋 991-371　写本十巻二冊　慶応以前

◇佐賀県立図書館　蓮池鍋島家文庫　蓮991-77　写本一冊（端本・巻三〜巻六）慶応以前

小城鍋島文庫本は、佐賀県立図書館の二種のテキストと系統を異にするようである。*2 また、佐賀に現存する三種のうち、成立年代と書写に従事した人物が明らかなのは、小城鍋島文庫本のみである。

書写が行われたのは天明三年（一七八三）三月。筆写者は岩松相延《いわまつしょうえん》ほか四名であり、相延以外の事跡は不明である。直嵩は同年五月に三十一歳で逝去しているため、亡くなる直前に成立したことがわかる。直嵩は目を患っていたことから、『近代公実厳秘録』は彼の命により書き写されたと見られる。かりにそうであれば、直嵩は和歌を好む一方で、将軍家周辺の噂話にも関心を寄せていたことになる【❶】。

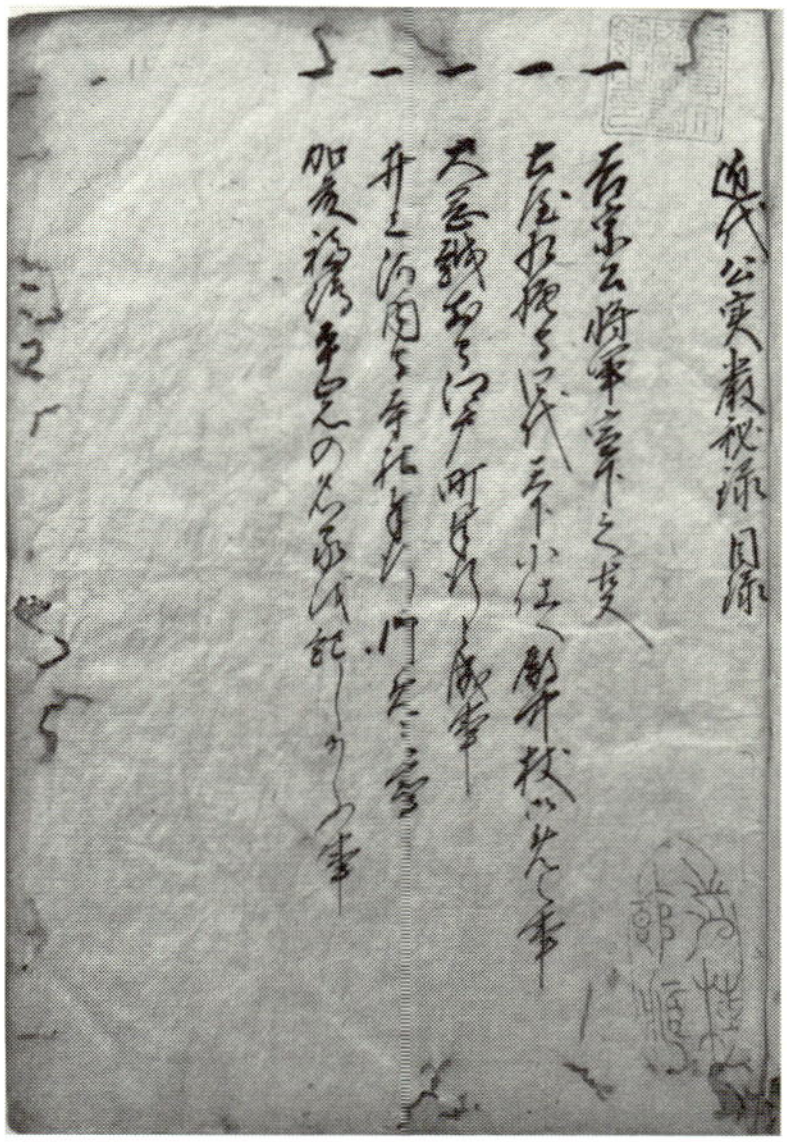

❶『近代公実厳秘録』

小城鍋島文庫本の特色としては、朱字による訂正が多く見られる点が挙げられる。確認できるものには、誤字を訂正したもの、脱字・脱文を補うもの、字下げを行うべき箇所を指摘したものがあるが、書き入れをおこなった人物については不明である。書き入れの中には、文字の異同の指摘もある。一例を挙げよう。

「大岡越前守江戸町奉行と成事」（巻一）の項に、裁判をつかさどる奉行は大任であるから、適任の人を選ばなければならないと述べた上で、次の古い和歌とされるものを引いている。

唐〔イ 筥トアリ〕崎のまつは奉行にさも似たりすぐなどすれどまがらぬはなし（亀甲括弧は傍書。以下同じ）

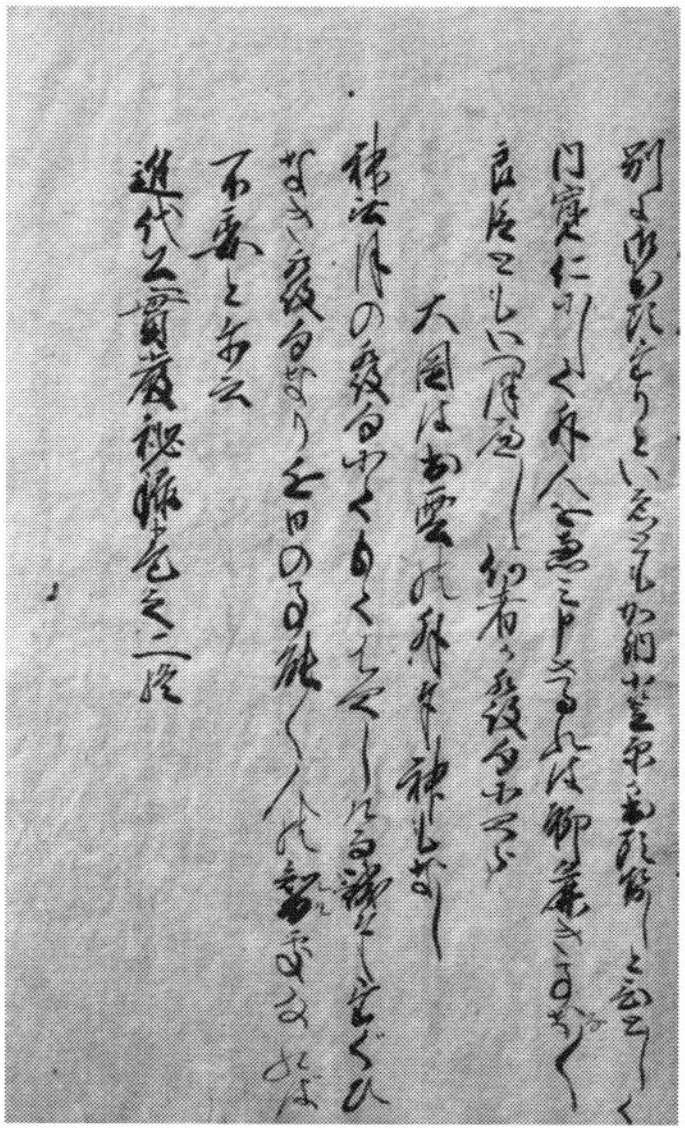

❷『近代公実厳秘録』

近江八景に「唐崎夜雨《からさきやう》」という景勝がある。近江の唐崎神社には持統天皇の御代に植えられたという松があり、この「唐崎の松」に雨が降りそそぐというものである。右の歌は唐崎の松をふまえて、奉行という者は真っすぐであっても、いずれ松のように曲がってしまい、私利私欲を離れてつとまる者はいない、と風刺する内容である。小城鍋島文庫本では朱筆の書き入れで、「唐崎のまつ」を「筥崎のまつ」に作る異本があることを示すが、これによって当時、唐崎神社を筑前の筥崎宮《はこざきぐう》に見立てたテキストがあったことが知られる。また、異本の存在が明示されることにより、朱書きを施した人物の手元に校合に使用できる写本があったこともわかる。実際に脱文を補う書き入れは数箇所にわたり、二十文字を超える分量のものもある。他本がなければこのような書き入れは施せなかったはずである。

書き入れのほかに、本文の異同にもいくつか特徴的なものがある。「近世出頭輩の事」（巻二）と題する項には、徳川吉宗のお側衆で出世した人物が取り上げられている。その中で、大岡出雲守忠光《おおおかいずものかみただみつ》（一七〇九～六〇）については、寛大で恵み深い良き臣下であったので、次のような発句があったという【❷】。

大岡は出雲の外に神もなし

「神無月」の発句とされた右の句の「大岡」については、「おほかた」に作る写本がある。陰暦の十月には日本各地の神々が出雲大社に集まるため、「神無月には、一般に出雲の国以外の土地に神様はいない」というのを、寛大で恵み深い大岡忠光をたたえて、「およそ出雲守様のほかに神様のような人はいない」と洒落たというのである。文意としては、こちらが正しかろう。ただ小城鍋島文庫本以外にも「大岡」に作る写本が多いことに鑑みれば、句の意を十分に汲みとらずに、「大岡出雲守」という呼び名をわかりやすい発句にしたと解釈した読者も、少なくなかったのではないか。

もう一点、小城鍋島文庫本の特徴的な異同を紹介しよう。同書には、「馬場春水名筆誉れの事」（巻五）と題する項がある。馬場春水《ばばしゅんすい》（一六六三〜一七四八）、名は丈助《じょうすけ》。江戸中期の書家。この人物は隠居後、婿と同居して一生を終えたという記事である【❸】。

> 丈助隠居して、本所一つ目へ菟裘の地の候（マヽ）。婿の根本八右衛門と云祖来〔徂徠〕流の儒者と一所に居、一生を終りける。
>
> （傍線は筆者）

春水と一緒に住んだという根本八右衛門《ねもとはちえもん》（一六九九〜一七六四）は、荻生徂徠《おぎゅうそらい》の門人で、武夷《ぶい》と号した儒者である。右の文の「祖来」の表記は、当時通行したのか、それとも単に書き誤ったのかは判然としないが、他本でも踏襲するものが多い。朱筆で「徂徠」と書き入れているのは訂正の意図によるだろう。「菟裘《ときゅう》の地」に続く「の候」の部分には、脱字があるようである。他本では「菟裘の地の候」を「隠居家を建」に作るものが多く、補うべき文字は不明である。小城鍋島文庫本と同様に作るものに、矢口丹波記念文庫蔵本があるが、これも「の候」の部分に異同を示す書き入れはないため、何の文字が欠けているかはやはり不明である。

注目したいのは、通行する本の「隠居家」を、小城鍋島文庫本では「菟裘の地」と記している点である。「菟裘」とは、現在の中国の山東省済寧市《さいねいし》泗水県《しすいけん》のことで、春秋時代に魯の隠公の隠棲の地となったことから、転じて隠居の場所の意で用いられるようになった。この部分に、前に見た「徂徠」と同様の書き入れがないのは、朱筆を施した人物は儒学の素養があり、「菟裘の地」が意味するものを知っていたからだと考えられる。前述のように、小城鍋島文庫本に朱筆で書き入れた人物は不明であるが、可能性として考えられるのは、儒学の素養があり、五人の筆写者の筆頭に挙げられている岩松相延ではないだろうか。

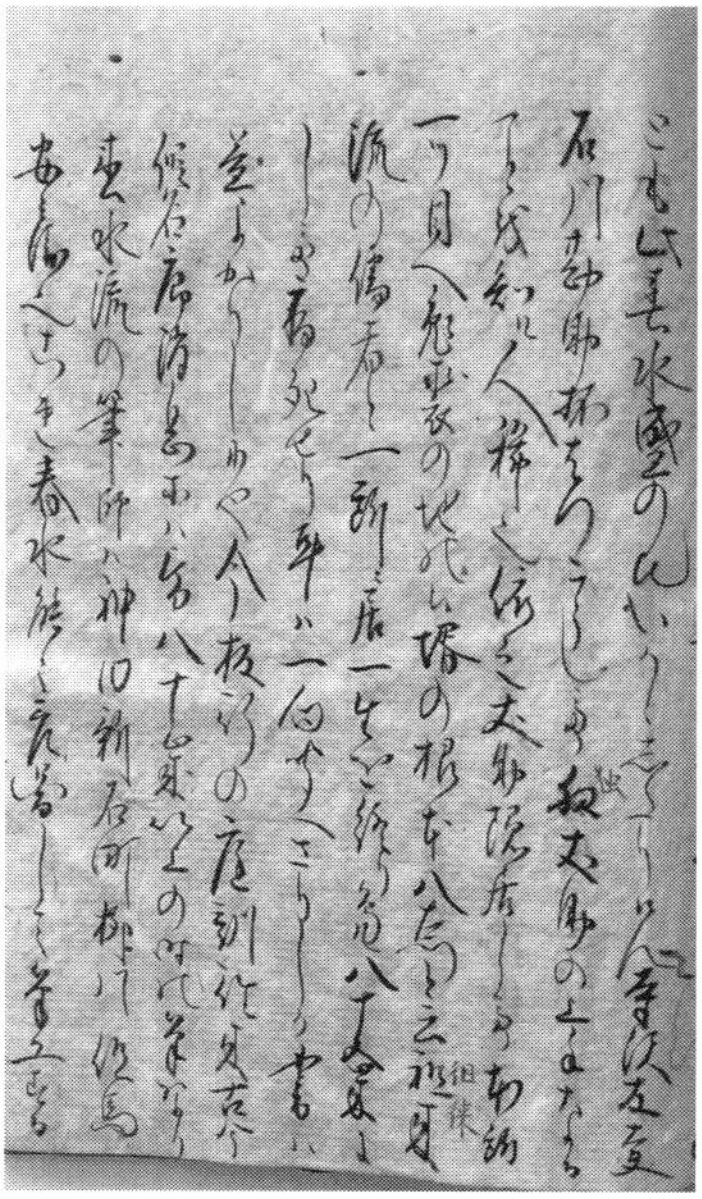
❸『近代公実厳秘録』

岩松相延という人物

『近代公実厳秘録』の筆写に従事した五人のうち【❹】、四名の事跡は不明であるが、いずれも小城藩の家臣と見られる。筆頭者である岩松相延については、はなはだ興味深い記録が散見する。以下、この人物について判明していることを紹介しよう。

東京大学所蔵『神書目録』末尾の「神学相承之次第」には、山崎闇斎《やまざきあんさい》・正親町公通《おおぎまちきんみち》・植田成章《うえだなりあき》・岡田正利《おかだまさとし》の後に、「直郷鍋島備前守／号雲垣霊社・長盈霜村彦兵衛・相延岩松」の系譜が記されている。[*3] 鹿島藩六代藩主・鍋島直郷《なおさと》が垂加神道の流れを汲み、岡田磐斎《おかだばんさい》とその門人井田道祐より神道の伝授を受けたことは、川平敏文氏の研究に指摘があり、その家臣である霜村長盈《しもむらちょうえい》に同じく、相延も直郷の家臣とおぼしき者とされていた。[*4] この人物については従来未詳であったが、『近代公実厳秘録』の筆写および『直能公御年譜』の編纂にあずかっていることから（後述）、彼が小城藩士であったことは間違いない。

相延の師である長盈は、賀茂真淵《かものまぶち》の門人でもある。[*5] 相延は長盈より神道のみならず、真淵直伝の国学も教わったことが容易に推測できる。

小城藩士の相延は、鹿島藩士の長盈に学んで、和漢の学に通じたのである。相延の名は『神道書目』、前述の『近代公実厳秘録』上冊の最終丁のほかに、小城鍋島文庫所蔵の『明和九年歌合集』にたびたび見える。つまり相延は、直嵩の歌壇に連なる人物であった。

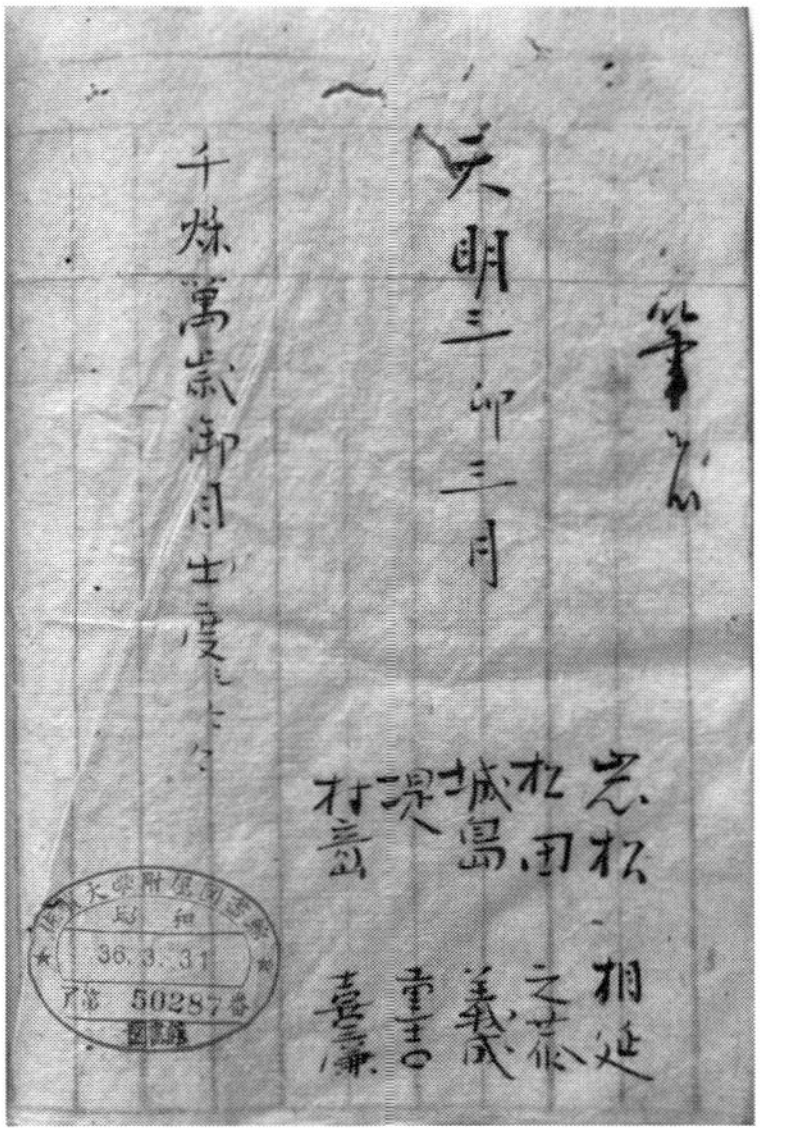

❹『近代公実厳秘録』上冊　最終丁

岩松姓の小城藩士のうち、『和学知辺草』の著者と目される松隈亨安《まつくまきょうあん》と同時代人であり、かつその事跡から候補となる人物に、岩松《いわまつ》七右衛門《しちえもん》と左五六《さごろく》がいる。父子と見られるが、年代を考えると相延に該当するのは左五六である。左五六は小城郡教育会編『小城郡誌』（再版、名著刊行会、一九七三年）に「儒者」として掲載されており、『小城藩日記』[*6]の天明八年（一七八七）九月三日の条に、藩校興《こう》譲館《じょうかん》の教官を仰せつかった記事が見える。また、文化九年（一八一二）五月十二日の条には、病気が差し迫ったため、藩命により副島藤蔵に神道を伝授したことも記録されている。左五六は相延と同一人物と見て間違いない。彼が編集したものには、神道の伝授についてふれたものがある。『直能公御年譜附録』である。これには、『和学知辺草』と重なる内容も少なからず見受けられ、はなはだ注目に値する。なお相延は、「直能公御年譜凡例」に次のように記している。

> 御一代の内、事実慥也といへ共、其年月詳ならす、或ハ瑣細之雑事等ハ輯めて附録に出之、凡此編の撰述起筆の始めより、日夜兀々《ゴツく》として膏《カウ》油《エ》を焚《タイ》て晷《ヒカゲ》に継《ツ》き、数年を究めて漸く稿《カウ》を脱《タツ》する事を得たり、古へを考るに、志有ん人纔に此一斑《ハン》を得て、全豹《センヘウ》を窺ふよすがとも成りなんかと、愚なる筆《シタカキ》に任せて記レ之、併テ校《ケウ》考全からすして、一盲の衆盲を挽《ヒク》の恐れ無にしもあらすと云爾。
>
> 于時享和第三癸亥冬十一月穀旦　微臣　岩松相延謹誌

相延は『直能公御年譜』並びにその『附録』を編纂し、脱稿したのは享和三年（一八〇三）であった。『小城藩日記』には、明和元年（一七六四）に岩松左五六らに「旧記写被仰付候事」とあり、明和九年（一七七二）に「江戸類焼ニ付旧記写被仰付候事」、「数日旧記写太儀仕候付、金百疋宛拝領事」、安永元年（一七七二）に「行規御狩ニ付中島庄兵衛岩松左五六、絵図被仰付候事」と、折にふれては藩命により古い記録を写したことが記録されている。

また、寛政七年（一七九五）にも、「外御懸硯方、御残物方、旧記方、諸付類御取調子ニ付、石丸左太夫、岩松左五六、御雇被成候事」と、記録を取ることを仰せつけられている。「直能公御年譜凡例」に、「凡此編の撰述起筆の始めより、日夜兀々《ゴツく》として膏油を焚て晷《ヒカゲ》（日光）に継き、数年を究めて漸く稿を脱する事を得たり」と記すのは、唐の韓愈《かんゆ》の「進学解《しんがくかい》」をふまえた表現である。数年にわたり、昼も夜も『直能公御年譜』の編纂に従事したことを指すであろう。文化九年（一八一二）一月二十四日には、歴代藩主の御年譜作成をねぎらわれ、銀十五枚を拝領している。『小城藩日記』に左五六の名が最後に見えるのは、同年五月十二日の、病気が差し迫り、神道を伝授したとする記事（既出）である。直嵩の『明和九年歌合集』から数えると四十年後にあたり、この頃までは生存していたと見える。

長盈・相延の師弟と松隈亨安が、国学・神道学においていかなる関係にあったかはまだ明らかにしえていないが、亨安と相延は直嵩の歌会に同席する者同士であり、かつ『和学知辺草』と『直能公御年譜附録』に取り上げられる神道関係の記事に共通の部分が多いことに鑑みれば、少なくとも長盈・亨安・相延は同じ文化圏に属し、いずれも和漢の学に通じていたと言えるだろう。小城鍋島文庫所蔵の『近代公実厳秘録』について調べるうちに、これが佐賀の国学・神道学の系譜に連なる人物によって書き写されたことが判明した。直嵩がこの方面において、亨安・相延とどのように関わったかも気になるところである。再考の機会を期したい。

注

1 『近代公実厳秘録』の諸本については、国文学研究資料館の「国書データベース」をはじめとする各機関のデジタルアーカイブを参照した。

2 一例を挙げれば、鍋島家文庫本と蓮池鍋島家文庫本は、後述する馬場春水の隠宅に関する表現「菟裘の地」を、通行本に同じく「隠居家」に作る。

3 島園進・磯前順一編『東京帝国大学神道研究室旧蔵書　目録および解説』(東京堂出版、一九九六年)を参照。

4 川平敏文「鍋島直郷と神道学」(『鹿島藩の政治と文化』国文学研究資料館、二〇〇八年)を参照。

5 長盈が真淵の門人であったことは、中尾友香梨・中尾健一郎「『和学知辺草』考——神道について」(『雅俗』二十三号、雅俗の会、二〇二四年七月)に指摘した。

6 『小城藩日記』については、佐賀大学地域学歴史文化研究センターの「小城藩日記データベース」を参照した。以下、岩松相延(左五六)の事跡は同データベースによる。

III 『和学知辺草』を深掘りする

和学・漢学ともに新しい局面を
迎えようとしていた転換期。
時代を背景に綴られた和学入門書。
その片言隻句から近世思想史上のトピックスを拾う。

10 埋もれていた和学入門書
『和学知辺草』

中尾友香梨

『和学知辺草《わがくしるべぐさ》』は和学の手引き書である。寛政五年（一七九三）に成立。徂徠学が急速な衰えを見せ、国学が台頭してきた転換期の言説として注目に値する。[書誌情報]写本、半紙本、三巻三冊。自叙と凡例を冠し、跋文はなし。他に伝本を見ない。函架番号 oO-14【❶】。

和学の手引き書

全五十段からなり、歴史・言語・文字・音韻・歌・制度史・神道・儒学・漢詩・漢文訓読法・出版など多岐にわたる話題を扱う。

こんにち通例の学問は、初学にまず儒学を学び、日本のことに暗く、一生の精力を異邦の道に尽くして、自国のことを疎んじたまま生涯を終える人が多い。そのような弊をなくすために、該書を初学の助けに備える、と凡例にある。

近世の和学入門書としては、早くは賀茂真淵《かものまぶち》に『にひまなび』（明和二年［一七六五］成立）があり、刊行されたのは寛政十二年（一八〇〇）である。山岡浚明《まつあけ》の遺著『示蒙抄《じもうしょう》』に増補の手が加わるのは寛政九年、本居宣長《もとおりのりなが》の『うひ山ぶみ』

❶『和学知辺草』

の執筆は同十年であった。右三書に倍する分量を有し、より広範囲な議論の展開を見せる『和学知辺草』は、寛政の初めにあって注目に値する。

寛政という時代

該書が成立した寛政年間には、徂徠学《そらいがく》が急速な衰えを見せ、朱子学が勢力を盛り返していた。異学の禁が発令されたのは寛政二年（一七九〇）である。時あたかも佐賀藩からは、古賀精里《せいり》が新時代の儒学の旗手として登場し、寛政八年には幕府の学問所昌平黌《しょうへいこう》の教授に抜擢されて、朱子学振興の中心人物の一人となった。

一方、国学では、真淵の学風を受け継いだ本居宣長の学問が完成期を迎えていた。そして福岡から青柳種信《たねのぶ》、熊本から長瀬真幸《まさき》、長崎からは近藤光輔《みつすけ》が、伊勢の松坂を訪れて宣長に学び、新しい学問（国学）を九州の地に将来しはじめた。寛政五年には塙保己一《はなわほきいち》の和学講談所《わがくこうだんしょ》が江戸に設立された。

『和学知辺草』には、こうした新しい学風の影響が見える。太宰春台《しゅんだい》の『弁道書《べんどうしょ》』に対する反論から始まった国儒論争の一端が投影されており、徂徠学への批判は辛辣である。真淵の『国意考《こくいこう》』や宣長の『直毘霊《なおびのみたま》』『葛花《くずばな》』に依拠するところが大きい。

また、『大和三教論《やまとさんきょうろん》』を参考にした痕跡が随所に見える。この書の成立は宝暦十二年（一七六二）、刊行は寛政二年である。ほかにも『新安手簡《しんあんしゅかん》』（天明七年［一七八七］刊）、『近世畸人伝《きんせいきじんでん》』（寛政二年刊）など、成立または出版まもない著作を多く参考にしている。

時代の空気を伝え、和学・漢学ともに新しい局面を迎えようとしていた転換期を象徴する作品といえる。

著者の幽林舎散人

著者は小城藩の「幽林舎散人《ゆうりんしゃさんじん》」を名乗る。寛政三年（一七九一）秋に官職を解かれ、該書成立のときは六十歳を迎えようとしていたことが、自叙から知られるのみである。享保二十年（一七三五）頃の生まれと推定できる。該博な学識を満載した本著作から窺って、ひとかどの知識人であることは間違いないが、特定するための手がかりは少ない。年代を考えると、おそらく鍋島直嵩《なおたけ》（一七五三～八三）の主導する歌壇および文芸サロンに身を置いた人物であろう。

そこで筆者は、藩医の松隈亨安《まつくまきょうあん》こそが、この人物であると推定した。寛政三年九月に致仕したことが『小城藩日記』から確認できる。小城藩医の松隈家は、中原氏を名乗っており、先祖は最上《もがみ》家の人で、名高き和歌の達人であったとされる。筑後へ流れ、のち佐賀藩祖鍋島直茂《なおしげ》に招かれて和歌の師範となった。子孫の庶流は、佐賀藩と小城藩の藩医となり、眼科と内科を家業とした（元茂公御年譜）。

直嵩は目の病を患っていた。亨安はその侍医を務めながら、文芸活動を支えたと見える。明和九年（一七七二）に直嵩が主催した歌合（本書第Ⅱ部の白石良夫「薄幸の若様を守り立てて」を参照）には、「松隈」「（中原）玄庭《げんてい》」「（中原）玄《げん》廓《かく》」の名で、毎回出詠しており、時には判者を務めている。藩主家の文芸サロンの中心にいた人物と見て間違いない。

また同年、直嵩は中原玄庭の独詠『岡花百首歌合』に判詞を書いており、その巻末に松隈衍翁《えんおう》の名で、「もしほ草かく書分て万代も心岡辺の花に契らん」と歌が添えられている。松隈衍翁の名は『小城藩日記』にも見え、安永二年（一七七三）八月二十七日に直嵩の妹久菊姫《ひさきく》（のち公家正親町公明室《おおぎまちきんあき》）の顔にできた腫れ物の治療のために、佐賀本藩の医師松尾栄仙《えいせん》が呼ばれたが、松隈衍翁なる人物がその接待に同席している。小城藩医の松隈亨安である。

つまり松隈亨安・松隈衍翁・中原玄郭・中原玄庭と幽林舎散人は、すべて同一人物と推定される。「亨安」は松隈家当主が小城藩医として名乗るもの、「衍翁」は個人の号、「玄郭」と「玄庭」は名または字、「幽林舎散人」は致仕後の号である。名または字が「玄郭」から「玄庭」に変わったことについては、「『和学知辺草』考――神道について」（『雅俗』二十三号、二〇二三年七月）に述べたので、ここではくり返さない。

小城藩医の松隈家は代々「亨安」（亨庵・亨菴・享安なども表記）を襲名した。京都の名医曲直瀬《まなせ》家の門人帳（『当門弟之日記』杏雨書屋蔵）には、肥前松隈家の人が多く登場する。「亨菴」と子「玄良」の名も確認できる。ただ、現存する門人帳は江戸前期のものであり、二人は幽林舎散人の先祖にあたる。江戸中期の門人帳が残っていないので断言はできないが、幽林舎散人も同じく京都の曲直瀬家で修業したと見える。医学修業のかたわら堂上家に出入りして、中世以来の伝統的な和歌・歌道の指導を受けた可能性も十分に考えられる。

また、若い頃より医学稽古のため、藩主の出府に合わせて父親（侍医）について江戸に出ることが許されていた（小城藩日記）。家督を継いだ後も、藩主の参勤交代に従ってたびたび江戸に出ている。その江戸で真淵と門弟たちによって展開される新しい古学(国学)の洗礼を受けたのである。具体的な師承関係は不明である。『和学知辺草』を読む限り、書物から受けた影響が強いように見える。

『小城藩日記』安永四年（一七七五）閏十二月二十日の条には、松隈亨安が薬種を長崎にて調達するため、藩に借金を申し出たことが記されている。『和学知辺草』第二十八段には長崎で清の商人から聞いた話が紹介されており、実際に長崎にも出張していた。

京都・江戸・長崎で得た幅広い見聞が、亨安の該博な知識を支えた。『和学知辺草』の凡例には、「本書の外に、儒仏の総論、和漢の礼楽《れいがく》の変遷、通貨の沿革、服飾制度論、世間の雑事など、見聞の及ぶところ、古老の話の記憶に残っているものにまかせて、書き記すべきことが多いが、多病と世事に妨《さまた》げられて思うとおりにならない。生きているうちに、数カ月の暇を得て、再び志を遂げたいと願うのみである」（現代語訳）と記されている。しかし現段階では、『和学知辺草』以外の著述は見つかっていない。

小城鍋島文庫研究会では二〇二三年に『和学知辺草　翻刻・注釈・現代語訳』（文学通信）を上梓した。右の三節はその巻頭に載せた文章を加筆修正したものである。今この書籍の現代語訳と注釈によりつつ第五段の言葉に関する内容を一部紹介しよう。

京なまり

まずは、京なまりの記事である（以下、あみかけ部分の引用は中尾による現代語訳である。『和学知辺草』の現代語訳は右の書籍の白石訳を参考にした）。

いま日本の言葉の美醜を論じるには、京都の言葉ほど恰好《かっこう》のものはない。京言葉では、「花《はな》」と「鼻《はな》」、「雨《あめ》」と「飴《あめ》」、「橋《はし》」と「端《はし》」と「觜《はし》」の類の発音がしっかり区別され、平《ひょう》・上《じょう》・去《きょ》の三声《さんせい》が自然に備わっている。しかし先達の説に、「奈良七代の都の言葉は正しかったが、今の京都になってから、近世に尾張の言葉が混じった」とある。信長から秀吉までの二代の後のことであろう。そうであれば、足利将軍時代には関東の言葉も混じったはずである。「京訛《なま》り」というのは、これのことである。

京言葉は平上去の三声が備わっていて、同じ仮名の和語もアクセントで発音が区別されるので美しいという。平上去の三声に入声《にっしょう》を合わせた四声《しせい》は、もともと古代中国語の声調《せいちょう》（声の高低・昇降）を表す用語であるが、日本語ではアクセントを示すものに転用された。契沖《けいちゅう》（一六四〇〜一七〇一）は、「和語にも平上去の三声あり、一字仮名にていはゞ、日《ひ》・樋《ひ》・火《ひ》、毛《け》・笥《け》・食《け》。二字仮名、橋《はし》・端《はし》・箸《はし》、弦《つる》・釣《つる》・鶴《つる》。此類《このたぐい》にて心得《こころう》べし」（『和字正濫抄《わじしょうらんしょう》』巻五）、「和語は訓にして音にあらず、四声の中に平上去の三声ありて入声はなし」（『和字正濫通妨抄《わじしょうらんつうぼうしょう》』巻二）と指摘した。

しかしそれでも、京言葉は奈良時代の都の言葉ほどは正しくないと、新井白石《あらいはくせき》（一六五七〜一七二五）の『東雅《とうが》』総論の次の説を引く。

（先生は）また次のようにおっしゃった。わたしが十二、三歳の時、貞徳《ていとく》から聴いた話がある。彼の幼いころまでは、京の人の言葉遣いは、今と違っていた。今の人たちが使う言葉は、多く尾張の方言が混じったものである。これは信長・秀吉の二代が立て続けて天下を治めたことによるのである。また近ごろは三河国の方言が入ってきたと、貞徳が言ったと、先生はおっしゃった。

この事から考えると、貞徳の幼いころの京の人たちの言葉というのも、また古い昔の京の人たちが使っていたものだけではあるまい。足利将軍の時代に東の国の方言が混じるのを避けられなかったはずである。

白石が師の木下順庵《じゅんあん》（一六二一〜九八）から聴いた、少年時代にその師の松永貞徳《ていとく》（一五七一〜一六五四）から聴いたという話を引いている。貞徳の幼いころに比べると、当代の京言葉は変化しており、それは信長・秀吉の時代に尾張方言が混入し、家康が政権を握った後はまた三河の言葉が京都に流入したからであるという。

これを受けて白石は、貞徳の幼いころの京言葉も、けっして古い時代の京都の言葉ではなく、室町時代にはすでに足利将軍の関東方言が混じっていたはずであると推測した。
このように時代時代の権力者の出身地の方言が、京都に流入し、京言葉に混じって生まれたのが「京なまり」であると幽林舎散人はいう。

物を別名で呼ぶこと

『和学知辺草』第五段の言葉に関する記事はまた次のように続く。

足利将軍の時代には、物を別名で呼ぶのが優雅なことのように思われる風潮があった。これは五山の僧たちが将軍の話相手をつとめる時、饅頭を「十字」と言い、茶碗の品質の劣るものを「ごす手《で》」などと称したのが始まりである。その場限りの洒落《しゃれ》であったのが、室町時代の常用語となったものである。

この話は新井白石が水戸藩士安積澹泊《あさかたんぱく》（一六五六〜一七三八）に宛てた書簡の記述がもとになっている。『新安手簡』巻三にほぼ同じことが記されている。饅頭を「十字」と称するのに、西晋の何曾《かそう》という人が饅頭の上に十字の切れ目が入っていなければ口にしなかったという故事に由来する。『晋書《しんじょ》』の「何曾伝」に見え、『蒙求《もうぎゅう》』にも「何曾食万《かそうしょくまん》」の題で収録されている。
『吾妻鏡《あづまかがみ》』建久三年（一一九二）十一月二十九日の条には、若君（のちの源実朝《みなもとのさねとも》）の五十日百日《いかがももか》の儀式に「十字」を配ったとあり、翌年五月十六日の条には、富士野で行われた巻狩《まきがり》で源頼朝《みなもとのよりとも》の長男頼家《よりいえ》が初めて鹿を射止めたので、その祝いとして馬の世話係と勢子《せこ》に同じく「十字」を配ったとある。鎌倉時代にはすでに饅頭を「十字」と称していたことがわかる。

茶碗の品質の劣るものを「ごすで」と称することの由来については、同じく『新安手簡』巻三に次のようにある。

茶入、茶碗の品質の劣るものを「ごすで」と称する由来を尋ねると、「子昂《すごう》」を逆にして、作りの悪いものを指すという。これなども室町時代の俗語であると聞く。これらの類い、たわいもない駄洒落、または唐音（中国語）の訛ったものなどは、その時代に出てきたものか。

品質のよい茶碗を指す「すごう」という言葉を逆にして、粗末な茶碗を称するという理屈である。元禄七年（一六九四）に上梓された『万宝全書《ばんぽうぜんしょ》』にも、「呉洲手《ごすで》　茶碗。手鑑に有之。染付《そめつけ》手のあしきと云事にて名付たり。手の能《よき》をすごうと云。其うらなれば、ごす手と云也」とある。

上等な茶碗を「すごう」と称する由来も含めて、天野信景《さだかげ》（一六六三～一七三三）は「磁器にごすと称する物あり。是《これ》、我朝の俗語なり。昔、趙子昂《ちょうすごう》手書事よし。吾俗、能書《のうしょ》を手かきと云。此《この》磁器、麁薄《そはく》なり。故に俗に手あしき焼ものをいふより、子昂をかへして昂子手といふ也」（『塩尻《しおじり》』）と記す。そして「賢按《けんあんずるに》、ごすとは、紺色の茶碗薬の色にして、蛮語《ばんご》也」と注をつけている。

時代が下って江戸後期になると、喜多村筠庭《きたむらいんてい》（一七八三～一八五六）は「画焼青《がしょうせい》をごすといふ。磁器の青絵なり。よく製法して絵をかき、釉水《ゆうすい》かくれば青色となれども、元《も》と色黒きもの故、釉水かからぬ処は其色黒し。故に藍色《あいいろ》の黒みある陶器なれば、ごす手といひしを、謎の名のやうに取なしたるもの歟《か》」（『嬉遊笑覧《きゆうしょうらん》』巻二下）と解釈した。「画焼青」は「ごす」の中国名である。

「ごす」（呉須）とは磁器の染付に用いる顔料である。酸化コバルトを主成分として鉄・マンガン・ニッケルなどの不純物を含む。これを使って磁器の素地に文様を描き、釉薬《うわぐすり》をかけて焼くと、藍色に発色する。しかしコバルトの純度が低いと、黒ずんだ青色を呈する。これを「呉須手」と称した。「手」は様式の意味。「呉須」の語源については、天然の酸化コバルトがとれる中国の地名であるとする説もあるが、不明である。

田舎言葉にこそ古語は残る

『和学知辺草』第五段の言葉に関する記事は、さらに次のように続く。

また、諸国の言葉は、それぞれ違いがある。中流以上の人の場合、多くは江戸に集ったり、京都、大坂に出て、他国の人と交わったりすることも多いので、文字にも通じ、話す言葉もさほど違いがあるとも見えないが、中流以下で文字にも疎い辺鄙な田舎の人の言葉は、どうにも聞き取りづらいことの方が多い。

その中には、古代の言葉が残って伝わっているものもある。その証拠として、この間から松浦《まつうら》に閑居しているうちに、山代郷《やましろごう》（現在の伊万里市山代町・東山代町）の子供たちが、蟹《かに》を「がね」というのを聞いて、「かに」というべきなのにと、始めにはおかしく思ったが、『日本書紀』の衣通姫《そとおりひめ》の歌に、「吾背子《あがせこ》が来《く》べき宵《よひ》なりささがねの」とあるのに思い当たって、「がね」は古代の言葉であることを知った。このように田舎の言葉は、かえって昔のまま残っているものもある。

また、人の多い城下などでは、その時代その時代に流行する言葉もあり、さまざまに変化して、いにしえの言葉は失われていくと思われる。

田舎言葉にこそ古代語が残っていることに注目している。これについては荻生徂徠《おぎゅうそらい》も『南留別志《なるべし》』に次のように指摘していた。

いにしえの言葉は、多く田舎に残っている。都会では、時代のはやり言葉というものがやたらとできて、古い言葉はすべて変わっていくが、田舎の人はかたくなに昔の言葉を変えないのである。このごろは田舎の人も都会に来て、今時の言葉を習い続けて、田舎の言葉も良い方に変わったというが、悪い方に変わったはずである。

せっかく田舎言葉に残っていた古語が、消えていくことを徂徠は憂慮している。幽林舎散人は古語がそのまま田舎言葉に残っている例として「がね」（蟹）を挙げる。佐賀県・長崎県・福岡県の一部の地域では、今も「蟹」を「がね」または「がに」という。しかし同じ肥前国でも小城に住んでいた幽林舎散人は、この言葉を知らなかったようである。この点も興味深い。

ちなみに佐賀県や長崎県の田舎では、今でも空腹を「ひだるか」いう。「がね」と同じく古語である。同義語の「ひもじい」は、「ひだるし」の女房詞《にょうぼうことば》「ひ文字」が形容詞化したものである。ほかに蛇を「くちなは」というのも、その形と色が朽ちた縄に似ていることに由来する古代語である。また長崎の一部の地域では、赤ん坊を「いが」といっており、これも「いがいがと泣く」という古語の名残である。

以上、『和学知辺草』の内容の一斑を示すものとして、言葉に関する記事を少しばかり挙げたが、ほかにも興味深い記事が該書には多く採録されている。

11 自己主張する後光明天皇
『和学知辺草』補注一

白石良夫

『和学知辺草』中の後光明《ごこうみょう》天皇の記事に関連して、頭注形式に馴染《なじ》まない逸事。後光明天皇説話が一部の読者層に迎えられるのは、『和学知辺草』成立の寛政年間であった。

後陽成天皇・朝山意林庵・後光明天皇——認識の混同

『和学知辺草《わがくしるべぐさ》』巻下の第四十四段は、朱熹《しゅき》の新注が本邦に伝わって以降の宋学（朱子学）の歴史を概観する。その最後に、近世前期（十八世紀前半まで）の様相が左のように記される（以下、引用は白石の現代語訳による）。

程朱の説を主とし、性理の学を世に唱えた人は多い。藤原惺窩先生・林羅山先生は訓点を加えて世にひろめた。天下の諸侯・大夫士のあいだに学術が浸透したのは、じつにこの二先生の大功によるものである。

その後、京都に錦里《きんり》先生（木下順庵《きのしたじゅんあん》）が出た。この門下には、錚々《そうそう》たる大儒がおおく出た。室鳩巣・新井白石・祇園南海《ぎおんなんかい》・雨森芳洲《あめのもりほうしゅう》・梁田蛻巌《やなだぜいがん》などの面々である。このほか、南村梅軒《みなみむらばいけん》・朝山意林庵《あさやまいりんあん》・藤井懶斎《ふじいらんさい》・山崎闇斎《あんさい》・中村惕斎《てきさい》・貝原益軒《かいばらえきけん》・宇都宮由的《ゆてき》（遯庵《とんあん》）・毛利貞斎《もうりていさい》など、世に名高き大儒は、みな新注によった人たちである。

著者幽林舎散人《ゆうりんしゃさんじん》の見解であるが、こんにちの近世儒学史に照らしても、大きな齟齬《そご》は見られず、違和感はない。

右の面々のうちの朝山意林庵《あさやまいりんあん》の名前は、第二十一段にも登場する。

信長・秀吉を経て、天下がようやく泰平となったころ、慶長年中に後陽成院《ごようぜい》が朝山意林庵という儒者を召して、禁中で儒教を講じさせた。かつ唯一神道《ゆいいつしんとう》をも信じたので、仏法を疎んじた。天下に儒教を専らにすべき由の詔《みことのり》を出した。

こちらは後陽成天皇（一五八六〜一六一一在位）の事跡を語った一節であるが、ただここに意林庵が登場するのはいささか時代的に早すぎる。著者の記憶違い、勘違いであって、仏教を嫌い朱子学に入れ込んだ後光明天皇《ごこうみょう》（一六四三〜一六五四在位）の逸話と混同しているのである。

後光明天皇は、該書では別の章にも登場する（巻下の第三十八段）。

釈奠《せきてん》は、四十二代文武天皇の大宝元年（七〇一）より始まり、九十四代花園院まで行われた。それ以後二百余年断絶していたのだが、後光明院が正保・慶安のころ復活させた。この帝は儒学を深く尊んでいたからである。だが、また絶えてしまった。

後光明天皇が意林庵に儒教を講じさせたという話は、当時一般に『鳩巣小説《きゅうそうしょうせつ》』でもって広く知られていた。ただし、一儒者の伝記中で読まれるよりも、釈奠復活の話とともに、後光明天皇をめぐる、比較的豊富な逸話群のなかのエピソードとして、読書人の記憶にのこっている。

和学を嫌う後光明天皇の逸話

寛永二十年（一六四三）十月、明正《めいしょう》天皇（女帝）の譲位によって、その弟君である紹仁《つぐひと》親王が即位した。ときに十一歳、のち後光明天皇と諡《おくりな》される。

後光明帝の父は後水尾《ごみずのお》上皇である。十八年前に退位して以来、院政をしいて朝廷内の実権をにぎる、当年とって四十八歳の働きざかりであった。惣じて存在感のうすい江戸時代の歴代天皇にあって、この後水尾院のみは例外といえよう。和歌・連歌・和漢聯句《わかんれんく》・古典講釈といった伝統文芸だけでなく、芸能への関心もふかく、天皇在位中からその周辺は、華やかな文化サロンの様相を呈していた。堂上和歌の隆盛、立花《りっか》や茶の湯の大流行は、じつにこの後水尾院サロンが源流であり、院はその実質的な指導者であった。

後光明天皇は、後水尾院の第三皇子として、寛永十年（一六三三）に降誕した。帝は、父院の学問好きの血を受け継ぐ。だが、この若き天皇の志向するところは、父院とはまったく違っていた。帝はつねづね側近のものに言っていたという。

「わが国の朝廷が衰微した原因は、和歌の発興と源氏物語がおこなわれたことにある。中古以前の天子や大臣で、真に天下を治め礼楽《れいがく》に志あるかたに、和歌が好きであったといういうためしはない。ましてや源氏物語は淫乱の書である」

だから、帝自身、和歌はほとんど詠まない。おつきのものも、源氏物語や伊勢物語の類いを天皇の目のとどくところには置かないよう気をつかう、というありさまであった。

つぎのような逸話がのこっている。

天皇が後水尾上皇の仙洞《せんとう》御所に行幸あったときのこと、酒宴の席で、上皇の仰せられるには、

「もろこしの学問も結構だが、和国の風俗をもお失いなきようお心掛けなされませ。和歌も少しは詠んだほうがいいでしょう」

だが、天皇は、

「和歌など、天子のなすべきものではない」

あいかわらず自説を言い張った。

天皇の無遠慮な直言に、上皇がムッとしたかどうかは定かでない。だが、上皇は当代きっての和歌の上手である。酒の勢いもてつだって再三、和学を勧める。天皇は頑固に譲らず、結局、その座はしらけて、おひらきになった。

さて、宮中に還幸後、天皇は宿直《とのい》のものに命じて百首の歌の題を用意させ、夜を徹して詠作した。それを翌朝、上皇のもとに贈ったところ、上皇は御覧になって、大いに喜んだ。

この逸話、けっして後光明天皇が和学に目覚めたという話柄ではない。主意とするところは、父親を傷つけたことを反省してその機嫌をとった、と解すべきであろう。

朱子学を好む異色の天皇

では、天皇はどういう学問に熱心であったか。

「天子・諸侯は人民の主である。だから、すべからく有用の学をなすべきである。儒学も、漢代・唐代の説には深さがない。今後、宮中では朱子の新注でもって講義せよ」

天皇は有用の学問を好んだ。政治道徳の学である儒学、なかでも為政者の哲学として宋代に体系だてられた朱子学こそが天子の学問である、と主張する。和学を嫌うのは、それが詩歌言葉《しいかげんよう》をもてあそぶだけのものであるからであった。

「朝廷の故実は、むかしから鄭玄《じょうげん》・孔安国《こうあんこく》（いずれも漢代の大儒）の注釈で講義するものと決まっております。朱子の注などと、心得ませせぬ」

「我より故実となる（宋史礼志篇にある言葉）ということを知らぬか。善に従うのが賢君というものだ」

この一言でもって、爾後、宮中の経書講義は朱熹の注釈を採用するようになった。

またあるとき天皇は、易《えき》の講義が聴きたいと言った。が、あいにく宮中には易を講釈できるものがいなかった。で、京中をさがさせたところ、朝山意林庵なるものが易に精しいと報告があった。

「そのものを召せ」

「無位無官のものの昇殿など、とんと旧例に見えませせぬ」

「では、そのものに、講義のあいだだけ六位の冠服（六位の蔵人以上が昇殿を許された）を着せればよい」

ということで、意林庵は、かりに六位の蔵人《くろうど》に仕立てられて参内したのであった。

これが後光明天皇と意林庵をめぐる逸話である。

『鳩巣小説』がかたる後光明天皇の儒教への入れ込みかたは、半端ではない。儒学勃興の功労者として、朱子学者の藤原惺窩《せいか》をたかく評価し、『惺窩文集』に親しく序文を撰述し、その業績を顕彰した。のち、この序文もともに出版されるが、いっかいの儒者の文集に天皇御製の序文が付されるのは、これをもって唯一とする。

天皇はまた、都に聖廟《せいびょう》（聖人の御霊をまつる廟）がなくなって久しく、釈奠《せきてん》（先聖をまつる儀式）が途絶えていることを憂慮した。そこで、聖廟造営のことを幕府に申し出た。

ちょっとやりすぎか――禁中並公家諸法度に抵触する言動

帝は、学問以外にも自己主張するところがあった。

「いまや、天下は武家の制度・法令のとおりに成り行く。是非なきこととはいえ、それにしても、衣服の制たるや、あまりに見苦しいことではないか。裃《かみしも》などといって、袖のないものが正式の服装となっているが、袖袂のない服は、古来、夷狄《いてき》の着用するものである。衣冠のことは、武士とてもよろしくいにしえに復すべく、関東（幕府）へ下知《げち》あるべし」

しかし、ここまでくると、やりすぎの感がある。禁中《きんちゅう》並《ならびに》公家《くげ》諸法度《しょはっと》の発布（一六一五年）でもって、その頃すでに、天皇のそのような言動は、幕府から忌諱《きい》されるところであった。父の後水尾院もかつては幕府に抗する天皇ではあった。早すぎる退位も、幕府の締め付けへのささやかな抗議であった。学問・文芸では相反する父子であったが、対幕府感情ではその思いは共通のものがあったのであろう。

後光明天皇は、承応三年（一六五四）九月二十日、崩御した。数カ月前から痘瘡《とうそう》（天然痘）を患っていた。当時、この病気は致死率がたかいとはいえ、不治というわけではない。二十二という享年とあいまって、京都の人々を驚かせた。天皇の症状がよろしくないという報告が幕府にあって、幕府はさっそく典医《てんい》のひとりを京都に派遣した。が、天皇は典医に診察はさせたけれども、薬はのまないという。いくらすすめても頑固に拒絶されるので、京都所司代土井大《おお》炊頭《いのかみ》が伝奏《てんそう》（天皇への取次）を通して、たって服薬くださるよう奏上した。天皇の崩御は、それからいくばくもなくしてであった。

天皇暗殺説の流布

『鳩巣小説』はさりげなく書いているが、これは暗殺をほのめかしている。

天皇崩御は鳩巣の生まれるずっと前のことだから、鳩巣がリアルタイムでこの事件を知ったわけではない。土井大炊頭の名誉のために一言しておけば、この大炊頭は大老土井利勝《としかつ》をさすと思われるが、利勝は所司代になった事実はないし、事件の十年前（正保元年）に没している。

それはともかく、右の叙述も、そういう文脈で読めばそう読めなくもない、というだけで、幕府によって天皇が暗殺されたと言っているわけではない。だが、『鳩巣小説』中の後光明説話群が独立して、『後光明天皇外記』『正保遺《しょうほうい》事《じ》』『承応《じょうおう》遺事』『正保野史』などが編纂されてゆく過程で、この後光明帝は、朝幕関係が緊張の局面に遭遇するたびに、幕府の手にかかって亡《な》きものにされた悲運の天皇、というストーリーで語られるようになった。あの森鷗外が少年期に記した漢文の習作「後光明天皇論」も、天皇の挙動を煙たがった幕府が、病気の治療に名を借りて毒殺したとしか読めない書き方をして、依田学海《よだがっかい》先生からたしなめられた。

天皇弑逆《しいぎゃく》説は、明治の学界では、三上参次《みかみさんじ》によって否定されるのであるが（「徳川氏が奉対せし処置に就ての伝説を評す」『史談会雑誌』明治二十四年四月・五月号）、帝国大学の先生が火消し役をつとめなければならないほど流布していたということか。そういえば、江戸時代最後の天子様（孝明天皇）も暗殺説のかまびすしいおひとであった。

以下、詳しくは旧著『説話のなかの江戸武士たち』（岩波書店、二〇〇二年）に説いたので、興味を示された向きは、そちらをお読みいただきたい。

12 『先代旧事本紀大成経』偽作者異聞
『和学知辺草』補注二

中尾健一郎

『和学知辺草《わがくしるべぐさ》』には、江戸時代の神道書である『先代旧事本紀大成経《せんだいくじほんぎたいせいきょう》』が取り上げられている。近世において『大成経』は、潮音道海《ちょうおんどうかい》と永野采女《ながのうねめ》が共謀して偽作したとされた。一方、『和学知辺草』では潮音と一色長左衛門《いっしきちょうざえもん》が偽作者とされる。長左衛門と采女は同一人物であろうか?

『大成経』の偽作問題

小城鍋島文庫蔵『和学知辺草《わがくしるべぐさ》』は、神道書『大成経《たいせいきょう》』*1(『先代旧事本紀大成経《せんだいくじほんぎたいせいきょう》』)の偽作をめぐって、次のように記す。

其頃、一色《シキ》長左衛門と云、牢人の者有。是は、一色式部少輔藤長の庶《ソ》子に七郎正重と云て、洛陽の市中に隠れ有しが、其子堀川主馬定正《サダマサ》と云者、諸卿へも交りて、少々和歌の道なども聞けるが、後に越前少将光通《ミツミチ》朝臣に仕へ、三百石を領ず。此時、一色長左衛門と改む。生得《セフトク》信なく、金銀を貪《ムサボ》り、行跡甚だ悪かりしが、遂に禄を失ひ、浪牢の身と成てより、潮音和尚と心を合せ、『大成経』を偽撰し、伊勢の社人など〻太神宮の御請取の所を争ひしにより、天聴《テウ》に達し、勅有て深く咎られ、公儀よりも其書の板行を止めて、世に流布する事を、禁止し給ふ。

（第二十二段、傍点・傍線筆者、以下同じ）

一色長左衛門《いっしきちょうざえもん》という浪人が、潮音道海《ちょうおんどうかい》（一六二八～一六九五、小城藩出身の黄檗《おうばく》僧）と共謀して『大成経』を偽作し、伊勢国の神主たちと伊勢神宮の所領をめぐって争ったので、朝廷から厳しい咎めを受け、幕府からも出版と流布を禁じられたという。

一色長左衛門の出自と経歴については、次のように記す。一色藤長《ふじなが》（『寛政重修諸家譜』巻八十五に見える）の庶子正重《まさしげ》の子で、堀川定正《ほりかわさだまさ》を名乗った。公家とも交わって和歌の道にも多少通じ、越前福井藩二代藩主・松平光通《みつみち》（一六三六～七四）に仕えて三百石の扶持を与えられた。このときに名を一色長左衛門に改めた。生まれつき不誠実で、金銀を貪り、行いがはなはだ悪かったので、とうとう禄を失って浪人となった。

『大成経』の研究史においては、潮音のほかに長野采女《ながのうねめ》（永野采女とも。一六一六～八七）、広田坦斎《ひろたたんさい》（?～一六四八?）、按察院光宥《あぜちいんこうゆう》（?～一六五二）、京極内蔵之助《きょうごくくらのすけ》（?～?）が、作者の可能性がある人物として挙げられ[*2]、なかんずく、潮音が出版に関与した七十二巻本は、長野采女が主要な作者と考えられている。一色長左衛門の名は『和学知辺草』と『直能公御年譜附録』（後掲）以外には見えず、いかなる人物か不明であるが、長野采女と同一人物である可能性について考えてみた。まず潮音と采女の関係を確認し、続けて采女を長左衛門と考えた理由について述べよう。

潮音道海

『和学知辺草』は『大成経』の偽作に関与した潮音について、次のように批判的に記述する。

> 斎元の神道と称して一流を建立したる事は、近代、黒滝の潮音と云禅僧の『大成《セイ》経』と云書を偽作せしより始る也。其の『大成経』は聖徳太子の『旧事《クジ》本紀』を増補し、拵へたる書也。正部三十八巻の内、十六巻は隠《カグ》山大神の記す処と云り。残る二十二巻、及び雑部三十四巻は、太子の撰述と偽れり。全部七十二巻也。（第二十二段）

斎元神道は、潮音という禅僧が『大成経』を偽作したことから始まった。『大成経』とは聖徳太子の『旧事本紀』を増補してこしらえた書物である。正部と雑部とに分けられ、正部の三十八巻のうち十六巻は隠山大神が記し、残りの二十二巻と雑部三十四巻は聖徳太子の撰述と偽った。全部で七十二巻ある。

斎元神道とは習合神道の一つである。聖徳太子に始まり、神道・仏教に儒教を合わせて広まったと『大成経』には述べられる。[*3] 黒滝は潮音が開山となった上野国不動寺の山号。隠山大神は天香山命《あまのかぐやまのみこと》のことであろうか。[*4]

潮音が出版した七十二巻本は、延宝七年（一六七九）に江戸の戸《と》嶋惣《しまそう》兵衛《べえ》を版元とするもので、延宝本と称される。もっとも先行研究に説かれているように、潮音は『大成経』を聖徳太子の著作と信じており、その出版に協力したにすぎない。[*5] だが、『和学知辺草』が書かれた当時、『大成経』といえば潮音が名高く、彼が斎元神道を始めたというのが一般の見方であっただろう。

潮音と釆女の関係は、『大成経』を通じて師弟の交わりを結んだことから始まった。潮音は『指月夜話《しげつやわ》』という随筆を著し、次のように述べている。

爾《しか》してより後、京極氏に因りて、聖徳太子『先代旧事紀』有ることを知り、京極氏に就《つ》いて正部を求めて之れを読み、雑部は未だ之れを見ず。一日、長野氏来たりて云わく、伝え聞く、師、太子の神書を好むと。吾に正本有り、若《も》し写さんと欲せば、吾、之れを謄《うつ》さしめん、と。余、云う、多年の大望、何の幸いか之れに過ぎんや、と。正部、雑部七十二巻、書写の功畢《おわ》る。

（『指月夜話』巻六、「要伝神道」、小城鍋島文庫蔵、原漢文）

潮音は京極内蔵之助より『大成経』の正部を入手したが、雑部については未見であった。そこに采女が現れ、所有している『大成経』の「正本」を写させてあげよう、と申し出た。潮音はこれ幸いと、七十二巻をすべて写し終えた。この続きの文に、潮音が采女より神道の灌伝《かんでん》を受け、「新日命《あらひのみこと》」の号を授けられたと記されている。以上の内容から、『大成経』の偽作者は采女であり、彼が弟子となった潮音に『大成経』を出版させたことが察せられる。

長野采女

采女の行跡を知ることができるものには、仙嶺《せんれい》の「長野采女伝」（「采女伝」と略記）がある。これによれば、采女の本姓は在原、号は左右軒。上野国箕輪城主長野信濃守業政《しなののかみなりまさ》の子孫で、元和二年（一六一六）に上野国沼田《ぬまた》に生まれた。父は真田信之（一五六六～一六五八）に仕え、大坂の陣で戦死した。代々、物部神道の家伝を継承し、七十余巻の神道書を家臣兼子監物《かねこけんもつ》より受けた。若いときに天海僧正より灌伝を授けられ、歌道にも通じた。一条関白が家臣谷川氏を采女に従学させた。貞享四年（一六八七）に、三河国吉田宿にて死去した。享年七十二。遺体は京都の獅子谷《ししがたに》に埋葬された。

采女が歌道に通じたことについては、公家である中院通村《なかのいんみちむら》（一五八八～一六五三）の門人であったとする記事が真田信之の事跡の記録に見えるので、事実と考えられる。*6 また、浄土僧忍澂《にんちょう》（一六四五〜一七一一）の伝記である『獅谷《ししがたに》白蓮社忍澂《びゃくれんしゃにんちょう》和尚《おしょう》行業記《ぎょうごうき》』に、寛文十年（一六七〇）に忍澂が京都の石清水八幡宮に参籠したとき、隠士長野采女に会って唯授一人の神道の教えを受けたとある。そうすると采女は、五十五歳の当時、神道の伝授を行っていたことになる。だが、「采女伝」には、晩年を除いて采女の活動がわかる具体的な年代はほとんど記されていない。潮音によって行われた『大成経』の出版についても言及はない。年譜に起こすことができるほどの確実な事跡は、「采女伝」には見当たらないのである。

「采女伝」と内容が近いのが、伴蒿蹊《ばんこうけい》の『近世畸人伝』巻二に収める「隠士石臥」の伝である。次に一部を挙げよう。

石臥、若きほどは長野采女と名のりて、真田伊豆守信幸朝臣に仕へたり。剣術の諸流を極め、手かくこと大かた能書にて侍りし。神道家に立いりてみちをたふとみ、禅教の学に深く、歌林にさへ遊びて、よめるうた多く侍りしが、皆忘たり。（中略）隠遁の後は左右軒と号しける。正徳三年より二十年ばかりあなた、東海道沼津にて身まかりぬ。七十歳にてありける。もとより隠遁の志ふかく、妻子をもたで侍けるとぞ。

采女は剣術を極め、かつ能書家であった。神道をたっとび、禅の教えに深く通じ、歌も多く詠んだとされる。正徳三年（一七一三）より二十年ほど前に、駿河国沼津にて七十歳でみまかったとある。ただし「采女伝」には貞享四年（一六八七）に三河国吉田宿にて七十二歳で死去したとあるので、卒年と死去の地については、伴蒿蹊が基づいた安藤為章《ためあきら》の『年山打聞《ねんざんうちぎき》』が誤っていたと見られる。

一方、采女を奸悪な人物として記述するものもある。伊勢貞丈《さだたけ》（一七一七〜一七八四）は「旧事本紀偽書明證考《くじほんぎぎしょめいしょうこう》」（『旧事本紀剝偽《はくぎ》』所収、大洲市立図書館蔵）を著して、伊勢神宮の別宮である伊雑宮《いぞうぐう》の神官・永野某（貞丈の『神道独語』では「永野采女）が潮音と謀議し、伊雑宮を天照大神の本宮とするために『大成経』を出版したと批判した。もっとも先学が指摘するように、采女は伊雑宮の神官ではない。采女が伊雑宮の神官と交渉をもち、かつ『大成経』において伊雑宮を天照大神の本宮と主張したことにより、同宮の神官と誤って認識されたのであろう。*7

ほかに采女の知られざる一面を記述するものとして、次の文章がある。

> 大成経の作者は越前守殿に有之、永見采女と言へる祐筆、事之外能書なり。然るに越前にて、定家卿の筆跡を似せて、本書を我ものとして、似せものをして、人に遣しける事露見して、越前を牢人せし也。此もの江戸へ出て、ひたとにせものをせし也。或時、品川辺にて、神書巻物二十巻計有之ものを買収、〔是、忌部家の書と見ゆ〕珍《めづら》敷《しき》書のよしを言て、是を本とし、誰かれを語ひて大成経を作り、其人数の内へ勢州伊雑宮の社家も一人加はる。又京極内蔵助とて、館林様の御台様に付来る者、是を加へ、京江戸の使をせし也。江戸へ下りては、京都にて此書御秘蔵と言ひ、京都にては関東に専御崇敬有りとて、両方にて偽言へると也。扨、書出来《しゅったい》して所々に遣して、金銀を取事夥《おびただしき》敷也。
>
> （以下略、亀甲括弧は分注。原文の片仮名は平仮名に改めた）

三田村鳶魚《えんぎょ》の「金沢遊記」（『三田村鳶魚全集』第二十巻）に引くところの『混見摘写《こんけんてきしゃ》』の一部である。あらましを述べよう。采女は越前守の祐筆を勤め、書をよくしたが、藤原定家の筆跡を真似て人に贈ったことが露見して浪人となった。江戸に出て忌部《いんべ》家由来とおぼしい神道書を入手し、これをもとにして伊雑宮の神官を含む数人に声をかけて『大成経』を偽作した。徳川綱吉の母桂昌院《けいしょういん》の付き人であったとされる人物、京極内蔵助に偽言を弄させて、江戸と京都の方々に贈り、多くの金銀をだまし取った。

鳶魚は引用部分の後に、「越前守殿というのは、福井侯であろう。永見采女は、永野采女の誤りと思う」と述べ、永見采女を永野采女の誤りと見なしている。

福井越前守は年代から見て、前に引用した『和学知辺草』に見える松平光通と推定できる。光通が在位したのは、家督を継いだ正保二年（一六四五）から自害した延宝二年（一六七四）までである。このとき、采女は三十歳から六十歳だが、前述のように寛文十年（一六七〇）に京都で忍澂に神道を伝授しているので、遅くとも五十五歳以前には福井藩を離れている。潮音が『大成経』を出版した延宝七年（一六七九）には六十四歳。浪人となってから、少なくとも十年以上の歳月が流れていた。

一色長左衛門

『混見摘写』の記述で興味深いのは、采女の行跡の内容が、『和学知辺草』の「一色長左衛門」とはなはだ似かよっていることである。松平越前守に仕えたこと、和歌に関する記述があること、悪行により禄を失って浪人となったこと、『大成経』を偽作したこと、金銀を貪ったことである。したがって、両者は同一人物と見てよいだろう。

鳶魚は『混見摘写』の基づくところは不明であると述べる。類例がなければ、采女の行跡は同書独自の情報ということになり、信憑性に疑問符がつく。だが、『和学知辺草』に見える「一色長左衛門」が采女の異称であったとすれば話は別である。『混見摘写』と『和学知辺草』はともに采女の悪事を物語る情報源となり、内容の信憑性が増す。

采女は神道書でさえも偽作する人物である。姓名や経歴を偽ることなど、造作もなかったに違いない。

長左衛門については、『直能公御年譜附録』巻上にも次のように記載されている。

斎元の神道と云ハ潮音和尚・一色《シキ》長左衛門建立也。伊勢より出訴に依て著述の大成経《セイ》絶版被仰付候。

『和学知辺草』と共通する内容であるが、小城藩の公式の記録に残されていることは、『和学知辺草』の著者だけでなく、『直能公御年譜附録』の編者である岩松相延、ひいては小城藩家中も、『大成経』の偽作者は潮音と長左衛門であると認識していたことを意味する。

小城藩において、「長野采女」ではなく「一色長左衛門」の名が伝えられたのはなぜだろうか。推測になるが、肥前佐賀においては采女の所為が文献ではなく、口伝えで知られていたからではないか。潮音や采女の在世時、佐賀藩と福井藩は姻戚関係にあった。松平光通の娘・普代姫《ふよ》（一六五七〜九九）が、佐賀藩三代藩主・鍋島綱茂《つなしげ》（一六五二〜一七〇六）に正室として嫁いでいたのである。[*8] そうすると、普代姫の実家である福井藩松平家のスキャンダルが、佐賀藩にまで伝わった可能性がある。かりにそうであれば、悪事を為したのは「永野采女」ではなく、福井藩で一色家の庶流を名乗った「一色長左衛門」のこととして伝えられたであろう。

これまで采女の詳しい事跡は十分には明らかにされていなかった。しかし、『和学知辺草』と『混見摘写』によって、彼の新たな一面が判明した。「采女伝」と『近世畸人伝』に記された風流な隠君子像は再考を要するであろう。

注

1　『大成経』については、河野省三『旧事大成経に関する研究』（芸苑社、一九五二年）、久保田収「『旧事大成経』成立に関する一考察」（『神道史の研究』皇学館大学出版部、一九七三年）等に詳しい。『大成経』の主要なものには鷦鷯《ささき》本三十一巻、高野本・長野本各七十二巻（序巻と目録巻を除く）、および七十二巻本から派生した白河家本三十巻がある。七十二巻本の主要な偽作者とされる長野采女と永野采女については、河野氏の研究をふまえ、同一人物と見なす。なお、同氏著書には「長野采女伝」が翻刻されている。

2　M・M・E・バウンステルス「『大成経』の灌伝書・秘伝書の構造とその背景——潮音道海から、依田貞鎮（偏無為）・平繁仲を経て、東嶺円慈への灌伝伝授の過程に」（岸本覚・曾根原理編『書物の時代の宗教――日本近世における神と仏の変遷』勉誠出版、二〇二三年）を参考。

3 『先代旧事本紀』（『大成経』、戸嶋惣兵衛、延宝七年刊、内閣文庫蔵本）巻三十一、帝皇本紀中巻上、敏達天皇元年正月に次のように記されている。「厩戸の皇子、大いに三法（神・儒・仏）を弘めたもう。是れ儒宗を弘めたもうは、其れ天の瑞なり。是れより先、此の宗（儒教）数《しば》しば来たり伝わると雖も、敢えて更に弘まらず。此の王（聖徳太子）の功に依りて、始めて大いに弘通《ひろ》まる」（原漢文、読み仮名と送り仮名、および句読点は、原文の訓点を参考の上、私に附した）。

4 大口祀善『多賀神社縁起考抄』（発行者は著者に同じ、一八八九年）「向東崎社」に、「天隠山命　天香山命ナリ」と。

5 注1所掲、久保田氏著書、ならびに古田紹欽「潮音道海の神道思想」（『神道宗教』七十五～七十九号、神道宗教学会、一九七五年三月）を参考。なお久保田氏は、潮音に偽作の意識はなく、彼を偽作者に挙げるのは必ずしも当たらないとする。

6 『大鋒院殿御事蹟稿』巻四（『新編信濃史料叢書』第十六巻、信濃史料刊行会、一九七七年）を参照。原文は次のとおり。「元上州先方長野信濃守の一類ニシテ、羽田筑後［筑後大鋒公御家老ヲツトム、万治武鑑ニモ名ミエタリ、子孫今当国小県郡和田宿ニアリ］カ一族ナリ、歌ハ中院通村卿ノ門下也ト竹内定皓［藤馬、今ノ権右衛門祖父］カ留書ニミエタリ」。

7 采女は伊勢の国司・高階師尚の子孫を名乗り、伊雑宮の神官たちに対して、自身の祖先が伊雑宮の神庫から神道書を持ち出したと語ったとされる。注1所掲、久保田氏著書、四五一～四五二を参考。

8 『佐賀県近世史料』第一編第六巻（佐賀県立図書館、一九九八年）付録「佐賀藩歴代藩主略系図」を参照。

13 徂徠学評判記
『和学知辺草』抜書

白石良夫

『和学知辺草』の徂徠学《そらいがく》関連の叙述を抜き出して（白石現代語訳）、覚書を記した。その筆致が徂徠学派に厳しいのは、時代がそうであったのもさることながら、古賀精里《こがせいり》を産んだ佐賀の風土によるものでもあろう。

徂徠学派との距離（巻下第四十七段）

日本古来の読法は、漢語を和語に訳して読む。漢語では「学（がく）」というのは和訓では「まなぶ」、「まなぶ」は「まねぶ」で真似の意だと知らせる。だから、和訓を理解している限りは、みな和語で読ませたのである。

だが、今は和訓・漢字音ともによく習熟しているので、自由に字音でも和訓でも読むようになった。近代、太宰《だざい》春台《しゅんだい》先生の説に、

「現代の文章は、音で読めるものは字音のとおりに読んで、和語の読みをしてはいけない」

と言う。中国人の読み方をつかい、日本人を中国流の心に移して、文意を解釈させようという考えである。

その後、片山兼山《かたやまけんざん》先生は、

「和語の古雅なものは、古来の読法に残っている。いま改めて字音だけで読み下すと、わが国の古語を失う」

と言う。この考えは、日本人が漢籍を読むときの正攻法というべきであろう。

【覚書】右は『和学知辺草』の本文。白石による現代語訳（以下同じ）。

これは、漢文の訓読法を論じた段の一節。ここで春台先生の説というのは、『倭読要領《わどくようりょう》』巻中「読書法」にある言説である。いわゆる「漢文直読論」に通じる、徂徠学派のとなえる訓読法である。片山兼山の言は、その出拠を確認しえないが、訓読法において徂徠学派をきびしく批判した、その兼山らしい主張ではある。該書の著者、幽林舎散人《ゆうりんしゃさんじん》は兼山の主張を正攻法と評価する（「和人の読書をするの正法と云べし」）。いっぽう、徂徠学派の訓法に対しては、中国流と称して好ましいものとは考えていない（「和人を唐山流の心にうつし」）。

兼山がじつは徂徠学派からの転向組だったことを、著者が知っていたかどうかはわからない。だが、この寛政年間（一七八九〜一八〇一）、すでに徂徠学は時代の潮流からとり残されていた。

儒者の偏見（巻上第八段）

近年、大儒先生と称する荻生徂徠《おぎゅうそらい》氏が孔子の像に賛をして、「夷人物茂卿《ぶつもけい》」と書いているとか。「わが身は東夷の人」と、孔子に対する謙遜の辞とはいえ、日本に生まれて日本の習俗で育ちながら、儒教を尊ぶあまり、父母の国を賤しめるのは、日本の天子や諸侯に対してはなはだしい不敬である。儒書に精神を奪われ、日本人本来の心を失った過ちである。

わが国の名儒と謳《うた》われたこれらの先生がたにも、かくのごとき通弊がある。まして初学の儒生などは謹むべきであろう。徂徠みずからその先祖だという物部大連《もののべおおむらじ》の言葉に、「孔子や孟子は狗《いぬ》を食らう夷賊である。戈《ほこ》をもって逐《お》い払おう」（『大和三教論』巻三）とあるが、ご先祖様の言葉とのこの矛盾、いかに弁解できようか。

また、徂徠が肥後の藪慎庵《やぶしんあん》に与えた書簡に、

「侏離鴃舌《しゅりげきぜつ》の弊習を洗い去って、華人の言葉に近づく。そんな日本人は、伊藤東涯《とうがい》ら数名にすぎない」

とある。わが国の言葉をモズの声（蛮夷の語）と賤しめて、ひたすら唐土ばかりを尊び慕う言いぐさである。元来、日本は言語を尊ぶ国、唐土は文字を尊び、音韻を重んじる国だということを知らないのである。日本人も耳で中国人の言葉を聞けば、何を言っているのか、さっぱりわからない。とすれば、中国語がすなわち侏離鴃舌である。世界万国、それぞれ風土風俗の異なるごとに言語・音声は異なる。だから、外国語を聞けば、みなそれぞれが侏離鴃舌であるのは当たり前ではないか。

【覚書】漢籍を読んで唐土を聖人の国と崇《あが》め、わが日本を夷狄《いてき》の国と貶《おとし》める、それを本居宣長《もとおりのりなが》は「からごころ（漢意）」と言ったが（『うひ山ぶみ』『玉勝間《たまかつま》』など）、この著者も該書中でしばしばそれについて論じる。とりわけ、徂徠その人に対して痛烈である。

右の徂徠批判に余計なコメントは無用であろう。具体的な注釈に文学通信版の頭注を参照されたい。

徂徠の門人たち（巻下第四十八段）

近世、荻生徂徠門の学者たちは盛唐を摸倣し、明代の諸名家に倣ったことによって、本朝古来の詩風は一新して、

人の耳目を驚かせるに至った。

【覚書】「明代の諸名家」とは、中国明末に起こった古文辞派《こぶんじ》（李攀竜《りはんりょう》・王世貞《おうせいてい》など）をいう。「文は秦漢、詩は盛唐」をスローガンにした文学運動、それを移入して新たな儒学説を唱えたのが荻生徂徠であった。漢詩文においては、擬古典主義運動を展開し、浪漫的な格調のたかい作風を目指した。だが、これは下手をすると、形式的な尚古趣味の難解晦渋《かいじゅう》な作品を生むことにつながる。

本朝古来の詩風が一新したと言っているが、ここでは褒めことばではない。「人の耳目を驚かせり」とは、古文辞派によって、本朝の漢詩漢文が鬼面《きめん》人を驚かすだけの作品に堕したと嘆いたのである。

さりながら、詩に韻をふみ、平仄《ひょうそく》をあわせるのはどうしてか、それを知る日本人は少ない。唐人が和歌を詠もうとしても、和歌の三十一《みそひと》文字《もじ》の規則の道理はなかなかわかるものではあるまい。

唐人が俗語でしゃべっても、おのずから音律にかなっている。それは唐国の気風なので、日本人がいかほど学んでも、唐人に及ぶはずがない。わが国の字音で漢詩を作るのは、調子のあわない楽器で演奏することに等しい。才能学識が唐人に劣らない日本人でも、その作る漢詩漢文は、それを唐人に見せたらば、これはといえるほどの作品は少ない。発音も、唐人に習ってよく習熟したとしても、教え教えられるうちに、やはり日本風の発音になって、唐人には理解できないものになる。元来、風土が異なるためである。朝鮮人の話に、

「朝鮮人は詩までは作れても、歌曲の類いは作れない」

と言う。これは、唐人の発音にはかなわないことを知るがゆえの言葉である。

【覚書】「あのアメリカ人の子、すごいね」

「どうして?」

「英語ぺらぺらだよ」

こんな黴《かび》のはえた笑い噺を思い出させる。

徂徠の号「蘐園《けんえん》」の「蘐」は、「萱・茅」と同義だという。柳沢家の藩邸を出て移り住んだ日本橋茅場町《かやばちょう》にちなむ。徂徠はこの文字をどこから見つけてきたのか。「萱・茅」を和臭紛々の俗っぽい字として嫌い、諸橋大漢和でさえ『中華大字典』を孫引きするしかない奇体な漢字を、江戸湾に近くなったわが居処の名前にした。そして、無邪気に喜んだのである、これで聖人出現の中華の地に近づいた、聖人の生きた古代《いにしえ》に近づけた、と。

徂徠以前の儒教(とくに朱子学)では、聖人は学んで至るべきものであった。聖人になるために(近づくために)学問に励んだ。だが、徂徠は「瓜《うり》のつるに茄子《なすび》はならない」と言ったとか言わなかったとか。

この手の逸話は、徂徠門人や徂徠贔屓《びいき》によってひろまるものではない。その尚古趣味に辟易《へきえき》してその権威主義を茶化《ちゃか》す連中によって流布されるのである。いくら頑張っても聖人にはなれないと言いながら、徂徠みずからは中国に憧れ、中国人になることを夢みたのか。

大潮《だいちょう》和尚の話にこんなのがある。

「春風三百九十橋」「示我十年感遇詩」「南朝四百八十寺」などの詩句の「十」の字は、仄韻《そくいん》であっても日本人は何とも思わないが、唐人はそれを問題にする。また唐詩に「北風吹白雲」とあるが、題が「汾上驚秋」なので、季節にあわせて「西風」と作るはずのところである。しかし、それでは「白」の字だけが仄韻で声調が悪くなる。だから、ここは季節を無視して、あえて「北風」と作ったのである。このようなことは、詩を知る人でなければ理解しがたいものだ。

徂徠の門人井上善八の母から徂徠に、故郷紀州産の蜜柑《みかん》が贈られた、そのときの徂徠の詩がある。それに、「南州の嘉樹、后嘗《きみかつ》て栽《う》え、子を生むことは屈子が才の若《ごと》きことを要す」とあった。この詩を、徂徠没後に服部南郭《はっとりなんかく》先生が校合して上梓したのだが、「屈子」を「屈原」と直して出版した。南郭は中国語の知識がないので、「屈子」「橘子」の音が通じることを知らずに「原」の字に改めた。ために、この詩の良さが消されてしまった。

以上、大潮の語ったところである。

【覚書】大潮（一六七八～一七六八）は肥前伊万里出身の黄檗僧《おうばくそう》。徂徠や服部南郭らとともに古文辞学派の詩人の代表格であった。黄檗宗では現代中国語で読経《どきょう》する。大潮も長崎で中国人から中国語を学んだ。それだけに、徂徠や南郭の中国語の学力に対しては厳しい。

ここにある話柄は、『日新堂学範《にっしんどうがくはん》』（平賀中南《ひらがちゅうなん》著、安永八年［一七七八］刊）巻中に載る。井上善八とあるのは、山井《やまのい》善八の誤り。号を崑崙《こんろん》といい、名を鼎《かなえ》と称した。紀州に生まれ、京都で伊藤東涯《とうがい》に学び、江戸で徂徠に入門した。伊予西条藩（紀州藩の支藩）の江戸詰め儒者として召し抱えられた。その著『七経孟子考文《しちけいもうしこうぶん》』二百巻は、七経（易・書・詩・礼記・春秋・論語・孝）と孟子を、下野足利《しもつけあしかが》学校に中世以来保管されてあった善本のテキスト類によって校勘したもの（享保十一年［一七二六］成立）。将軍吉宗がその価値をたかく評価して出版させた（享保十六年）。それが中国に渡り、儒教の本場でもまだ類をみない学術的業績と顕彰された。考証学の白眉《はくび》と称されるが、清朝考証学がかの地で隆盛をむかえるのは、その後のことであった。

すでに徂徠学は時代遅れであった（巻下第四十五段）

明の王陽明《おうようめい》の学を奉じたのは、まず近江の中江藤樹《なかえとうじゅ》先生である。この人は博学多才、世に「近江聖人」と称された。その履歴は『近世畸人伝《きんせいきじんでん》』に詳しい。その門人熊沢蕃山《ばんざん》は、備前において学校を興し、専ら実践の学を修めて世評が高かった。また、京都には伊藤仁斎《じんさい》先生父子がいた。宋儒の学（朱子学）を聖賢の教えに非ずと悟って、古義学《こぎがく》を唱えた。江戸の荻生徂徠《おぎゅうそらい》先生は、仁斎学がいまだいにしえに到達せずとして、朱子学と一緒に排斥して、みずからは専ら復古の学を唱えた。明の李于鱗《りうりん》の影響のもと、古文辞を修めることに専心した。伊藤・荻生の両門から大儒が輩出した。

かくのごとく、おのおの学派を建てて、学術の優劣を競うようになったけれども、みな孔子を祖とするところは一緒である。たとえていえば、仏教が八宗とか九宗とか分かれても、釈迦を祖とするのとおなじことである。近年、復古の学の弊害を知って、また性理の学（朱子学）に回帰するひとも多くなった。

【覚書】寛政異学《いがく》の禁は、昌平黌《しょうへいこう》が幕府管轄の学校となるにあたって、そこでの教育を朱子学に一本化しようとする、あくまでも官立学校内の教育改革であった。折衷学が流行《はや》っていた学校内を、幕府教学の原点に復帰させてスクールカラーを鮮明にしようと図った。諸藩藩校や私塾にまで強制する、いわゆる教育・思想・言論の統制ではない。

それが証拠に、塾長の佐藤一斎《いっさい》先生は、昌平黌では朱子学で講義し、自宅の愛日楼《あいじつろう》では陽明学を説いていた。それで世人は「陽朱陰王」と評したが、それはからかいではあっても、思想上の批判ではなかった。幕府や大《だい》学頭《がくのかみ》（師の林述斎）から叱責をうけたわけでもなかった。

後世、異学の禁は徂徠学弾圧の文脈で語られることがおおい。だが、それは近代人の徂徠学への買いかぶりというもの。この頃、徂徠学は昔日《せきじつ》の勢いもなく、すでに時代からとり残されていた。為政者の眼中にはなかったのである。

Ⅳ　当文庫のユニークな面々

当文庫を構成する
ユニークな面々。
その個性に注目する。

14

一枚の付箋の行方

『三翁和歌永言集』

進藤康子

『新版絵入　三翁和歌永言集《さんおうわかえいげんしゅう》』には、同版の「いつとなき富士のみ雪の麓にも萌て時しる春の早蕨」と和歌が刷られた一枚の付箋が挟まっていた。調査のたびにその付箋は、あちこちの丁へ挟まったり、行方不明になったり。一枚の付箋がもたらすミステリー。中院通茂《なかのいんみちしげ》門下である京極高門《きょうごくたかかど》、宮田《みやた》永悦、磯田正隆《いそだまさたか》の三翁の歌集。函架番号 o953-10。

書誌

版本、十巻、二冊。

丁数、六十四丁。半紙本（縦二十三糎、横十六・五糎）

表紙、外題《げだい》原装表紙。紺地に金箔の富士山と美保松原と小舟。

題簽《だいせん》中央。上「新板絵入　三翁　和歌永言集　上」（墨書直書）、「新板絵入」は角書。

下「新板絵入　三翁　和歌永言集　下」（刷り）【❶参照】

内題《ないだい》「三翁和歌永言集」
版心題《はんしんだい》「永言」。
和歌、一行書。おおむね、半葉に十行。
刊記「元禄十五壬午年 十二月望日／玉屋次郎兵衛壽梓」／編者 甘蔗《かんしょ》氏元翠《げんすい》
蔵書印 「曲肘亭」「叢林館蔵」

内容と構成

『三翁和歌永言集《さんおうわかえいげんしゅう》』は、元禄十五壬午年（一七〇二）十二月望日刊で、甘蔗氏元翠《げんすい》編による。作者は、中院通茂《なかのいんみちしげ》門下である高門《たかかど》、永悦、正隆《まさたか》の三人の歌集である。十巻、上下二冊で、序文末に、「時に元禄十五年の秋むさしのゝ露ふかき芝録山の下にすめる／甘蔗氏元翠序」とある。

挿絵入り。構成は、以下のとおり。

〈新版絵入り〉三翁和歌永言集 上
三翁和歌永言集巻之一 ～ 三翁和歌永言集巻之四

序

三翁和歌永言集巻之一 春歌
三翁和歌永言集巻之二 夏歌
三翁和歌永言集巻之三 秋哥

三翁和歌永言集巻之四　冬歌

〈新版絵入り〉三翁和歌永言集　下

三翁和歌永言集巻之五　～　三翁和歌永言集巻之十

三翁和歌永言集巻之五　賀哥

三翁和歌永言集巻之六　羇旅哥

三翁和歌永言集巻之七　恋哥

三翁和歌永言集巻之八　雑哥

三翁和歌永言集巻之九　釈教哥

三翁和歌永言集巻之十　神祇哥

刊記

挿絵は十六図。

挿絵配置は、

（六オ）（六ウ）（十オ）（一〇ウ）（一六オ）（一六ウ）

（二一オ）（二一ウ）（三二オ）（三二ウ）（四三オ）

（四三ウ）（五五オ）（五五ウ）（六三オ）（六三ウ）

柱刻《ちゅうこく》は、

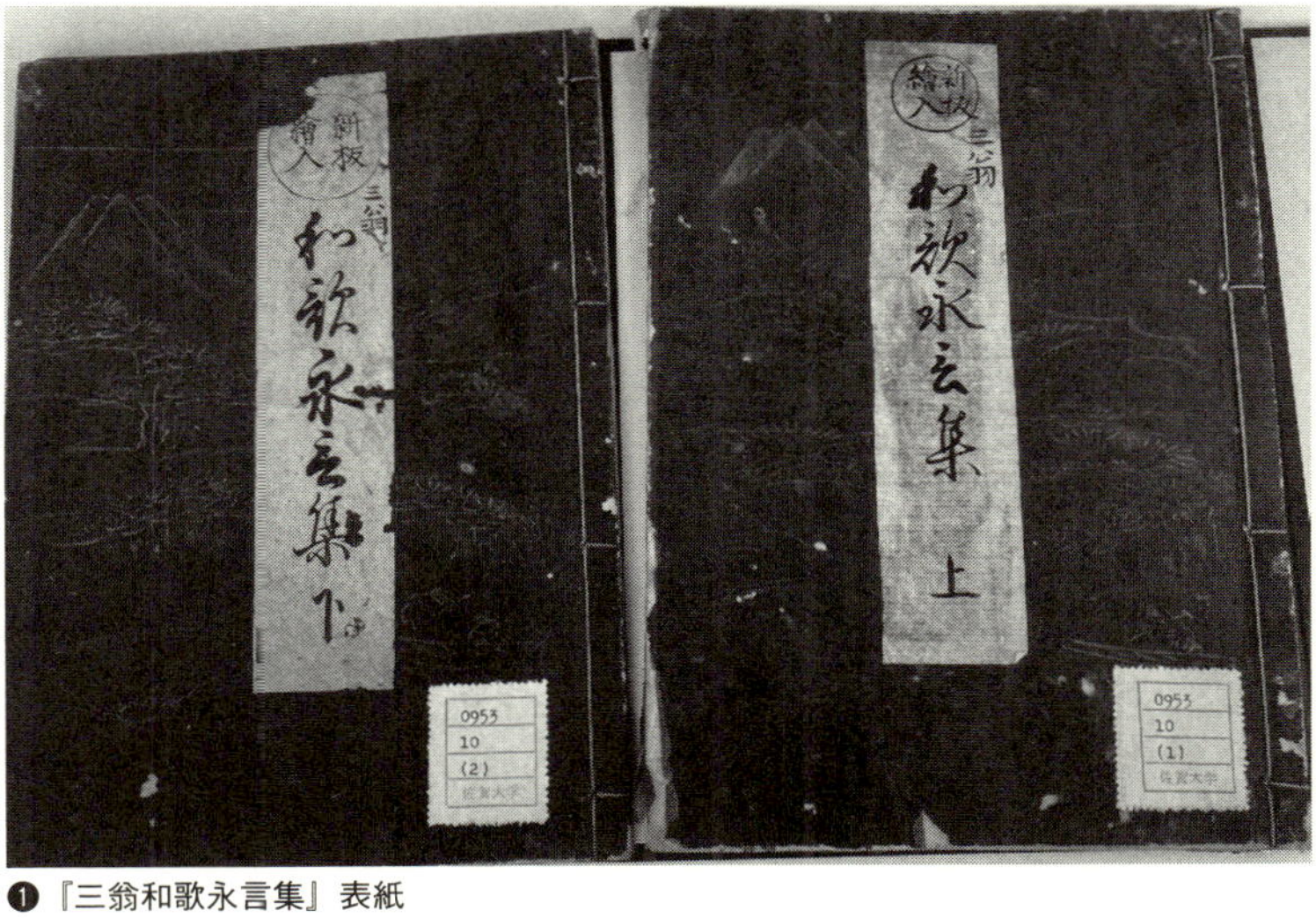

❶『三翁和歌永言集』表紙

「永言文」一（～二）（序）、「永言」一（～十）一（～五四終）」（本文）
猶、この間に「又三・又六・又十一・又十五・又二十五・又三十五・又四十六・又五十三」丁あり。これらは、すべて挿絵部分の丁付け。

所収作者は、高門、永悦、正隆の三人のほか、中院通茂卿、直矩《なおのり》朝臣（松平大和守）や、入道前大納言常筭《つねかず》、通清《みちきよ》朝臣など。また、歌集の詞書からわかる交友関係は、以下のとおり。姫路侍従、湛水《たんすい》和尚、備中守源忠高《みなもとただたか》、太神官、久世《くぜ》中将などとの和歌の交流の跡がみえる。今回、歌数のとくに多い高門を中心に作者の背景を探っていこうと思う。

作者の背景――高門の事跡を中心に

序には、次のように、

今三蛙軒《みわけん》高門先生と云人あり。此みちを久しく中院亞相通茂卿にまなびて、心やさしく、すがたうるはしき哥どもあまた侍る。又永悦、正隆といふともがら、これも、彼卿の御おしへをうけ侍る事多のとしあり。此三人のよみ置る哥の中に風体おもしろくおもひよりしを、書きあつめてまくらごとにしけるを、ある人来やりて、梓にちりばめよといふ。作者のいかにおもふらんと、いなみけれど、これはみな通茂卿の批点したまへる言の葉なればば、よしや世にちりてもと、せちにせめ侍りぬる心にゆるして、三翁永言集と名づけ侍りぬ。
時に元禄十五年の秋　むさしのゝ露ふかき芝緑山の下にすめる

甘蔗氏元翠序

とある。この序により、長年、中院通茂卿の添削を受け学びを続けた三蛙軒《みわけん》高門、永悦、正隆の三人の和歌を、甘蔗氏元翠が収集していた。それを人の勧めもあり、通茂卿の貴重な批点が施され添削された作品が散逸してはならぬということで出版した経緯や、この作者三人の友達同士のことを三翁と呼び、三翁和歌永言集と名づけたことの経緯がわかる。元翠は江戸の芝緑山の麓在住。

高門は、京極高門《きょうごくたかかど》。源高門、兵部とも。号は三蛙軒、煙霞病客、金栗居士。万治元年(一六五九)生～享保六年(一七二一)二月十七日歿、六十四歳。丹後国田辺藩 の第二代藩主京極隆直《きょうごくたかなお》(一六三三～一六六三)の三男。幕臣であった。著書には、煙霞病客の名で『湯沢紀行』(貞享元年刊)、写本『十五番自歌合』(題簽「隅田川哥合」巻末に元禄十五年清書と記載)などがある。『和歌継塵集《わかけいじんしゅう》』に、高門京極兵部として一首入集。その付録の作者大概目録には、高門京極氏と記す。元禄四年奥書《おくがき》の写本『一人一首』(刈谷本)にも、京極兵部源高門の名で一首入集。元禄十五年刊『鳥之迹《とりのあと》』(戸田茂睡《とだもすい》編)には十三首、入集している。歌集に『曲妙集《きょくみょうしゅう》』、著作に『浦のしほかひ』などがある。晩年出家し、法名は密林道塊。

「ともがら」のひとり、正隆は、磯田正隆、通称助五郎。永悦は、宮田永悦。

詳しくは、歌集の詞書から作者の背景をたどることにしよう(歌番号は便宜上、私に付した)。

家に人々来たりて四十賀をし侍りけるとき、二十首哥よみしに初冬朝　高門
木の葉さへちりかひくもる朝風の宿ににぎはふ冬は来にけり(二五九)

源高門家にて四十賀し侍りける屏風に氷を　正隆

時つかぜ波もおりしる御代に今あぶくま川の氷るしづけさ（二六〇）

これより、高門四十の賀が、高門の自宅で行われ、正隆も祝いに駆けつけたことがわかる。高門は万治元年（一六五八）生まれ、この四十の賀の宴が催されたのは、元禄十年（一六九七）のころであろうことが推定できる。

また、

元禄八年正月七日父前飛騨守源高直三十三回忌の追善に公家武家の人々にすゝめて二十首哥よませ侍りける中に心念不空過といふ文のこゝろを

たのもしなけふのわかなもいくはるの手向けむなしきちかひならねば（四二二）

右は、父源高直の三十三回忌にあたる元禄八年（一六九五）正月七日の追善に合わせて、和歌を募ったことが記されており、「公家武家の人々」という文言から、高門の勢いを垣間見ることになる。追善の記載によって、父源高直没年は、寛文三年（一六六三）一月七日とわかる。

そして、四〇五の詞書には、

先祖佐佐木宗氏、哥はじめて続千載集に入ける時、「古も踏みぬわかのうら千鳥今ふみそめて名を残す哉」とよめり。此哥又新千載集の入侍ることを思ひいでゝ独述懐といふことをとあり、高門の先祖は佐佐木氏で、『続千載集』『新千載集』にも入集した和歌の家系であることを家の誇りとして述べている。

三翁の歌会は、主に高門の自宅で行われたようで、

家にて月次の哥よみ侍りけるに花盛開　高門　（四四）
家にて月次の哥よみ侍けるに卯花似月　高門　（七〇）
家にて人々題をさぐりて哥よみ侍けるに渡郭公を　高門　（七八）
家にて人々に十首よませける中に　夏祝の心を　高門　（八四）
源高門家にて月次の会に萩　永悦　（一二七）
家にて八幡宮法楽の哥よみ侍けるに寄弓祝　高門　（二六五）
正隆きたりて家にて哥よみ侍けるに松積年　高門　（三六六）

などが高門邸での歌会。

また、正隆邸でも歌会があった様子が次にある。

正隆もとにはじめてゆきて哥よみ侍るとき
歳暮松といふことを　高門　（二五一）
年の暮に人々きたりて哥よみ侍けるに名所松を　正隆　（三六八）

そして、永悦は、

中院大納言家にまいりて、鶴遐年友といふことをつかうまつりけるに
当座に点をあひたまはり侍し　永悦　（二五六）

と、通茂卿の門弟として邸宅に出向いて、直接、点を賜っており、高門も、

家の月次興行始に中院大納言家に題をこひ申て哥よみ侍けるに竹不改食といふことを　高門　（二五七）

のように、通茂卿に月次《つきなみ》興行始の題を乞うている。
また、とくに注目すべきは、次の和歌である。

但馬の国諸寄《もろよせ》といふ所の浜にてひろひたる貝を
中院大納言家にまいらするとて　高門
みるめにやまじるかひあるもろよせの汀の波のうつせながらも（四一〇）
御返し　通茂卿
心ざしふかくよせける浦浪のかへるかひなきもくづをぞ思ふ（四一一）

このように、高門と通茂卿の和歌の贈答を載せている。門弟に向けた師の思いが見えるようである。

さらに、高門が通茂卿に入門した喜びの歌を、同じ元禄十五年刊の茂睡戸田編『鳥之迹』で、次に見ていこうと思う。

中院通茂門下として

茂睡戸田編元禄十五年刊の『鳥之迹』に入集した高門の詞書と和歌を次に示す。高門が、通茂卿に入門した次の年の歌である。

　中院大納言通茂卿の和歌の門弟になりにける明の年よみける
あけてけさ春に手ならふはじめぞと難波の花も心にやさく（一四）

通茂卿の和歌の門弟となった喜びが、素直に表現され、和歌に励もうとする期待感と、学びへの真摯な心が伝わってくる。また、前述した「三翁和歌永言集」の歌番号四一〇の詞書で、高門は、「風待ち港」「潮待ち港」として有名な但馬の国の「諸寄《もろよせ》の浜」にて拾った貝を通茂卿に届け、通茂卿は、返歌で、「心ざしふかくよせける」と弟子の上達を親身になって心配しており、その関係性の深さを知り得る。

通茂に、寛永八年（一六三一）四月十三日生まれ、宝永七年（一七一〇）三月二十一日薨、八十歳。公卿で歌人。権大納言、中院通純《みちずみ》の子。官位は従一位・内大臣。歌道・有職故実・書道・音楽など多方面に博識で、歌道では、寛文四年に後《ご》水尾院《みずのおいん》から古今伝授を受けている。

その後、中院通躬《みちみ》・野宮定基《ののみやさだもと》・久世通夏《くぜみちなつ》などに古今伝授を行った。門人には鍋島光茂《なべしまみつしげ》・堀親昌《ほりちかまさ》・柳沢吉里《やなぎさわよしさと》・松井幸《まついゆき》隆《たか》・梅月堂宣阿《せんあ》らがいる。

著作に、家集『老槐《ろうかい》和歌集』、歌論『渓雲問答《けいうんもんどう》』などがある。この『渓雲問答』に関しても、鹿島の祐徳中川文庫に書写されたものが現存する。これは、通茂門下梅月堂宣阿[*1]の流れを汲む永井洵美《ながいよしとし》[*2]（文安）が、宣阿の門流梅水堂正路経由で取得し、書写したものかと思われる。『渓雲問答』や、川澄頼行門の短冊集『頼行門下当座短冊写《よりゆきもんかとうざたんざくうつし》』（「中院通茂公門　川澄兵左衛門頼行」と筆録されている）など、通茂門関連の多くの書物を、鹿島藩文事取持役の洵美が、大阪中ノ島の蔵屋敷に待機しながら書写していた可能性があり、これらは同文庫にまとまって納められている。小城鍋島文庫も同様に、洵美のような文事取持役の文事担当者がいたと考えられ、今後の調査でさらに解明していきたいと思う。

一枚の付箋の行方

小城鍋島文庫蔵『三翁和歌永言集』には、一枚の付箋が挟まっていた。この付箋は、『三翁和歌永言集』と同版の和歌一首「いつとなき富士のみ雪の麓にも萌て時しる春の早蕨」が刷られており、毎回調査のたびにその付箋は行方不明。あるときは上巻の最終丁に挟まっていたり、あるときは上巻の中ほどに挟まっていたりしていた。

上野洋三氏が紹介した刈谷市立図書館村上文庫蔵「三翁和歌永言集」[*3]には、この一首は採られておらず、歌総数四百三十五首となっていたが、先ごろの『和歌文学大辞典』（古典ライブラリー）の「三翁和歌永言集」の項目[*4]の執筆時において、稿者（進藤）は、この和歌一首を新たに加え、歌総数四百三十六首と訂したところで終わっていた。

その後、調査が進むと、版本五丁裏末尾の永悦の和歌は、詞書のみで歌がないことに気づき、よって、該書では、もともと六丁表の挿絵部分の右端に、挿絵の上から、刷られた付箋を貼付し、❷のように、歌が補われていることがわかった【❷参照】。

「いつとなき冨士のみ雪の麓にも萌て時しる春の早蕨」。この和歌の居場所が確定した。印刷時に本屋が失念したのであろう。制作時に補填されたこの和歌の貼付は、いつしか剥がれて浮遊していたのが、ようやく元のところに戻り、歌総数四百三十六首を確認し、新たに歌番号を付した。

つまり、上野洋三氏は、『近世和歌撰集集成』地下篇の「三翁和歌永言集」(刈谷図書館文庫本)において、歌番号二四と二五の間に一首入る処を、「麓早蕨といふことを　永悦」のあとの歌を、「歌ナシ」とした。ところが、前述のように、小城鍋島文庫本などから付箋は、六丁表に貼付されていたことがわかり、上野氏が底本とされた刈谷図書館本は、この付箋が取れてすでに散逸したものと思われる。

正宗文庫本においては、小城鍋島文庫本と同様に、付箋が六丁表の同じ箇所に、同版の「いつとなき」の和歌一首が貼ってある。また国文学研究資料館(ナ2-560)も同様である。ただし、国文学研究資料館の石野家本の方は、絵の上に少し斜めに重なって貼られており、正宗文庫本のは、挿絵に重ならずに、右端に寄せて付箋がきれいに貼られている。

また、茨城県立歴史館(マイクロ収集外山長兵衛史料)(和5-39)

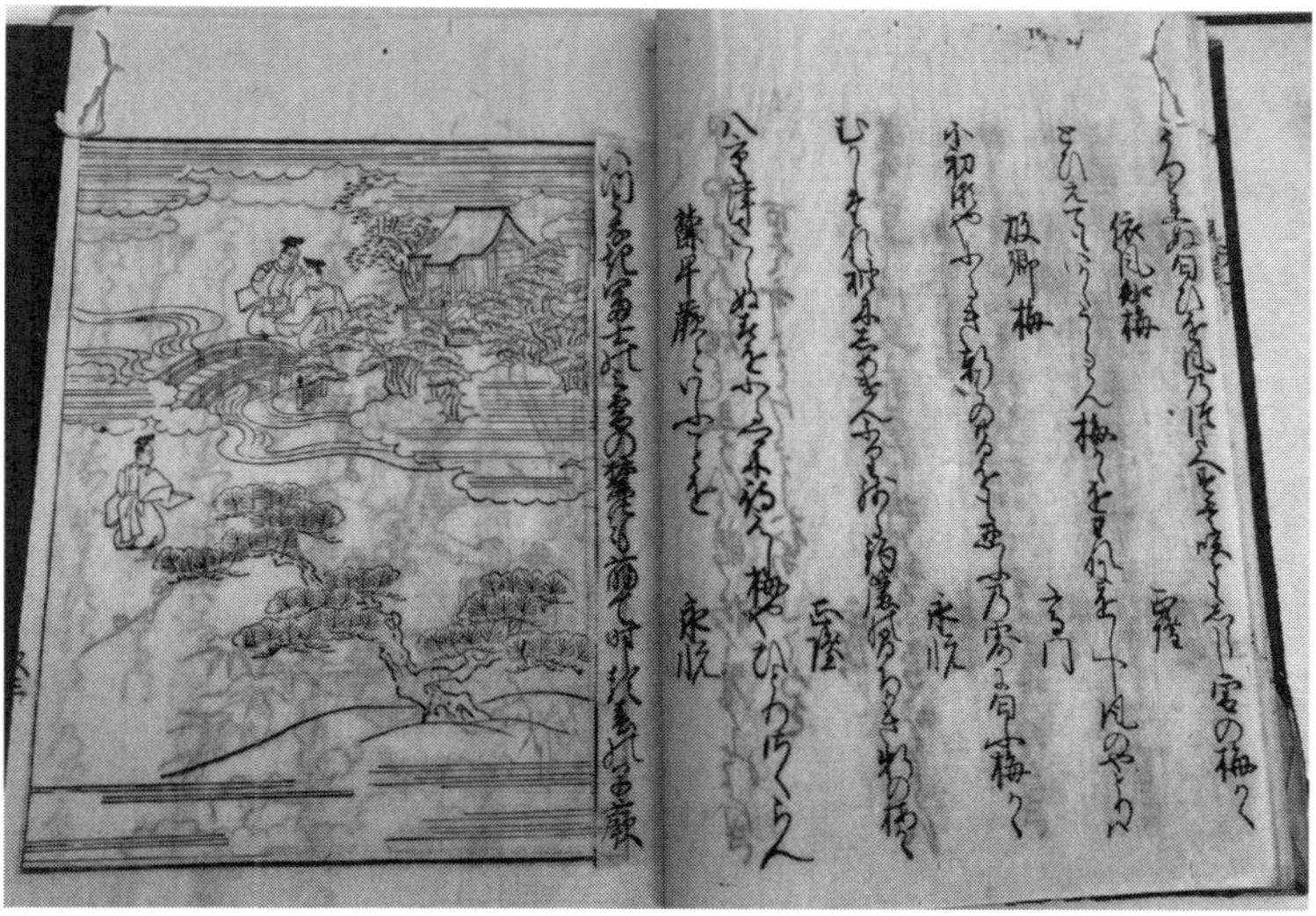

❷『三翁和歌永言集』

の場合は、下巻しか残存せず、上巻のこの付箋の実態はわからない。

ところで、『近世和歌撰集集成』地下篇に採られた「三翁和歌永言集」（刈谷図書館文庫本）[*5]の書誌の最後に、「外題は、佐賀大学小城鍋島文庫による」との記載があり、なんと小城鍋島文庫が採用されていた。折しもその当時、当文庫を調査された折、この一枚の付箋に気づき、出会っていたとしたら、小城鍋島文庫から補填され、一首加わっていたことだろう。つまり、「麓早蕨といふことを　永悦」「歌ナシ」は、歌が存在していたことが実証された。

散逸の危機を伴う心もとない一枚の付箋ではあったが、この一枚がまた、版本の経緯や、本屋の事情、背景などをも物語っている。

注

1　神作研一『近世和歌史の研究』（角川学芸出版、二〇一三年）。
2　進藤康子「永井洵美と鍋島直郷」（『国文学研究資料館紀要・文学研究篇』五十一号、二〇二五年三月）。
3　上野洋三編『近世和歌撰集集成』地下篇（明治書院、一九八五年）。
4　『和歌文学大辞典』（古典ライブラリー、二〇一九年）の「三翁和歌永言集」（進藤康子担当）の項。
5　『近世和歌撰集集成』地下篇に採られた「三翁和歌永言集」（刈谷図書館文庫本）では「歌ナシ」とされた和歌一首が補われ、六丁表からの歌番号がずれていくため、小城鍋島文庫本では、新たに歌番号を私に付した。

15

古典文庫解説卑見

『十帖源氏』の刊・印・修

白石良夫

古典文庫『十帖源氏』の吉田幸一の解説が、書誌学のイロハを習得しないままの版本考証であることを指摘する。

奥歯にものの挟まった物言い

小城鍋島文庫研究会著『十帖源氏立圃自筆書入本』（笠間書院、二〇一八年）の拙稿解説について、ある友人から、「奥歯にものの挟まった物言い」と指摘されて、図星《ずぼし》をさされたという思いをした。その注2で、吉田幸一の古典文庫の解説を、

吉田の叙述では、版本書誌学で重要な「刊・印・修」の概念が明確にイメージされない。

と書いたことである。友人は、

「もっと言いたいことがあるんだろ」

と悪戯《いたずら》っぽく言い、

「吉田幸一というビッグネームに二の足を踏んだか」

と付け足した。白状すれば、それも図星である。

ただ拙稿は、わたしの版本考証だけを述べれば、そのまま吉田の解説全体をくつがえすことになるので、その具体的な瑕疵《かし》にはふかく言及せず、

これまでの吉田の研究とその上に立って行われていた『十帖源氏』版本研究は、これをご破算にしなければならない。

と述べるにとどめた。拙稿はそれで十分の用をなしていた。吉田の考証の粗捜《あらさが》しを始めると、せっかくの論旨の簡潔を損ねるという判断もあった。解説はその後、論文集『注釈・考証・読解の方法』（文学通信、二〇一九年）に収録したが、注2は書き換えることをしなかった。

ビッグネームに恐れをなすわけではない

だが、奥歯にものが挟まっているのは確かである。

他人《ひと》の説に欠陥があると言ったからには、どこのなにが欠陥なのか、ちゃんと説明するのが筋だろう。それをしないのは卑怯というか、臆病というか、そのそしりを受けても仕方がない。学問の仁義にも反する。友人はそのように

も言った。

それに、先の注2は、この友人以外、読者に何の関心も喚起させないだろう。見過ごされることのほうが多いであろう。従来の研究をご破算にすべしといったところで、古典文庫の吉田幸一というビッグネームは、そんなささやかなわたしの声を掻き消してしまう。定説に異議申し立てしたのだが（ひっくり返したのだが）、それが認められるどころか、研究史の話題にもならないで終わるかもしれない。

ということで、重箱の隅をつついて餡子《あんこ》のかけらしか得られないかもしれないが、吉田の研究に欠陥があると言った手前、その責任をとる意味でも、古典文庫の版本考証を批判的に検討させていただく。

ブランドがかけたバイアス

研究会で文庫所蔵の『十帖源氏』を読みはじめたとき、われわれの前には、揺るがない先行研究が二本あった。
Ⅰ　日本古典文学大辞典「十帖源氏」（渡邉守邦稿）
Ⅱ　古典文庫『十帖源氏』解説（吉田稿）
である。
Ⅰは、跋文末尾が異なる複数の版本の存在をはじめて報告した。承応三年（一六五四）成立説を唱え、以後それにずっと定説となっていた。Ⅱはそれをふまえ、四種の伝存版本の前後関係を考証し、無刊記無跋本を初刷系の善本とみなし、それを底本として影印した。
わが研究会の成果としては、Ⅰの成立説と出版年の再考を促し、新たに異版の存在を報告して、Ⅱの版本考証を軌道修正した（というより、全面的に否定した）。

ところで、古典文庫『十帖源氏』の存在を知って、しかしまだその現物を手にしない段階で、わたしはある誤解をした。この刊行物が「野々口立圃自筆版下本複製」と銘うたれていたことから、影印されたのが版本ではなく、版下そのものだと勝手に思い込んだのである。

著者が版下を書くのは珍しくない。だが、版下は版行されたら消えてこの世に残らない。残るのは、なんらかの事情で版行されなかったか、あるいはそれが版下として使われなかったか、である。そもそも版下は残らないものであって、版下用につくられたものが残るのはきわめてまれなケース。だから、「自筆版下本」と意味ありげに掲げられたこの出版物から、わたしは「きわめてまれなケース」と早合点してしまった。古典文庫というブランドのバイアスがかかっていた。

影印されたのは版本だったのだが、だからといって、それに不満をならす筋合いは、ない。「野々口立圃自筆版下」であることに変わりはないのだから、看板に偽りがあるわけではない。「版下本」の語を版下そのものと期待したことのほうが拙いのかもしれない。すべて、わたしの早とちり、勝手な思い込みである。

だが、表紙でわざわざ「自筆版下本」などと謳《うた》うほどのことだろうか、とは思った。

違和感がある、間違いではないが

中野三敏先生の版本修業で最初に教えられるのは、「刊（版）・印（刷）・修」という概念であった（『江戸の板本』参照）。わたしの乏しい経験でいえば、この概念さえきちんと把握しておけば、そして書物を具体的なモノとしてかたる技術があれば、ごく普通の版本の書誌学はほぼ大丈夫である。

注2でわたしが言いたかったのは、吉田の版本考証には「刊・印・修」の理解が欠けている、ということである。ために、

吉田の『十帖源氏』版本解説には、当初、よくわからないところが多くあった。よくわからなかったのは、わたしの理解する「刊・印・修」が、吉田の記述のあちこちで温度差をひき起こしていたからである。まず、吉田はこう言う。

『十帖源氏』十巻十冊の現存諸本は、すべて同一版式によるものばかりであるが、……
（古典文庫四〇二頁。以下、引用頁数は古典文庫）

わたしは、「版式」という語に違和感をおぼえた。むろん、この語は版本書誌学の重要な用語・概念である。が、重要な用語・概念であるがゆえに、この文脈でこの語が出現することに違和感をいだく。後述するが、吉田は「版式」の語を、普通とは違うつかい方をしているようであった。

版本書誌学で「版式」といえば、それは版行（または版面）の様式のことをいう。これは印刷の技法によって決まる。統計をとったわけではないので、精確なことはいえないが、現存版本の九割以上を占める版式は、「整版」である。のこり一割以下の版式として、「活字版」「拓版」「石摺本」「合羽摺《かっぱずり》」などがある。立圃が出版活動をする前後から、書物の印刷は整版が主流となり、それは幕末明治までつづく。『十帖源氏』も整版印刷によって出版された。

現存する『十帖源氏』版本は、だから、確かに「すべて同一版式」である。この限りで、吉田の言っていることは正しい。間違ってはいない。なのに、なぜわたしが違和感をおぼえるかといえば、あまりにも当たり前のこと過ぎるからである。普通の版本書誌学は、整版という同一版式の版本についておこなわれる。だから、「整版」という語はつかっても、「版式」が「同一」だなどとわざわざ断る専門家は、ほとんどみかけない。

版式を問題にしなければならないのは、整版以外の珍しい版式の本、あるいは異なる版式が伝存している本を扱うときである。その場合でも、普通は個別の版式名称（「古活字版」だとか「拓本」だとか）をつかえばすむので、改めて「版式」という語をつかわなくていいことのほうが多い。

この違和感は、つぎの記述で氷解した。すなわち、

惣じて版本は同一版式を用いた幾種類かの諸本がある場合、印刷面での摺りの良否やその他の状態、すなわち版面に生じた差異などを比較精査して、刷次の判別ができる場合がある。（四〇三頁）

どうやら、吉田は「同一版木」という意味で「同一版式」といっているようであった。四〇二と四〇三頁、いずれも「版式」を「版木」と交換すれば話の筋はとおる。明らかに不用意な学術用語の運用というほかない。

それになにより、『十帖源氏』の現存諸本はすべて同一版木、ではない（後述）。これが小城鍋島文庫研究会の研究成果であった。だから、同一版木を前提とした吉田の研究を、「ご破算にしなければならない」と言ったのである。

用語の混同混用は学問の体系を疑わせる

つぎの一文も不審であった。

Bは跋文中の文字欠損によって、最も後印本と見ることができるから、残るA・C・D本のいずれかに初版本を求めることになろう。（四〇五頁）

吉田は現存諸本を、すべて同一版木による整版本と見なした。その判断の可否はしばらく措くとしても、版面の疲れのもっともひどいB本を「最も後印本」としたことは、「印」の概念の正しい認識である。だが、「刊」の概念が理解されていない。同一版木であるというなら、残るA・C・D本のいずれかに求められるのは、初版本ではなくて、「初刷（印）本」でなければならないからだ。稿中、ほかにも「初版本」の語が数回でてくるが、これらも「初刷本」のことを指しているようである。

以上、「版式」「初版本」、ともに違和感をいだかせる、不正確な用語の使用である。もっとも、吉田が何を言いたいのかは、右のように読み手が補完することによって、なんとか意味が通じる。些細な言葉づかいの問題に帰することもできよう。だが、些細な問題で許されるのは、未熟な若手研究者においてであろう。斯界《しかい》の泰斗《たいと》の、かくのごとき、基本的な学術用語の不用意な混同混用は、泰斗であるだけに、この泰斗の書誌学の体系の信頼性を揺るがすことになる。読み手の補完を必要とするような記述は、泰斗のなすべきことではないだろう。

吉田は版本『十帖源氏』の刷られた順序を、左のように推定した。

D→C→A→B

Dは跋文のない本、Cに立圃署名跋文をもつ本。Aでは跋文末が年記（万治四年）と書肆名（荒木利兵衛）に彫り替えられ、Bでは書肆名が立圃の名に替えられる。このB本について、吉田はつぎのように述べる。

> A本の刊年はそのままにして置き、その下に作者の署名を入木し、左側の「荒木利兵衛板行」を削った。したがって、B本はA本の求版本であって、実際の刊年は未詳であり、万治四年よりもさらに後年の版行であることにな

ろう。（四一〇頁）

ここでも「求版本」なる語に、いささか首をかしげる。求版本とは、譲渡ないしは売買によって版木（版株）の所有権が移動した本のことをいう。だが、書肆名を削ったからといって、それが求版本であることを意味するのではない。荒木利兵衛の名が見えるのはA本だけであるが、これもB・C・D本が荒木利兵衛所有の版木ではないということを証明はしない。吉田は元禄期の書籍目録を引いて、B本を鶴屋喜右衛門の求版本とするが、巷間流布するB本には、それが鶴喜の本であるという徴証はない。

また同一版木であるのなら、ここでいう「刊年」「版行」も、書誌学上の用語としては曖昧さをぬぐえない。

こういった用語の混同混用（曖昧さ）があるため、解説中のそのほかの用語やそれぞれの関係についても、吉田の概念規定が奈辺《なへん》にあるのか、何を意味しているのか、どうイメージすればいいのか、いまひとつつかみきれない。「刊記」「出版」「版次」「刷次」「刊行」「版行」「私家版」「奥書《おくがき》」などなど。

吉田幸一の版本書誌学は、拙いといわざるをえない。

八〇〇分の一の観察ですませるか

わたしがもっとも不審に思うのは、吉田が版本考証（版面観察）を、極端に狭い範囲でしかおこなわなかったことである。『十帖源氏』版本は全十冊、丁数にして四〇〇丁以上。吉田はそのうちの最終巻巻末の半丁（つまり八〇〇分の一）をしか検証しなかった。

同一版木であるというのなら、理屈からいって、版木の摩滅や欠損以外による異同はありえない。『十帖源氏』版本の目立った異同といえば、埋木《うめき》で改修された、最終巻最終丁の跋文末のわずか一行のみである。したがって、考証はこの一行（[修]）を中心に展開されるのが至当である。しかし、同一版木という以上、版面観察が八〇〇分の一のみというのでは、明確な刷の異同のサンプルを抽出するには、あまりにも限定しすぎではないか。全十冊から、より刷の前後をはっきりさせる版面の相違を捜さなければならない。

吉田はそれを怠った。面倒がらずそのことを実行していれば、容易に気づいたはずである。現存諸本はすべて同一版木、ではないという事実に。

ことここに至ると、言葉づかい（学術用語の不用意な運用）という次元の問題ではなくなる。版本考証の初歩的手続きの欠落というしかない。

かくして、わたしの『十帖源氏』版本研究は、吉田およびそれをふまえた先行研究と袂を分かった。そこから先はわたしの論文で考証論証したことであるので、ご用とお急ぎでない向きは、そちらをご精読いただきたい。わたしの版本考証がおのずと吉田の研究をくつがえすことになる、と言ったゆえんである。従来の研究をご破算にしなければならないと言ったゆえんでもある。

一斑を見て全豹《ぜんぴょう》を知る

本章は議論を「刊・印・修」だけに限定した。跋文・出版書肆・作品成立などの考証、および傍証をつかっておこなう論述の手法など、吉田幸一の文には、これもいささかわかりづらいところがあるのだが、ここでは問わなかった。

吉田には『絵入源氏物語考』という大冊の研究書がある（三冊、一九八七年刊）。古典文庫の『十帖源氏』解説も、この著作の一文をもとにしたものであった。よって、本章では、更新された古典文庫所収の文章のほうを俎上《そじょう》にあげた。『十帖源氏』は吉田の著作のメインの対象ではないのだが、吉田の版本書誌学のレベルは、推して知るべし。これ以上の粗捜しは無用であろう。

下の図版【❶・❷】は、異なる版木による本文と挿絵の例。微妙な版面の違いに注意されたい。

付記

本章は、『雅俗』二十号（二〇二一年七月）所収原稿に加筆したものである。

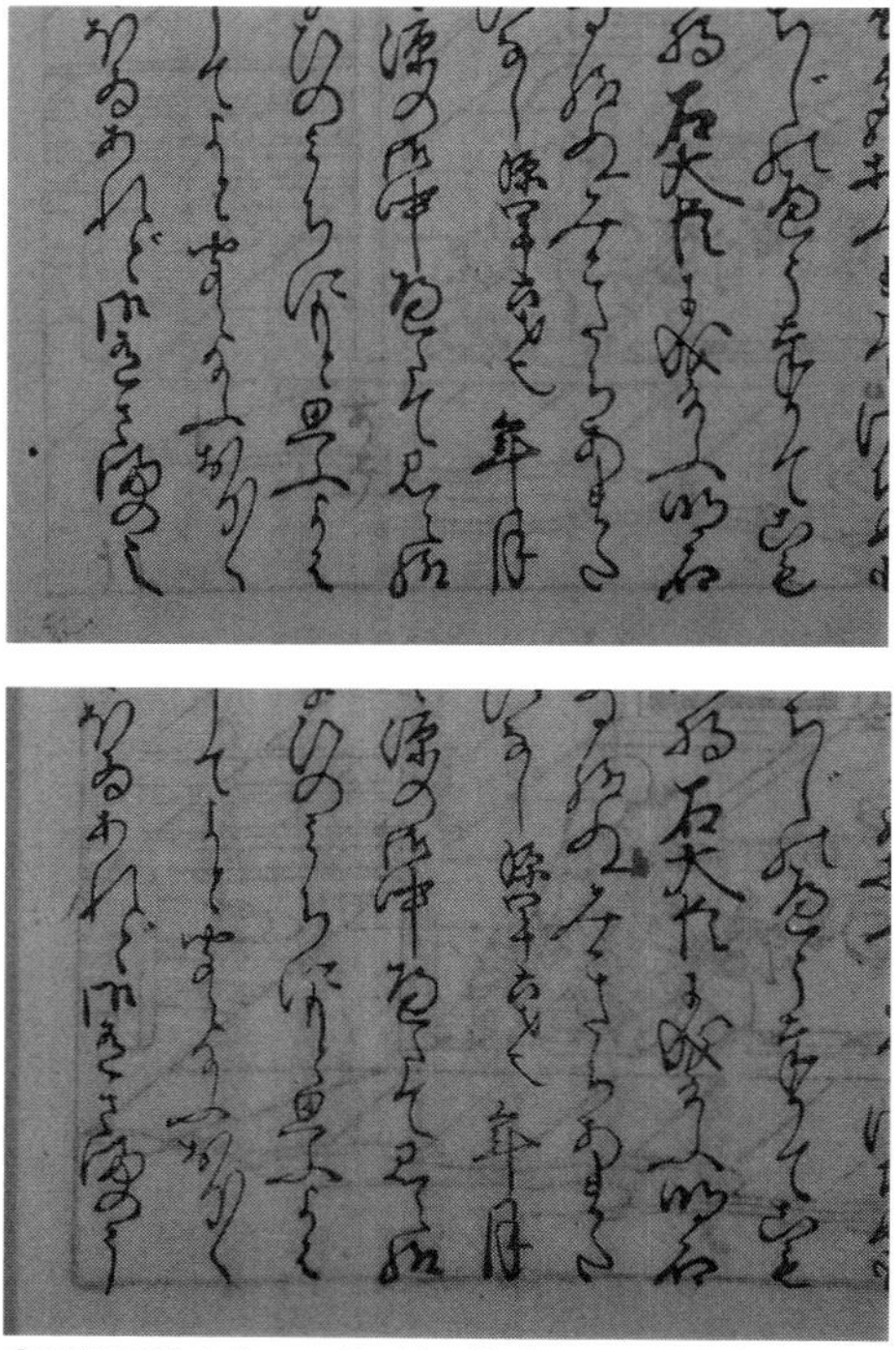

❶若菜下巻本文の一部（上が初版、下が再版）

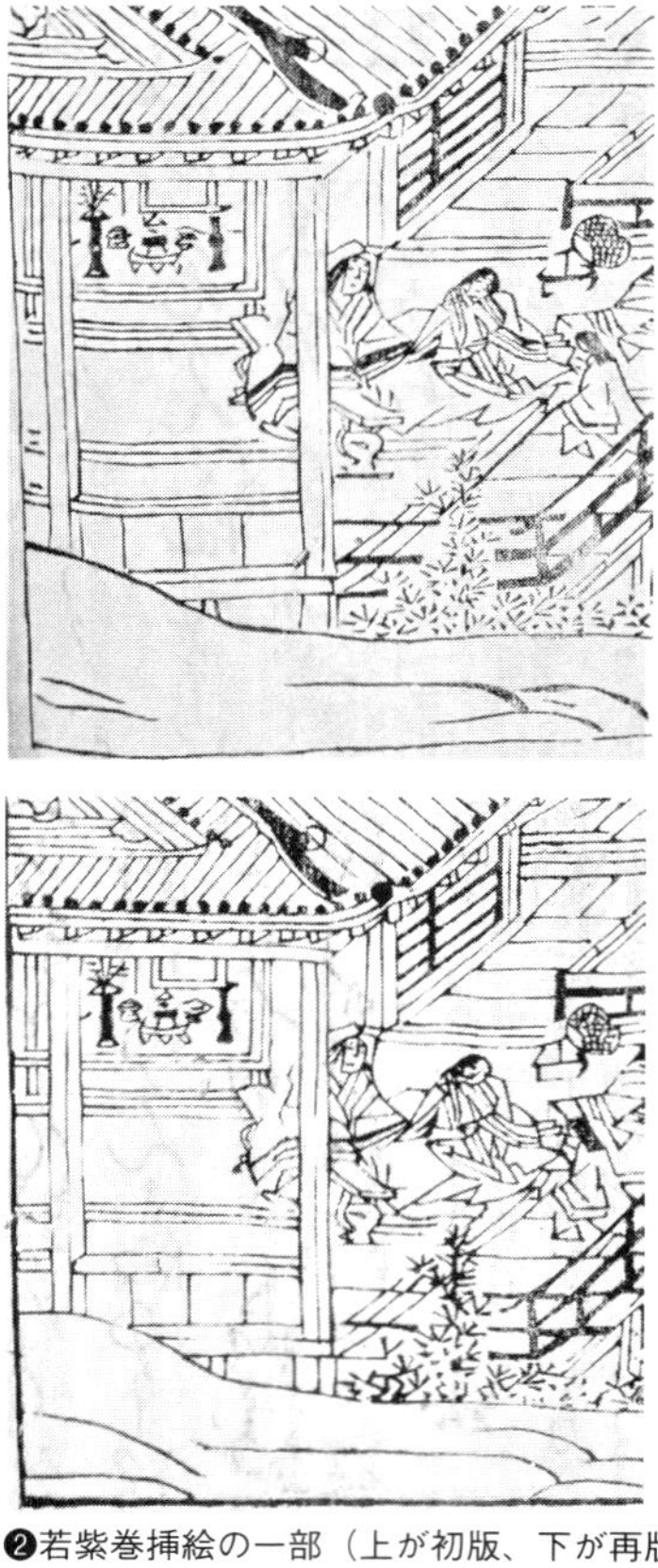

❷若紫巻挿絵の一部（上が初版、下が再版）

16 中林梧竹と山内香雪
古活字版識語と『名家手簡』

白石良夫

明治の書聖と称される中林梧竹《なかばやしごちく》は小城藩士であった。江戸で山内香雪《やまのうちこうせつ》に学んだが、それを語る数少ない資料を紹介する。あわせて、山内家の菩提寺にある梧竹の墓を掃苔《そうたい》した。当文庫所蔵の香雪編『名家手簡《めいかしゅかん》』は、残存数の少ない初刷を含む版本である。

古活字版『東坡先生詩』の識語

当文庫所蔵の『東坡先生詩《とうばせんせいし》』(okshu-48)は、古活字本にして藩祖鍋島元茂《なべしまもとしげ》の旧蔵書であることをもって注目される。だが、これが幕末、若い一藩士によって藩邸外に持ち出されることがあった。といっても、売り払って酒代にしようなどという不埒《ふらち》な料簡があったわけではない。

その若者は、のち「明治の三筆」と称された書家、中林梧竹《なかばやしごちく》である。代々の小城藩士の家に生まれ、十八歳のとき(弘化元年)江戸に留学して、書を山内香雪《やまのうちこうせつ》に学んだ。

弘化三年(一八四六)の秋、梧竹は藩邸で、藩主家伝来のこの古活字本を閲覧し、さらに嘉永三年(一八五〇)に再び閲覧した。そして、翌四年の十月十日の夜から三度目の閲覧をするが、それは師香雪の書斎においてであった。一か月かけて、子弟による閲読は終わったようである。すなわち、該書には左のごとき識語が残っていてその事実を伝える【❶】。

○弘化丙午（三年）秋初閲
　嘉永庚戌（三年）秋再閲　龢
　嘉永四辛亥初冬十日夜三閲　香雪斎中に記　三閲亦妙　（巻十六巻末）
○嘉永四辛亥十月十日夜　読于香雪斎　梧竹拝　（巻二巻末）
○嘉永四辛亥十月十日夜　読于香雪斎　梧竹記　（巻五巻末）
○嘉永四辛亥十月十日夜　閲於香雪斎燈下訖　梧竹　（巻十一巻頭）
○嘉永四辛亥十月十日夜　閲于香雪斎　梧竹
　東坡先生次韻米芾二王帖　彼大作覚殊妙　三唱
　不覚到夜四更　時細雨打窓寒燈融了　（巻十一巻末）
○嘉永四年辛亥十月廿日夜　対孤燈偶記于香雪斎　（巻二十五巻末）
○嘉永四辛亥霜月十二日一読了　梧竹拝　（巻四巻末）

肌寒い初冬、香雪の書斎の燈火のもとで漢籍を読みふける師弟の情景が目にうかぶ。

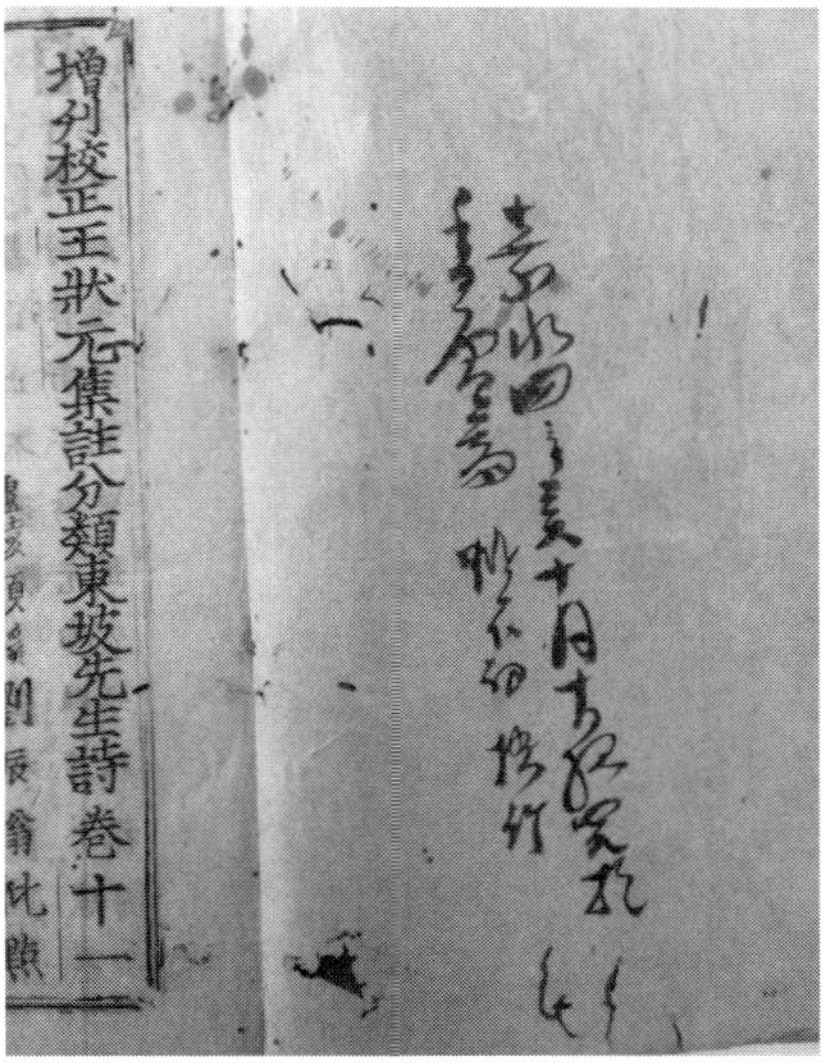

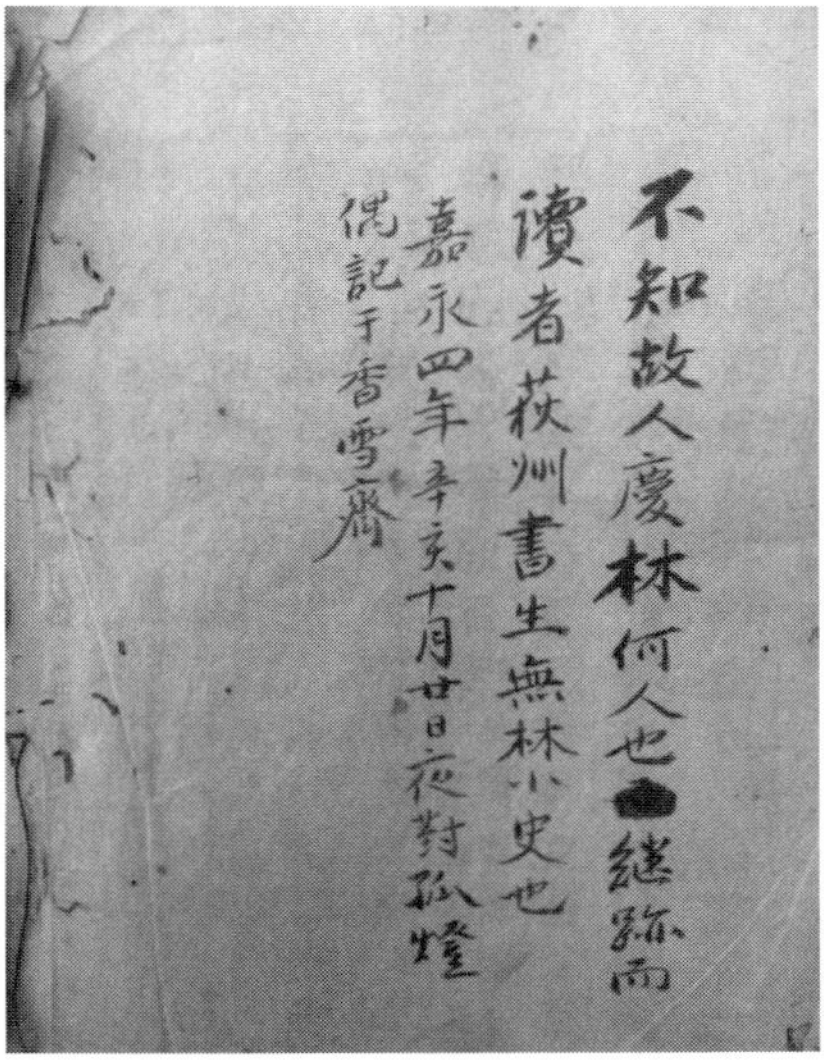

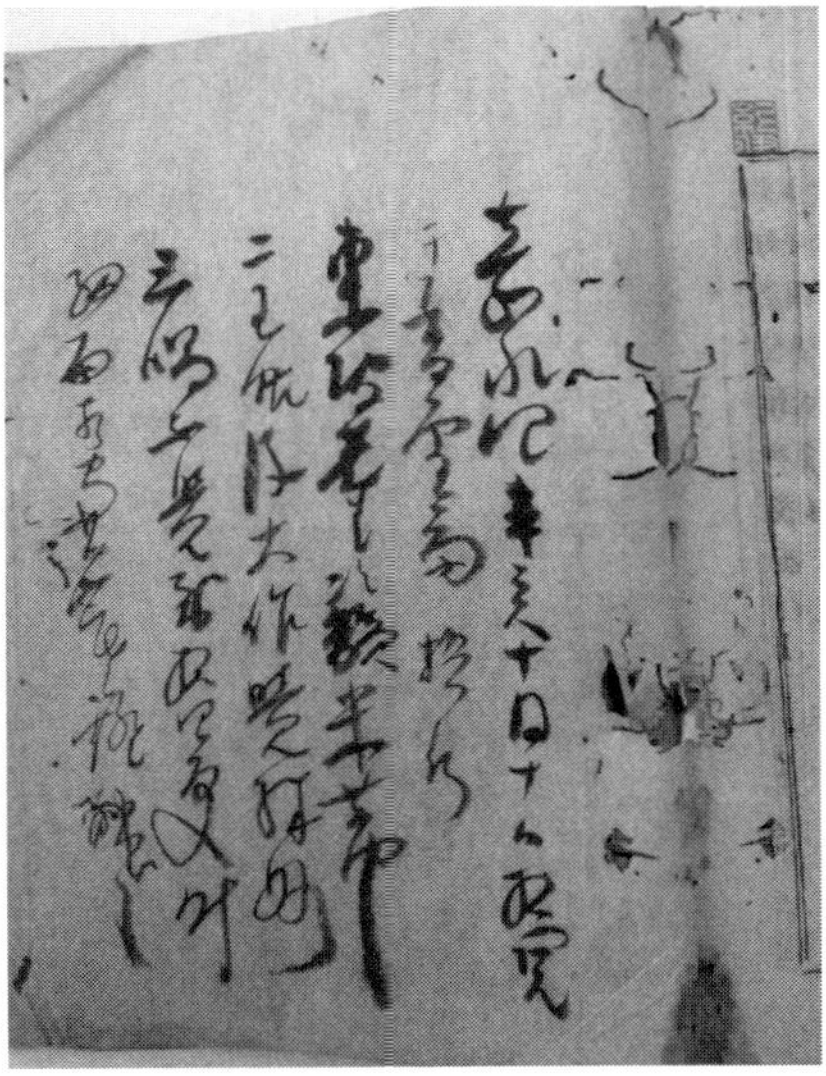
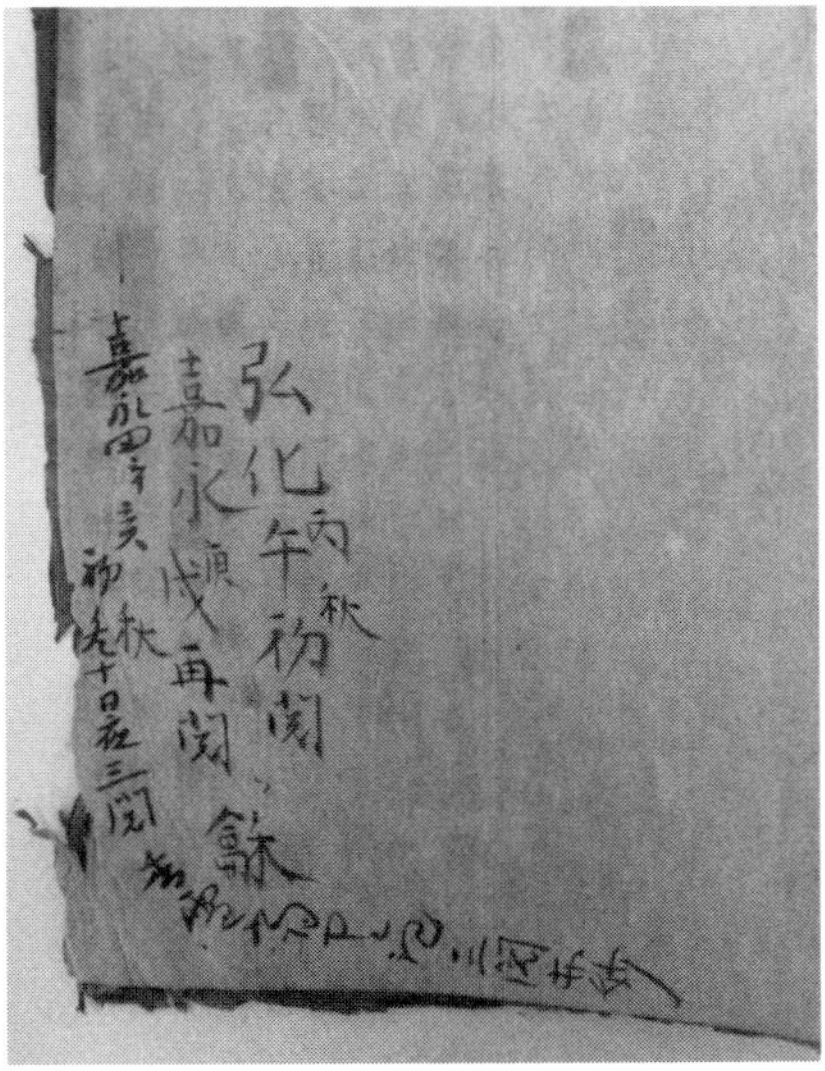

❶小城鍋島文庫『東坡先生詩』の中林竹梧識語

❷山内家墓域の全景

❸香雪の墓石

❹手前が香雪墓石の背面、奥が梧竹の墓石

❺梧竹の墓石

香雪墓掃苔――東京の中林梧竹

山内香雪（一七九九～一八六〇）は会津藩士。江戸藩邸勤務の家系で、書を市河米庵《べいあん》に学んだ。その墓は、東京都港区三田四丁目の薬王寺《やくおうじ》にある。

かつて、研究同人誌『江戸時代文学誌』では、その創刊号（一九八〇年）から、協同で香雪編『名家手簡』の翻刻を連載した。第五号で完結し、第六号に解説を書くにあたって、山内香雪の掃苔《そうたい》を試みた。一九八八年の秋の彼岸過ぎだったと記憶する。

山内家は、薬王寺では有力な檀家らしく、墓域が広い。山内家代々の墓石のほか、香雪以降の子孫の墓石が十基ほど並んでいる。そのなかに、山内家の人間ではない石が香雪墓石に向かい合って建っていた。弟子の中林梧竹の墓誌である【❷

〜❺』。

この薬王寺は、佐賀の地では、香雪の菩提寺であるよりも、梧竹の墓所であることで知られている。そのことを、後年、佐賀に縁をもってから知った。地元小城の菩提寺は、市内三日月町《みかつきちょう》の長栄寺《ちょうえいじ》である。

『膝栗毛』の全冊揃いはなぜ無視されたか——ある古書店でのお買い物

まだ三十歳前後だった。中野三敏先生と井上敏幸さんのお供をして、日田《ひた》の広瀬家に行ったことがある。大分の古本屋に寄ろうという中野先生の提案で、広瀬家との約束の前日、日豊線廻りで出掛けた。

地方都市にしては和本の品揃えのいい店があった。店主の座る右側の棚に、和本が整然と並んでいた。中野先生が手にとって、一部一部ていねいに見ながら、選り分けていく。店主の目は中野先生の手元を追っていたが、先生が『膝栗毛《ひざくりげ》』（続編も併せて）を手にとると、

「全冊揃っています」

と得意げに言った。先生は適当に相槌をうって、『膝栗毛』を棚にもどした。

店主の横の棚をひととおり見終わり、選り抜いた分を店主の前に積んだ先生は、平棚の和本を漁っている井上さんのほうに歩み寄った。

「目ぼしいものはありますか」

そこには、二束三文《にそくさんもん》扱いの和本が雑然と積まれ、一冊百円単位の値札がつけられていた。井上さんは数部の俳書を選んでいた。

「こっちは端本《はほん》ばかりです」

そう言って、手にしていた『太平記』の版本を意味ありげに見せた。のぞき込んだ先生は、

「おっ、古活字だね」

と小声で言った。三冊の端本で、値札がついていなかった。いくらかと尋ねると、店主は興味なさそうに、薄汚れた版本を一瞥《いちべつ》して言った。

「一冊百円」

各自任意の買い物をして店を出た。歩きながら中野先生が言った。

「あの『膝栗毛』は、ずいぶん高くつけていたねえ。有名作品で全冊揃いだからだろう。だが、大部の作品で全冊揃いは、百パーセント、後刷《あとずり》の流布本と見なしていい」

「古活字本はいい買い物でしたね」

と井上さんが言った。

「売れ残りを持っていってくれる、いいカモだっただろう。あとで、三人で分けよう」

と先生は笑いながら言った。

「白石君、授業でサンプルにするといい」

国書総目録による書誌学——現物調査前の予習

山内香雪編『名家手簡《めいかしゅかん》』は、宗祇・紹巴・利休以下近世後期までの文人の書簡を敷き写しにして、忠実に摸刻する。該書の流布本は全十集が揃ったもの。各集上下二巻二冊にて、大本二十巻二十冊に仕立てられている。飾り枠の外《げ》題簽《だいせん》に「名家手簡」とする。目録題も「名家手簡」。各集上冊の見返しに書体を変えて、「香雪先生鈎摸／名家手簡／

天寧閣蔵板」とある。

国書総目録によれば、まず、『名家手簡』に写本は記録されていない。記録されないのは存在しないことを意味するわけではないが、該書に限っていえば、おそらく写本はこの世に存在しないであろう。

『名家手簡』は、名家の筆跡を忠実に敷き写して、それを版下にしたものである。版下は写本であるが、版下ゆえに版行されたら（削られて）跡に残らない。古人の筆跡を忠実に版刻したこと（版本であること）に意味があるのだから、その版本を写すことは、どんなに忠実であっても、あまり意味はない。これが、写本はこの世に存在しない（だろう）といったゆえんである。

版本の伝存本には、十集二十巻二十冊の揃いでない本もちらほらある。国書総目録によって、その伝存状況を整理してみる。算用数字は所蔵機関の数。

初集のみ	1
二集のみ	3
初集〜二集	1
初集〜六集	1
初集〜七集	1
初集〜八集	1
全冊揃い	21

ほかに、冊数しか注記されないのが三機関ある。

ここでは、国書総目録の記述から予想される、該書の出版の経緯を想像してみよう。

天保十二年（一八四一）に刊行が始まり、何回かに分けて順次刊行してゆき、弘化四年（一八四七）に全十集を完結した。

その後、安政三年（一八五六）に十集まとめて刷り出した。さらに大正五年版もあるという。

全冊揃いを所蔵する二十一機関の本の大半は、安政三年以後にまとめて刷り出された後刷本であろうと想像される。すべてを初刷《しょずり》本で揃えるには、その都度、その情報を得て本屋に行かねばならない。初集のみ、二集のみの本が初刷である可能性がたかい。後集を版行するさいは既刊の前集も刷って一緒に売り出すだろうから、初集〜二集、初集〜六集、初集〜七集、初集〜八集は、いずれも端本ではなく、流布本以前の初刷を含む本であると考えて大過あるまい。

もちろん、現物をこの目で見なければ、精確なところは言えない。のだが、現物を見に行く前に、右のごとき外題学問をやって、予測をたててから出掛けることが肝要であり、また効率的でもある。

拙著『注釈・考証・読解の方法』所収「『名家手簡』版本管見」は、三十五年ほど前の稿である。東京在住で、東京の公共機関の蔵書に限った、文字どおりの「管見」であった。その後、ネット閲覧の可能なものもあり、国文学研究資料館の「国書データベース」があり、「わたしも持っている」という知人も五指にのぼる。だが、もし今後、悉《しっ》皆網羅《かいもうら》の版本考証をくわだてる奇特な御仁があらわれて、拙稿を修正することはあっても、くつがえすことはないであろう。

小城鍋島文庫の『名家手簡』

小城鍋島文庫は、国書総目録編纂に間にあわなかった。したがって、標記の『名家手簡』は総目録には反映されていない。

ということで、前節での予習をもって小城鍋島文庫に出掛ける。

当文庫は初集〜七集を蔵する。これもまた、七集版行時に既刊の前集と一緒に刷り出した、初刷を含む本である。

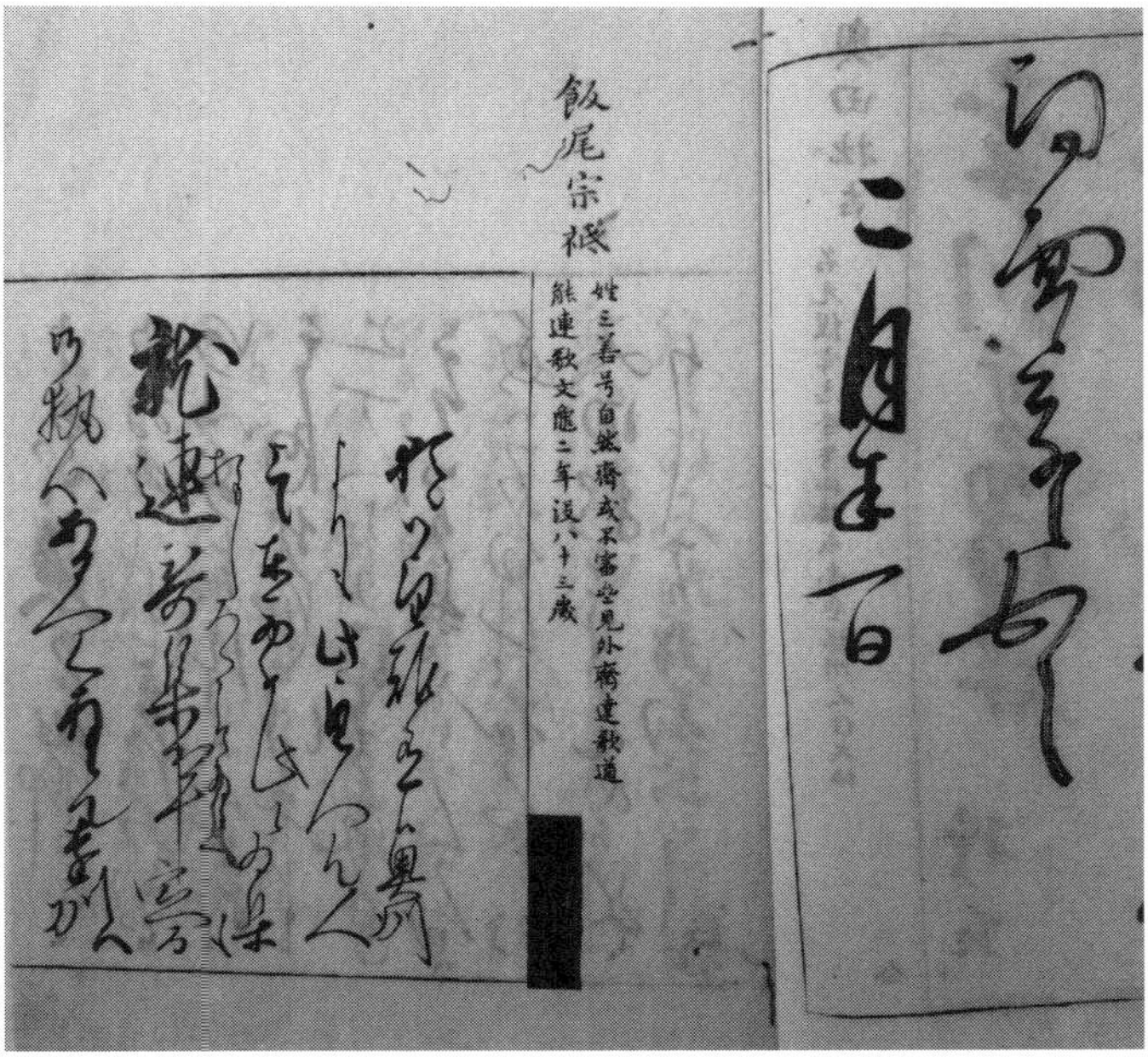

❻『名家手簡』第二集下冊所収宗祇書簡の墨格。流布本で削られた。

この初刷を含む本に共通する特徴は、一部の原簡所蔵者欄に墨格《ぼっかく》のあることである【❻】。

当文庫本では、十三通の原簡所蔵者欄が墨格になっているが、これは流布本以前の諸版本に共通する。所蔵者の公開をはばかった措置であり、安政三年の流布本刷り出しのときに支障が解けた書簡（編者や知人の有に帰したもの）は墨格に現蔵者名を彫り、支障の解けないものは墨格そのものを削った。

墨格を削ったうちには、相良為続《さがらためつぐ》宛宗祇《そうぎ》書簡、黒田孝高《よしたか》宛千利《せんのり》休《きゅう》書簡もあり、当の大名家から借りたことの明白なものである。そんなものを借り出すことができるとは、編者山内香雪の交遊範囲の広さをうかがわせる。宗祇書簡は東大史料編纂所編「大日本古文書」中の「相良家文書」で公開され、宗祇研究の貴重な資料として使われてきた。『名家手簡』の摸刻はそれに先行するものである。

参考文献

井上敏幸「中林梧竹二十五歳の筆蹟」（『佐賀大国文』三十九号、二〇一〇年十二月）。

白石良夫「『名家手簡』版本管見」（『注釈・考証・読解の方法』二〇一九年）。

園田豊「『名家手簡』解題」（『江戸時代文学誌』六号、一九八九年三月）。

手紙を読む会「翻刻『名家手簡』」（『江戸時代文学誌』一〜五号、一九八〇年〜一九八七年）。

17 箏曲本のベストセラー
『撫箏雅譜集』

村上義明

江戸時代には音楽に関する書物も数多く出版された。ここでは安村検校《やすむらけんぎょう》による『撫箏雅譜《ぶそうがふ》集《しゅう》』を紹介する。該書は歌に合わせて箏を奏でる「箏組歌《ことくみうた》」と呼ばれる曲の詞章を記したもので、先行する『琴曲抄《きんきょくしょう》』に校訂を加えて刊行された箏曲本である。まずは箏組歌の例として該書に掲載される《菜蕗《ふき》》を挙げ、次に序文をもとに該書の成立に至るまでの過程を垣間見る。最後に該書の諸本について言及しながら小城鍋島文庫本の成立時期を考察する。

箏組歌について

複数の歌を組み合わせて一曲をなす「組歌《くみうた》」には、伴奏に使用される楽器により「箏組歌《ことくみうた》」と「三味線組歌《しゃみせんくみうた》」がある。ここで紹介するのは、前者の詞章を記した『撫箏雅譜集《ぶそうがふしゅう》』（o72-1）である。これは先行する『琴曲抄《きんきょくしょう》』（二巻二冊、横本、元禄七年［一六九四］刊[*1]）をもとに、安村検校《やすむらけんぎょう》（?～一七七九）が校訂を加えて出版された三巻三冊からなる横本である。

まずは箏組歌の具体例として、該書の冒頭に配される《菜蕗《ふき》》【❶】を紹介する。*2

㊀ ふき《菜蕗》といふもくさ《草》の名　めうが《茗荷》といふも草のな《名》
ふきじざい《富貴自在》とく《徳》ありて　めうが《冥加》あらせたま《賜》へや

㊁ 春の花のきんぎよく《琴曲》　くはふうらく《和風楽》にりうくはえん《柳花苑》
りうくはえん《柳花苑》のうぐひす《鶯》は　おなじ《同》きよく《曲》をさへづる《囀》

㊂ 月のまへ《前》のしらべ《調》は　夜さむ《寒》をつぐる《告》あきかぜ《秋風》
くも井《雲》のかりがね《雁金》は　ことぢ《箏柱》におつる《落》こゑ《声》〴〵《々》

㊃ 長せいでん《生殿》のうち《裏》には　しゆんじう《春秋》をとめり《富》
ふらうもん《不老門》のまへ《前》には　月のかげ《影》をそし《遅》

㊄ こうきでん《弘徽殿》のほそどの《細殿》に　たゝずむ《佇》はたれ《誰》〳〵《々》
おぼろ《朧》月夜のないしのかみ《内侍督》　ひかる《光》げんじ《源氏》の大しやう《将》

㊅ たそや《誰》この《此》夜中に　さい《鎖》たるかど《門》をたゝく《叩》は
たゝく《敲》ともよもあけ《開》じ　よひ《宵》のやくそく《約束》なければ

㊆ 七せき《尺》のへいふう《屏風》も　をどら《躍》ばなどかこえ《越》ざらん
られう《羅綾》のたもと《袂》も　ひか《引》ばなどかきれ《切》ざらむ

㊀の歌は、「菜蕗《ふき》」や「茗荷《みょうが》」という草の名を挙げ、これに音が通じる「富貴」と「冥加」を重ねて、富み栄えることを神仏に祈願したものである。以下、㊁は春の歌で、続く㊂は秋の歌という構成になっている。

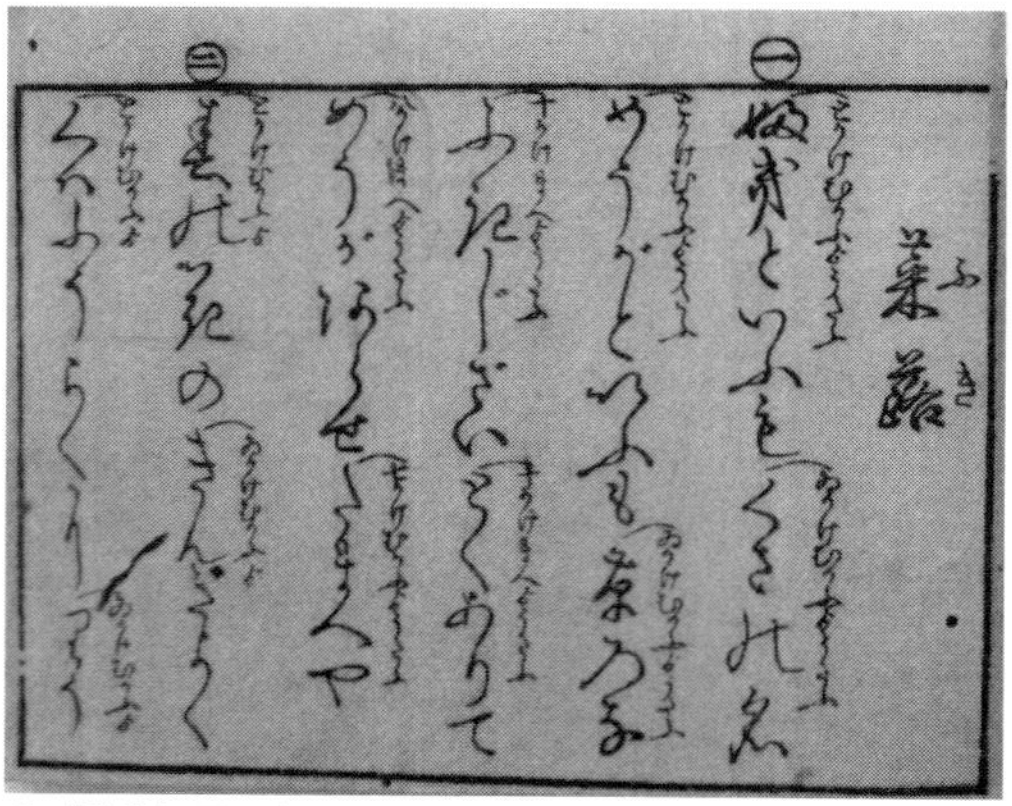
❶《菜蕗》冒頭部

㊁の前半に出る《和風楽《かふうらく》》と《柳花苑《りゅうかえん》》は、いずれも舞楽の名称である。後者の曲名は『源氏物語』の花宴巻に登場する。二月下旬のよく晴れた日に、紫宸殿で桜の宴が催された際、その夕刻に光源氏《ひかるげんじ》が舞った《春鶯囀《しゅんのうでん》》をうけて頭中将《とうのちゅうじょう》が舞った曲である。なお後述する㊄の歌は、この日の夜更けの出来事を詠んだもの。一方の㊁の後半は、春の柳に鳴く鶯が《柳花苑》をさえずっているという意である。

続く秋の歌である㊂の前半部は、平安時代後期の歌人である源俊頼《みなもとのとしより》が「あき風のことぢにむせぶ夕ぐれは気もいよだちぬそゞろさむさに」と詠ったように、冷たい秋風と箏の音が互いに通い合うものである様相を表している。その後半部は同じく平安時代後期の藤原仲実《ふじわらのなかざね》による「空色によそへる琴の柱をばつらなる雁とおもひける哉」という歌にも詠まれているように、箏柱が並べられている様子を、秋を告げる雁が連なって飛ぶ姿に見立てたものである。*3

続いて、㊃の歌には漢字の「春」と「秋」を合わせて「時代」を表す「春秋」が用いられている。これは平安時代中期に成立した『和漢朗詠集《わかんろうえいしゅう》』の「祝」の部に収められた慶滋保胤《よししげのやすたね》による詩句「長生殿裏春秋富《ちょうせいでんのうちにはしゅんじゅうをとめり》　不老門《ふろうもんの》前日月遅《まえにはじつげつおそし》」を歌に仕立てたものである。天子の居所である長生殿と不老門にはそれぞれ、春秋（時）が富み、月日の流れが遅いことを示し、その長寿と不老を祝っている。

ここまで見てきたように、この組歌には『源氏物語』や和歌、それから漢詩といった古典をふまえた詞章が用いられている。㊄と㊅の歌も『源氏物語』によるもので、それぞれ夜中と明け方の場面を歌ったもの。㊄の歌は、物語中の㊁で歌われた話に続く内容である。宴が終わった後の月の明るい夜に、酔い心地の光源氏が弘徽殿の細殿で朧月夜《おぼろづきよ》と出会う場面である。一方の㊅は若紫巻に描かれる場面。光源氏が紫《むらさき》の上《うえ》を訪れた後の明け方の道中に、ふと密かに通う人を思い出して、その屋敷の門をたたいたが、会うことができなかったというエピソードによるもの。

最後の㊆は、秦《しん》の始皇帝《しこうてい》が暗殺を回避した逸話をもとにした歌である。『撫箏雅譜大成抄』によれば、あるとき荊《けい》軻《か》と秦舞陽《しんぶよう》の二人に討たれそうになった始皇帝は、最期に華陽夫人《かようぶにん》の琴曲の演奏を所望し、それが許される。その演奏中に、刺客の二人は気づかなかったが、歌詞に込められた意図を解した始皇帝は、突如として屏風を飛び越えて事なきを得る。そうして刺客の手の中には、ただ始皇帝の引き裂かれた着物の一部が残るばかりであった、という話。なお、この歌が本曲の最後に置かれたのは、箏の徳を示すとともに、㈠の歌に出たような富貴自在の君であっても、その富に甘んじてはならないとの戒めの意があるという。このように《菜蕗》を構成する七つの歌は、それぞれにゆるやかに響きあい、その世界を構成している。

『撫箏雅譜集』について

該書には、右に見たような箏組歌が二十五曲収められており、これらは免許制度上の「表組《おもてぐみ》」「裏組《うらぐみ》」「中許《なかゆるし》」、それから「三曲《さんきょく》」「新組《しんぐみ》」に配されている。それぞれの分類ごとに曲名を挙げると次のようになる。なお、これらの曲名には《菜蕗》で見たように、基本的に冒頭の歌に出る語句が用いられる。

上巻　表組　《菜蕗《ふき》》《梅《むめ》が枝《え》》《心尽《こゝろづくし》》《天下太平《てんがたいへい》》《薄雪《うすゆき》》《雪晨《ゆきのあした》》

中巻　裏組　《雲上《くものうへ》》《薄衣《うすごろも》》《桐壺《きりつぼ》》《四季《しき》の友《とも》》

　　　中許　《須磨《すま》》《明石《あかし》》《末《すゑ》の松《まつ》》《空蟬《うつせみ》》《四季富士《しきのふじ》》《雲井弄斎《くもゐらうさい》》

下巻　三曲　《四季曲《しきのきよく》》《扇《あふぎ》の曲《きよく》》《雲井曲《くもゐのきよく》》

　　　新組　《羽衣《はごろも》》《若葉《わかば》》《思《おも》ひ川《がは》》《橋姫《はしひめ》》《新雲井弄斎《しんくもゐらうさい》》《飛燕曲《ひゑんのきよく》》

該書の成立年代に関する情報としては、宝暦五年（一七五五）の新豊亭主人による序文があるものの、跋文および

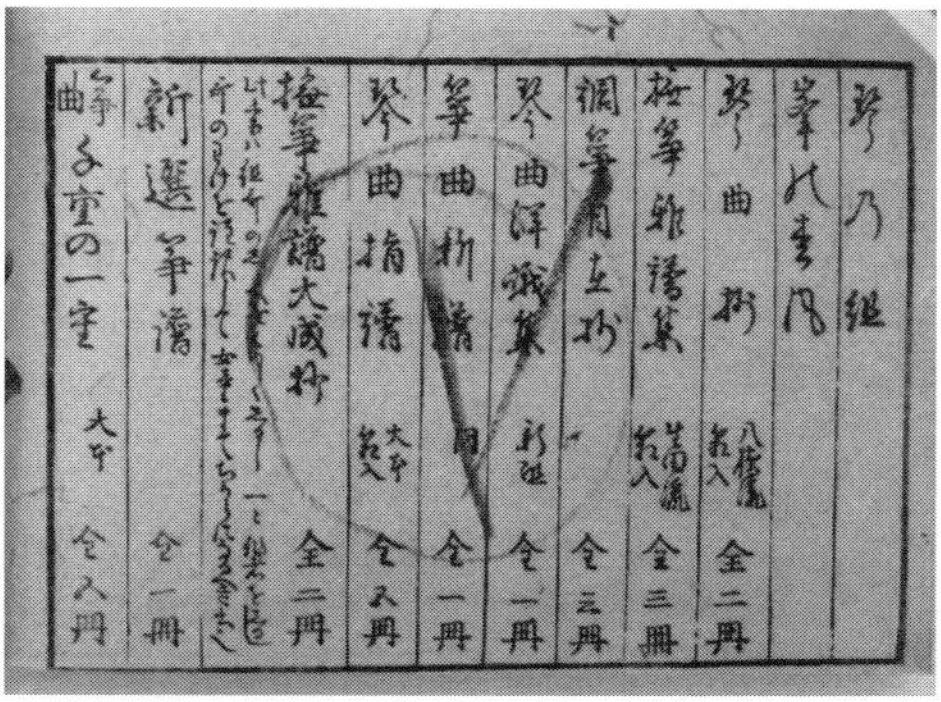

❷巻末の書目録

刊記はない。蔵書印は「佐賀大学図書館之印」のみで、小城鍋島藩由来のものはない。そのため、どの段階で当文庫に収められたのかは明確にはわからない。下巻末には琴曲関係の書目録（半丁）があり【❷】、そこには先述した『琴曲抄』のほか、高井蘭山《たかいらんざん》（一七六二～一八三八）による該書の注釈書である『撫箏雅譜《ぶそうがふ》大成抄《たいせいしょう》』（文化九年［一八一二］刊）をはじめ、『琴《こと》の組《くみ》』『峯《みね》の松風《まつかぜ》』『調箏自在《ちょうそうじざい》抄《しょう》』『琴曲《きんきょく》 洋峨集《ようがしゅう》』『箏曲《そうきょく》 新譜《しんぷ》』『琴曲指譜《きんきょくしふ》』『新選箏譜《しんせんそうふ》』『箏曲《そうきょく》 千重《ちえ》の一重《ひとえ》』といった書名が記される。

　挿絵は二カ所にあり、一つは見返しにあたる部分（ただし前表紙に貼りついていない）に刷られた「十三絃《げん》筑紫琴《つくしごと》之《の》図《ず》」【❸】で、これは『琴曲抄』にも描かれている【❹】。[*4] もう一つは序文の後に存する歌舞の様子を描いたもので【❺】、これと同様の構図は『琴曲抄』の《菜蕗》の挿絵に見られる【❻】。

　このように、先行する『琴曲抄』と該書には多くの共通点がある。一方、本文に対する校訂箇所のほか、曲の配列の変更と増補、それから《菜蕗》で見たような歌番号（㈠㈡㈢等）の付与、さらに『琴曲抄』にある注釈【❼】および曲ごとに付された挿絵が削除されるといった相違点も見られ、全体的に簡略に仕立てられている。

筑紫箏の伝承と『撫箏雅譜集』

　ここからは『撫箏雅譜集』の成立に至る過程を、その序文および先行する『琴曲抄』の序文によって垣間見る。[*5] 筑紫箏とは、端的に言えば室町時代末から江戸時代初期にかけて活躍した賢順《けんじゅん》らによって大成された、歌詞に箏の伴奏

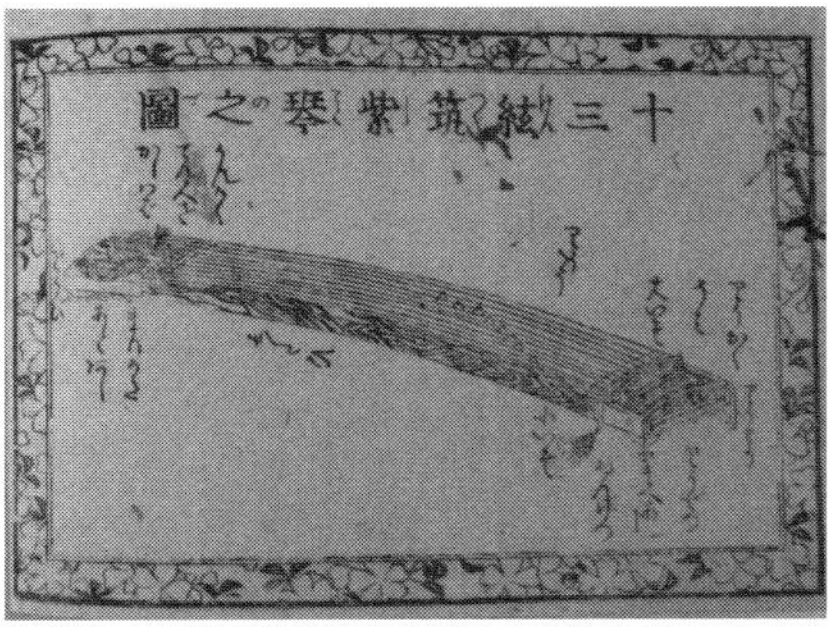

❸十三絃筑紫琴の図

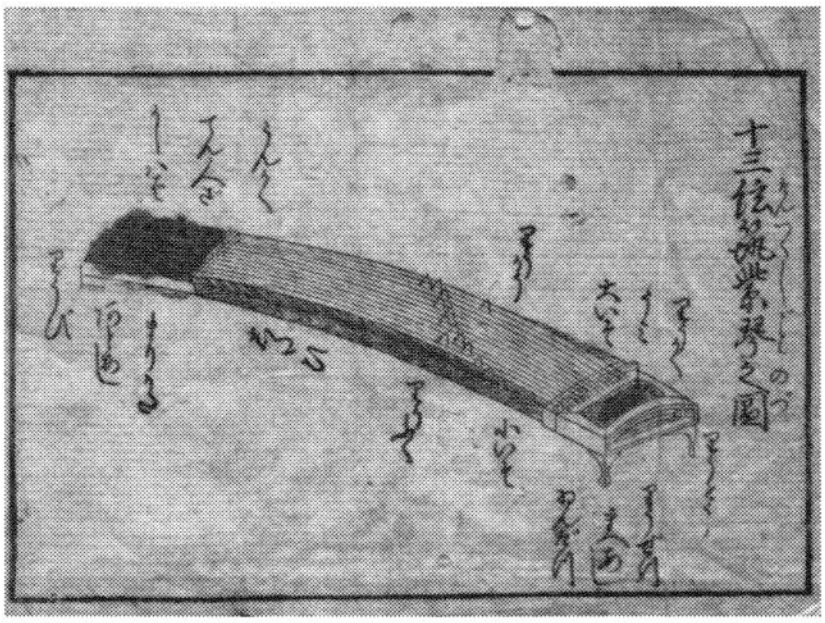

❹『琴曲抄』（国文学研究資料館蔵）

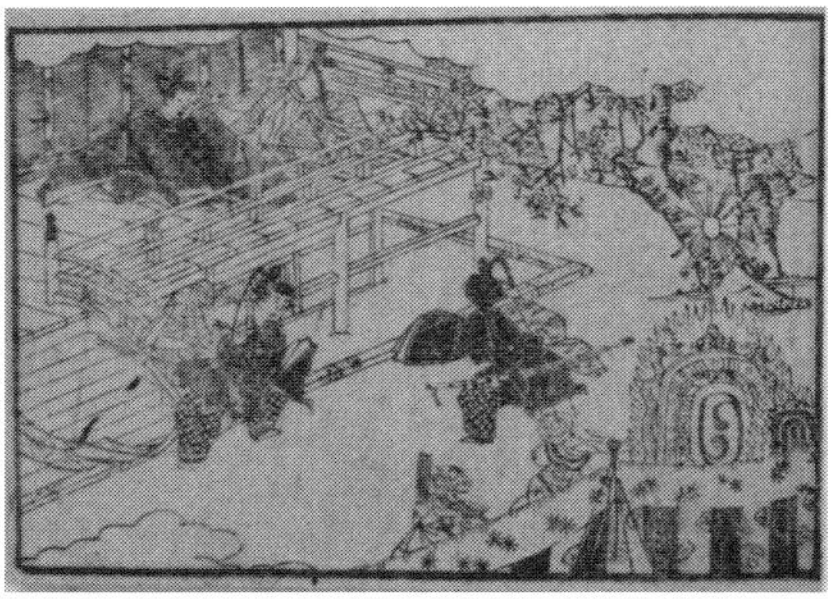

❺歌舞の図

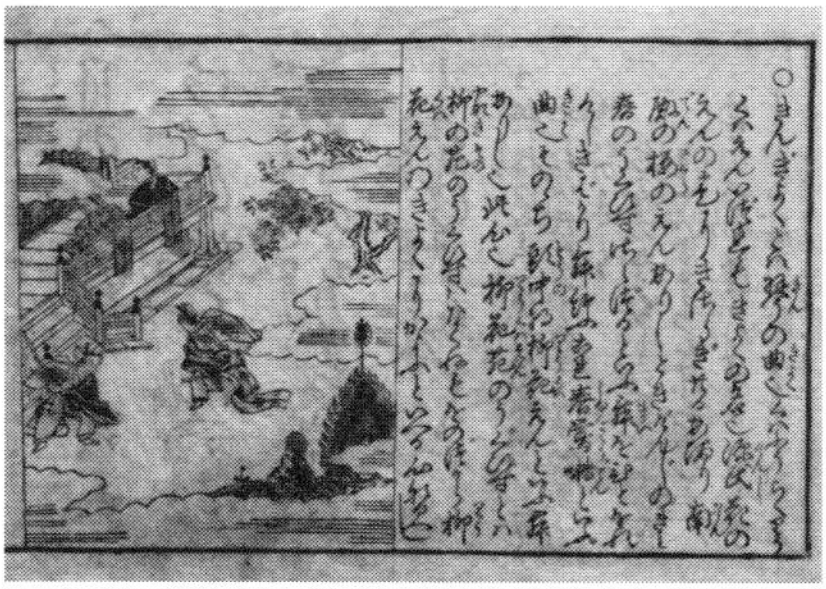

❻『琴曲抄』（国文学研究資料館蔵）

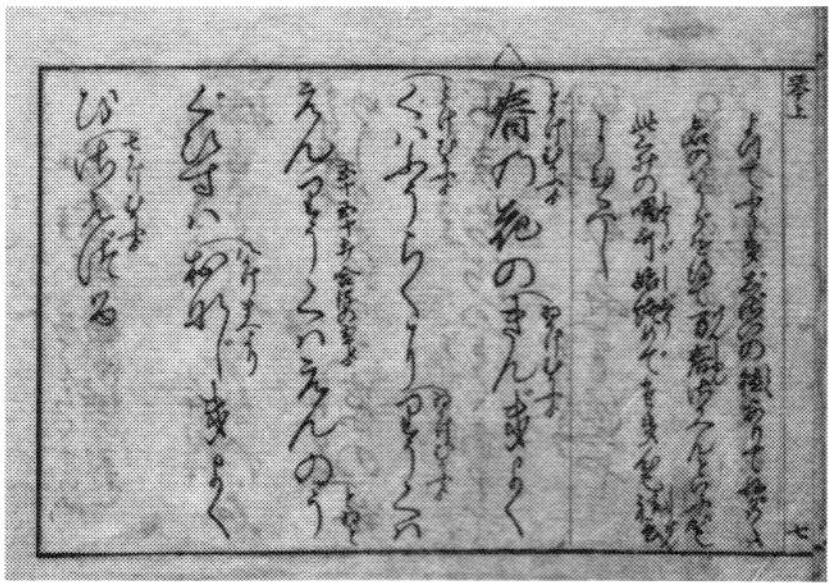

❼『琴曲抄』（国文学研究資料館蔵）

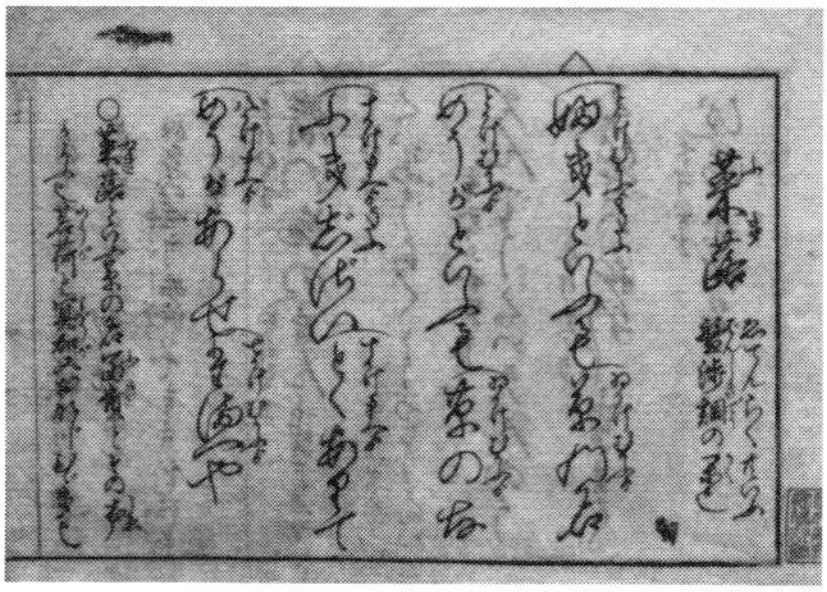

をつけたジャンルの曲を指し、またそこで用いられた楽器をも示す言葉である。

まず『撫箏雅譜集』の序文は、箏や、儒教において重視された礼楽（礼儀と音楽）に触れた次の一文から始まる。

　夫、箏のことは、瑟のたぐひにして楽器なり。楽は人を和するの用といへども、礼を以これを節せざれば和するのみにして終にみだるゝに及ぶならし。

従来、楽器の「こと」には「琴」「瑟」「箏」といった異なる漢字があてられ、それぞれに「きんのこと」「しつのこと」「そうのこと」と呼んで区別された。たとえば先行する『琴曲抄』の序文には「抑《そもく》琴《こと》には、箏《しょうのこと》《さう》あり、琴《きんのこと》あり。琴《きん》は七絃《げん》、長三尺六寸〈或三尺六寸六分〉、箏《しょう》《さう》は今世に用る十三絃《げん》のつくし琴《ごと》是也」とある。

そして、音楽には人の心を和らげる作用があるものの、礼によって節制しなければ乱れてしまうものであるとしながら、箏に対する楽器として、三味線に言及される。

　世に翫ぶ所の三味線は、其音色おかしとて、よく人を和するのうつはなれども、其音曲淫なる事をもつぱらとす。みだりにもてあそび、聞人あらば、心をとらかすのまどひ有べしや。

三味線は、今では日本を代表する楽器の一つとして認識されているが、江戸時代においては、諸芸において重宝された楽器ではあったものの、伝統的な箏に比して、淫らな音楽というように捉えられる場合もあった。たとえば該書と同時期に成立した『風流　準　仙人《ふうりゅうなぞらえせんにん》』（宝暦十年［一七六〇］序・刊）の「三味線」には「其音律無量《そのおんりつむりょう》にして婬声《いんせい》を発《はっ》し、人《ひと》の心《こゝろ》をうわきにする」[*6]とあるような具合である。こうした三味線に対して、箏については次のように記される。

箏《こと》は其調曲淫ならずして、よく心をやはらげ、目にみえぬ鬼神もあはれとめで侍りし事、いにしへよりあまたゝび。其ふる事は、曩に出たる『琴曲抄』の序にくはしくのすれば、今又のべんもくだ〳〵し。

このような「箏は其調曲淫ならずして、よく心をやはらげ」るという叙述は、たとえば『調箏自在抄』（天明三年［一七八三］刊）に「抑《そもく》琴は楽器《がくき》の最上《さいじやう》なれば、其音雅正《がせい》にして、上は神明に通じ、中は人心を和らげ、下は鳥獣非情を感《かん》ぜしむ」*7とあるのに共通する。

また、その響きには「目にみえぬ鬼神もあはれ」と思わせる力があるという。これは『古今和歌集』の仮名序にある和歌の力について言及された、「力をも入れずして、天地を動かし、目に見えぬ鬼神をもあはれと思はせ、男女の仲をも和らげ、猛き武士の心をも慰むるは歌なり」による。こうした記述は、先行する『琴曲抄』の序文に「往昔《そのかみ》、この操《あやど》りに堪《たへ》たる人は、雲《くも》井をひゞかし、星《ほし》をみだし、時ならぬ雪霜《ゆきしも》をふらせ、あつさたへがたき夏《なつ》の日も、さえわたる冬《ふゆ》の空《そら》にかへし、めに見えぬ鬼神《おにかみ》も耳《みゝ》おどろかし、哀《あはれ》をもよほすためし、数《かず》おほくなん」とあるのを用いたものだろう。

さて、右に引用した『撫箏雅譜集』の序文には、箏の来歴について「曩に出たる『琴曲抄』の序にくはしくのすれば」とあって省略されている。これより、その略された『琴曲抄』序文の該当箇所を見てみよう。

そのはじめをたづぬれば、唐《もろこし》伏儀《ふつき》氏《し》作《つくる》ともいひ、又は神農氏《しんのうし》より始《はじめ》て、此国《くに》につたへ来《きた》るともいへり。むかし天武《てんむ》のみかど、吉野《よしの》の滝《たき》のむろにおはしまして、夕ぐれに琴《こと》を弾《だん》ぜしめ給ふに、あやしき雲の中に神女あらはれて、袖《そで》をかへす事、五たび也。是五節《せつ》の始《はじめ》也。

まず箏の濫觴として「伏儀（羲）氏」と「神農氏」という中国における伝説的な帝王が挙げられる。そして日本への伝来と、宮廷で行われた「五節舞」の発祥にあたる天武天皇《てんむてんのう》（在位六七三〜六八六）の話が記される。

この後は、八橋検校《やつはしけんぎょう》（一六一四〜一六八五）に至るまでの筑紫箏の伝承と主要な人物に関するエピソードが続く。はじめに登場するのは宇多天皇（在位八八七〜八九七）の頃の石川色子《いしかわのいろこ》で、彼女が豊前国の彦山（英彦山）で唐人に秘曲を伝授された逸話が紹介される。

其後《そのゝち》、宇多御代《うだのみよ》に命婦《めうぶ》石川《いしかは》の色子《いろこ》といひし人、ゆへありて、つくしにくだり、豊前《ぶぜん》の彦山《ひこさん》にのぼりて、唐《たう》人にあひて、秘曲《ひきよく》を習《なら》ひ得て、宇多御門《うだのみかど》にさづけ奉るとなん。

石川色子について、たとえば『撫箏雅譜大成抄』には「寛平《くわんぺい》年中、筑紫《つくし》に下《くだ》り、豊前国彦山《ぶぜんのくにひこさん》において、唐人《とうじん》にあひ、箏曲《さうきよく》の秘伝《ひでん》こと〲く伝《つたへ》、かへりて帝《みかど》に授《さづけ》たてまつる。是を楽《がく》に用《もちひ》、管絃《くわんげん》の業《わざ》、世《よ》に弘《ひろま》れり。〈八十一代安徳帝寿永、八十二代後鳥羽院元暦〉の頃《ころ》専《もつぱ》らにして、夫《それ》より愈《いよ〱》盛《さかん》に行《おこなは》れけり。近世《きんせい》に至迄《いたるまで》、筑紫楽《つくしがく》といへるは是より伝《つたへ》たるなるべし」とある。これによれば寛平年間（八八九〜八九七）に、石川色子が現在の福岡県と大分県にまたがる彦山（英彦山）において、唐人による箏由の秘伝を受けたことから、筑紫箏の伝承が始まったことになる。その後の伝来については「詳《つまびら》かならず」としながら、「三百余年《よねん》の後《のち》、あるやんごとなき方《かた》の御手《おんて》に伝り在《あり》しが、筑紫遊歴《つくしゆうれき》の折から善《ぜん》導寺《だうじ》の住侶《ぢうりよ》、あつく所望《しよもう》し奉《たてまつり》て、其道《そのみち》を伝《つた》ふ」と記される。すなわち、石川色子による宇多天皇への秘曲の伝授から三百年余りを経て、「あるやんごとなき方」へと伝えられた箏は、筑紫の善導寺《ぜんどうじ》（福岡県久留米市）の僧へと伝承されることとなる。この件とその後について、『琴曲抄』の序文には次のようにある。

こゝに文治《ぶんじ》の比、あるやんごとなき人の御手に引つたへて秘《ひ》し給ひしを、此人つくしに趣《おもむき》たまへる時、筑後国《ちくごのくに》善導寺《ぜんだうじ》の住侶《ぢうりよ》、世にすき人にて、せちにこひて、此秘曲《ひきよく》をつたはり得て、肥前国《ひぜんのくに》の住《ぢう》人、賢順《けんじゆん》居士《こじ》といふ人に付《ふ》与《よ》せしむ。賢順《けんじゆん》、又同国《おなじくに》諫早住《いさはやのぢう》慶岩寺《けいがんじ》の僧玄恕《そうげんぢよ》にゆるしつたふとなん。

すなわち、文治年間（一一八五〜一一八九）に善導寺の僧に伝えられた箏は、およそ三五〇年後の後奈良天皇（在位一五二六〜一五五七年）の頃に、肥前国の賢順（本文の「賢順」の脇に「後奈良帝時也」と注あり）へと受け継がれ、次いで諫早《いさはや》の慶岩《けいがん》（巌）寺《じ》（長崎県諫早市）の玄恕《げんじょ》へと継承されたという。なお、この賢順によって筑紫箏曲は成立に導かれ、その弟子である玄恕の、そのまた弟子にあたる徳応《とくおう》（佐賀藩初代藩主・鍋島勝茂《かつしげ》の子）によって大成されたという。[*8]

この後、『琴曲抄』の序文では、都における賢順と箏に関するエピソードが展開される。

その比、賢順《けんじゆん》都《みやこ》に来りて、大内《うち》のあたりにさまよふ時に、いとたへなる琴《こと》の音《ね》聞《きこ》ゆる家《いへ》あり。あるじをとへば、大納言《なごん》藪殿《やぶどの》の家なめり。やゝひさしく立やすらふさまを、家の子あやしみ思ひて、大納言《なごん》殿にしかぐのよしを申せば、よび入給ふて、「おもふに居士《こじ》は琴《こと》をよくする人なるべし。唯《たゞ》一曲」とすゝめられて、これを弾《だん》ず。大納言《なごん》殿おどろき感興《かんけう》し給ふ余《あま》りに、みかどにも奏《そう》し奉り給ひしかば、いとめづらかなる事《こと》とて、大内《うち》にめして弾《だん》ぜしめ給ふに、聞《きく》人、耳《みゝ》を清《きよ》くし、感《かん》じ給ふ事限《かぎ》りなし。

要点をまとめると、上京した賢順は大納言藪殿の邸にて琴を奏したことをきっかけにして、帝の前で演奏する機会を得、それが高く評価されたという。[*9] この後には賢順の帰国と、彼の代わりに推挙された門弟の法水《ほっすい》の上京について語られる。だが、法水はそこで挫折を味わうこととなる。

かくて賢順《けんじゅん》、もとの国にかへらんとするに、大納言殿のたまふは、「居士門弟《こじもんてい》の中に、さる人あらば必《かならず》都に来《きた》すべし」との給ひ、契《ちぎ》りてわかれぬ。月比へて、約束《やくそく》のごとく僧法水《そうほっすい》といふものをつかはす。こゝろみ給ふに、なぞらふべくもなく、をとりたる手つきなれば、人々心づきなく思ひ給へるを、法水《ほっすい》いみじう恥《はぢ》おもひて、都を遁《にげ》さり、むさしの国にいたり、還俗《げんぞく》して柏屋《かしはや》と号《がう》し、琴糸《きんし》をあきなふとなん。

都から武蔵国へと下った法水は「柏屋」と名乗って琴糸の商いを行ったようだが、その柏屋に師事したのが八橋検校であった。そして、後に『琴曲抄』に収載される十三曲（十三組）の成立について言及される。

爰《こゝ》に八橋検校《はしけんげう》、たまく法水《ほっすい》に逢《あふ》て、つくし琴《ごと》を習《なら》ふ。かくて亦《また》、肥前国《ひぜんのくに》にあそびて、玄恕《げんぢょ》に随身《ずいじん》し、妙曲《めうきょく》を伝《つたへ》て、国手無双《こくしゅぶそう》也。八橋氏《はしうぢ》おもへらく、「かのつくし楽《がく》は、其声最《そのこゑもっとも》雅《が》にして、俗耳《ぞくじ》に遠《とを》し」と。終《つい》に是に淫声《ゐんせい》をくはへて、新《あらた》に十三曲《きょく》を出す。十三組《くみ》といふ是也。

この一三曲（《菜蕗》《梅が枝》《心尽》《天下太平》《薄雪》《雪朝》《雲上》《薄衣》《桐壺》《須磨》《四季曲并序》《扇曲》《雲井曲》）に、新曲の《はしひめ》と《あかし》を加えて、歌い出しに関する傍書と、詞章への注釈を付して成立したのが『琴曲抄』である。

ここでまた『撫箏雅譜集』の序文に戻るが、そこには校訂者である安村検校と、該書の出版に至る経緯が記される。

こゝに安村検校某、皇都永昌坊の辺に住居して、此道にあやしく妙也。とをつ国の境よりも此道に心をよする輩、其名をしたひ、遥の波路をしのぎ、此門に遊ばん事をねがふ。

ここから安村検校が京都の永昌坊近辺に居住したことと、箏に熟練したこと、そしてその名聞を耳にした人々がこぞって教えを請う様子がうかがえる。その後は、彼が秘蔵していた『琴曲抄』の校訂本を、門弟らが上梓するまでの過程に触れられ、該書の序文は結ばれる。

かの『琴曲抄』に裏・表・新曲等の譜節備り侍るといへども、なを今やこの検校の道の堪なるにまかせて、年頃此組の勝劣を極め、心に叶はざる所を正して、ひめをかれしを、門人つどひて梓にちりばめ、世にながうせん事をせちにこへば、いなびがたく書林某にあたふとなん。しかあれば「撫箏雅譜集」と題し、余に序せん事をしきりにこふ。しゐていなびがたく、つたなき筆をそむる物ならし。

宝暦五いの春

新豊亭主人

以上、石川色子より続く筑紫箏の伝承と、それを受け継いだ八橋検校による十三曲を含む十五曲を載せた『琴曲抄』が著され、これをもとに安村検校による校訂を経て『撫箏雅譜集』が成立するまでの過程を概観してきた。最後に該書の諸版について紹介し、その流行の様相を垣間見たい。

『撫箏雅譜集』の流行と諸版

谷垣内和子氏によれば、『撫箏雅譜集』は「後代に至るまで最も流布した組歌本の一つであり、各流派でさまざまな改版も行われ、その補遺を目的とした類書も数多い」という。[*10] 小城鍋島文庫本に刊記はないが、次に示す架蔵本Aのような刊記を有するものも存する。

宝暦四年甲戌五月
文化六年己巳七月再板
天保五年甲午八月三刻
江戸書林　須原屋茂兵衛
　　　　　出雲寺文次郎
皇都書林　大谷仁兵衛
　　　　　勝村治右衛門

前節で引用したように、『撫箏雅譜集』の序文には宝暦五年（一七五五）の年記があるものの、右の刊記にもあるように、その初版は前年の宝暦四年に刊行されたことになっている。[*11] 次いで文化六年（一八〇九）には再版がなされ、[*12] そして天保五年（一八三四）に三刻が刊行された。このように繰り返し刊行されていることから、該書の需要の高さをうかがうことができる。

さらに、右に挙げた架蔵本Aには、刊記に次いで琴曲に関する書目（半丁）が付されるが、これは図版の❷に挙げ

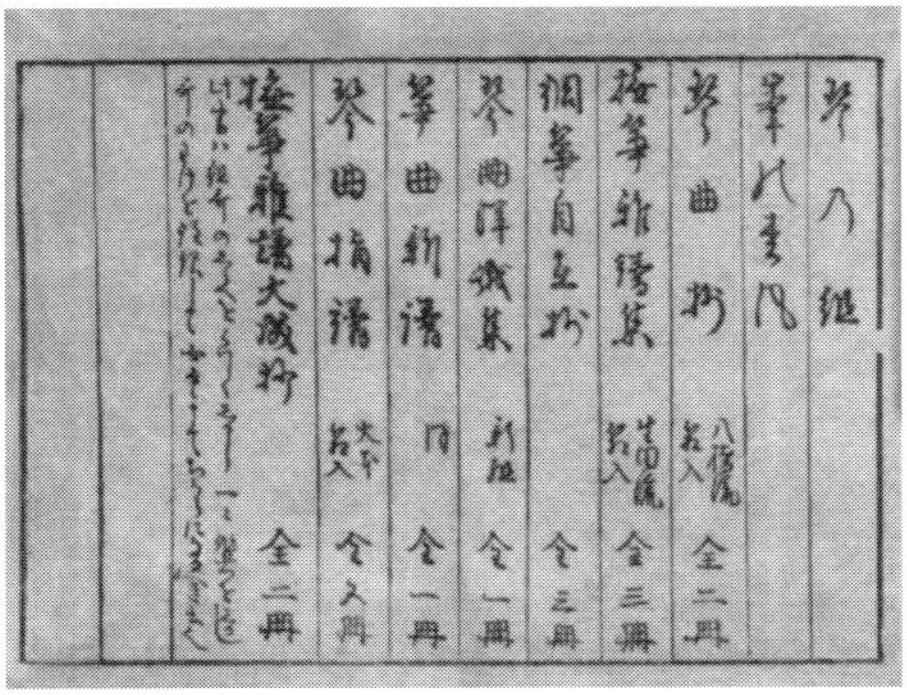

❽文化六年版の書目録（東京藝術大学附属図書館蔵）

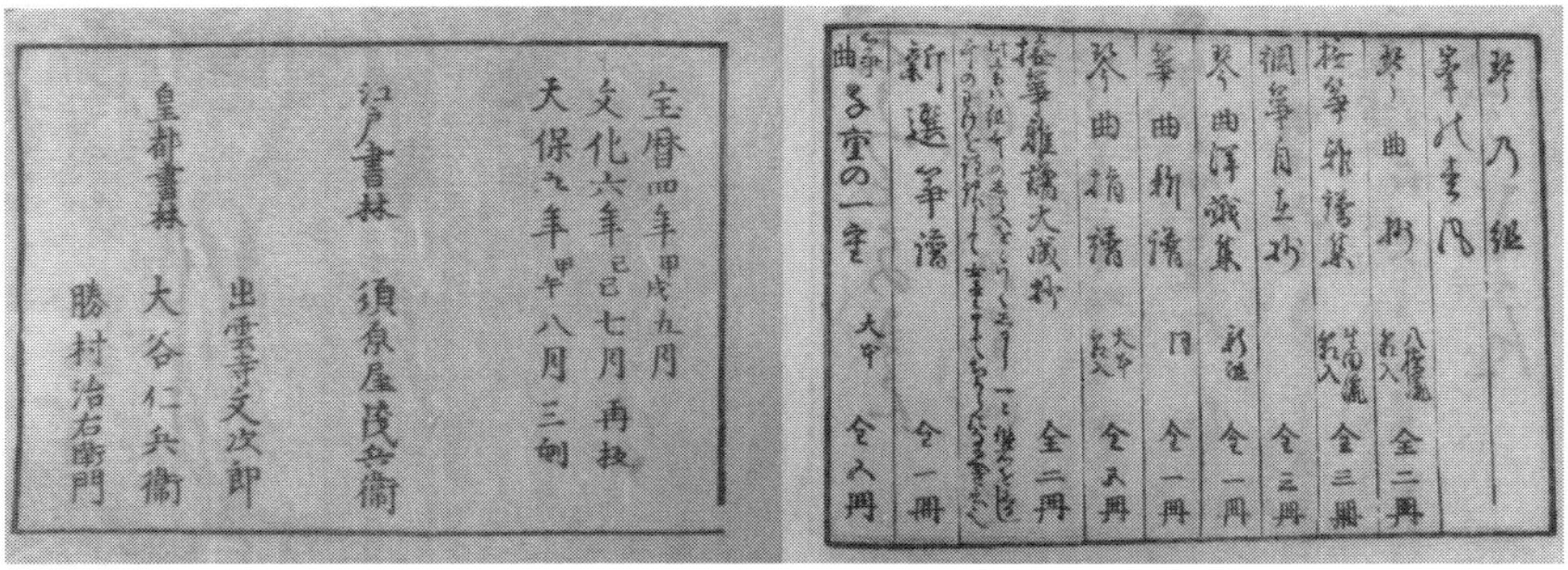

❾天保五年版の刊記（架蔵本 A）

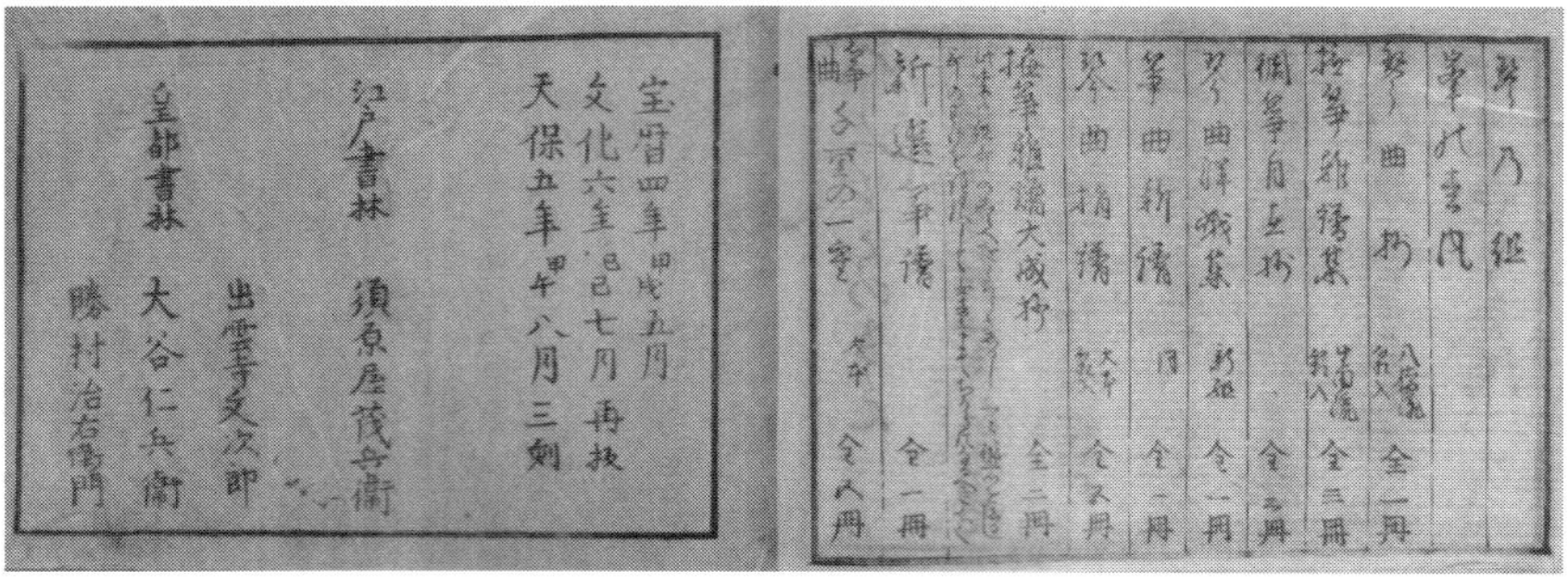

❿天保五年版の刊記（架蔵本 B）

た小城鍋島文庫本とも共通している。なお、文化六年刊の東京藝術大学附属図書館本にも同様の書目（半丁）が存するが、こちらは最後の二行が空欄となっている【❽】。そして小城鍋島文庫本には、この空欄に『新選箏譜』と『箏曲千重の一重』の書名が記されていた。前者は文政七年（一八二四）に、後者は天保四年（一八三三）に刊行されていることから、[*13] 小城鍋島文庫本は文化六年の再版の後、三刻として作製された版木で刷られたものと推定できる。

また、筆者の調査によれば、先に示した架蔵本Aと同じ内容の刊記【❾】をもちながら、別版である架蔵本Bも存する【❿】。この二種の本と小城鍋島文庫本とを比較すると、たとえば図版の⓫（上巻の九丁表）に挙げたように匡郭

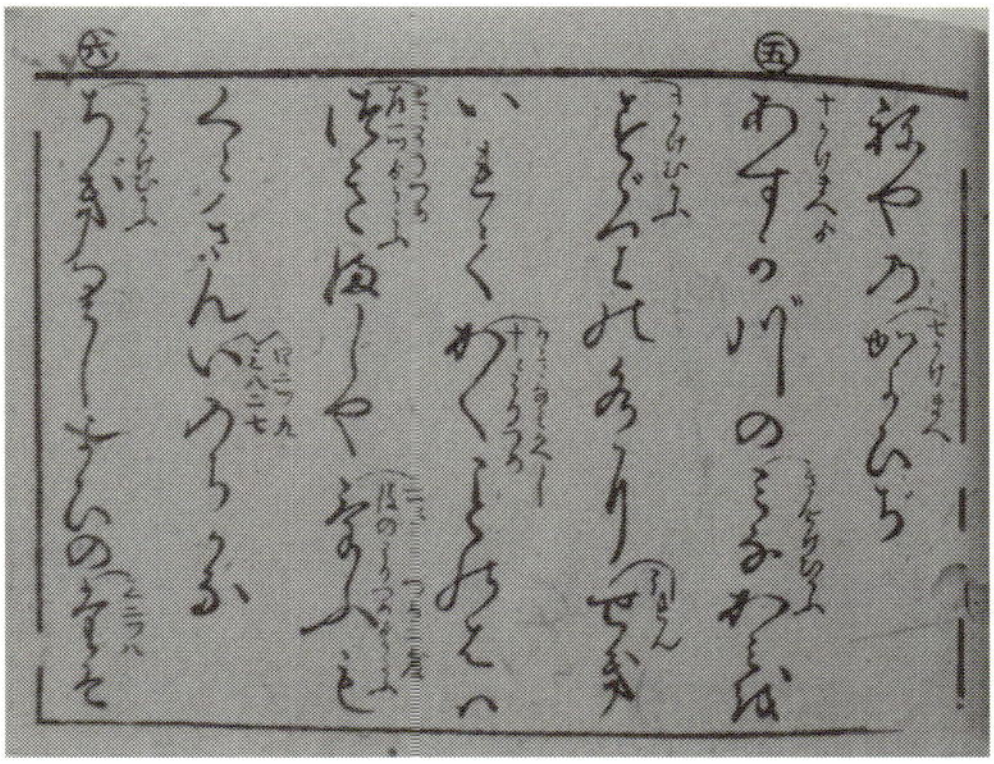
⓫-① 小城鍋島文庫本

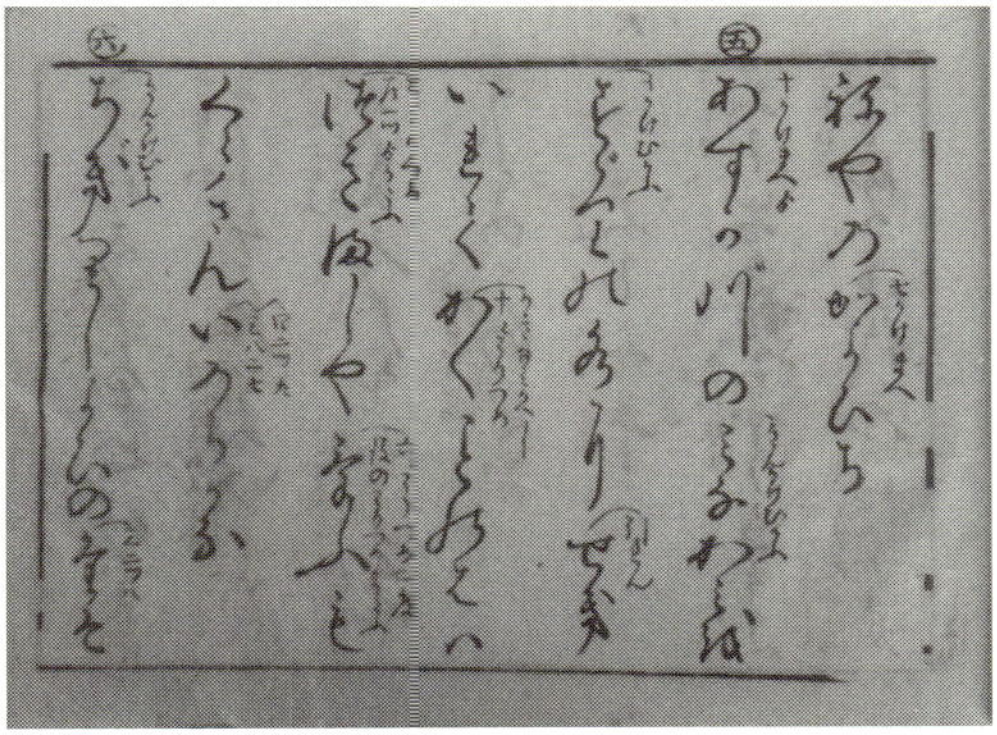
⓫-② 架蔵本 A

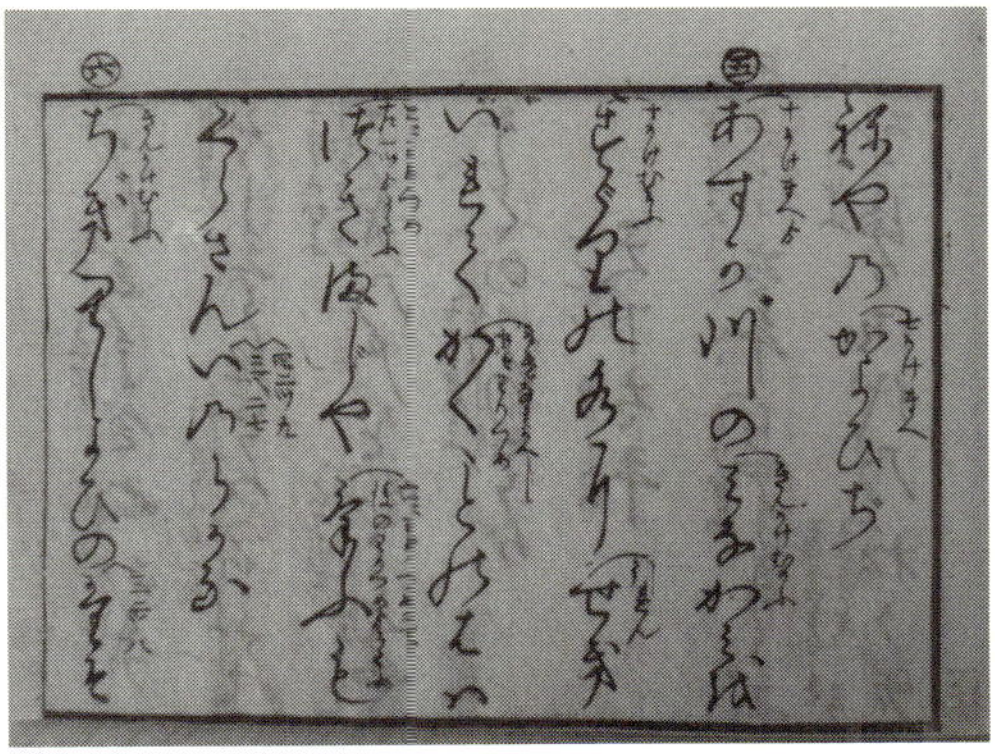
⓫-③ 架蔵本 B

の欠損や最終行の「ちぎりしよひ」の「ひ」の字形の違い等から、小城鍋島文庫本は架蔵本Aと同版で、また小城鍋島文庫本の方が早い刷りであることがわかる。なお、ここでは便宜上、架蔵本Aと架蔵本Bとして紹介したが、その先後関係については、より詳しい調査と検討が必要になる。

先述したように、小城鍋島文庫本には、小城鍋島藩に由来する蔵書印はなく、天保五年以降、どのようにして当文庫に収まったのかを知ることはできない。だが該書の成立や、肥前と筑紫箏の関係を垣間見てみると、その文化的な土壌のうえで収集されたと考えることもできよう。[*14]

ちなみに、この天保五年以降、『撫箏雅譜集』には、たとえば嘉永四年(一八五一)の豊山による「はしがき」を有する『校正撫箏雅譜集』(刊記なし、升屋勘兵衛刊)や、嘉永六年刊の『増訂撫箏雅譜集』(明治十六年[一八八三]再版、重元平八刊)、それから明治十七年版(永楽屋東四郎刊)、そして明治二十九年刊の『増補撫箏雅譜集』(片野東四郎・小林楽器店刊)、さらに明治三十九年版(須原屋書店刊)といった増訂が加えられた諸版が存し、少なくとも明治四十三年(須原屋書店刊)に至るまで横本の体裁で幾度も刷られた。[*15] その息の長さと種類の豊富さからも、該書に対する需要の高さがうかがえる。まさしく箏曲本のベストセラーといえよう。

注

1 刊記による。ただし序文の年記は元禄八年。本章では国文学研究資料館の碧洋臼田甚五郎文庫本(29-24-1~2、宝暦十三年[一七六三]再版)を用いる(「国書データベース」参照)。

2 本章で引用する『撫箏雅譜集』の本文と図は、佐賀大学附属図書館小城鍋島文庫本による。なお読みやすさの便を考慮し、ここでは傍訓として漢字を付した。また本文の脇に小書きされた演奏に関する記述は再現していない。以下、本章では資料の引用に際して適宜通行の字体に改め、濁点・句読点・記号等を付した箇所がある。

3 源俊頼と藤原仲実の歌の引用は『撫箏雅譜大成抄』(日本歌謡研究資料集成第六巻、勉誠社、一九七八年)による。以下、本章で『撫箏雅譜大成抄』を引用する場合は該書を用いた。

5 筑紫箏の伝承や、これに関係する人物については宮崎まゆみ氏の『筑紫箏音楽史の研究』（同成社、二〇〇三年）や『箏と箏曲を知る事典』（東京堂出版、二〇〇九年初版、二〇一二年再版）に詳しい。なお伝承に関しては諸説が存する。本章ではあくまでその一部の紹介ということになる。

6 ❹・❻・❼とも注1の『琴曲抄』の画像を改変（「国書データベース」より）。

7 九州大学附属図書館の雅俗文庫本（貴）雅俗/56絵画b/アウ）による（九州大学附属図書館ウェブサイト参照）。

8 東京都立中央図書館の加賀文庫本（768/WM/5）による（「国書データベース」参照）。

9 宮崎まゆみ『箏と箏曲を知る事典』第一部第2章「筑紫箏曲」による。

10 大納言藪殿に演奏を披露した人物には異説がある。たとえば『撫箏雅譜大成抄』の「筑紫箏伝来」には、玄恕のこととある。

11 谷垣内和子執筆「撫箏雅譜集」項（岸辺成雄博士古稀記念出版委員会編『日本古典音楽文献解題』、講談社、一九八七年）。

12 江戸東京博物館本（89200106～89200108）がこれに該当する（「国書データベース」参照）。該書の刊記は次のとおり。

宝暦四年甲戌五月
永田調兵衛
吉田善五郎
書林　中村次郎兵衛
藤澤三郎兵衛
日野屋六兵衛

13 東京藝術大学附属図書館本（W768.128-Y-1）がこれに該当する（「国書データベース」参照）。該書の刊記は次のとおり。

宝暦四甲戌五月
文化六己巳七月再板
江戸書林　須原屋茂兵衛
出雲寺文次郎
皇都書林　中川藤四郎
勝村治右衛門

谷垣内和子執筆「新選箏譜」項、および久保田敏子執筆「千重之一重」項（『日本古典音楽文献解題』）による。

14　小城鍋島藩の本藩である佐賀藩における箏の伝承について、宮崎まゆみ氏によれば、「徳応のころから伝承は佐賀藩内に限られるようになり、藩主夫人や藩士のあいだで、儒教精神を背景にもつ、一種の精神修行としておこなわれた」という（宮崎まゆみ執筆「筑紫箏」項、古川英史監修『邦楽百科辞典』、音楽之友社、一九八四年）。

15　嘉永四年版以降架蔵本による。これらの諸版については注10に挙げた谷垣内稿を参照されたい。

18 将軍家の個人情報
一枚刷「宗廟法諱略」

白石良夫

百部限定で刷られた一枚の資料。図書館資料としては保存されにくいものゆえ、ほかに伝存することを知らない。全文を翻刻紹介する。こんにちの感覚でも公開をはばかるような内容である。このような刷り物がなぜ作られたのか。

限定百部の本（本といっていいかどうか）

函架番号 o1-11。一枚。袋入りで、袋の表に「宗廟法諱略《そうびょうほういりゃく》」とある。歴代将軍とその妻妾たちの法諱・系譜・没年月日（命日）・墓所を記した、携帯用の簡便な一覧表である【❶・❷】。将軍は浚明院《しゅんみょういん》（十代家治《いえはる》）を最後とする。いちばん新しい年記が慈徳院《じとくいん》（一橋治済《はるさだ》内室）没の文化十四年（一八一七）五月八日なので、この年の後半から十一代家斉《いえなり》が没する天保十二年（一八四一）のあいだの刊行であろう。末尾に、

限百枚絶板禁売買

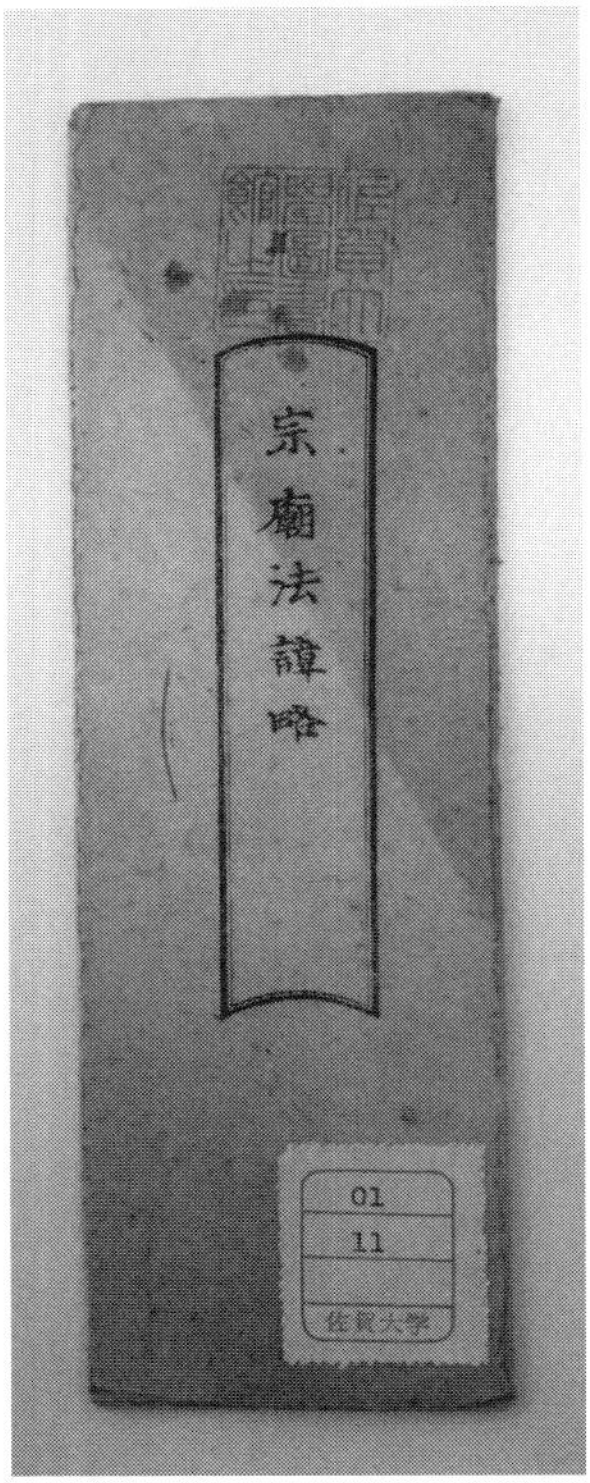

❶小城鍋島文庫に残る袋

と印刷される。百部限定の非売品として厳しく管理されていたことがうかがえるのだが、いわば将軍家の個人情報であるから、当然といえば当然である。本来、こんなものは出版できない。御当代（徳川政権下）のことは、公刊物に実名で出せないのである。

では、なぜこんなものが印刷出版されたのか。そこには、それを必要とする人たちがおり、それに向けて幕府の許可のもとに頒布《はんぷ》されていたと考えられ、厳しく統制されるのである。

宗廟法諱略翻刻

東照宮　御治世十四年、春秋七十五　駿州久能山
元和二丙辰四月十七日　日光大楽院
上野寒松院

芝安立院
台徳院殿　太政大臣秀忠公、御治世十九年、春秋五十四　芝□眼院
寛永九壬申正月廿四日　□松院
大猷院殿　左大臣家光公、御治世二十八年、春秋四十八　日光龍光院
慶安四年辛卯四月廿日　上野東漸院
厳有院殿　右大臣家綱公、御治世二十九年、春秋四十
延宝六庚申五月八日　上野津梁院
常憲院殿　右大臣綱吉公、御治世二十九年、春秋六十四
宝永六己丑正月十日　上野大慈院
文照院殿　内大臣家宣公、御治世四年、春秋五十一
正徳二壬申十月十四日　芝真乗院
有章院殿　内大臣家継公、御治世三年、春秋八
正徳六丙申四月三十日　芝瑞蓮院
有徳院殿　右大臣吉宗公、御治世二十九年、春秋六十八
寛延四辛未六月廿日　上野大慈院
惇信院殿　右大臣家重公、御治世十五年、春秋五十一
宝暦十一辛巳六月十二日　芝瑞蓮院
浚明院殿　右大臣家治公、御治世二十七年、春秋五十
天明六丙午九月八日　上野津梁院

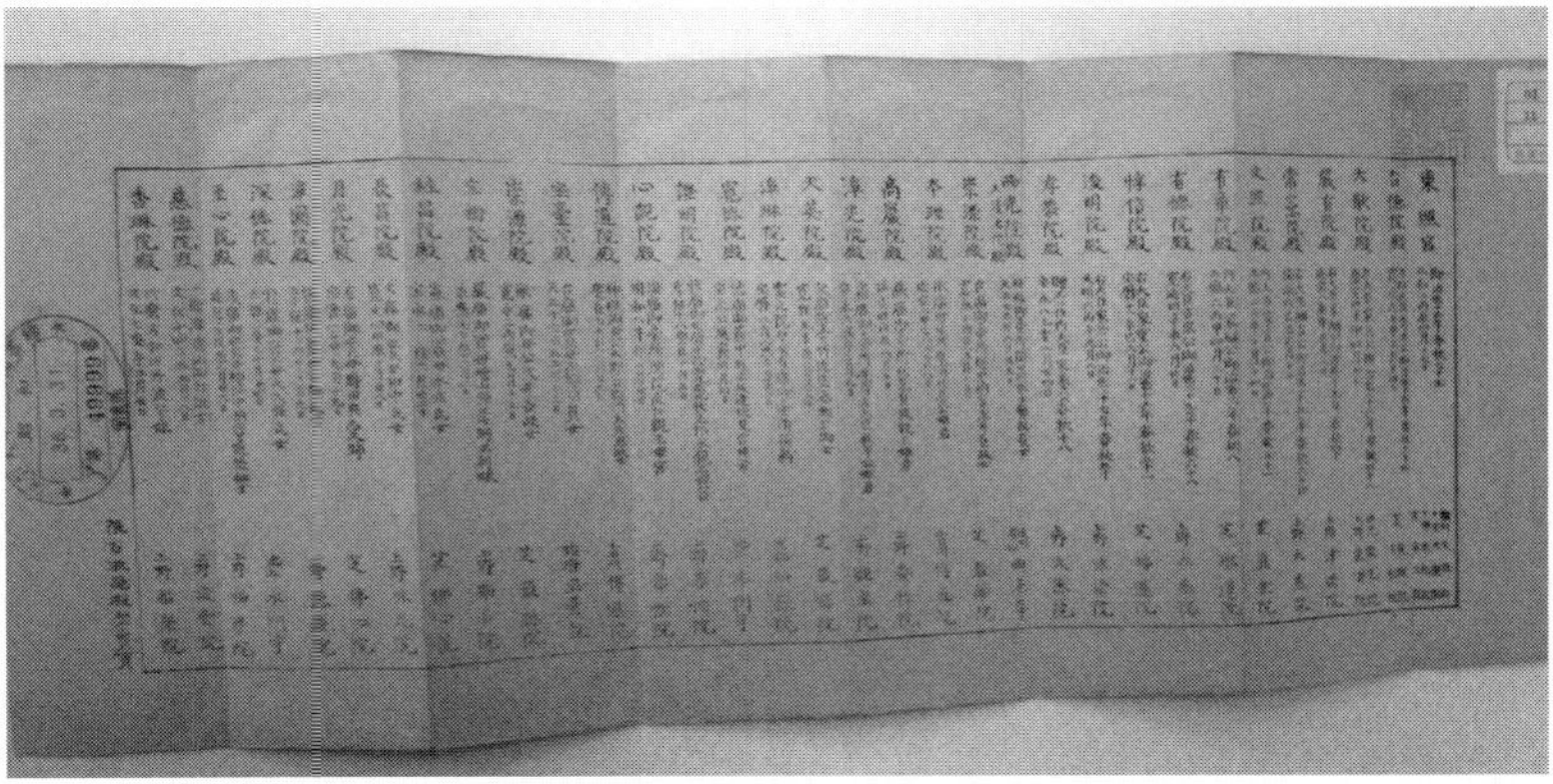

❷小城鍋島文庫蔵「宗廟法諱略」（全）

孝恭院殿　贈正二位内大臣家基公、春秋十八
安永八乙亥二月廿四日　上野大慈院

西光院殿　神祖御台所、関口刑部少輔親長女

又清池院殿　天正七己卯八月廿九日　遠州浜松西来寺

崇源院殿　台廟御台所、贈中納言浅井長政女
寛永三丙寅九月十五日　芝最勝院

本理院殿　猷廟御台所、鷹司信房公姫君
延宝二甲寅六月八日　小石川伝通院

高巌院殿　厳廟御台所、伏見貞致親王姫君
延宝四丙辰八月五日　上野春性院

浄光院殿　憲廟御台所、鷹司左大臣教平公姫君
宝永六戊午二月九日　上野観成院

天英院殿　文廟御台所、近衛基熙公御女
寛保元辛酉二月廿八日　芝最勝院

浄琳院殿　霊元院皇女、有廟御台所、□約
宝暦八戊寅九月廿二日　京都知恩院

寛徳院殿　徳廟御簾中於赤坂逝、伏見宮姫君
宝永七庚寅六月四日　池上本門寺

証明院殿　惇廟御簾中於西丸薨、伏見邦永親王姫宮

享保十八癸丑十月三日　上野春性院

心観院殿　浚廟御台所、閑院直仁親王姫宮　明和八辛卯八月廿日　上野春性院

伝通院殿　神祖御母公、水野右衛門大夫忠政女　慶長七壬寅八月廿九日　小石川伝通院

宝台院殿　台廟御実母、西郷清員女　天正十七己丑五月十九日　駿府宝台院

崇源院殿　猷廟御母公、浅井長政女　寛永三丙寅九月十五日　芝最勝院

宝樹院殿　厳廟御実母、増山弾正少弼正利妹　承応元壬辰正月二日　上野勧善院

桂昌院殿　憲廟御実母、本庄氏女　宝永二乙酉六月廿二日　芝仏心院

長昌院殿　文廟御実母、田中氏女　寛文四甲辰二月廿八日　上野林光院

月光院殿　有廟御実母、勝田典愛姉　宝暦二壬申九月十九日　芝仏心院

浄円院殿　徳廟御実母、巨勢氏女　享保十一丙午六月九日　上野徳聚院

深徳院殿　惇廟御実母、大久保氏女
正徳三癸巳十月廿四日　池上本門寺
至心院殿　浚廟御実母、梅渓中納言通条卿女
延享五戊辰二月廿六日　上野福聚院
慈徳院殿　一橋治済卿御内証方
文化十四丁丑五月八日　上野凌雲院
香琳院殿　於楽方、押田丹波守妹
文化七庚午五月廿日　上野福聚院

留守居役人の必需品

こういった資料を必要とするのは誰かといえば、それは、大名家の江戸藩邸である。具体的には、そこに詰める、「江戸留守居」という職にある役人である。

徳川時代、大名家（藩）は幕府との儀礼上の交際に大変な気をつかった。慣例と体面を重視する対幕府との儀礼や交際において、各大名家は他藩におくれをとらず、かといって出過ぎた行動をとることも控えなければならなかった。幕府との親疎だけでなく、家柄や家格にふさわしい、すべて横並びであることが要求された。

その実務に携わるのが、諸大名家の江戸留守居役である。かれらはこの手の資料を懐中して、わが藩のために江戸の町を駆け巡っていた。

たとえば、幕末に佐倉藩江戸留守居役をつとめた依田学海《よだがっかい》の日記に、つぎのようにある。

有章大君の御祢月の御忌ならば、君公より献上の御物を携へて増上寺の瑞蓮院に至る。野村氏をはじめにて当局の人を召て一酌す。（慶応三年四月二十九日）

七代将軍家継《いえつぐ》の命日の前日である。藩主からの供物《くもつ》を届けるため、芝増上寺に出掛けた。野村氏は学海と相役の先輩留守居。当局の人とは、そこにいた顔見知りの幕臣。佐倉藩のために便宜をはかってくれる人物で、日ごろの厚誼《こうぎ》を謝して接待したのである。

19 松岡玄達と晩年の弟子（一）

『中臣祓風水草』

中尾友香梨

『中臣《なかとみの》祓《はらえ》風水草《ふうすいそう》』は『中臣祓』（大祓詞）の注釈書。垂加《すいか》神道の奥義の書とされる。当文庫蔵の該書には、正親町公通《おおぎまちきんみち》、玉木葦斎《たまきいさい》の元奥書《もとおくがき》、松岡玄達《まつおかげんたつ》の直筆奥書が備わる。玄達の最晩年の弟子、下川士行《しもかわしこう》に授けられたものである。【書誌情報】写本、大本、三巻八冊。函架番号o1-02【❶】。

『中臣祓風水草』

略して『風水草《ふうすいそう》』とも称する。毎年六月と十二月の晦日に朝廷で行われる公儀の大祓は、古くから中臣氏が祭事をつかさどり、大祓の詞を読むことになっていたので、大祓の行事および大祓の詞を『中臣《なかとみの》祓《はらえ》』という。

『風水草』の具体的な成立年は未詳であるが、山崎闇斎《やまざきあんさい》（一六一九

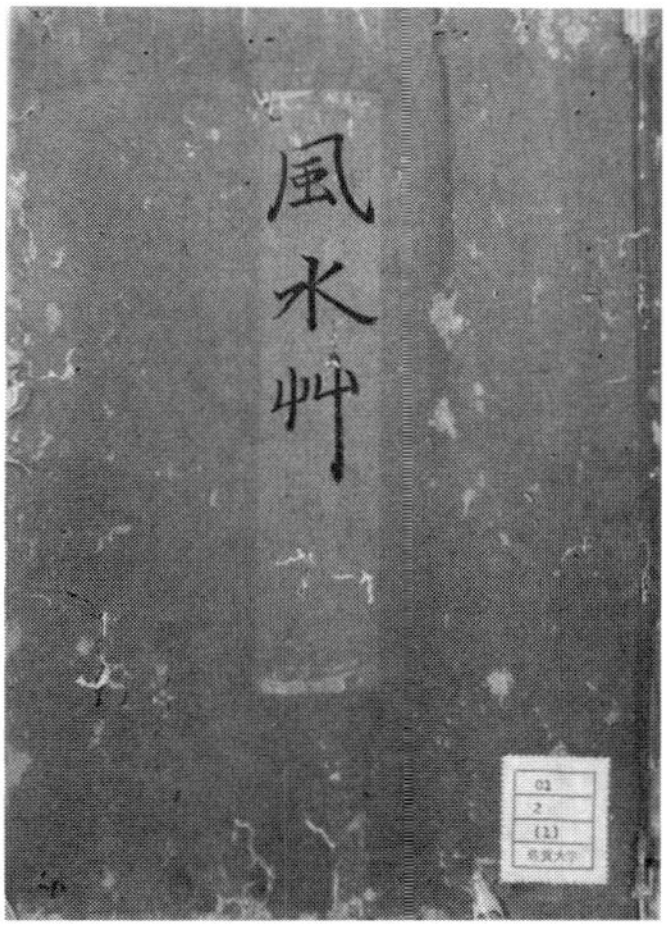

❶『中臣祓風水草』

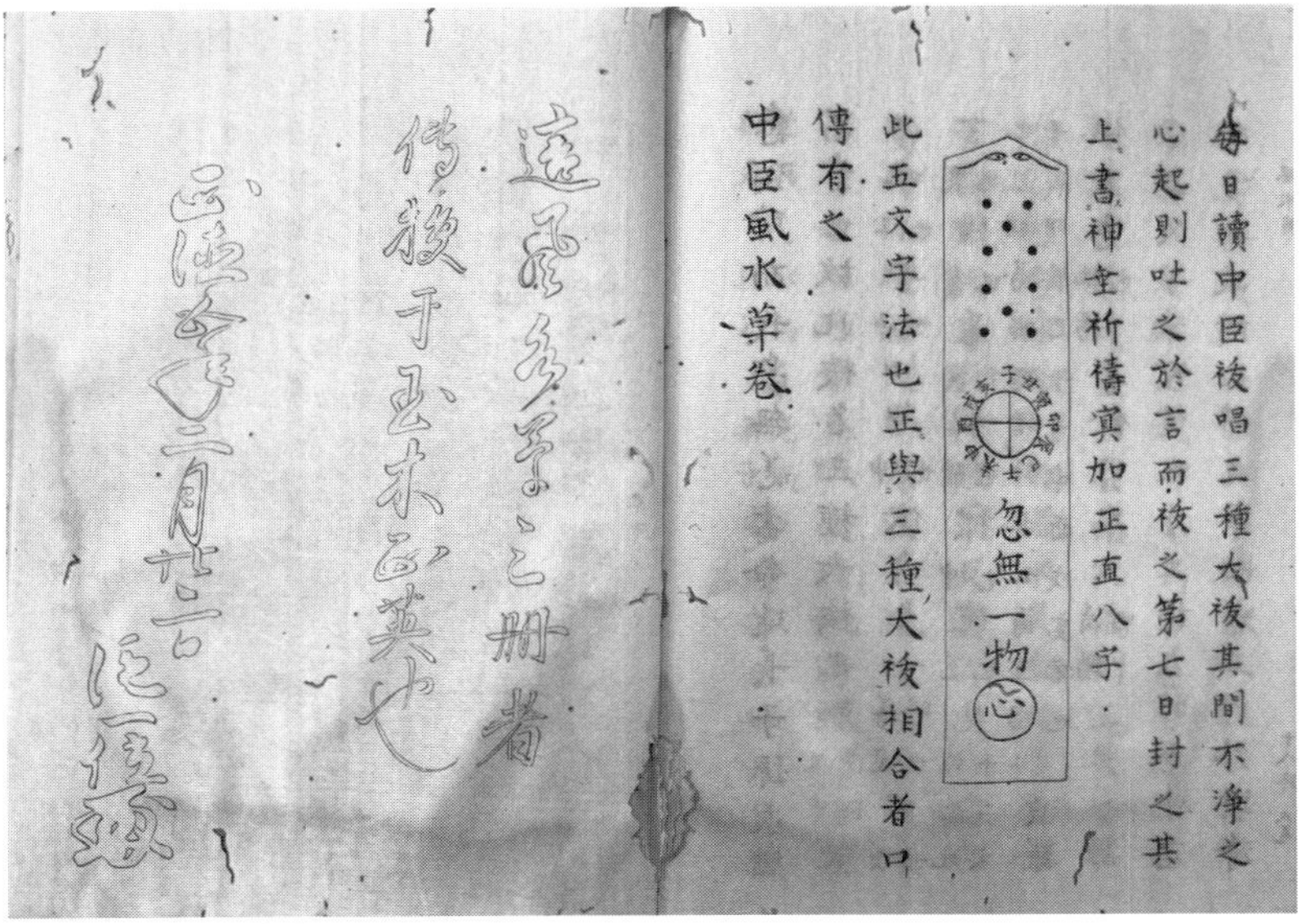

❷正親町公通の元奥書

〜一六八二）晩年の作とされる。闇斎から『風水草』を授けられた人物は、正親町公通《おおぎまちきんみち》（一六五三〜一七三三）と出雲路信直《いずもじのぶなお》（一六五〇〜一七〇三）のみである。以降、『風水草』は垂加神道の奥義の書として、師から弟子へ伝授された。

正親町公通の元奥書

第八冊末尾に正親町公通の元奥書《もとおくがき》が透写されている【❷】。

這《こ》の風水草三冊は、玉木正英《たまきまさひで》に伝授するものなり。（原漢文）

正徳五年二月廿二日

従一位（花押）

玉木正英《たまきまさひで》に『風水草』を伝授したことを記す。正徳五年は一七一五年。公通は藤原氏。白玉翁・守初斎《しゅしょさい》・風水軒などと号した。参議、中納言、武家伝奏などを経て、元禄八年（一六九五）に権大納言となり、正徳二年（一七一二）に従一位に叙せられた。古典や有職故実に通じた。延宝八年（一六八〇）に山崎闇斎に入門して垂加神道を学び、二年後、闇斎が没すると一門の中心となった。『風水草』から三種神宝、神籬磐境《ひもろぎいわさか》の伝に関するものを抜いて『持授抄《じじゅしょう》』を編み、また『風水草』に引用された『旧事本紀玄義《くじほんぎげんぎ》』の文を取り出して『自従抄《じじゅうしょう》』と名づけた。いずれも垂加派の秘伝書として重んじられた。

玉木正英（一六七〇～一七三六）は、葦斎《いさい》・潮翁《しおのおきな》・五十鰭翁《いひれのおきな》などと号した。京都梅宮大社の神職薄田以貞《すすきだこれただ》（橘諸兄《たちばなのもろえ》の後裔とされる）より、橘家伝来の神道説を受け、橘家神道を整備して普及させた。また、出雲路信直と正親町公通について垂加神道を修め、その道統の継承者となった。

玉木正英の元奥書

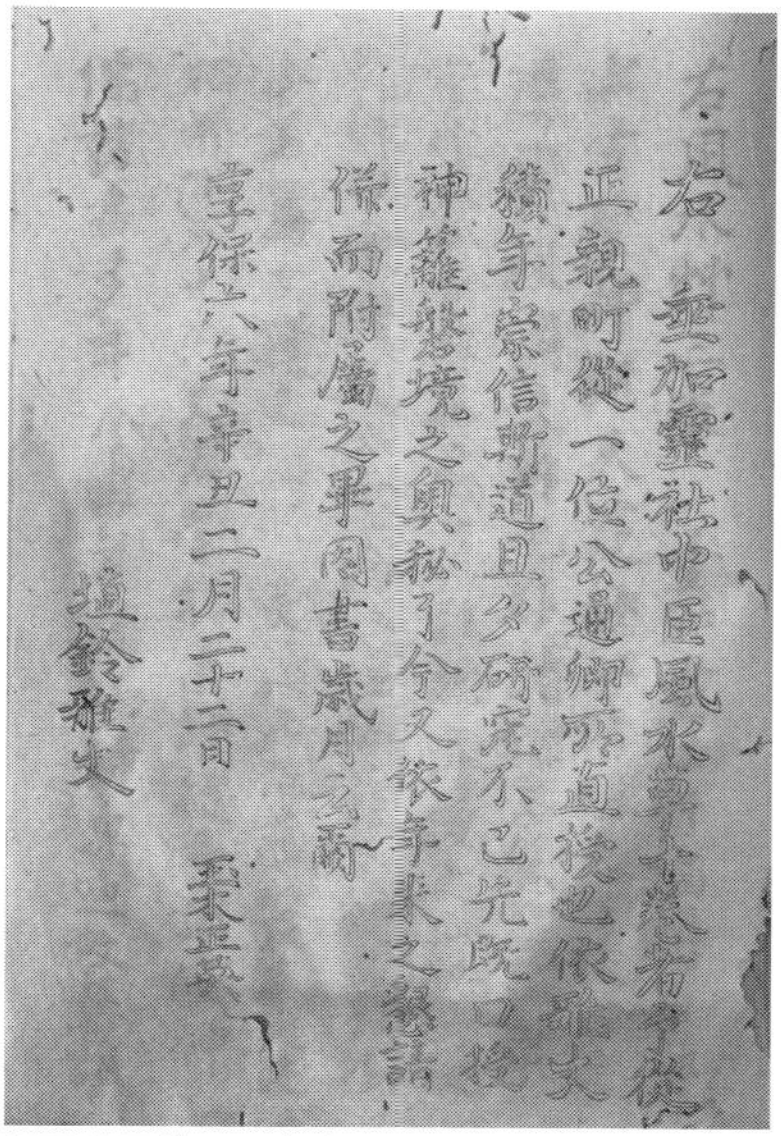

❸玉木正英の元奥書

正親町公通の元奥書の後には、玉木正英による元奥書も透写されている【❸】。

右、垂加霊社の『中臣風水草』十巻は、予の正親町従一位公通卿より直《じき》に授けられし所なり。雅丈《がじょう》の積年斯《し》道《どう》を崇信し、旦夕研究して已《や》まざるに依り、先に既に神籬磐境の奥秘を口授し了《おわ》りぬ。今又《ま》た年来の懇請に依《よ》り、併《あわ》せて之れを附属し畢《おわ》りぬ。因《よ》りて歳月を書すと爾《しか》云《い》う。（原漢文）

享保六年辛丑二月二十二日　玉木正英
埴鈴雅丈

享保六年（一七二一）に松岡玄達《まつおかげんたつ》に『風水草』を伝授したことを記す。玄達（一六六八〜一七四六）、字は成章《せいしょう》、恕《じょ》菴《あん》・怡顔斎《いがんさい》・埴鈴《はにすず》などと号した。初め山崎闇斎に入門して儒学と神道を修め、のち伊藤仁斎《じんさい》・東涯《とうがい》父子に師事した。また稲生若水《いのうじゃくすい》について本草学を学び、本草家として大成した。晩年は京都で塾を開いて学を講じ、質素な生活とは対照的に、厖大な蔵書を国書と漢書に分けて二棟の大書庫に収め、学者の面目に徹したという。

「垂加霊社」はいうまでもなく山崎闇斎。「雅丈」は男性に対する敬称である。「神籬磐境」の奥秘は『風水草』と同じく垂加神道の秘伝である。

松岡玄達の直筆奥書

玉木正英の元奥書の後には、松岡玄達の直筆奥書が備わる【❹】。

右『風水草』三巻は、垂加霊社の編輯する所なり。吾が邦《くに》の上古、聖神、天を継《つ》ぎ極《きょく》を建てて、以て天下後世の道を清明《せいめい》す。実に経済の大典なり。精深《せいしん》に非《あら》ざれば、其の言外の意旨《いし》の在る所を窺い知る能《あた》わざるなり。霊社、晩年に之れを正親町従一位公通卿、及び出雲路八塩路翁に授く。翁、之れを玉木正英翁に授く。翁、之れを予に授く。予、受けて読み、而して深く笈底《きゅうてい》に蔵すること久し。肥州の下河《しもかわ》士行《しこう》丈、京師に遊学して、予に従いて神儒の諸書を講究すること多年。今、暇年《かねん》既に満ち、帰ること忽《たちま》ち迫る。故に此の書を懇請《こんせい》す。予、其の尊信の厚

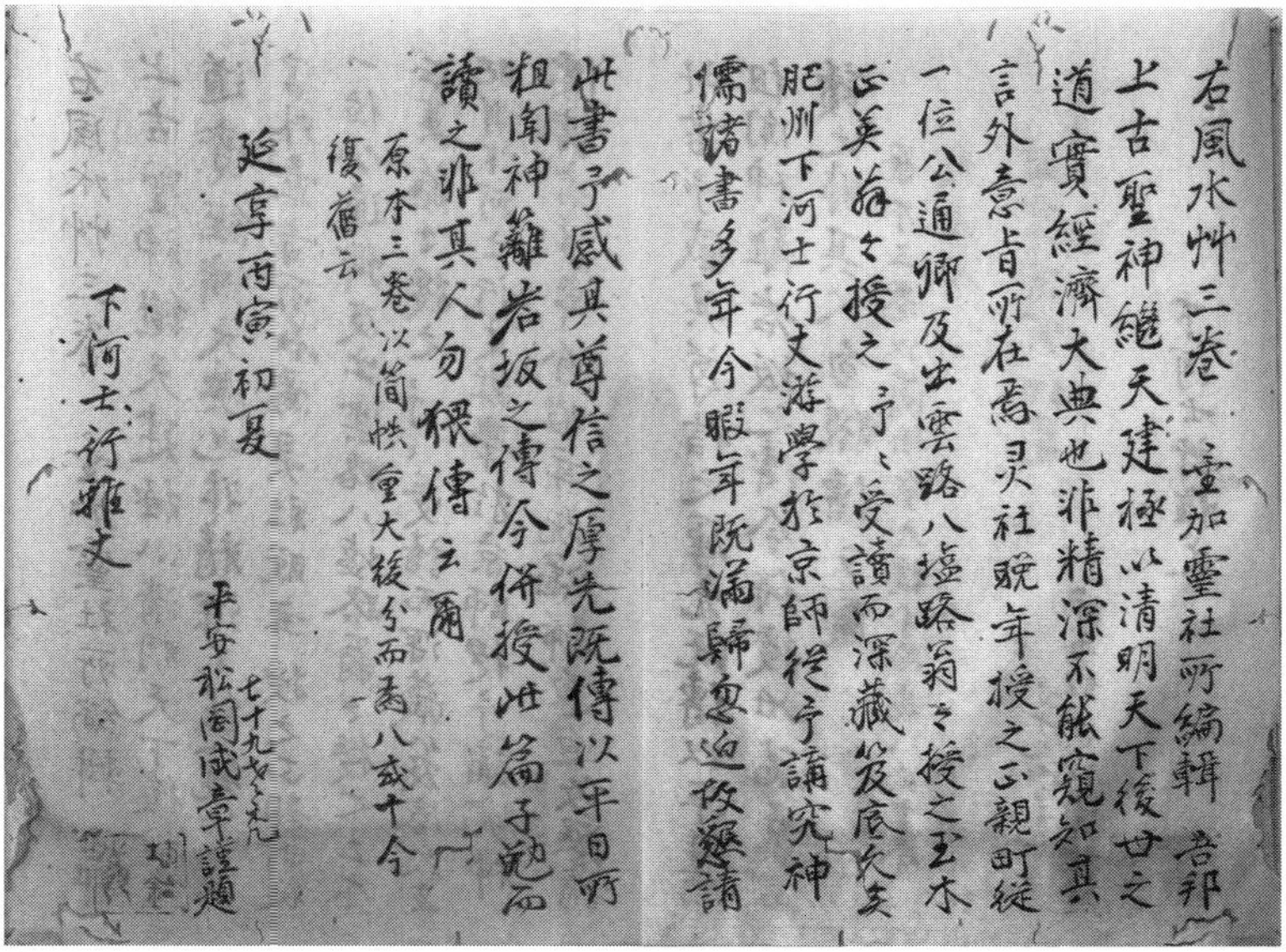
右風水艸三巻　垂加霊社所編輯　吾邦
上古聖神継天建極以清明天下後世之
道実経済大典也非精深不能窺知其
言外意旨所在焉　具社晩年授之正親町従
一位公通卿及出雲路八塩路翁々授之玉木
正英葦斎々々授之予々受読而深蔵笈底久矣
肥州下河士行文游学於京師従予講究神
儒諸書多年今暇年既満帰郷迨後懇請
此書予感其尊信之厚先既伝以平日所
粗聞神籬岩坂之伝今併授此篇子勉而
読之非其人勿猥伝云爾
原本三巻以簡帙重大後分而為八或十今
復旧云
延享丙寅初夏
平安松岡成章謹題　七十九老禿
下河士行雅丈

❹松岡玄達の直筆奥書

きに感じ、先に既に伝うるに平日粗《ほ》ぼ聞く所の神籬岩坂の伝を以てす。今、併せて此の篇を授く。子《し》、勉《つと》めて之れを読め。其の人に非ざれば、猥《みだ》りに伝うる勿《な》かれと爾《しか》云《い》う。（原漢文）

原本三巻、簡帙の重大なるを以て、後に分けて八或いは十と為す。今、旧《もと》に復すと云う。

延享丙寅初夏

平安　松岡成章《七十九老禿》　謹んで題す

朱印「埴鈴翁」

下河士行雅丈

大意を述べよう。右『風水草』三巻は闇斎先生が編纂したものである。わが国の上古、神が天の意を受けて道徳を定め、天下の後世の道を明らかにした。実に経世済民の大典である。深く通暁しなければ、言外の意をうかがい知ることはできないのである。闇斎先生は、晩年にこれ（風水草）を正親町公通卿と出雲路信直翁に授けた。翁はこれを玉木葦斎翁に授けた。葦斎翁はこれをわたしに授けた。わたしはこれを読み、長い間、大切に蔵していた。肥州の下河士行が、京都に遊学して、わたしについて数年間、神儒の学を学んだ。今、修業年限が満ちて、帰国の時期が迫っている。そこでわたしにこの書を懇願した。その尊信の厚さに心を動かされ、まず日ごろ大まかに教えていた「神籬磐境」の伝を授けた。今、合わせてこの書を授ける。頑張ってよく読みなさい。そして、しかるべき人でなければ、安易に伝えないようにしなさい。

奥書の日付は延享三年（一七四六）四月。同年七月、玄達は七十九歳で没した。署名にある「老禿《ろうとく》」ははげ頭の老人。玄達の自虐である。玄達が『風水草』を授けた下河士行《しもかわしこう》は、最晩年の弟子にあたる。

気になるのは傍線部である。正親町公通と玉木正英（葦斎）の元奥書は、ともに『風水草』が公通から葦斎へ伝授されたことを記すが、玄達の奥書の該当箇所を文字どおりに解釈すれば、出雲路信直から葦斎に伝授されたことになる。単純に玄達が「卿」を「翁」に書き間違えたとしか考えられないが、参考までに指摘しておくと、葦斎は二十二歳のとき信直に入門して、信直没後に公通の門に入った。公通から『風水草』を受けたのは、信直が没して十二年後である。

以上の三つの奥書に記された『風水草』の伝授関係を整理すると次のようになる。

山崎闇斎→正親町公通→玉木正英→松岡玄達→下河士行

したがって該書は、下河士行の旧蔵書であったことが判明する。

小城藩儒の下川家

下河士行とは、これまでほとんど知られていない人物である。実は江戸前期に中国から亡命した儒者朱舜水《しゅしゅんすい》（一六〇〇～一六八二）について学んだ下川三省《さんせい》（一六五〇～？）の孫である。三省（通称は文蔵）は寛文四年（一六六四）、十五歳のとき、小城藩二代藩主直能《なおよし》により、長崎に流寓中の舜水のもとへ送られて入門した。翌年、舜水が徳川光圀《みつくに》に招かれて江戸にのぼる際も随行している。舜水の側近くで師事した弟子のうち最も早く、しかも最も若くして入門したので、三省に対する舜水の愛情も格別であった。*1

三省とその子孫は、儒学をもって小城藩に仕えた。のち三省は名を孔春《こうしゅん》に改め（『直能公御年譜』貞享四年記事）、享保六年（一七二一）閏七月十七日まで『小城藩日記』に名前が登場するので、少なくとも七十二歳までは生きていた。三省の子は、字を左内《さない》、通称を五左衛門と言い、淵々堂《えんえんどう》と号した。元禄三年（一六九〇）に生まれ、享保七年（一七二二）に藩の書物方《しょもつかた》に就任した。宝暦八年（一七五八）には六代藩主直員《なおかず》の娘、美濃《みの》姫（のち諫早茂成《いさはやしげなり》室）の学問師範を務めており、六十九歳までは生存していたことが『小城藩日記』で確認できる。

淵々堂の子が士行である。名は輗《げい》、通称は祖父と同じく文蔵を名乗った。享保六年（一七二一）に生まれ、明和三年（一七六六）に四十六歳で没した（後述の大潮元皓《だいちょうげんこう》の哀詩による）。

子の文平（二代左内）が士行の跡を継いだが、安永七年（一七七八）に長崎出張中に客死した。以降、小城藩の漢学の師範は、三省の弟子橋本文七の子孫にあたる橋本文右衛門・十太夫父子と岩松相延《しょうえん》がつとめることになる。*2

藩儒としての下川家の系譜を整理すると、次のようになる。

三省（文蔵、のち孔春）—淵々堂（五左衛門、左内）—士行（二代文蔵、輗）—文平（五左衛門、二代左内）
（一六五〇～？）　（一六九〇～？）　（一七二一～六六）　（？～一七七八）

下川士行

下川士行の著作と推定されるものに、佐賀本藩鍋島文庫（佐賀県立図書館寄託）の『留皮稿《りゅうひこう》』（函架番号　鍋 081-37）と『古今雑編《ここんざっぺん》』（函架番号　鍋 089-3）が存する。いずれも転写本である。『留皮稿』の奥書には、

本書は下川夢梅《むばい》の苗裔《びょうえい》（末裔）下川五左衛門の蔵本《ぞうほん》（蔵書）なり。本書は夢梅先生の手写する所なり。（原漢文）

明治十六年七月廿二日　　堀江成博門人　中島又一郎写

とあり、『古今雑編』の扉にも「下川夢梅所輯」と記す。「夢梅」は三省の別号である。つまり両書とも下川三省のものとされてきた。しかし中身を確認すると、いずれも士行の手に成るもので間違いない。祖父三省の陰にかくれて、士行のことは、これまでほとんど認識されていなかったのである。

『留皮稿』には士行の京都遊学時代の詩文が多数収められている。学友を見送る「深公陽の丹後に還るを送る序」には、「吾、幸いにして異日、文学を以て路に当たる」（原漢文）とあり、帰国後は藩儒として仕えることが決まっていた。そして修業年限が満ち帰国するに際して、師の玄達に『風水草』の伝授を願い出て許された。

『小城藩日記』と『日記目録』をひもとくと、小城に帰国した士行は、藩主のために定期的に儒学の講義を行い、天領の長崎と日田《ひた》にたびたび出張している。ただ寛保二年（一七四二）から宝暦二年（一七五二）までの藩日記と日記目録が欠けているので、帰国直後の士行の動静は確認できない。宝暦六年（一七五六）には主君直員のために先主直《なお》英《ひで》の十三回忌法要の祭文を執筆しており（『留皮稿』）、同八年八月九日に御書物方に任命された。そして同十四年に当時少年であった第七代藩主直愈《なおます》の手習い師範に任命されるも、一週間足らずで辞任している。「下川文蔵」（士行の通称）

が『小城藩日記』と『日記目録』に登場するのは、明和元年（一七六四）十月十二日が最後となる。

注

1　詳しくは中尾友香梨『小城藩主鍋島直能――文雅の交流』（佐賀大学地域学歴史文化研究センター、二〇二二年）所収「朱舜水との交流」を参照。

2　下川家と橋本家の系譜については、野口朋隆「小城藩における政治と教育――藩校興譲館の設立と文武修行」（『小城の教育と地域社会』佐賀大学地域学歴史文化研究センター、二〇一〇年）にも紹介があるが、本章とは見解の異なる部分がある。合わせて参照されたい。

20 松岡玄達と晩年の弟子（二）
『中臣祓風水草』

中尾友香梨

松岡玄達《げんたつ》の最晩年の弟子にあたる下川士行《しこう》は、神道だけでなく博物学の影響も玄達から受けており、帰国後は大潮元皓《だいちょうげんこう》と交わった。また『風水草《ふうすいそう》』を弟子の香月教美《かつきのりよし》に授けた。

博物学の影響

下川士行《しこう》の『古今雑編《ここんざっぺん》』は、甲集の転写本のみが存する。中身は基本的に諸書からの抜書きであるが、師の玄達から聞いた話がところどころに挿入されている。

たとえば「垂糸海棠《しだれかいどう》」については、「恕菴《じょあん》先生曰く、本邦の桜と名づくるは是《これ》なりと」（原漢文）と記し、「楊枝《ようじ》」については、「恕菴先生曰く、和俗の名づくる所に非ず。二字、禅録に出づ。或いは剔牙丈《てきがじょう》と曰うと」（同）と記す。これらは「モノ」の「名」をめぐって、師の玄達から教わったものを書き留めている。

漢字の訓に関するものもある。たとえば「象」の訓について、「恕菴先生曰、象ヲキザト訓スルハ、キザシト云訓アルユヘ、無理ニ下略セル訓ナリ」と記す。次いで、「可成談《なるべしだん》曰、象ヲキザト云ハ、舟ニ割《きざ》ミヲツケテ重サヲ知タルヨリ出ルト云コトハ、異国ノ故事也。イブカシキコト也」と、荻生徂徠《おぎゅうそらい》の『可成談』（南留別志《なるべし》）からの抜書きを添える。「舟ニ割ミヲツケテ重サヲ知タル」とは、象の重さを量るために、まず象を舟に載せて、その重みで水に浸かったところに印をつけ、次に象を降ろして同じだけ水に浸かるように石を積み、その石の重さを量れば象の重さがわかるという話。三国志の曹沖《そうちゅう》が考案した方法として知られるが、もとはインドの仏教故事「棄老国《きろうこく》」に由来するものである。同じく『可成談』からの抜書きとして、「物茂卿《ぶつもけい》可成談曰、罷ヲシクマトイフハ、何者ノ付タル訓ナルラン」を掲げては、師の玄達から聞いた話を書き添える。

　輗曰、余嘗聞之恕菴先生。罷ヲ「シクマ」ト訓スルハ、妄甚シ。「网」ヲ「罒」字トヲボヘテ「シクマ」ト訓ス。「須」ヲ「スベカラク」ト訓シ、「玄」ヲ「クロゲン」ト云ノ類、蓋愚人ノ訓セルナルベシ。其他、往々誤訓、不可枚挙。

「罷」の「网」（あみがしら）を「四」（し）と誤って覚えた人が、「しくま」（四熊）と読んだのが始まりであるというのが、玄達の解釈である。「須」を「すべからく」、「玄」を「くろげん」と読むのも、同じく愚人によるものであるという。「玄」を「くろげん」と読むのは、音の前に訓をつけて、同音の「源」「元」などと区別するためである。「秦」「晋」を、それぞれ「はたしん」「すすむしん」と読んで区別するのと同じである。一方、「須」を「すべからく」と訓するのは、音の「す」を「為」（す）に当て、「べし」と「らく」をつけたものであるという解釈であろう。しかし「須」は再読文字で、「すべからく〜べし」と読むのが決まりであり、「べし」が重複するのである。

　士行の書き留めた玄達のこれらの教えが、彼の本草学と博物学を支える考証学と訓詁学の知識であったことは贅言を要しない。玄達は本草学で名を成した人物である。玉木正英《たまきまさひで》から『風水草』を伝授されたのと時期を同じくして玄達は幕府に招かれて薬物鑑定に従事しており、『用薬須知《ようやくすち》』『本草一家言』『食療正要』『桜品《おうひん》』『梅品《ばいひん》』『蘭品《らんぴん》』『菌品《きんぴん》』

『広参品《こうじんぼん》』『介品《かいひん》』などの著作は、本草学と博物学の発展を促した。特に中国や日本の動植物の品種と鉱物の研究を、考証学と訓詁学の方法で行い、その学問的水準と価値を高めた点に大きな功績が認められる。

下川士行による次のような記録にもその影響は確認できる。

　輗曰く、寛保元年（一七四一）夏四月二十五日、石、肥前小城に隕《お》つること若干数。天晏《は》れて雲亡《な》く、声の雷の如き有り、地に入ること八尺（約二・七メートル）、色皂《くろ》くして三菱《みつびし》のごとく、重さ七斤（約四・二キログラム）許《ばかり》あり。今、西川如見《にしかわじょけん》の記す所を録して、以て参考に備う。（原漢文）

小城に落ちた隕石のことを記録している。末尾の「西川如見の記す所」とは、『怪異辨断《かいいべんだん》』所載の古今和漢の隕石に関する記録をいう。士行の『古今雑編』甲集は、明代の『欣賞編《きんしょうへん》』続編の抜書き（「十友目録」と「茶譜」）から始まっており、その末尾に「恕菴先生、曾《かつ》て之れを抄出す。今之れを録す」（原漢文）とある。小城に落ちた隕石に関する記録は、その少し後に置かれており、玄達に入門した後のものと見て間違いない。師が抄出したものを写したり、西川如見の著作から必要な箇所を採録して隕石の考証に備えたりするこれらの行為は、まぎれもなく師玄達の博物学や考証学の影響を受けたものである。

『古今雑編』の抜書きは、『春秋左氏伝』『漢書』『唐詩選』『瑯琊代酔編《ろうやだいすいへん》』などの漢籍のほか、林羅山《はやしらざん》の『丙辰紀《へいしんき》行《こう》』や前述の徂徠の『可成談』、西川如見の『怪異辨断』などの和書も含めて広範囲に及んでおり、抜書きの対象も中国や日本の動植物の品種、「モノ」の名、漢字の訓、言葉の由来などと多岐にわたる。

大潮元皓との交わり

下川士行に関する資料は残っているものが少ないが、黄檗《おうばく》僧大潮元皓《だいちょうげんこう》（一六七六〜一七六八）の詩文から二人の交流を垣間見ることができる。大潮は明和三年（一七六六）の士行の死を弔う哀詩（後述）の序に、士行と知り合って「二十余年」になると記している。逆算すれば両人が知り合ったのは延享三年（一七四六）の頃であろう。士行はその年に京都遊学を終えて小城に帰国している。ただ大潮も延享元年五月より十月まで京都に滞在したので[*1]、二人が京都で知り合った可能性も排除できない。

宝暦九年（一七五九）に士行は小城から、佐賀城下の多布施《たふせ》の甘露寺にいた大潮に、新作の漢詩数首と尺牘《せきとく》（漢文の書簡）を送って批正を乞うている（『留皮稿《りゅうひこう》』所収「大潮和尚に与う」）。大潮も「儒士下川文蔵に復す書」（『魯寮稿《ろりょうこう》』巻十三）を送っている。当時、大潮は六十歳、士行は三十九歳。親子ほど年齢が離れているにも拘わらず、二人は莫逆の交わりを結んでいた。

明和二年（一七六五）正月にも大潮は「下川文蔵詞士に寄懐す」詩（『魯寮稿』巻十六）を送っており、翌三年正月にはまた「下川文蔵英士に寄す」詩（同巻十七）を送っている。しかし最後に送った詩に対して、返ってきたのは士行の訃報であった。

士行の突然の死を悼み、大潮は次の哀詩を詠んだ。

聞下川文蔵訃。生、肥之小城人也。其為人間雅風流、与余相知、殆二十余年矣。今茲丙戌正月日、以病長逝。年四十有六。嗚呼、乃作哀詞一篇薦之

下川文蔵の訃を聞く。生は、肥の小城の人なり。其の人と為《な》り、間雅《かんが》風流にして、余と相い知ること、殆ど

二十余年。今茲《こんじ》（今年）丙戌《ひのえいぬ》正月の日、病を以て長逝《ちょうせい》す。年四十有六。嗚呼《ああ》、乃ち哀詞《あいし》一篇を作りて之れに薦《すす》む（供える）

壮歳高標旧識名　壮歳にして高標《こうひょう》たり　旧識の名
相逢肝胆且徐傾　相い逢えば　肝胆《かんたん》　且《しばら》く徐《おもむ》ろに傾《かたむ》く
豈料俄爾趨泉路　豈に料《はか》らん　俄爾《にわか》にして泉路《せんろ》に趨《おもむ》き
流水断絶傷我情　流水　断絶して　我が情を傷《いた》ましむるを

（大潮元皓『魯寮稿』巻十七）

詩の大意は以下のとおりである。壮年にして抜きん出ていた、旧識（下川士行）の名は。会えば互いに心の中を打ち明けて親しく交わった。どうして想像できただろうか、君が突然黄泉路《よみじ》を急ぎ、知音を失ったわが心をかくも痛ませることを。

結句の「流水」は「高山流水」、知音の故事をふまえる。九十歳の高齢にして、二十年来の旧知を突然失った大潮の悲しみと寂しさが、詩全体に満ちている。それから二年後、大潮も士行の跡を追ってこの世を去った。

『風水草』の伝授

『留皮稿』には「風水草の後に書す」と題する文が収められている。

風水草の書たるや、垂加霊神の以て編輯する所の大典なり。而して其の指趣《ししゅ》の若《ごと》きは、則ち吾が先師、曾《かつ》て之れを序《じょ》して以て吾に伝う。吾、復《ま》た何をか述べんや。蓋《けだ》し上古の聖神の世々相い承《う》くるの道なれば、巻きて之れを蔵す。此の書、能《よ》く其の道を尊崇する者に非ざれば、則ち敢えて以て之れを授けず。教美《のりよし》香月《かつき》氏は、吾が門に於いて之れを尊崇すること久し。迺《すなわ》ち既に神籬磐境《ひもろぎいわさか》の神秘を授けて後に、拳々《けんけん》として已《や》まざれば、遂《つい》に又《ま》た之れに授くるに此の書を以てす。子、其れ之れを謹んで勉《つと》むれば、則ち吾が神道の蘊奥《うんのう》、之れを尽くさん。

大意を述べよう。『風水草』の書物は、山崎闇斎先生が編輯した大典である。その趣旨については、わが亡き師の松岡玄達先生が、かつて順序だてて述べて、わたしに伝えてくださった。わたしがさらに何をつけ加えよう。思うに、上古の聖神たちが代々受け継いだ道を、書き記して大切に蔵したものである。この書物は、その道（神道）を尊崇する人でなければ、けっして授けない。香月教美氏はわが門において、この道（神道）を尊崇して久しい。そこですでに「神籬磐境」の秘伝を授けたが、その後も拳々服膺《けんけんふくよう》として励み続けているので、この書を授ける。この書を謹んで学べば、きっとわが神道の奥義を究め尽くすことができよう。

士行が弟子の香月教美《かつきのりよし》に『風水草』を授ける際に奥書として記した文である。かつて己が師から受けたのと同じく、まず先に「神籬磐境」の秘伝を弟子に授け、その後に『風水草』を授けたのである。

『留皮稿』はほかに「神代巻神武巻日蔭草《ひかげぐさ》の後に書す」「蟇目《ひきめ》秘伝の後に書す」「蟇目口伝書の後に書す」を収めており、これらの秘伝も士行から教美に伝授されたことを示す。いずれも亡き師の松岡玄達から受けたものを弟子の香月教美に授けると記してある。

香月教美についてはほとんどわからないが、一字違いの「規美《のりよし》」の名が明和九年（一七七二）の藩主家の歌合[*2]の第三回、第四回、第八回、第九回、第十二回に登場する。いずれの回においても、当時の小城文壇の指導的立場にあったと見える玄庭《げんてい》[*3]と藩儒岩松相延《しょうえん》[*4]の間に名前が登場しており、年代的にもおそらく両者の間に位置する人物であろう。香月教美と規美は同一人物であろう。

もう一部の『風水草』

当文庫には、もう一部の『中臣祓風水草』（函架番号 o1-17）が蔵されている【❶】。以下、便宜的にこれを甲本、前述の松岡玄達直筆奥書本（函架番号 o1-02）を乙本と称する。

ここで乙本の諸奥書に記された『風水草』の巻数や冊数を想起されたい。一覧にすると次のようになる。

『風水草』三冊　正親町公通の元奥書
『中臣風水草』十巻　玉木正英の元奥書
『風水草』三巻　松岡玄達の直筆奥書

これらの変化については、松岡玄達の直筆奥書の末尾に次のようにある。

原本は三巻。簡帙の重大なるを以て、後に分けて八或いは十と為す。今、旧《もと》に復すと云う。（原漢文）

❶もう一部の『中臣祓風水草』

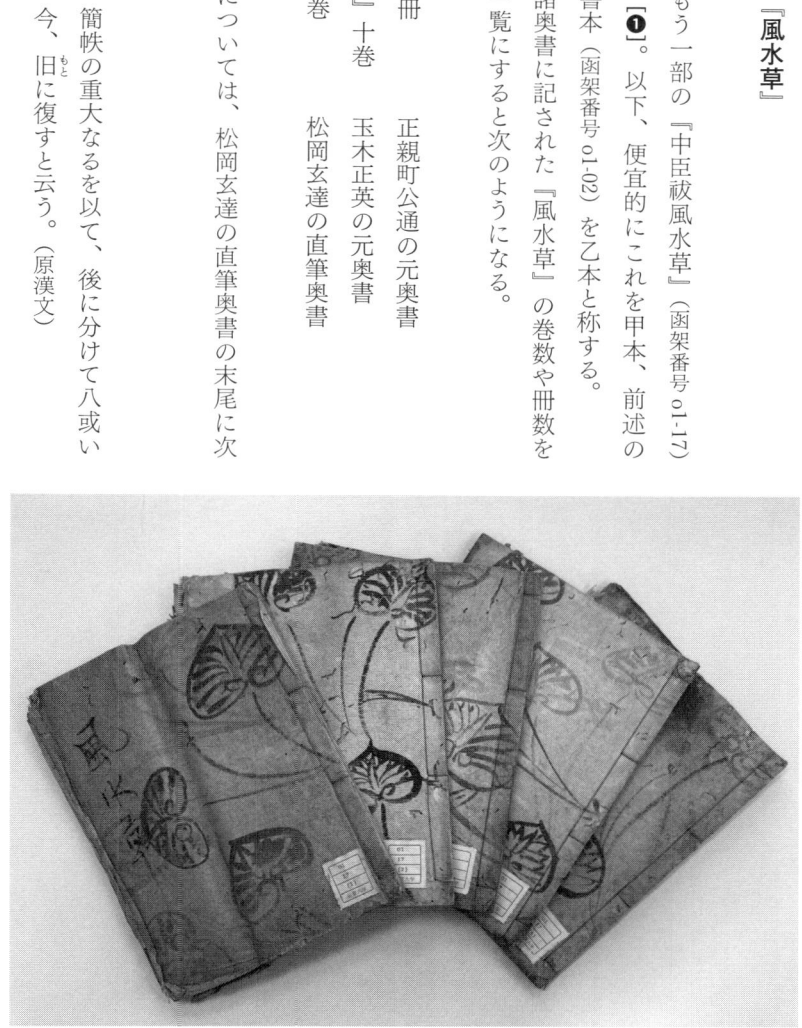

もともと三巻本であったが、分厚くて重いので、八冊または十冊に分けていた。それを三巻三冊の体裁に戻して、下川士行に授けたという。

しかし現存する乙本は、再び三巻八冊の体裁に戻っている。一方、甲本は整理番号に乱れが生じており、一覧にすると次のようになる。

		甲本	乙本
巻上	第一冊	o1-17-(1)	o1-02-(1)
	第二冊	o1-17-(2)	o1-02-(2)
	第三冊	o1-17-(4)	o1-02-(3)
巻中	第四冊	(欠)	o1-02-(4)
	第五冊	o1-17-(5)	o1-02-(5)
	第六冊	(欠)	o1-02-(6)
巻下	第七冊	o1-17-(3)	o1-02-(7)
	第八冊	(欠)	o1-02-(8)

右掲のとおり、甲本は五冊しかなく、一部が欠けている。もっとも装丁は豪華である。蔵書印がないので断定はできないものの、藩主家の蔵書であった可能性を窺わせる。六代藩主直員の三女親《ちか》姫は、天明三年（一七八三）に正親町公通の子公明《きんあき》に輿入れしている。

注

1　若木太一「大潮元皓の生涯」（『近世長崎渡来人文運史』勉誠社、二〇二四年）。
2　本書第Ⅱ部の白石良夫「薄幸の若様を守り立てて――鍋島直嵩覚書」を参照。
3　本書第Ⅲ部の中尾友香梨「埋もれていた和学入門書――『和学知辺草』」を参照。
4　岩松相延については、本書第Ⅲ部の中尾健一郎「俗書と小城藩の知識人たち――『近代公実厳秘録』」を参照。

和漢・雅俗の多彩な蔵書を、
文学史のなかで読み解く。
その展開はいかに。

V　くさぐさの作品は語る

21

中院通茂とのカップリング歌集

『日野大納言弘資集』

進藤康子

『日野大納言弘資集《ひのだいなごんひろすけしゅう》』は前半が日野弘資《ひのひろすけ》、後半が中院通茂《なかのいんみちしげ》の師弟関係にある二人の歌集。この二人の関係に注目しつつ、祐徳《ゆうとく》神社中川文庫にある資料をも参考にして、該書のカップリング歌集を考察する。【書誌情報】写本、大本、一冊、序文、跋文はなし。原表紙は、表紙題簽《だいせん》が剝落。表紙左、打付書きにて「日野大納言弘資」とある。函架番号（o954-19）伝来は鍋島直能《なべしまなおよし》旧蔵本。

作者について

『日野大納言弘資集《ひのだいなごんひろすけしゅう》』は、「日野大納言弘資集」【❶・❷】と「中院大納言通茂集《なかのいんだいなごんみちしげしゅう》」【❸】の二つの歌集から成っている。題名のとおり、前半は日野弘資の家集で、後半は中院通茂の家集の二部構成である。筆録者は両者ともに同じ人物の手によるものと推定でき、単なる二つの歌集の合綴とはまた違った形態と言ってよい。二つのものを、相互関係を持たせて一冊にしているという意図が感じられる。

作者の日野弘資と中院通茂は師弟関係にある。通茂は、有職故実や歌学における弘資の師にあたり、師弟二人の集と言える。年齢差は十四歳、通茂の方が若い。

弘資は、元和三年（一六一七）一月二十九日生～貞享四年（一六八七）八月二十九日没、七十一歳。正二位。大納言。武家伝送。弘資は、その祖父日野資勝《すけかつ》や中院通茂に学び、後水尾《ごみずのお》天皇から古今伝授を受けている。弘資は、後水尾院宮廷歌壇において、若き日から新進気鋭の宮廷歌人として人々の注目を集めていた。＊1 院主催の、和歌会、連歌会、百人一首御講釈などに、祖父資勝《すけかつ》の指導の下、頻繁に出席した。祖父資勝の記録『資勝卿記《すけかつきょうき》』によると、寛永十年（一六三三）、弘資が十七歳の頃に、後水尾《ごみずのお》天皇の中宮和子《まさこ》（東福門院）から、和歌御会の褒美を賜ったとあり、しばしば仙洞御所や女院御所にも同行していたことが記されている。また、弘資は次の和歌会に出詠のための準備に余念がなく、たびたび、和歌指導を受けに資勝のもとにも出向いている。＊2

通茂は、寛永八年（一六三一）四月十三日生～宝永七年（一七一〇）三月二十一没、八十歳。歌道、有職故実、書道などにすぐれ、熊沢蕃山《くまざわばんざん》に入門し蕃山門下の堂上《とうしょう》四天王の一人である。寛文四年（一六六四）に、後水尾天皇から古今伝授を受けた。通茂は自らも、中院通躬《なかのいんみちみ》、久世通夏《くぜみちなつ》らに古今伝授を行った。門人には、鍋島光茂《みつしげ》、柳沢吉里《やなぎさわよしさと》、松井《まつい》幸隆《ゆきたか》、宣阿《せんあ》＊3、京極高門《きょうごくたかかど》らがいる。歌論に『渓雲問答《けいうんもんどう》』、その他、家集『老槐《ろうかい》和歌集』、『通茂日記』などがある。寛文三年まで神宮伝送。寛文八年従二位。延宝三年（一六七五）正二位。寛文十年から延宝三年まで武家伝送を勤めた。宝永二年従一位。内大臣。通茂の祖父は、後水尾天皇の側近の中院通村《みちむら》（一五八八～一六五三）で、通村の家集『後《ご》十輪院内府詠藻《じゅうりんいんないふえいそう》』には、千六百余首収められている。

また、『板倉政要《いたくらせいよう》』や『翁草《おきなぐさ》』にもその名が知れる老中、板倉重矩《いたくらしげのり》＊4（一六一七～一六七三）が、京都所司代として朝幕交渉をしている当時（寛文十年頃）の武家伝送は、奇しくもこの弘資と通茂の二人であった。後水尾法皇、東福門《とうふくもん》院《いん》の禁裏の統制などが行われていたときで、弘資と通茂は公私ともに密接な関係であったと思われる。

具体的に、弘資と通茂の歌会における二人の交流が見えるものに、次のような資料がある。

『寛文二年　御点取和歌』（祐徳《ゆうとく》神社中川文庫蔵）には、

七日　御当座

余寒月　　弘資

山風も花町とをにさえかへり
かすまぬ空の月にうれしき

岡辺薄　　通茂

朝露のをかべの尾花ほにいでゝ
なびく早田の秋やあらそふ

とあり、この二人の詠歌が同じ丁に、弘資、通茂の順に載る。
また、『近代和歌一人一首』（上野洋三蔵本、『近世和歌撰集集成』地下篇）には、

野鶯　　日野弘資

まづさけるはなもこそあれうぐひすの
こゑするのべのすゑもわきなむ

花　　中院通茂

そめまさるこゝろの色もはるをへて

いくしほはなのうへにそふらん

と、弘資、通茂の順に二人並んで掲載されている。これに続いて、

日野弘資、中院通茂とひ侍りしときよめる

渡瀬宗二

またもとへむぐらの宿はたえす比

軒ばにつもるふじの白雪

返し　日野大納言弘資卿

春ごとにまだこそとはめふじの雪

軒ばの花を宿のあるじに

同　中院大納言通茂卿

としごとにとふともあかじ此宿の

軒ばのふじの雪のひかりは

のごとく、日野弘資が渡瀬宗二とともに、中院通茂のもとへ訪ねて行き、歌を詠み合い、研鑽し合ったであろう一コマが記されている。いずれも弘資、通茂の順に記されている。

また、それに関連する資料として『三臣十首和歌《さんしんじっしゅわか》』(国文学研究資料館蔵)がある。「三臣」とは、弘資、烏丸資慶《すけよし》、通茂の三人を指すが、はじめに「弘資　日野」、「資慶　烏丸」、「通茂　中院」と、それぞれの歌の作者として記され、

その後もこの順に和歌が繰り返し認められている。作者名が示されずとも、それ以後は「作者次第同前」と注記があり、三人の詠まれる順は、変わりないことが記されている。また後に取り上げる『弘資卿詠歌』（祐徳中川文庫蔵）には「大納言資慶卿、大納言通茂卿と同じく十首の歌よみ侍る中に　山家花」と記述があり、ここにおいても、弘資、資慶、通茂の三人が集う歌会の様子をうかがい知ることができる。

『日野大納言弘資集』構成とその内容

表紙直書きにて「日野大納言弘資」とあり、巻頭にも「日野大納言弘資卿」とある。二者の歌集ではあるが、『小城鍋島文庫目録』（佐賀大学附属図書館）においての書名は、「日野大納言弘資集」と記されている。

まず、当該本の構成、および、主な詞書を拾いつつ歌集内容のあらかたを見ていこうと思う。

構成

【前半】

表紙に「日野大納言弘資」と左端に直書きされている【❶】。

巻頭に「日野大納言弘資卿」とある【❷】。

日野弘資の百四十五首の和歌を、十七丁まで収める。

一丁に八首から九首。

墨付十八丁。遊紙五丁。

歌数百四十五首。

❶

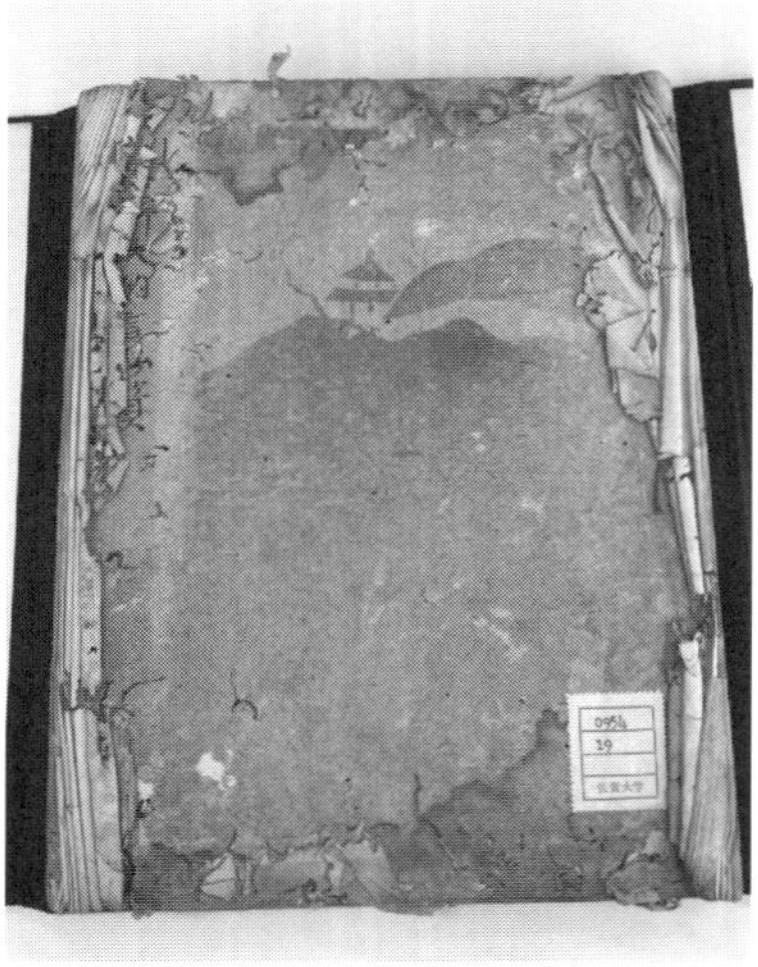
❷

十七丁まで日野弘資の和歌を収める。

白紙二丁を挟んで、和歌一首「寄忍恋　もろともにわくる忍の山にても猶われひとりなけきこれとや」の一首が記載されている。

【後半】

改丁して、その巻頭に「中院大納言通茂卿」とある【❸参照】。中院通茂の百三十七首の和歌を十六丁収める。

一丁に八首から九首。

墨付十六丁。遊紙六丁。

百三十七首。

【前半】と【後半】合わせて全四十五丁。全二百八十二首となる。

詞書

次に、主な詞書をそれぞれの歌集から採取する（歌番号は私に付した）。[*5]

①「日野大納言弘資卿」の詞書から。

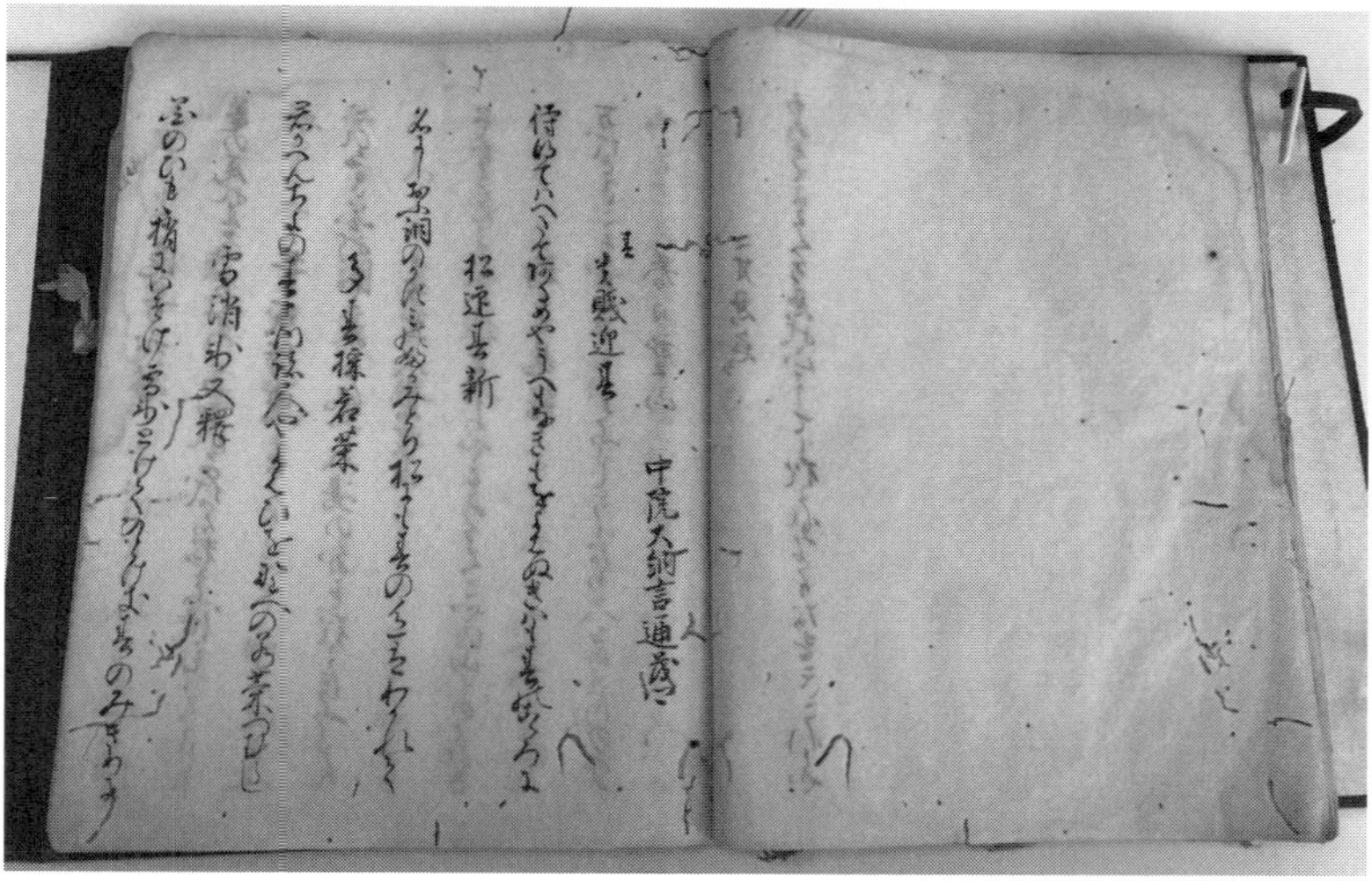

❸

ア、三番歌詞書
「春生人意中」
イ、四六番歌詞書
「法皇八十算御賀のとき御屏風の歌
五月雨」
ウ、九〇番歌詞書
「法皇八十算の御賀の御会に対亀争齢」
エ、九二番歌詞書
「対亀争齢」
オ、一三三番歌詞書
「烏丸資慶卿一周忌歌講せられけるに
冬懐旧」
カ、一三四番歌詞書
「後十輪院中院通村公　二十五回忌三十首歌の中
唯仏当澄知といふ事を」
キ、一三九番歌詞書
「水戸宰相小石川の圃を見てよみける」
ク、一四三番歌詞書
「法皇八十算の御賀に」

②「中院大納言通茂卿」の詞書から。

ケ、七三番歌詞書

「法皇八十算御賀の御屏風

寄氷」

コ、一一一番歌詞書

「烏丸資慶卿一周忌に歌講せられけるに

冬懐旧」

サ、一一二番歌詞書

「祖父通村公二十五回忌に三十首哥催しける中に

見諸障外事と云ことを」

シ、一一五番歌詞書　寛文十三年以降

「板倉内膳重矩　逝去の後」

ス、一二八番歌詞書

「法皇八十算の御賀に」

セ、一二九番歌詞書

「おなじ御時御会対亀争齢」

①「日野大納言弘資卿」のイ、ウ、エ、クは、「法皇八十算の御賀」を主題としたものであり、法皇とは、後水尾院（一五九六

～一六八〇）を指す。後水尾院の八十の御賀は延宝三年にあたり、これと対応するかのように、②「中院大納言通茂卿」において、ケ、ス、セも「法皇八十算の御賀」に関する歌である。

詳しく見ていくと、ウの「法皇八十算の御賀の御会に対亀争齢」、エの「対亀争齢」、セの「おなじ御時御会対亀争齢」とあるように「対亀争齢」に関して詠じている。弘資は通茂との私的な会合において、これらの詠歌を御賀の御会の為に準備したことであろう。イの「法皇八十算御賀のとき御屏風の歌」と、ケの「法皇八十算御賀の御屏風」も御賀の関連の「御屏風」を詠んでおり、互いに対応しているようである。

また、①カ「後十輪院《じゅうりんいん》中院通村公　二十五回忌三十首歌の中　唯仏当澄知といふ事を」は、②サ「祖父通村公二十五回忌に三十首哥催しける中に　見諸障外事と云ことを」と呼応している。①カでは、中院通村公のことを「後十輪院」と戒名（後十輪院虚観妙空）で呼び、②サでは、同人物を通茂は「祖父通村」と孫としての立ち位置で記している。題は、同じ「中院通村の二十五回忌の三十首和歌」であるが、違った立場から歌われ、相互に関連しながら、それぞれの歌集に載せられているのである。

同様に、①オ「烏丸資慶卿一周忌歌講せられけるに　冬懐旧」と②コ「烏丸資慶卿一周忌に歌講せられけるに　冬懐旧」も呼応しており、同じ詞書「烏丸資慶卿」で始まる和歌となっている。烏丸資慶（一六二二～一六六九）は、烏丸光広《みつひろ》の孫であり、通茂とともに後水尾院から古今伝授を受けている。ともに研鑽を続けた資慶であったが、寛文九年に亡くなっており、その一周忌の歌である。先に触れたように『三巨一首和歌』で、弘資、資慶、通茂の三人が和歌を詠み合っている跡が残されており、通茂のもとに幾度となく通い和歌訓練の会合をしたであろう。親密な関係であったがゆえに資慶の死は二人の心を痛めた共有事項に違いない。

このように見ていくと、①「日野大納言弘資」集と②「中院大納言通茂」集は、密に関連しており、呼応しているところが多々あることがわかる。先に述べたように、通茂にとって弘資は弟子ではあるが、年長者である弘資をサポートし、弘資を立てているような気遣いが感じられる。*6 そして、弘資は通茂とともに同じ主題の歌をそれぞれの立場から詠むことにより、響き合い、深みを増すこととなった。

祐徳中川文庫蔵本『弘資卿詠歌』

さて、鹿島市祐徳神社中川文庫には、家集『弘資卿詠歌』(6/2・2/904)が収められている(以下③とする)。この③『弘資卿詠歌』は、すべての和歌一首一首に、詠まれた年月日歌会名などが詳しく記載されており、たとえば、七番歌詞書「尋花　寛文二年正月二十四日御当座」、六七番歌詞書「竹不改色　寛文四年禁裏御会始」といった如くである。①「日野大納言弘資卿」と互いに補完しあう資料であると思われる。

順次見ていくと、③『弘資卿詠歌』と①「日野大納言弘資卿」とに、共通の詠歌がいくつか載せられている。①「日野大納言弘資卿」のア、三番歌「春生人意中」「のびらかに願いは人のこゝろより柳さくらの春になりゆく」が、③『弘資卿詠歌』では、その一番歌に掲載されている。しかも、③の詞書には「春生人意中　寛文七年正月二十五日新院御会始」とあり、①「日野大納言弘資卿」ではわからなかった新たな情報が追加され、これにより詠まれた年月日が「寛文七年正月二十五日」であり、「新院御会始」に提出された詠歌と知ることができる。その歌は、「のびらかに願いは人の心より柳さくらの春に成りゆく」とあり、表記が少し違う程度で、まったく同じ歌がそのまま載せられている。

加えて、①「日野大納言弘資卿」のク、一四三番歌「法皇八十算の御賀に」「みな人のあかぬ心に八千年をまかさん泪の春のゆくするゑ」と同歌が、③『弘資卿詠歌』の二五番歌に掲載されている。「みな人のあかぬ心に八千とせもまかせん泪の春の行するゑ」となっており、表現は「まかさん」「まかせん」と、少し違うものの、同じ歌を収載しており、相補関係にあるといってよい。

とくに中川文庫には日野家に関する歌書がほかにも多く残っている。それは、四代藩主直條《なおえだ》から六代藩主直郷《なおさと》にかけて主に収集されたものであろう。とりわけ、直條は、歌道を習得するために、日野弘資・資茂父子に入門し添削を受けており、それは『感往録《かんおうろく》』（中川文庫蔵）や『家塵《かじん》』（同文庫蔵）にも記述がある。[*7] 直郷の代においても、学問および書などを学ぶための奉公人として、酒見縫殿右衛門（秀実）を日野家に数年間派遣していたようである。その後、江戸にいる直郷のもとにこの酒見秀実は、直郷の「学問初め」の指導係[*8]としてもどされており、日野家との学問上の親交は深いことがわかる。

このように、今後も資料調査が進むにつれ、小城鍋島文庫や祐徳中川文庫[*9]などにおいての相互のつながりや文事の特色が解析され、より総合的な分析ができていくと思われる。

おわりに

以上、小城鍋島文庫の『日野大納言弘資集』をさまざまな角度からひもといてきたが、この構成要素の二つの家集を精査することにより、これらは互いに、関連しながら呼応しており、共通の意図によるつながりと広がりのある相補関係にある和歌集であることがわかった。それは、弘資を支えた通茂との「カップリングの歌集」とも言え、もう一段階進んで、弘資と通茂の共有した時を紡ぐ「二つで一つの完成度を持つ歌集」とみてよいように思う。

注

1　盛田帝子「日野資矩の修練と挫折」（『近世雅文壇の研究』汲古書院、二〇一三年）には、弘資以後の和歌の家としての日野家の事情が詳しく示されている。

2　柳瀬万里「日野弘資・資茂父子と京都大学蔵本『先代御便覧』巻九」(『鳴門教育大学研究紀要』十八号、二〇〇三年)参照。「宮廷歌壇の堂上歌人たちは、年長者である指導者が、若年者の為に、禁裏や仙洞からの連絡や引率を行い、日野家のような和歌の家では、祖父と孫の間で和歌指導を行っているのである。このことは、家の学問である歌学が重要視されていたことを示している。」とある。中川文庫における佐賀鹿島六代藩主直郷を彷彿とさせる。直郷は、祖父である第四代藩主鍋島直條の家学継承に心血を注ぎ、祖父の蔵書群から家学を学んでいる。

3　梅月堂香川宣阿(一六四七~一七三五)。この弟子には、鹿島鍋島藩主直郷の文事指南役の永井洵美などがいる(神作研一「初代梅月堂香川宣阿のこと――前半生を論じて時宗との関わりに及ぶ」『近世文藝』五十七号、一九九三年)。

4　板倉重矩内膳の名が「後水尾法皇八十算の賀」の歌会の詞書に見える(通茂の正室鶴《つる》は板倉重矩の養女にあたる)。

5　歌番号は、私に付した。他の歌集の歌番号も同様である。

6　『日野大納言弘資卿詠草』は、師の通茂が書写したであろうと伝わる。

7　井上敏幸「西国大名の文事」(『日本の近世』中央公論社、一九九三年)、井上敏幸「鹿島鍋島家旧蔵直條宛『日野亞相芳翰』」(『佐賀大国文』四十一号、佐賀大学国語国文学会、二〇一二年)参照。

8　福岡市博物館『覚』の一通(鹿島鍋島家資料一二五番)には、直郷が学んだ学問・芸道十五種とそれぞれの師匠の名前の記述がある。

　軍法　島田平助/茶湯　山口善右衛門　村山長古/兵法　直堅公　山崎左衛門　萩原寿介/馬芸　相良孫右衛門/儒学
　酒見三太夫/手跡　日野家　酒見三太夫　馬場太郎右衛門/神道　吉田殿　岡田盤《ママ》斎　井田道祐/歌道　鵞河申也　小川
　真甫/禅法　良遂和尚/血脈　常誉和尚/碁　井田道祐/将碁《ママ》　城益/中将碁　酒見浅　右衛門/政道指南　犬塚図書
　/絵　萩原寿介　右師匠三分報思

この中の「儒学　酒見三太夫」「手跡　日野家　酒見三太夫」がこれにあたる。

9　日野弘資・中院通茂関連の『寛文十年禁裏御会和歌』『水無瀬殿御法楽』『寛文十二年六月二十六日御当座』『詠百首和歌』など多数蔵する。

22 女訓物の典型、その蒐集の意味
『本朝女鑑』

大久保順子

『本朝女鑑《ほんちょうじょかん》』は日本の古代から近世までのさまざまな歴史的名女の逸話集十巻と、中国および日本の女性逸話例を引く「女式《じょしき》」巻を収める、仮名草子の女訓物《じょくんもの》（女性教訓逸話集）の代表的な作品の一つである。当文庫蔵本にみる鍋島直嵩《なべしまなおたけ》や直愈《なおます》の蔵書印の存在は、十八世紀の仮名草子の享受の様相を意味するものとして注目できる。［書誌情報］版本、大本、十二巻十二冊。序文あり。寛文元年（一六六一）刊。函架番号 o34-06。

女訓物の中の『本朝女鑑』の位置

当文庫所蔵『本朝女鑑《ほんちょうじょかん》』巻十二の巻末の年記には「寛文元年辛丑九月吉旦／椹木町《こりき》／吉田四郎右衛門尉板刊」とある。この吉田版本は後印本《こういんぼん》とみられ、初版本は「寺町誓願寺前町／西村又左衛門尉板刊」と記される西村又左衛門尉《じょう》板である。初版本と後印本とも目録、序文、本文、挿絵等は同じで、西村版にある丁付の乱れ、又丁《ゆうちょう》や飛丁《とびちょう》等は吉田版にも残っており、巻十二巻末のこの刊記の部分だけが異なる。初版本よりも、吉田本『本朝女鑑』の方が、当文庫をはじめ諸所蔵機関に比較的多く現存している。

該書と近い時期に成立した女性逸話集として、黒沢弘忠《くろさわひろただ》の明暦二年（一六五六）自跋、寛文八年（一六六八）刊の『本朝列女伝《ほんちょうれつじょでん》』がある。だが、『本朝列女伝』が巻一から巻十まで、女性の位別の巻題（后妃・夫人・嬬人・婦人・妻女・妾女・妓女・處女・奇女・神女）ごとの逸話集であるのに対し、『本朝女鑑』では後述する巻題（テーマ）ごとに各逸話が収められている。漢文体で書かれた『本朝列女伝』と和文の『本朝女鑑』とでは共通する人物の話もあるが、本文の表現や人物の造型に違いもみられる。

十七世紀後半の当時、このほかにも『女郎花物語《おみなえしものがたり》』『名女情比《めいじょなさけくらべ》』等、一連の女訓物が複数成立した。その中でも該書『本朝女鑑』は、後代に多くの改題本（タイトルを変えた再編刊行本）が作られている。該書の抜粋本である寛文十年（一六七〇）刊の『日本名女物語《にっぽんめいじょものがたり》』、さらにその改題本に元禄八年（一六九五）刊『本朝貞女物語《ほんちょうていじょものがたり》』、正徳四年（一七一四）刊『古《こ》今和国新女鑑《こんわこくしんおんなかがみ》』、元文元年（一七三六）刊『本朝名女物語《ほんちょうめいじょものがたり》』等が、引き続き刊行された。『本朝女鑑』の系列の女性逸話とその教訓は元禄以降も広く読まれたらしく、少し後、貞享（一六八四〜八八）頃成立、正徳（一七一一〜一六）頃刊行の『比売鑑《ひめかがみ》』にも、該書とほぼ同趣の逸話が散見し、影響力の大きさがうかがわれる。

『寛文十年増補書籍目録』に「十二冊、本朝女鑑、松意作ゑ入」の記述があることなどから、『増補改訂　日本文学大辞典』（新潮社）の水谷不倒《みずたにふとう》解説の「了意」をはじめ、従来多くの先行研究が、該書の作者を「浅井了意《あさいりょうい》か」と推測している。だが当文庫所蔵本を含む吉田版本にも、西村版本にも、該書の本文内にその著者情報はない。

本文――同時代刊行テキスト摂取の傾向と「俗説」化

該書の各巻の題は、巻一賢明《けんめい》上・巻二賢明下、巻三仁智《じんち》上・巻四仁智下、巻五節義《せつぎ》上・巻六節義下、巻七貞行《ていかう》上・

巻八貞行下、巻九弁通《べんつう》上・巻十弁通下、巻十一女式《じょしき》上・巻十二女式下となっている。この巻題は漢代の劉向《りゅうきょう》『列女《れつじょ》伝《でん》』に倣ったものとみられ、前掲の『本朝列女伝』より、その点が『列女伝』的特質であるとされる（青山忠一「本朝女鑑」『仮名草子女訓物文芸の研究』桜楓社、一九八二年）。

巻一から巻十まではそれぞれの題の徳目に相応する日本の理想的な女性の歴史的事例を挙げ、古代の倭迹《やまとゝ》〻日百《ひもゝ》襲媛命《そひめのみこと》や神功皇后《じんぐうこうごう》から、中将姫《ちゅうじょうひめ》に伊勢、武田勝頼妻《たけだかつよりのつま》や江口遊女《えぐちのゆうじょ》に至るまでの八十五話で構成される。同テーマごとに皇族・公家・武家等の各出自の女性が並ぶが、同題巻上から巻下へは比較的高位の女性から順に配される。巻十一・十二では、女性のあり方を和書および漢籍の例から説く教訓集の体裁をとる。巻一から巻十の各「名女」の多くが優美で、悲劇的な顚末の逸話も多いのに対し、巻十一以降の「女式」には、婦人の四徳や忍従の教訓とともに、反面教師的な「悪女」の例も示され、時折滑稽な戯画化が垣間見られる点が興味深い。

先行の物語や和歌、史伝、軍記、また当時刊行されていた関連の注釈書的文献等を含む諸書から逸話の題材が得られており、その先行作品の文体、表現のフレーズまで本文に摂取・利用されている可能性がある（大久保順子「『本朝女鑑』と軍記――女性逸話の形成と展開に関して」、『文藝と思想』八十五号、二〇二一年）。たとえば、『太平記』に登場する女性人物関連逸話で、『太平記』本文の場面描写や情調的表現、また『太平記』[*1]講釈の種本とされる『太平記評判秘伝理尽鈔《たいへいきひょうばんひでんりじんしょう》』の「評」の一節などが用いられることもある。

○『本朝女鑑』巻四（仁智下）ノ三「左近蔵人頼員妻《さこんのくらうどよりかずがつま》」話末（以下、引用箇所の傍線は引用者による）

頼員《よりかず》大事を女にかたる、これちなきところなり。女房《にょうぼう》これをちゝにかたりしは。おやに孝《かう》あり。おつとにちうありとひやうせり

【大意】後醍醐《ごだいご》天皇の討幕計画の秘密を、公家方の土岐頼員《ときよりかず》が妻に告白し、妻は父親である六波羅探題《ろくはらたんだい》の評定衆・

斎藤利行《さいとうとしゆき》に知らせてしまい、計画は鎌倉幕府に露見。土岐一族は討伐され、日野資朝《ひのすけとも》らが鎌倉へ連行される事件（正中《しょうちゅう》の変《へん》）となった。頼員が大事な秘密を妻に語ったのは思慮に欠ける行為だが、妻が父に通報した行為は親への孝と夫への忠であると評せられた。

※『太平記評判秘伝理尽鈔』（文明二年跋、正保頃刊）

巻一「頼員回忠事」評云（中略）人トシテ義ナケレバ人ニ有ラズト也。又彼ノ男ノ心中ヲ計ルニ只思ヒツメタル意ナク舌ニマカセテ語リ行跡ハ草木ノ風ニ随フガ如クナランカ。是ヲ不覚人ト謂フ也。又女、父ニ語リシハ最賢シ。父ノ為ニハ孝有テ男ノ為ニ忠有リシ也。*2

【大意】人として義なければ人にあらず、という。また、不注意にも夫が心中を舌に任せて語るのは、草木の風になびくようなものか、不覚といえる。妻が父に大切な情報を語った行動は賢く、父のためには孝、夫のためには忠があったといえる。

○『本朝女鑑』巻六（節義下）ノ七「那須五郎母《なすの》」話末

さらでたにせんぢやうにのぞみては。いつもいのちをかろうする。那須の五郎。らうぼに義《ぎ》をすゝめられ。いよくきをはげましけるところに。しやうぐんよりべつしてつかひをたてられ。このぢんのたゝかひ。なんぎにをよぶ。むかふて。かたきをはらへとおほせられしかば。こんじやうのほんまう也とて。うちしにはいたしけり。らうぼまことに義《ぎ》あり。子にしてちうをまもらしむと。人みなかんじけり

【大意】文和四年（一三五五）足利尊氏軍と足利直冬《ただふゆ》軍の東寺合戦の際、尊氏軍の那須五郎資藤《すけふじ》は出陣の際、戦死を覚悟し、帰還できぬ不孝を老母に詫びる。老母は母衣《ほろ》を与え、戦場に臨むときは敵を討ち主君への義を務めよ

と励ました。壮烈に奮戦し死を遂げた息子、その忠を守らせた老母の義に、人々は感心した。

※『太平記評判秘伝理尽鈔』巻三十三「京軍事」
又那須ガ討死ノ事。勇在テ義在又忠アリ。

また、次のような本文では、『伊勢物語』注釈書との関係が指摘される。

○『本朝女鑑』巻九（弁通上）ノ四「伊勢《いせ》」
せそんじよしたかのばつそん。くないのせうふこれゆきが。いせのかりのつかひの事を。しよだんにかきなをして。いせ物がたりといふ。なをひはんせし。これおほきなるへきあん也。これゆきはやくわくせうをつくり。一筆の一さいきやう。かきたるほどののうしよ。かじんのかゝるあやまりをいたしけん、おぼつかなし。まなのいせ物がたりは。むらかみてんわうだい八のみこ。後《ご》中書王の。かき給ひしところ也。

※或説に業平狩のつかひにいせにくたりし時斎宮にあひたてまつりし事よりおこりて此題号ありと云て狩のつかひの事を此物かたりの最初にかける本あり世尊寺義孝より七代の孫これゆきといふ者の所為とかや　らうがはしき奇怪の所行なり此物かたりの中には狩の使のみにかきらすもとよりも奈良の京に行し事を初段にかけり　其外伊勢の国の事にあらさる事共はなはだおほし　何ぞ狩の使の事にかきりて題号にをくべきや　かの伊行は随分の能書にて夜鶴抄を作り哥道に其名を称せられし人なりいかなれば此物かたりにいたりて此あやまりをいたしけんおぼつかなし
（浅井了意『伊勢物語抒海《じょかい》』（承応四年［一六五五］自跋、刊本）巻一、国立国会図書館デジタルコレクションより）

【大意】『伊勢物語』の「狩使本《かりのつかいぼん》」（一般的な「初冠本《ういこうぶりぼん》」の第六十九段、「伊勢の国へ狩の使いに行く」段から始まる）を書き直したのが藤原義孝《よしたか》の子孫、『夜鶴抄《やかくしょう》』の作者で書家でもある宮内少輔藤原伊行《これゆき》で、この章段が『伊勢物語』の書名の由来ともいわれたりするが、不審である。

該書の作者を浅井了意とみる説は、『抒海』の表現と似たこのような本文の箇所も根拠の一つとしているとみられる。だが『本朝女鑑』「伊勢」には『抒海』以外の注釈書からの引用的表現もあり、該書の編作者は複数の注釈書を総合的に参照している可能性が高い。逸話と教訓を編作する中で、このような「注釈」行為の思考と接点をもちうる文化層の人物が、作者像として想定される。

『本朝女鑑』は、女性のさまざまな徳目を説く教訓書的作品であるだけではなく、古代から中世に至る和漢の「古典」の詩歌や、「名女」たちが登場する歴史的な物語と伝説を、解説と挿絵とともに総覧できる情報の豊富な本として、広く親しまれたと考えられる。

しかし、後代の井沢蟠竜《いざわばんりょう》の考証随筆『広益俗説弁《こうえきぞくせつべん》』（正徳五年［一七一六］以降刊）は、このような逸話群を「俗説」として批判した。以下にその例を示す。

○『本朝女鑑』巻九（弁通上）ノ二「筑紫磐井母《つくしいはゐかはゝ》」

それ、子いとけなきときは子とす。ひとゝなりてはともとす。おつとしゝては、はゝは子にしたがふ。みづからてんわうの御ために。子をそたてゝひとゝなりたり。てんわうこれをえらひ給ひて。しんかとなし。つくしのみやづことし給ふ。これいま天皇のしんかにして。みづからが子にあらず。天皇かゝるわろきしんかをもち給へり。わが子のときはあしからず。此ゆへにわれころさるべきつみなしと申す也と、そうもんせしに。まことにそのりあり。さいへんまた。ときにとりてあたれりとて。つゐにそのしざいをゆるされたり。ときのひとみないはく。はゝがことばによりて。てんわうの御こゝろをかんぜしめたてまつり。いかりをうつさぬとくをおこなはしめまいらせ。またわが身のつみを。のがれたりと。みなかんたんし給ふ。

【大意】筑紫《つくし》磐井《いわい》の乱《らん》後、捕えられた磐井の母は「子が幼いときは子として、私は天皇のためにわが子を育て成人させた。天皇は成人した子を選び、臣下とし筑紫の国造《みやづこ》となさった。今は天皇の臣下であり、天皇が悪臣を持ったのだ。わが子であったとき、磐井は悪人ではなかった。だから、子の親の私が悪として殺されるべき罪はない」と訴え、もっともな理由だとして死罪を免れた。人々は、母の言葉が天皇の御心を感心させ、天皇に政の徳を行わせたのだと感嘆した。

※井沢蟠竜『広益俗説弁』附編第三十三「婦女」*3
俗書云、継体天皇御宇、筑紫磐井、謀叛しけるを、討手を遣して誅せらる。磐井が母を捕へけるに、かの母、天皇の御前にをいて、磐井謀叛すといへども、母が罪にあらざる旨をくはしく奏しければ、命をたすけ給ふ（『女鑑』にくはし。これを略す。）今按るに、此説、『日本紀』以下の書にかつて見えず。妄作なり。評するにたらず。

【現代語訳】俗書にいう、継体《けいたい》天皇の時代、筑紫磐井の謀叛《むほん》で磐井が誅殺され、磐井の母が捕えられたとき、母は天皇の御前で「磐井は謀叛をしたが、母の罪ではない」旨を詳しく奏上したので、帝は母の命をお助けになった（『女鑑』に詳しいので略す）。今考えると、この説は『日本書紀』以下の史書にまったく見えない。妄作であり、評するにたらぬ説である。

※『日本書紀』巻十七継体天皇「廿二年冬十一月甲寅朔甲子、大将軍物部大連麁鹿火、親与賊帥磐井、交戦於筑紫御井郡。旗鼓相望、垢塵相接。決機両陣之間、不避万死之地。遂斬磐井、果定疆場。十二月、筑紫君葛子、恐坐

父誅、献糟屋屯倉、求贖死罪。」

【大意】継体天皇の二十二年十一月、大将軍・物部大連麁鹿火《もののべのおおむらじあらかい》の率いる朝廷方と磐井の反乱軍が、筑紫御井《みい》郡で大きな戦いとなり、終に磐井が敗れて斬られた。十二月、磐井の子の筑紫君葛子《くずこ》が、糟屋《かすや》の屯倉《みやけ》を朝廷に渡して罪を贖《あがな》うことを求めた。

筑紫《ちくし》磐井《いわい》の乱《らん》で天皇方に捕えられた磐井母《いわいがはは》の弁明は、確かに『日本書紀』等の史書の本文にはみられず、出所不明のエピソードである。また、古代の逸話でありながら、該書の挿絵❶に描かれた武人たちも、後代の近世風の侍の姿をしている。『広益俗説弁』が批判する「妄作」として多く引用し、論難する対象の「俗説」とは、このような『本朝女鑑』所収の人物逸話と共通するような内容であったりする（湯浅佳子「『広益俗説弁』と周辺書――俗説の典拠類話と俗説批評の背景」、『近世小説の研究――啓蒙的文芸の展開』汲古書院、二〇一七年）。これらが頻りに「俗書」「妄作」とされるということは、その一方で、いわゆる「俗説」が、近世以前から寛文以降、十八世紀までにそれだけ人々の間で広く伝わり定着していたことを意味する。『本朝女鑑』が、その影響力と働きをもった読み物であったことを反映している、ともいえるだろう。

直嵩印・直愈印と仮名草子

小城鍋島文庫所蔵の仮名草子の作品の多くは、初版を十七世

❶『本朝女鑑』（筑波大学附属図書館蔵本）

紀とする。年代的には、当時の初代藩主元茂《もとしげ》や二代藩主直能《なおよし》の時代に初版が上梓されたもの、ということになる。

佐賀大学附属図書館貴重書デジタルアーカイブ（佐賀大学附属図書館ホームページ）「小城鍋島文庫」掲載の「小城鍋島文庫の由来」の「初代藩主元茂」の項目には、

近世初期刊の『青葉のふえの物がたり』、寛永九年刊『水鑑』、同十一年刊『尤之双紙《もっとものそうし》』、同十五年刊『清水《きよみづ》物語』等々の存在は、元茂の日本古典文学のみならず、現代文学への強い興味の程を物語っているといえよう。

と解説されている。ここで、当文庫のこれらの刊行物が初版出版当時の藩主たちに享受されたものであったのかどうかについて、考えてみたい。

本科研費研究における小城鍋島文庫所蔵古典籍とその蔵書印の全般的調査の成果は、その一覧のデータベース化が図られている。そこで、当文庫内の主な仮名草子作品例の成立年代、そこに確認された蔵書印を、調査データ報告より参照したものを、以下に掲げる。

『尤之草紙』	寛永甲戌（十一年）六月刊	「曲肘亭」（直愈）
『清水物語』	寛永十五年十一月刊	「荻府学校」（興譲館）
『大和西銘』	慶安三年初冬刊	「曲肘亭」（直愈）
『祇園物語』	なし	「曲肘亭」（直愈）
『鑑草』	なし	「曲肘亭」（直愈）
『可笑記《かしょうき》』	万治二年正月刊	「叢桂館蔵」（直嵩）・「曲肘亭」（直愈）

『聖蹟図説諺解』	万治二年初春刊	「曲肘亭」（直愈）
『十帖源氏』	万治四年刊	「藤」（直能）「荻府学校」（興譲館）
『本朝女鑑』	寛文元年刊	「叢桂館蔵」（直嵩）・「曲肘亭」（直愈）
『百八町記』	寛文四年五月刊	（なし）
『三国物語』	寛文七年初夏刊	「叢桂館蔵」（直嵩）・「曲肘亭」（直愈）
『賑草《にぎわいぐさ》』	天和二年刊	「荻府学校」（興譲館）
『仮名本朝孝子伝』	貞享四年五月刊	（なし）
『比売鑑』	貞享四年十一月序・（写）	（なし）
『大和為善録』	元禄二年九月刊	「叢桂館蔵」（直嵩）・「曲肘亭」（直愈）
『婦人養草』	（刊年なし）	「叢桂館蔵」（直嵩）・「曲肘亭」（直愈）

当文庫所蔵の仮名草子に該当する作品で、作品成立と比較的同時代の十七世紀の蔵書印がみられたのは、『十帖源氏』の鍋島直能「藤」印である。しかし、鍋島元茂の蔵書印はみられない。寛永頃から元禄頃にかけて成立した、これら各本の多くには、「荻府学校」等の藩校印のほか、とくに鍋島直嵩の「叢桂館蔵」や直愈の「曲肘亭」の蔵書印が、著しく見受けられるのである（本書「まえがき」を参照）。このことを、どのように考えたらよいだろうか。

『源氏物語』梗概書として直能と由緑の深い野々口立圃《ののぐちりゅうほ》『十帖源氏《じゅうじょうげんじ》』に、関係者である直能の蔵書印「藤」が存在することはふさわしい、といえる。であるからといって、これと近接した時期に成立した仮名草子の蔵本のすべてに、直能印があるわけではないのである。先の解説のように、元茂が（あるいは直能が）、これらの作品成立当時の「現代文学への」「文学的関心に基づき」これらの仮名草子を入手した、と考えるとしても、いわゆる「漢籍」や学芸の書物ではない、しょせん「仮名」の読み物の草紙、の扱いとして、とりたてて当時の藩主の印記がなされなかったということだろうか。

もう一つの可能性を考える。当文庫における直嵩や直愈の蔵書印の存在に沿って考えるなら、これらの御伽草子や仮名草子の作品が、初刊よりも後代の、むしろ十八世紀の直嵩、もしくはその蔵書を引きついだとみられる直愈の頃までに求められていき、藩の蔵書に加えられ整理されていったのではないか、という可能性である。

直嵩や直愈が、仮名草子を含む前世紀の作品の「本」をも多く蒐集していた、と考えるならば、その目的と意図は何だろうか。

仮名草子というテキストはそれ自身、中世以前からの古典の精神文化を、江戸時代的に咀嚼しながら継承しようとする態度をもつ。学芸と和歌を深く愛好する直嵩や直愈が、元茂や直能の時代に思いを馳せつつ、「初学者向けの和漢の学芸の啓蒙」の本である仮名草子の諸書に、深い興味と関心を抱いたであろうこと、また、藩内の人々を教化する啓蒙の書として活用しようとしたであろうことは、想像にかたくない。

『本朝女鑑』はとくに、和漢の古典や注釈書等との親和性の高いテキストである。そして、読み物としても比較的親しみやすく興味深い作品であったため、広く享受されたのではないだろうか。あるいは、さらに当文庫蔵の『広益俗説弁』の十八世紀当時の読者であれば、その本文の批判点と該書とを比較対照しながら、読み楽しむこともできただろう。

このことは、文学史的に「十七世紀を代表する作品ジャンル」といわれる仮名草子の受容が、十七世紀内にとどまらず、（たとえば『堪忍記《かんにんき》』の後刷本が江戸後期まで残り続けたように）江戸時代の十八世紀以降のより広範な層の人々の、初学者的「教養」の趣味と興味に応じて広がり、実際に影響を及ぼしていた――という推測につながっていく。直嵩や直愈の蔵書印の存在は、その享受の様相の一つを示す根拠になりうると考えられるのである。

注

1　若尾政希「『人国記』と「太平記」読み」（『アナホリッシュ国文学』八号「特集・太平記」、響文社、二〇一九年十二月）。

2　今井正之助他校注『太平記評判秘伝理尽鈔』三（東洋文庫、平凡社、二〇〇〇年）。

3　白石良夫・湯浅佳子校訂『広益俗説弁続編』（東洋文庫、平凡社、二〇〇五年）。

23

「笛を吹く業平」伝説の享受

『青葉のふえの物かたり』

大久保順子

『青葉《あおば》のふえの物《もの》かたり』は室町物語。在原業平が登場する「業平物」の一つである。「名笛」伝説に関する先行諸説話や『伊勢物語』絵巻図像等の多大な影響がうかがわれ、不老長寿の美しい稚児が業平を異世界に誘う夢幻的な物語は、文雅を愛する近世の読者をも魅了しうる。［書誌情報］刊本、大本、二巻二冊。無刊記本（巻末に刊記なし）。年記・序跋・目録・奥書《おくがき》・奥付等はない。函架番号 o93-01。

室町物語『青葉のふえの物かたり』刊本

当文庫蔵の無刊記本では、補修された草花模様の後補表紙の各冊の題簽《だいせん》に、外題《げだい》「青葉のふえの物語　上（下）」が墨書されており、各冊の巻頭に内題《ないだい》が「青葉のふえの物かたり　上（下）」とある。内題と丁付、本文と挿絵の体裁を同じくする赤木《あかぎ》文庫蔵の大本二巻二冊は、外題「青葉のふえ」の印刷原題簽をもち、第二冊巻末に「寛文七年丁未正月吉日／藤井五兵衛新板」の刊記をもつ。無刊記本も寛文七年（一六六七）刊本も、次のように本文が始まる。

むかしにんめい天わうの御とき。山しろのくに大りのほとりに。よる〳〵ふえをふきける。かのふえのねよのつねならずたゞ人にあらず。おもしろくねきこへ御かときこしめし。ありはらの中じやうなりひらをめして。このふえをふく物をとりてまいらせよとせんしをくだしたまふ

（『青葉のふえの物かたり』巻上巻頭、当文庫蔵本より）

【現代語訳】
仁明天皇《にんみょうてんのう》の御時、山城国《やましろのくに》の都の内裏《だいり》の辺に毎夜、世の常ならぬ笛の音が流れる。帝《みかど》の命で、在原中将業平《ありわらのちゅうじょうなりひら》はこの謎の笛の音の主を探索することとなった。

以下、刊本の本文の表現に基づいて、この物語の概要を記す。

【巻上】在原中将業平は、長月《ながつき》十日の月の夜、神泉苑の池の辺で自らも笛を吹きつつ、笛の吹き主を追跡するが、西の朱雀大路《すざくおおじ》を四束まで下ったとき、音が消えた。探索を続けた中将は、ある月夜、大極殿《だいごくでん》から西へ移動する笛の音の主をついに目撃した。それは十四、五歳の美しい稚児《ちご》で、男山《おとこやま》の西、水無瀬川《みなせがわ》の辺の荒寺に、中将を導く。中将が業平と名乗り、帝の命を受け追って来た経緯を告げると、稚児は明日、津《つ》の国箕面《みのお》の山寺へ中将を招待すると言い、二人は笛の合奏を楽しんで夜を明かす。

中将は内裏に報告し、次の夜、舎人《とねり》一人を具して出発する。月明かりの下、金紗金襴《きんしゃきんらん》の服に鬢《びん》を結い黄金の団《うち》扇《わ》を持つ天人のような姿の稚児と、容顔美麗の中将業平の二人は、昨夜の寺から松浦の原、難波の昆陽《こや》を過ぎ、箕面の里に着く。山中に煌煌《こうこう》と聳《そび》える滝、蔦《つた》の細道を越え、白雲うち登る苔《こけ》の岩扉《いわとびら》を押し開いた。

突然四季の花々が咲き乱れる庭と、背後の大きな松の木の茂りが見え、そこに建つ宮殿に、稚児は中将を招き

入れた。水晶の折敷《おしき》、瑠璃《るり》の杯《さかずき》に黄金の銚子《ちょうし》で甘露《かんろ》の酒を中将に勧めた稚児は、自分の身の上を語りはじめる。

【巻下】かつて八幡の敷地にいた稚児は七歳で父母を失い、十一歳のとき、父母の菩提《ぼだい》のため三年間法華経《ほけきょう》を案じた。十四歳の三月、男山の麓、松原で両親を思って泣いていると、八十歳位の老僧が現れた。老僧は普賢菩薩《ふげんぼさつ》の化身で、稚児を観音浄土へ連れて行く。法華経の功徳《くどく》で稚児は不死の薬を得、不老長寿となった。稚児は、法華経を大切に読誦《どくじゅ》する中将業平の徳に応えるため、笛を吹いて招いたという。

帝への土産にと、稚児は白檀《びゃくだん》の箱から「青葉《あおば》の笛《ふえ》」を取り出し中将に与える。宮殿では稚児と中将の管弦、法華経の読誦が始まり、池の辺には天人たちが舞い遊ぶ。中将は歓喜の涙を流す。稚児は衣裳を着替え、持仏堂《じぶつどう》に中将を招く。瓔珞露《ようらくつゆ》を垂れ異香薫《いこうくん》じられる中、釈迦三尊像《しゃかさんぞんぞう》の前で尊い読経が始まる。

次第に夜が明け、童子二人が現れ「善哉《ぜんざい》なり」と稚児を撫《な》でる。別れのときが迫る。稚児は「今生《こんじょう》にて遭うことはなく、後世で兜率天《とそつてん》に生まれ変わり、再会しましょう」と言い、中将と互いに涙して名残を惜しみつつ、仙境に帰っていった。

中将は都の帝に青葉の笛を献上し、笛を得たありがたい経緯と法華経の徳を奏聞《そうもん》した。帝も貴賤《きせん》の人々も皆不思議を感じ合う。感激した帝が後日、返礼の勅使《ちょくし》として中将を箕面へ遣わすが、稚児には二度と会えなかった。中将が法華経の徳で栄華を得、生きて極楽浄土を拝んだ体験は羨望され、人々も信心を篤くし、信有れば徳有りと語り伝えた。

この物語の内容は奈良絵本『仁明天王《にんみょうてんおう》（仁明天皇物語《にんみょうてんのうものがたり》）』（国立国会図書館蔵）や、『青葉の笛の物語』（内閣文庫、慶應義塾大学図書館蔵旧横山重蔵赤木文庫本、等）の諸写本にも伝えられている。ただし、写本系の本文では、登場人物の法華経信仰の尊さを説く部分が全編に盛り込まれ、老僧と稚児が向かった浄土の世界や、青葉の笛の形状や由来等を語る後半の部分が、刊本系本文よりも詳細で、分量も多い。濱中修は、殊に慶大蔵写本の記述の「仙童」「箕面」に着目し、謡曲『菊慈童《きくじどう》』等の種々の慈童説話の影響や、「護法童子《ごほうどうじ》」の援助という法華経賛嘆、名笛の「王法仏法相依」といった物語の性質を指摘する（『室町物語論攷』新典社、一九九六年）。その写本系本文と比べると、刊本系の本文は展開の描き方が、より簡略になっている（横山重・松本隆信編『室町時代物語大成』第一、角川書店、一九七三年、赤木文庫蔵本翻刻および巻頭解説）。

写本系、刊本系のいずれの本文も、『業平集』『伊勢物語』等にはみられない内容をもつ。室町物語の「いわゆる業平物の一作品」（石川透「室町物語における『伊勢物語』享受」、徳江元正編『伊勢物語註』室町文学纂集Ⅰ、三弥井書店、一九八七年）と位置づけられる本作品の先行研究を参照しつつ、当文庫蔵の近世刊本の享受者が、物語世界をどのように味わい得たのかについて考えたい。

笛を吹く貴人と異界交流のイメージ――『伊勢物語』と名笛説話

「仁明天皇」の在位時、実際の在原業平は承和《じょうわ》七年（八四〇）頃に元服し、承和十二年（八四五）に左近将監《さこんのしょうげん》、同十四年（八四七）に蔵人《くろうど》、嘉祥《かしょう》二年（八四九）に従五位下に叙されたが、その後、仁明天皇崩御後の貞観《じょうがん》五年（八六三）まで散位《さんい》（官職なし）であったという。清和《せいわ》天皇在位時の貞観十七年（八七五）、五十一歳の業平は右近衛権中将《うこんえのごんのちゅうじょう》となった（遠藤慶太『仁明天皇』吉川弘文館、二〇二二年、「「在原業平」及び略年表」及び今井源衛著作集七『在原業平と伊勢物語』笠間書院、二〇〇四年）。「仁明天皇の頃」の若き業平に、実際には「中将」の呼称はそぐわない。だが、『青葉のふえの物がたり』の業平には一貫して「中将」の呼称が与えられ、本文内では終始、二十代位の業平が若き笛の名手「中将」として登場するのである。勅命を受け笛の音の主を探索する展開からすでに、主人公に「栄華」の若き貴公子のイメージが色濃く、虚構的に造型された業平となっている。

その「業平」が笛を吹く、という発想には、『伊勢物語』第六十五段「在原なりける男」が関わるとされる（※以下、新日本古典文学大系本より引用。傍線は引用者による）。

・むかし、おほやけ思して使うたまふ女の、色ゆるされたるありけり。大御息所《おおみやすのどころ》とていますかりけるいとこなりけり。殿上《てんじょう》にさぶらひける在原なりけるおとこの、まだいと若かりけるを、この女あひ知りたりけり。（中略）

・かかるほどに、帝《みかど》聞こし召しつけて、このおとこをば流しつかはしてければ、この女のいとこの御息所、女をばまかでさせて、蔵《くら》に籠《こ》めてしおりたまふければ、蔵に籠《ごも》りて泣く。

海人《あま》の苅《か》る藻《も》にすむ虫の我《われ》からと音《ね》をこそ泣かめ世《よ》をばうらみじ

と泣きをれば、このおとこ、人の国より夜《よ》ごとに来つつ、笛をいとおもしろく吹きて、声はおかしうてぞあはれにうたひける。かかれば、この女は蔵に籠りながら、それにぞあなるとは聞けど、あひ見るべきにもあらでなむありける。

【大意】

昔、帝が寵愛し禁色の着用を許した女がいた。女は大御息所の従妹だった。この女は、在原氏の、ある非常に若い男と関係を持っていた。それを知った帝はこの男を流罪とし、大御息所は女を宮中から退出させ罰した。蔵に閉じ込められた女は泣く泣く「海人の苅藻」の歌を詠む。男が流罪の地から夜ごとに蔵の元に来て、上手な笛を奏で、美しい声で歌うのを、女は会えないまま聞いていた。

この「女」の「海人《あま》の苅藻《かるも》」の歌は『古今和歌集』巻十五恋五に、典侍《ないし》藤原直子《なおいこ》朝臣の歌（八〇七）として載る。

もとより『伊勢物語』第六十五段は、「物語中、最長の章段であり、二条后章段の総括の趣をもつ段」(大井田晴彦校注『伊勢物語』三弥井書店、二〇一九年)といわれ、「和歌のほとんどは『古今集』の歌を利用し」て作られた(片桐洋一『伊勢物語全読解』和泉書院、二〇一三年十二月)、後の時代に成立した章段とみられている。李白「春夜洛城聞笛」や杜甫「吹笛」、また名家の青年と妓女の恋を描いた唐代の白行簡《はくこうかん》撰『李娃伝《りあでん》』の影響も指摘される(竹岡正夫『伊勢物語全評釈』右文書院、一九八七年)。

本段の「まだいと若かりける」「在原なりけるおとこ」と年長の「女」に、業平と二条の后をあてはめる場合、二人の年齢差は実際とは逆転し、歌の作者との矛盾の問題も生まれる。『伊勢物語』古注釈はそれらの問題を、高子・直子の作者同一説や、高子による『古今集』引歌《ひきうた》説等で解釈しようとした。小城鍋島文庫では寛文八年(一六六八)の中村五兵衛版本を蔵する細川幽斎『伊勢物語闕疑抄《けつぎしょう》』の、第六十五段の注が

> 又業平いづくのくにへ流罪《るざい》ともなけれは、京のかたはらにも忍ひてあるか、おもてむきは流罪《るざい》の身なるによりて、人の国よりかよふと云なるべし、作物語の躰なり
>
> 【大意】
>
> 在原業平の流罪の記事はなく、京の郊外に隠れていたか、表向き流罪の身で他国から通っていたという話だろう、虚構である。

としている。この箇所は一条兼良《いちじょうかねよし》『伊勢物語愚見抄《ぐけんしょう》』も「まこと流されたれば、たやすく其国をはなるるべからず、これにてつくりごととは知べし(本当の流罪であれば簡単に流刑地からは来られない、そこから虚構とわかる)」とする(『全評釈』)。片桐洋一は「第三段から第六段の世界を「実相」として尊重しつつ」「異なった「仮相」の形にして語っている」

物語（『全読解』）、と本段を評している。物語の享受者に虚構性は意識されていながら、「在原なりける男」を業平と理解する論理づけがさまざまになされたことも、「笛をいと面白う吹」く「業平」の逸話が後代に伝わっていった一因と考えられる。

この「業平らしき」吹き手がさらに「笛の名手」となるに至る要素とみられるのが、「青葉の笛」と関連する古今の名笛の事跡である。異界の者と交流する「笛の名手」、すなわち浄蔵《じょうぞう》や源 博雅《みなもとのひろまさ》等の、次のような諸説話の影響がうかがわれる。

○『江談抄《ごうだんしょう》』巻三（新日本古典文学大系本より）

・笛　大水竜《おほすいろう》、小水竜《こすいろう》、青竹《あをたけ》、葉二《はふたつ》、柯亭《かてい》、讃岐《さぬき》、中管《ちゅうくわん》、釘打《くぎうち》、庭筠《ていきん》。（四八）

・葉二為高名笛事　又被命云、葉二物高名横笛也。号朱雀門之鬼笛是也。浄蔵聖人吹笛、深更渡朱雀門、鬼大声感之。自爾此笛乎給件聖人云々。（五〇）

・博雅三位吹横笛事　被談云、博雅三位ノ笛吹ニ鬼ノ吹落ルト。被知哉如何。答曰、慮外承知候也。（五三）

【大意】

古今のさまざまな名笛のうち、葉二《はふたつ》は高名な横笛で、朱雀門の鬼の笛とはこれである。浄蔵聖人が笛を吹き深夜に朱雀門を通ったとき、鬼はその音色に感激して笛を与えたという。源三位博雅が吹いた笛の音で鬼が吹き落されたという話もある。

○『十訓抄《じっきんしょう》』巻下　十ノ二十（新編日本古典文学全集本より）

・博雅三位《はくがのさんみ》、月の明かりける夜、直衣《のうし》にて、朱雀門《すざくもん》の前に遊びて、よもすがら笛を吹かれけるに、同じさまに、直衣着たる男の、笛吹きければ、たれならむと思ふほどに、その笛の音、この世にたぐひなくめでたく聞えければ、あやしくて、近寄りて見ければ、いまだ見ぬ人なりけり。われもものをもいはず、かれもいふことなし。かくのごとく、月の夜ごとに行きあひて、吹くこと、夜ごろになりぬ。かの人の笛、ことにめでたかりければ、こころみに、かれを取りかへて吹きければ、世になきほどの笛なり。そののち、なほなほ月ごろになれば、行きあひて吹きけれど、もとの笛を返し取らむともいはざりければ、ながくかへてやみにけり。三位失せてのち、帝《みかど》、この笛を召して、時の笛吹どもに吹かせらるれど、その音を吹きあらはす人なかりけり。

・そののち、浄蔵といふ、めでたき笛吹ありけり。（中略）この笛を吹きけるに、かの門の楼上に、高く大きなる音にて、なほ逸物かなとほめけるを、かくと奏しければ、はじめて鬼の笛と知ろしめしけり。「葉二」と名づけて、天下第一の笛なり。（中略）この笛には葉二つあり。一つは赤く、一つは青くして、朝ごとに露おくといひ伝へたれば、京極殿御覧じける時は、赤葉落ちて、露おかざりけると、冨家《ふけ》入道殿語らせ給ひけるとぞ。

・笛には皇帝《おうだい》、団乱旋《とらんでん》、師子《しし》、荒序《こうじょ》、これら四秘曲といふ。それに劣らず秘するは、万秋楽《まんじゅうらく》の五六帖《じょう》なり。笛の最物《さいもつ》には、青《あお》葉、葉二、大水龍《おおすいりょう》、小水龍《こすいりょう》、頭焼《かしらやけ》、雲太丸《くもだいまろ》、これらなり。名によりて、おのおの由緒ありといへども、長ければ略す。

【大意】

源三位博雅が月夜、朱雀門の前で直衣姿の笛の名手とたびたび遭遇した。試みに博雅が自分の笛と交換し、男の笛を手に入れて吹くと、大変な名笛だった。博雅の死後、帝に召された名笛を、名人の浄蔵が吹き、笛の元の主が朱雀門の鬼とわかった。「葉二《はふたつ》」には赤と青の葉があり、毎朝露が下りたという。古来、笛には四秘曲がある。また横笛の名物には青葉、葉二などがあり、笛ごとの各由来は略す。

源博雅は月夜の朱雀門《すざくもん》辺りで直衣《のうし》姿の男と笛を合奏し、男（鬼）の名笛を得る。浄蔵は朱雀門でその笛を吹き「葉《は》二《ふたつ》」命名の元となった、とする。

『伊勢物語』第六十五段の「男」の「笛を吹く業平」のイメージだけでなく、このような博雅や浄蔵らの「笛の名手」、葉二や青葉等の「名笛」の話が混融していった末に、「笛の名手＝業平」譚が生まれてきたのではないかと考える。業平が「笛の名手」である、という伝は、中世以降の文献にとくに現れる。前掲の石川透解説が指摘する、元亨二年（一三二二）頃成立の狛朝葛《こまのともかず》編『続教訓抄《ぞくきょうくんしょう》』巻十一上（正宗敦夫編『日本古典全集』複製、一九三九年）の記述は、その例である。

葉二ハ、禅定殿下ノ仰云、朱雀門ノ鬼ノ笛也（中略：『十訓抄』の博雅、浄蔵の話）大外記師遠語テ云ク［割注・師任孫師平子］昔殿上人、月夜一廻トテ歩行ニテ陽明門ヨリイテヽ、朱雀門ヨリ入ケリ、人ミナ内裏ヘ参リテ後、業平中将一人此門ニトマリテ、月ヲ感シテ笛ヲ吹テ入ケリ、楼上ノ鬼大ニ感シテ、此笛ヲ給トイヘリ

業平ハ天長二年乙巳生ル、元慶四年五月廿八日卒［割注・年五十六］此人ノエタル笛ヲ、後ニ浄蔵ノ吹タラムハ、年紀符合セリ、博雅ハコトノホカノ相違也

【大意】

（業平が笛を吹き、感心した朱雀門の鬼が笛を与えた説について）業平は天長二年生まれで元慶四年卒の五十六歳。業平の得た笛を後に浄蔵が吹く、なら時代は合うが、源博雅の没後に笛を浄蔵が、という話では時代順が相違してしまう。

『続教訓抄』の記述では『江談抄』の浄蔵の話が「業平中将」の話になっている。三善清行《みよしのきよゆき》の子であり天台僧の浄蔵は康保元年（九六四）卒で、ほぼ同時代の人物ではあるが源博雅は天元三年（九八〇）卒である。『続教訓抄』の記事は、源博雅没後に笛を浄蔵が、といった『十訓抄』のような話の時系列を錯誤とし疑義を呈している。業平の方が浄蔵より古く、業平が得た笛を浄蔵が吹く、の方が「年紀符合」するという論理で、その逸話を伝えているのかもしれない。

『神道集』『小式部』の「笛上手」の業平

このような先行説話の融合から造型されたとみられるのが、南北朝、文和延文年間（一三五二～一三六〇）頃成立[*1]の『神道集』巻四の十八「諏訪大明神五月会《さつきゑ》事」に登場する、業平像である。

平城天王五代御孫子、難有人、歌道家伝、昔今類少人也、凡文武二道達、和漢両国名伝、諸道不暗、手跡人勝、舞楽並無、而人寵愛事無限…此人清和・陽成・光孝三代帝仕臣下也、就中此人笛上手也、日本国不相応扇、閻浮第一可云

（神道大系文学篇一『神道集』より）

【大意】

在原業平は平城天皇から五代目の子孫で、貴種であり、家伝の歌道で古今に類少なき名人である。文武の二道に達し、和漢両国に名が伝わるほど諸芸道に通じていた。書や舞楽の技に並ぶ者はなく、誰からも限りなく愛された。三代の帝の臣として、とくに笛の上手であった。国内にとどまらず世界で第一の人だろう。

業平は元慶四年（八八〇）に没しており、「清和・陽成・光孝三代帝」は、正しくは「仁明・文徳・清和・陽成」の「帝」、とすべきところだろうか。あるいは『伊勢物語』第百十四段の、元慶八年（八八四）即位の光孝天皇＝「仁和の帝」と「男」（在原行平）の話をも含めた、物語世界全体の「男」が「業平」と解釈されたことによる、後代の業平のイメージとしての「三代帝仕臣下」の表現の可能性もある。それにしても、この業平には歌道と「笛上手」の上に、書や舞楽まで「諸道」万能の多才ぶりが加わっている。

だが、この『神道集』「諏訪大明神五月会事」では、業平は信濃国の鬼王・官那羅《かんなら》の名笛「青葉の笛」の入手のため、百本の笛を作り、夜な夜な高山深谷に出掛け、秘曲を吹いて官那羅を誘い、偽笛とすり替えて得た青葉の笛を、帝に献上する。官那羅は名笛を取り戻すため、宮中に襲来して女房を奪う。物語の後半は、満清将軍が諏訪《すわ》大明神・熱田《あつた》大明神の力を借り、戸隠《とがくし》・浅間《あさま》ヶ嶽《だけ》の官那羅を追討する鬼退治譚に展開し、諏訪大明神の本生譚として結ばれる。

この話の前半部には、『十訓抄』の博雅と鬼のような業平と官那羅の笛の交換の話があり、「もとの笛を返し取らむともいはざりければ」の表現の影響を受けている感もある。官那羅の笛も、「葉二」の笛の「朝ごとに露おく」性質を持っている。このように本話には、複数の説話の要素が重ねられていることがうかがわれる。

「『神道集』に採録された本地物語の多くが、御伽草子の本地物や説経浄瑠璃ないしは近世初期の地方の語り物として独立した形で存する」（村上学「神道集」項目解説、『日本古典文学大事典』明治書院、一九九八年）という。しかし貴志正造は、『神道集』のこの話の前半と『青葉の笛の物語』が、「似ているが、直接の影響関係はなく、どちらも巷間の伝承から独自に材を得たものであろう」とし、「諏訪大明神五月会事」の「三つの民間説話を継ぎ合わせた編集技術はけっして巧みとはいえない」（東洋文庫『神道集』解説）と指摘する。『神道集』の業平の名笛の入手方法は機知的な面白さはあるものの、やや詐術的な方法で、笛をだまし取られた被害者の官那羅の方が気の毒でもある。

それと比べて、室町物語『青葉のふえの物かたり』の世界は、仙境の不老不死の優美な童子と業平が遭遇する、夢幻的な異界譚として、二人の調和的な交流と貴種性が損なわれず、物語全体が耽美的に創造されている印象を与える。石川透は「鬼の替りに稚児を出し、作品全体に『法華経』の功徳が説かれる」点を「作者の工夫」（前掲『伊勢物語註解説』と指摘する。濱中修もまた、中世の稚児物の「悲劇的な童子」と比べ、仙童への「純粋な憧憬の念」（『室町物語論攷』）を語る貴重な物語として本作を評価している。

業平を賛美する語りは、室町物語のほかの作品にもみられる。

かの、なりひらと申は、てんかの色このみ、ならひなきほとの、ひしんなり、其すかた、あまりいつくしくて、御すかたもかゝやきて、いつも見あかぬ程の、ひしんなり、御身より、らんしやのにほひ、いてさせ給ひて、御とをりたまへは、よそまても、くんしけり、くわんけんの道、あふきまても、きはめ給ふ、ことさら、ふへのしやうすなり、うたのみちにをきては、猶あきらめたまへり

（『小式部』、室町時代物語大成より。底本は天理図書館蔵写本）

【大意】

業平は天下の色好みにして美貌、輝く姿を人々が見飽かぬ程で、身からは蘭奢待《らんじゃたい》の香を漂わせていた。管弦の道を究め、とくに笛の上手で、むろん歌道にすぐれていた。

このように、光源氏や匂宮らしいさまざまな貴公子の美質までが「業平」の存在に集約されて表現される例がある。『青葉のふえの物かたり』の業平も、そうした形象化の一つとみられ、さらに自然と仙境の美景、不老長寿の稚児の存在と法華経信仰の尊さも盛り込まれた、祝言的な結末へと造型されているといえる。

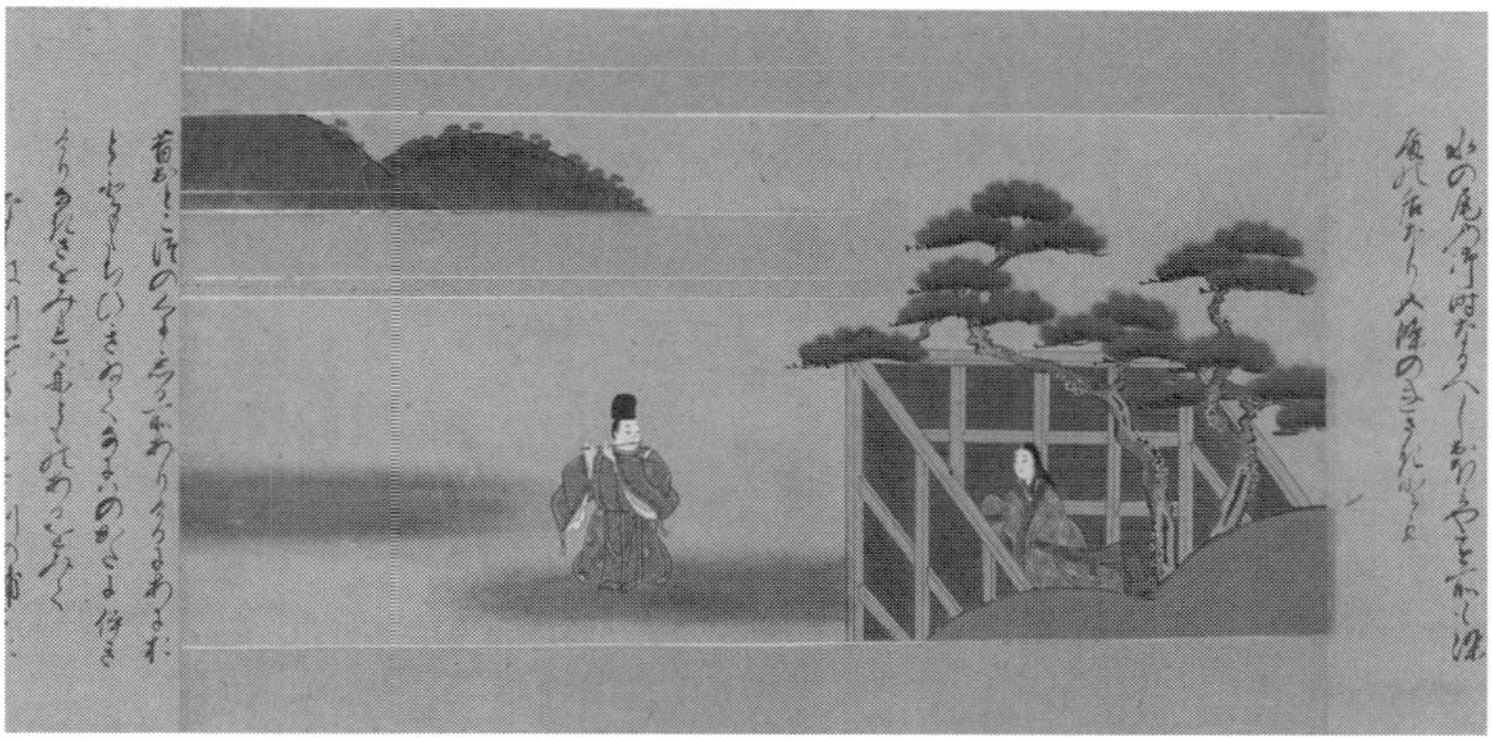

❶『伊勢物語絵巻』65段（京都国立博物館蔵）

❷『伊勢物語小絵巻断簡』（慶應義塾図書館蔵）

挿絵の業平像——当文庫蔵刊本と奈良絵本『青葉の笛』、『伊勢物語絵巻』

「笛の名手＝業平」のイメージが中世だけではなく、近世においても享受されていたことは、中世以降の絵巻や絵本、そしてその影響による刊本挿絵の図像化からうかがうことができる。

『伊勢物語』に関しては、江戸時代初期の成立とされる京都国立博物館蔵『伊勢物語絵巻』【❶】に、「蔵に籠め」られた室内の女性と、その屋外で「笛を吹く」男の、第六十五段らしい図が描かれている。同様の図は、慶應義塾図書館蔵『伊勢物語小絵巻断簡』（江戸前期頃写）【❷】にもある。第六十五段の本文では、笛だけではなく「声はおかしうてぞあはれにうたひける」とあるが、口を開けて「歌う」ような姿よりも、「笛を吹く」動作の方が、男を視覚的に美しく図像化しや

❹『仁明天王』奈良絵本（国立国会図書館蔵）

❸『青葉の笛』奈良絵本（英国図書館蔵）

❺『仁明天王』奈良絵本（国立国会図書館蔵）

すいのかもしれない。「夜ごとに」屋敷の外から（高子を髣髴とさせる）女性に向けて、「男」（＝業平）が「笛をいと面白く吹」く、という第六十五段のイメージが、物語の読者に共有されていたことを、この図は示していよう。

一方、室町期の成立とみられる『青葉の笛の物語』の図としては、彩色の豪華な奈良絵本『青葉の笛（仁明天皇物語）』の存在が知られる。英国図書館（BL）蔵の奈良絵本『青葉の笛（The Tale of the Flute with Green Leaves）』【❸】や、国立国会図書館蔵の奈良絵本『仁明天王』【❹・❺】等である。近世前期に刊本化された本作品『青葉のふえの物かたり』の当文庫蔵無刊記本や寛文七年版本にみる挿絵【❻】には、これらの奈良絵本の絵の構図の影響がうかがわれる。

『伊勢物語絵巻』の第六十五段とみられる❶や❷で笛を吹く「男」は烏帽子《えぼし》姿である。対して、奈良絵本『青葉の笛』『仁明天皇物語』の図の「中将」は衣冠の姿をしていながら、体勢は『伊勢物語』の「笛

❻『青葉のふえの物がたり』刊本上　挿絵

を吹く」男の像によく似ている。『青葉の笛』『仁明天王』の❸や❹・❺、本作品刊本挿絵の❻は、『伊勢物語』第六十五段の「男」の図像の解釈の影響から生まれた「業平」の姿なのではないか。

　業平と稚児の笛の音が流れる場面の図についても、英国図書館蔵写本『青葉の笛』の優美な彩色画の❸では、『伊勢物語絵巻』❶や❷に見えた第六十五段の図の松の木の枝が、業平の上に茂っている。国立図書館蔵の奈良絵本『仁明天王』の方では、始めに業平が笛を吹く場面【❹】と、業平が訪れた館の橋の上で稚児が笛を奏でる場面【❺】がそれぞれあり、二人の演奏が同図に描かれるのではない。❺の業平の側には松の枝ではなく、背景の雁と月と紅葉が描かれる。この『仁明天王』が「秋を特徴付ける要素を盛り込んで画面を構成している」[*2]と指摘される図であり、この満月は本文の「くまなき月の」（写本系本文）の情景を表現しているものとみられる。

　「たけなる御ぐしを、びんづらにゆひ」という稚児の髪型も、絵本や刊本挿絵の図に表現されている。笛を吹く業平と稚児を描いた場面については、奈良絵本の❸の図では業平と稚児の二人が松の木の下で並んで吹いており、業平が稚児と夜明けまで演奏して過ごした場面のように見える。しかし刊本の挿絵の❻

は巻上の始めの本文二丁裏・三丁表にあり、業平が笛の音を探索しながら自らも吹く場面の記述に続いて配されている。❻でも業平の側に、やはり松の木の枝が描かれるが、その位置は稚児とはさらに距離があり、見開きの一図の左右に二人が配され、夜の空間が拡がっている。この挿絵の二人の位置が、稚児の姿は業平には見えず、笛の音だけが聴こえてくるという雰囲気を、演出している感がある。

なお、刊本の❻をはじめとする巻上と巻下の挿絵では、秋の紅葉は巻下の稚児の館の遠景に少しある程度で、仙境に至る山中では、滝と杉や隈笹、松等の植物の方が印象的に描かれる。刊本挿絵の❻の業平と空間の表現の着想が、❸のような業平像、あるいは❹と❺の二図を取り合わせたようなところから得られている可能性も考えられる。

室町物語の御伽草子である本作品が刊本化された時期は、十七世紀の藩主直能の頃にあたる。だが該書は、当文庫蔵の仮名草子作品群に多くみられる、鍋島直嵩の「叢桂館蔵」や直愈の「曲肘亭」の蔵書印を持つ。この書の物語が仮名草子作品と同様、前代の文雅を後代に親しむ直嵩や直愈の趣味に、よくかなうものであったであろうことを、この蔵書印は感じさせる。

前述の当文庫蔵の寛文八年版本『伊勢物語闕疑抄』には「叢桂館蔵」印がある。歌人であった直嵩が、『伊勢物語』解釈史の成果たる諸注釈を学ぶかたわら、「笛を面白う吹」く「業平」の物語に接していたことが想像される。読者は歌人の面影を追慕しつつ、不老不死の「仙家」の異界と法華経信仰縁起の要素をもつ、幻想的な室町物語風の業平と稚児の世界の美を、興趣深く楽しんだのではないだろうか。

注

1　貴志正造訳『神道集』(東洋文庫、平凡社、一九六七年)解説。
2　柴田芳成「『青葉の笛の物語』考――箕面の異界」(『中世文学と隣接諸学』第九巻「中世の物語と絵画」竹林舎、二〇一三年五月)。

24

寛永寺の文芸サロンと菊地五山

『和歌題絶句』

中尾健一郎

菊池《きくち》五山《ござん》は、東叡山寛永寺の舜仁法親王《しゅんにんほっしんのう》の詩歌合にて絶句を作り、百首を『和歌題絶句《わかだいぜっく》』と題して出版した。小城鍋島文庫本は献呈本と見られる。同書を読み解き、舜仁法親王の文芸サロンと五山の関係、および同書が小城鍋島文庫に納められた背景について考える。

【書誌情報】刊本、中本、一巻一冊。見返しに朱刷で「経　東叡／大王懿覧」。佐藤一斎《さとういっさい》の叙、吉川 恭黙《きょうもく》の跋あり。刊記に「邨嘉平　刻」。蔵書印「姫水娯観」。函架番号097-25。

『和歌題絶句』とその構成

小城鍋島文庫には『和歌題絶句』という変わった名の漢詩集がある。奥付はないが、天保十年（一八三九）十二月の跋文があるので、該書はこの頃に出版されたことがわかる。著者は菊池《きくち》五山《ござん》（一七六九〜一八四九）、『五山堂詩話』で著名な江戸後期の漢学者である。「和歌題」とは、歌会のときに提示されるお題。つまり和歌の題で作った絶句を集めている。小城鍋島文庫本には、「姫水娯観」の蔵書印が捺されているが、蔵書印主が不明のため、誰の所有であったかはわからない。「荻府学校」等の印記は見えず、藩校所有の書籍ではないので、個人の蔵書が文庫に納められたと推測される。この書物については簡略な解題を書いたことがあるが、[*1]執筆後に判明したこともあるため、改めて成立の背景や五山の和歌題絶句の特色について述べよう。小城鍋島文庫本の旧蔵者として考えられる人物についても、最後にふれることにしたい。

江戸時代における「和歌題」を題に含む書籍としては、『六如淇園《りくにょきえん》和歌題百絶』（文化十五年［一八一八］刊）が先行する。書名からわかるように六如上人、皆川淇園の絶句、計百首を集めたものである。五山の『和歌題絶句』もこれと部立を同じくすることから、六如・淇園の百絶に刺激を受けたであろうとの指摘がある。[*2]後述するように『和歌題絶句』は寛永寺貫首時代の舜仁法親王《しゅんにんほっしんのう》（一七八三〜一八四三）の歌会の席で作られた詩を収録しており、『六如淇園和歌題百絶』は天台座主となった公延入道親王《こうえんにゅうどうしんのう》（安楽心院、一七六二〜一八〇三）の京都における歌会で作られた詩からなる。[*3]つまり皇族の歌会で作られたという共通点があるが、本章においては『和歌題絶句』のみを取り上げるため、『六如淇園和歌題百絶』には言及しない。参考までに『和歌題絶句』の部立と題を挙げよう。一つの題につき一首が作られ、次のように並べられている（傍線筆者、以下同じ）。

【春】

暁鶯、池上梅、梅香移柳、河辺柳、草漸青、春月、朝春雨、春夕雨、野春駒、暁雉、雨催花、遊糸、暮春雨、暮春水、春寺

【夏】

首夏風、朝更衣、新樹、初聞郭公、早稲多、端午興、刈菖蒲、山家樗、樗誰家、五月雨晴多、泊水鶏、短夜月、瞿麦、暁照射、垣夕顔、碧荷蔵水、夕立過、夕立晴、村夕立、蟬晩枝噪、晩夏涼、名越祓、閑居夏、夏竹

【秋】
初秋風、田家新秋、七夕天、七夕月、雨中萩、名所萩、薄未出穂、秋花催興、草花非一、雨中虫、嶺上鹿、雲間稲妻、海辺見月、月前雲、暮天雁、朝夕雁、月前擣衣、擣衣妨夢、暁野分、紅葉浅、惜紅葉、山家暮秋、田家暮秋、秋田家、田家秋暁、秋灯、由来感思在秋天
【冬】
雨中落葉、河千鳥、蘆間水鳥、池鴛鴦、草庵霰、舟暁雪、歳暮雪、歳暮松、独釣寒江雪
【恋】
聞久恋、馴増恋、後朝恋、忍通書恋、経年恋、両偽恋、貧恋、寄風恋、寄海恋、寄扇恋、寄車恋、寄桃恋、寄鈴虫恋
【雑】
山中滝、旅泊雨、苔、水郷鶴、旅宿鶏、隣里鶏、社頭鳥、猿、晩鐘、暁釣火、王昭君、返魂香

春夏秋冬の部立は、『古今集』や『新古今集』に見えるもので、和歌題は舜仁法親王が主催した歌会の題と同じと見られる。雑歌の題に「王昭君」「返魂香」など、中国の故事に由来するものがあるのは意外である。この二首については後節にて取り上げる。

『和歌題絶句』成立の背景

『和歌題絶句』の版本は、現存が確認されるものに、小城鍋島文庫本のように無刊記で見返しに「経　東叡大王懿

覧」と朱字で摺られたものと、文政七年（一八二四）に「購板」したとの刊記を有する天保十年（一八三九）刊本の二種類がある。参考までに見返と刊記を挙げると、次頁のとおりである【❶・❷・❸】。いずれにも天保十年に著された佐藤一斎《さとういっさい》の叙と吉川恭黙《きょうもく》の跋が掲載されている。小城鍋島文庫本は叙末と跋末に、撰者と書者の印がそれぞれ朱で捺されているので、献呈本と見られる。*4 印が墨で摺られている本は、献呈本が好評を博したため、商業出版されたものであろう。両本とも巻末に「邨嘉平　刻」の附刻があり、刻工は木村嘉平《きむらかへい》であったことがわかる。

小城鍋島文庫本の見返しに、東叡大王の懿覧《いらん》を経たというのは、東叡山寛永寺貫首である舜仁法親王（貫首就任時は公猷《こうゆう》法親王）の叡覧《えいらん》を受けたことを指す。舜仁法親王は有栖川宮織仁《ありすがわのみやおりひと》親王の子で、文化五年（一八〇八）に光格天皇の養子となり、翌文化六年から歿年である天保十四年（一八四三）までの間、天台座主を兼任した時期を除いて輪王寺宮として寛永寺に在住した。書法と和歌にすぐれたとされる。*5 五山の詩集が舜仁法親王の叡覧を経て出版された経緯は、次の佐藤一斎の叙に述べられている。

五山老人、詩名は久しく世を噪《さわ》がし、東台（東叡山寛永寺）の緇素《しそ》、多く橐籥《たくやく》に資す。*6 故に方今《ほうこん》詩僧の夥《おびただ》しきは、東山（寛永寺）焉《こ》れに若《し》くは莫《な》し。老人の名、王府に達し、曩《さき》に嘗《かつ》て詩歌の筵《えん》に厠《まじ》わるを辱《かたじけな》くす。栄幸（栄光）と謂うべし。爾後《じご》、時々筵《えん》に陪《したが》う。然して其の賜る所の題目、皆な倭奆《わとう》（和歌）に係り、体も亦た截句《せっく》（絶句）に限る。而して彼我の興趣、稍異《ややこと》なる。人々、焉《こ》れを難しとす。老人、則ち能く斡旋して之れを出だす。何ぞ其れ自在なるや。属者《このごろ》、山中の社友胥《あ》い謀《はか》りて之れを刻せんと欲す。乃ち之れを王府に稟《もう》して許すを得たり。老人に在りては則ち或いは其の得手《えて》の製に非ず。第《た》だ社友、之れを慫慂《しょうよう》して已《や》まず、是《ここ》に於いて若干の什を採りて、菟苑冊《とえんさつ》（自著を謙遜していう語）と為し、因りて余が叙を索《もと》むるのみ。余も亦た老いたり。四方の応酬、都《すべ》て謝絶に属す。独り老人の懇《まこと》、屏《しりぞ》くべからざるなり。乃ち漫《みだ》りに弁じて小詹《しょうせん》（とりとめもなく話す）なること是《か》くの如し。

（原漢文）

天保十年復月下澣七日

一斎居士佐藤坦識　藤坦

関研書　関研

右の文のあらましは次のようである。詩人として高名な五山は、詩僧の多く集う寛永寺の僧俗を啓発することが多かった。五山のことは法親王の知るところとなり、光栄なことにその詩歌の宴に陪席を許された。法親王が賜る題目はすべて和歌に関わるもので、漢詩は絶句に限られていたが、和歌と絶句とでは趣が異なるため、絶句を作る陪席者

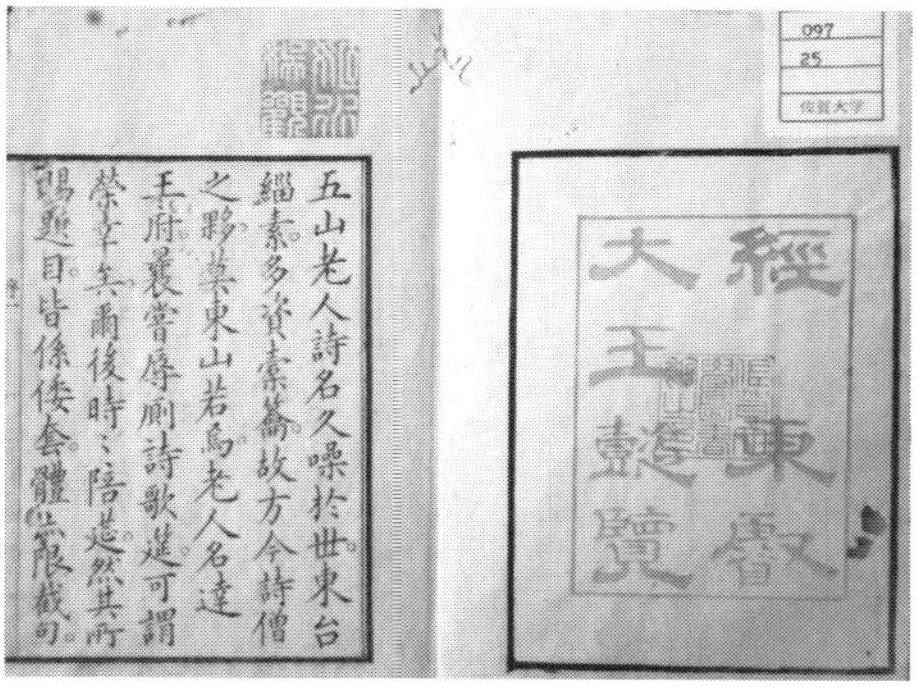

❶『和歌題絶句』

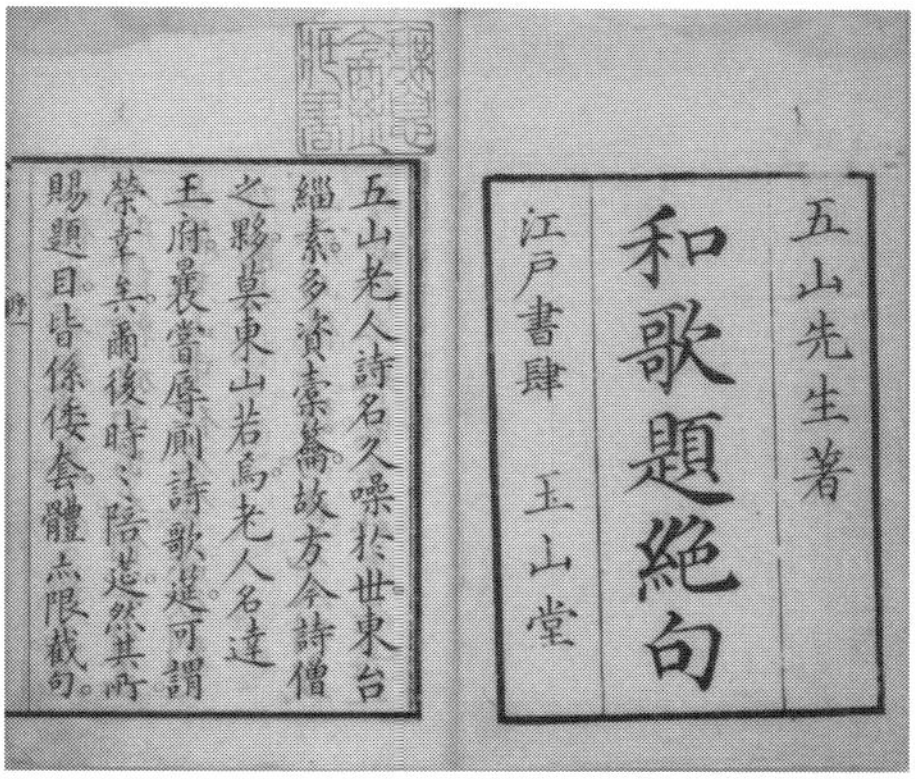

❷『和歌題絶句』（国文学研究資料館松野文庫蔵、出典：国書データベース https://doi.org/10.20730/200013917）

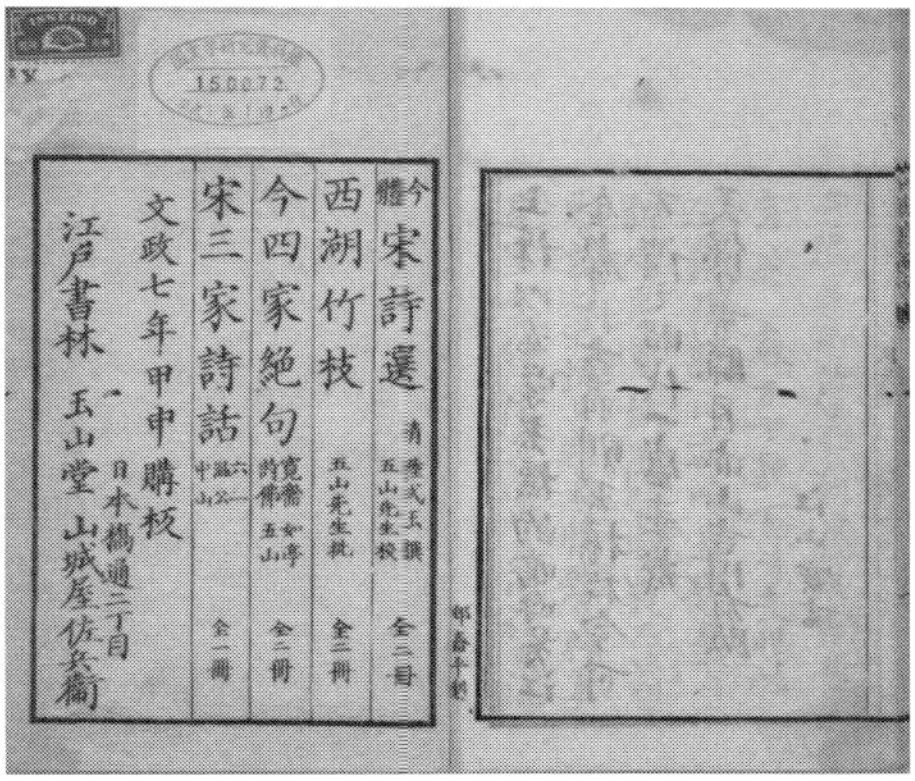

❸『和歌題絶句』（同上）

は苦労した。しかし五山は和歌制作者と絶句制作者の間をよく取りもち、和歌題絶句を自在に詠出した。この頃、寛永寺の歌会の友人たちが五山の絶句集の出版を企画し、法親王の許可を得た。五山は得意の作ではなかったが、友人たちが強く勧めるので出版に同意し、作品を選別して自著の出版のために一斎に叙の執筆を依頼した。一斎は老いており、周囲との詩文の応酬は断っていたが、五山の依頼であるので断ることもできず、無用の言をつらつらと弁じた。

一斎と五山との間にどのような交流があったかは不明であるが、一斎が舜仁法親王と懇意の間柄であることは彼の『愛日楼全集』《あいじつろうぜんしゅう》（ぺりかん社、一九九九年）に収める詩文から看取できるため、五山との接点も法親王の文芸サロンを介してであったと想像される。五山本人からの依頼のほかに、法親王からも執筆を呼びかけられたのかもしれない。「四方の応酬、都《すべ》て謝絶に属す。独り老人の愨《まこと》、屏《しりぞ》くべからざるなり」と綴る一斎の筆致からは、積極的に叙を執筆した姿勢はうかがえない。なお、叙の日付は十一月二十七日であり、十二月の作とする後掲の跋より若干早い。

一斎の叙を書した関研は、近江出身で膳所《ぜぜ》藩の江戸藩邸に詰めていた儒者、関藍梁《せきらんりょう》のこと。研は字で、藍梁は号である。昌平黌《しょうへいこう》で学び、市河米庵《いちかわべいあん》に師事して書を学んだ。一斎の叙を書いたのは、能書を見こまれたのであろう。

次に跋について取り上げよう。撰者は吉川恭黙、名は舜有、字は子常、号は亦山、巣鶴園。江戸の根岸の人。[*7] この人物の詳しい事跡はわからないが、五山の交友圏にあった漢詩人である。その住所とされる根岸（現在の東京都台東区根岸）は寛永寺の近隣であり、跋の内容から舜仁法親王の歌会にも参加していたと考えられる。跋を書したのは関根《せきね》江山《こうざん》、名は為宝、号は趙斎、揮月堂。藍梁に同じくこの人も書家である。

恭黙の跋文も一斎と同様に舜仁法親王の歌会にふれるが、次に挙げるように内容はより詳しい。

> 詩の和歌を以て題し並《あわ》せて作る者は、菅家万葉集の和歌の詩句を以て題と為すに昉《はじ》まる。江家の句題以前に在るは、未だ曽《かつ》て聞くこと有らざるのみ。復た詩歌の題を同じくするは、人其の伎を奏して詩歌合の名興《おこ》る。蓋《けだ》し皆

な二家を以て鼻祖と為す。我が王府も亦た其の例に沿い、月に率《おおむ》ね三次、遍《あまね》く二流を徴す。五山池翁、其の間に列侍し、累年、教（下命）に応ずるもの数百首を下らず。夫の性情の叢《あつ》まる所、詩歌途《みち》を同じくす。唯だ是の体裁は自《おのずか》ら別れ、険夷《けんい》地を易《か》え、湊合《そうごう》実に難し。而るに翁之れを言うこと易《やす》く、又た其の興を極め、情致の妙を象《かたど》る。真に是れ空前絶後たり。近日、同社上梓を相い謀りて、以て学者の標的と為す。嗚呼《ああ》、菅・江の金声、古に於いてし、翁は則ち玉振を今に於いてするは可なり。之れを昭代の一盛事と謂わざらんや。（原漢文）

天保己亥臘月　亦山吉川有跋　[舜有]

江山宝書　[江山]

和歌の題で和歌と漢詩を併せて作るのは、菅原道真（八四五～九〇三）の『新撰万葉集』に始まり、大江千里《おおえのちさと》（八五〇？～九〇五？）の『句題和歌』以前に漢詩の句の題で和歌を作る例は聞いたことがない。また漢詩と和歌と題を同じくして詠作するので「詩歌合」という名が興った。思うに道真と千里を始祖とするのだろう。輪王寺宮家でも詩歌合の例に沿って、月に三度の歌会で広く漢詩と和歌の両方の詠作を求めた。五山はその歌会に出席して、何年も法親王の下命に応じ、数百首の漢詩を作った。人の思いが集まるという点において漢詩も和歌も違いはないが、韻文のスタイルが分かれているので、和歌と漢詩とでは作る難易度が異なり、興趣を合わせるのも難しい。しかし五山は容易に和歌題の趣を言い、興を極めて、詩歌の風情の妙所を詠じた。まことに空前絶後である。この頃、寛永寺の歌会の友人たちが、詩歌を学ぶ者の模範にしようと出版を企画した。昔は道真と千里が始まりの鉦《かね》を鳴らし、今は五山が磬《けい》を鳴らして詩歌合の道を完成させたといってよい。これを太平の御代の盛事と言わずして何と言おうか。

恭黙の跋には、寛永寺における舜仁法親王のサロンについて興味深いことが二つ述べられている。一つは月に三度の歌会の席で、列席者が二つに分かれ、和歌と漢詩をそれぞれ作る詩歌合が行われていたということである。もう一つは、道真の『新撰万葉集』と千里の『句題和歌』を詩歌合の始祖として認識していたということである。これは跋文の著者である恭黙独自の見解というよりは、舜仁法親王のサロンにおける共通認識であったと見てよい。漢詩と和歌を組み合わせた詞華集といえば、『和漢朗詠集』が思い起こされるが、詩歌合は中世に盛んに行われており、法親王のサロンもこれを意識して開催されたことであろう。漢詩と和歌を同時に作る歌会の参加者の間では、『和漢朗詠集』を始めとする先行作品も当然のごとく読まれていたはずである。

『和歌題絶句』の詩の特色

新稲法子氏は「江湖詩社の桜花詠」(『待兼山論叢　文学篇』二十五号、一九九一年十二月)と題する論考において、五山ら性霊派の詩人たちによって、蘐園《けんえん》派の唐詩の模擬ではない新しい詩風が起こされ、六如と皆川淇園の『和歌題百絶』と菊池五山の『和歌題絶句』は、和歌の題を用いることで漢詩の表現を拡げる可能性を示したと述べている。ただ六如以前にも、和歌に基づいて詠作した例はある。肥後熊本藩儒の秋山玉山《あきやまぎょくざん》(一七〇二～六四)がそうである。折衷学派に分類される玉山は、和歌題ではないものの、和歌に基づく絶句を複数詠んでいる。次に玉山の五言絶句二首を、基づいた和歌と並べて挙げよう。

古意《こい》

遙遙木幡里　　遙遙《ようよう》たり　木幡《こわた》の里
豈無馬与車　　豈に馬と車と無からんや
唯為相思切　　唯だ相思《そうし》の切《せつ》なるが為に

徒跣到君家　　徒跣《かちはだし》にて　君が家に到る　　（『玉山先生遺稿』巻四）

柿本人麻呂
山しなのこはたの里に馬はあれどかちよりぞくる君を思へば*8　　（『拾遺集』巻十九、雑恋・一二四三）

佐野　渡《さののわたり》
古渡黄雲夕　　古渡　黄雲の夕
馬鳴風雪斜　　馬鳴き　風雪斜《ふうせつななめ》なり
紛紛払不尽　　紛紛《ふんぷん》として　払えども尽きず
此去入誰家　　此を去りて　誰が家に入らん　　（『玉山先生遺稿』巻四）

藤原定家
こまとめて袖うちはらふかげもなしさののわたりの雪の夕暮　　（『新古今集』巻六、冬歌・六七一）

玉山の一首目の「古意」は、人麻呂が「木幡の里」にいる女性に、人目を避けて馬を使わず徒歩で通うことを詠んだ歌をふまえる。二首目の「佐野渡」は、「佐野の渡」（場所については諸説ある）で雪に降りこめられ、身を寄せる宿もないことを詠んだ歌をふまえる。これらの絶句は、彼が生前に刊行した『玉山先生詩集』五言絶句の部には収録されておらず、習作であったのかもしれない。「徒跣」の語に若干の違和感は覚えるが和歌の翻案としてはよくできており、五言詩と七言詩の違いはあっても五山の和歌題絶句と対照するにはわかりやすい。それでは、五山の和歌題絶句は玉山の絶句と趣を同じくするのであろうか。結論からいえば、五山の和歌題絶句は、意識的に和歌とは異なる趣が表れるように作られている。まず、「王昭君」から見よう。

王昭君
君王為国要和親
賤妾可能辞苦辛
不用将軍手中鉞
蛾眉一斧足清塵

君王　国の為に和親を要《もと》む
賤妾《せんしょう》　能く苦辛を辞すべけんや
用いず　将軍　手中の鉞《まさかり》
蛾眉一斧《がびいっぷ》もて　塵（戦塵）を清むるに足る

「王昭君」の題は、『千載佳句』と『和漢朗詠集』に取られており、『千載集』に右大臣藤原実定《ふじわらのさねさだ》の「王昭君の心をよみ侍ける」歌（巻七、離別歌・四九五）として、「あらずのみなりゆくたびの別ぢにてなれしことのねこそかはらね」が採られている[*9]。王昭君とは前漢の元帝の時代、和親のために南匈奴の呼韓邪単于《こかんやぜんう》に嫁いだ宮女である。中国では悲劇の美女として多くの詩人に詠まれている。実定の和歌においても、異民族に嫁ぐにあたり、変わることのない琴の音に慰めを見いだそうとするけなげな女性として詠出されている。一方、五山の「王昭君」は一風変わった詠みぶりで、前漢と匈奴の間で戦端が開かれることがないよう、国のために匈奴へ赴く、忠誠心あふれる女性として描かれている。実定が夫婦和合のたとえである「琴瑟相和す」を意識し、昭君の真情を琴の音にたとえて詠むのと異なり、その眉を湾曲した斧にたとえる表現が斬新である。

次に「返魂香」の絶句を見よう。「反魂香」（返魂香）とは、これを焚いて死者の魂を呼び戻すのに用いる香木である。前漢の武帝が寵愛した李夫人の亡魂を、方士李少翁《りしょうおう》に呼び戻させる際に用いられたとされる。先行する和歌の題では「李夫人」に相当するであろう。中世の歌僧・正徹《しょうてつ》の「季《（ママ）》夫人」歌には、「なにかせむ煙のうちの面かけの消てむなしき後の思ひは」（『草根集』巻十五、私家集大成第五巻、一九七四年）と、反魂香と武帝の悲しみが詠まれている。一方、五山の和歌題絶句を見れば、こちらは意外な内容が詠まれている。

返魂香

雄心猶是慕嬋媛　　雄心《ゆうしん》　猶お是れ嬋媛《せんえん》（李夫人）を慕う
帳裡焚香覓粉痕　　帳裡《ちょうり》　香を焚き　粉痕《ふんこん》（美人の面影）を覓《もと》む
不道李陵思漢死　　道《おも》わず　李陵　漢を思うて死し
燕山別有未招魂　　燕山《えんざん》　別に未だ招かれざる魂有るを

前半の二句では、雄々しい心をもつ武帝がたおやかな李夫人を恋い慕い、帳《とばり》のうちに反魂香を焚かせて彼女の霊魂を招いたことをいう。後半の二句では内容が一変する。武帝の心中には、漢のために忠誠を尽くし、匈奴の捕虜となって客死した李陵はおらず、異国の地にあるその魂は招かれないままであると収められる。「燕山」は河北省にある燕山山脈のことで、その北側は匈奴の領域である。李陵の墓地は不明であるので、その故地を滇祭と表現したと見られる。

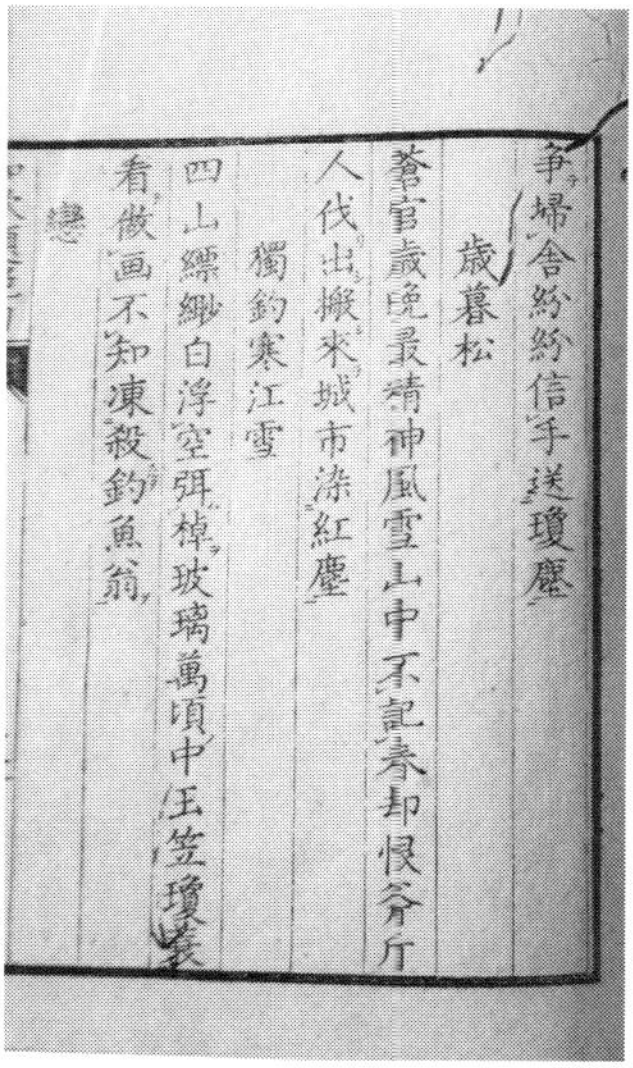
争帰舎紛紛信手送瓊塵
歳暮松
蒼官歳晩最精神風雪山中不記春却恨斧斤
人伐出擬来城市涤紅塵
獨釣寒江雪
四山縹緲白浮空弭棹玻璃萬頃中压笠瓊装
看做画不知凍殺釣魚翁
戀

❹『和歌題絶句』

五山の詩の特色は正徹と異なり、李夫人を亡くした武帝の悲哀を詠むのではなく、寵姫の魂を招きはしても、忠臣の魂は招かなかったと風刺するところにある。前述の「王昭君」もそうであるが、忠君の精神を詠む五山には、和歌に詠み表される情緒よりも、意表を突いた面白さを追求する側面があるように見受けられる。ここに挙げた二首は雑部に収められるものだが、別の部立の作品にも同様のものがある。冬部に収める次の和歌題絶句がそれである【❹】。

歳暮松
蒼官歳晩最精神
風雪山中不記春
却恨斧斤人伐出
搬来城市染紅塵

蒼官《そうかん》（松の異称）歳晩《さいばん》（年の暮れ）に最も精神あり
風雪の山中　春を記せず
却って恨む　斧斤《ふきん》もて人の伐《き》り出《い》だし
城市に搬《うつ》し来たって　紅塵《こうじん》に染めんことを

年の暮れの松はもっとも生気にあふれ、山奥で風や雪に吹かれながら、春の暖かさは覚えていないかのようだ。かえって工匠が斧で切り出し、都会に運んで世俗の塵に染めることを憎む。

一読したところ、意味はとれるが和歌のみに親しむ人には作者の意図、特に前半と後半の繋がりが理解できないのではないか。だが、漢詩文に親しんだ人であれば、これが白居易の新楽府「澗底松《かんていしょう》」（『白氏文集』巻四）を意識していることがただちに見て取れるだろう。

白居易の「澗底松」は諷諭詩《ふうゆし》である。西晋の左思の「詠史詩（鬱鬱澗底松）」（『文選』巻二十一）をふまえて、低い地位に甘んじる有為の人物を見つけ出し、国家を支える人材として抜擢することの重要性を主張する（拙稿「六朝初唐の詠松詩について」『九州中国学会報』四十一号、二〇〇三年五月を参照）。五山は有為の人材の比喩である松のイメージを逆手にとって、風雪にさらされる厳しい境遇は、それに耐えるすぐれた資質を発揮するゆえに望みこそすれ、俗世間の塵にまみれる生き方は真っ平御免であると詠むのである。機知をはたらかせて奇想を詠むのは、前掲の「王昭君」「返魂香」と軌を一にするが、「歳暮松」からは、世俗を離れて詩歌合に興じる、舜仁法親王をはじめとする寛永寺サロンの人々の意を迎える意図が推し量られる。また、和歌の題を用いながら、題からは予想できない漢詩を詠む五山の姿勢からは、和歌とは異なる情趣を積極的に表現しようとする意欲も感じられる。

畢竟、五山が法親王に期待されたのも、詩歌合という場において漢詩と和歌とで異なる味わいの妙を詠むことであったはずである。*10 そうであれば五山の詩が、玉山のような単なる和歌の翻案でないのももっともである。もし法親王が中世の詩歌合を模範として歌会を主催していたのであれば、五山は立派に期待に応えていたと言えるだろう。

小城鍋島文庫本の旧蔵者は誰か

『和歌題絶句』の旧蔵者は、五山の絶句を鑑賞しうる儒者であったと見られる。肥前小城藩の主な儒者を概観すると、近世初期には二代藩主・鍋島直能《なべしまなおよし》に仕えた下川三省《しもかわさんせい》がおり、その後、六代藩主・鍋島直員《なおかず》に仕えた下川士行《しもかわしこう》（本書所収の中尾友香梨「松岡玄達と晩年の弟子」を参照）、七代藩主・鍋島直愈《なおます》に仕えた岩松相延《いわまつしょうえん》がいる（本書所収の中尾健一郎「俗書と小城藩の知識人たち」を参照）。しかし、小城鍋島文庫に収録されたものに、和歌の詞華集はあっても、鍋島直能の『不忘集』（本書所収の中尾健一郎「支藩の藩主、本藩の世子」を参照）を除けば、小城藩家中の知識人の作を集めた漢詩文集は見当たらない。したがって、漢詩文を遺した儒者について知る手がかりは少ない。

一方、藩校興譲館の教官を勤めた儒者たちが読んだとおぼしい日本の漢詩文集は、小城鍋島文庫に少なくとも三点あり、いずれにも「姫水娯観」の蔵書印が捺されている。梁川星巌《やながわせいがん》らが編んだ『今四家絶句』（文化十二年刊）、菊池五山の『和歌題絶句』、羽倉簡堂《はくらかんどう》の『南汎録《なんはんろく》』（天保十年刊）である。『今四家絶句』は市川寛斎《いちかわかんさい》、柏木如亭《かしわぎじょてい》、大窪詩《おおくぼし》仏《ぶつ》、菊池五山の絶句を百首ずつを集めたもの。『南汎録』は羽倉簡堂が伊豆諸島を視察したときに著した日記で、蓮池藩八代藩主・鍋島直與《なおとも》の序を冠する。本章で取り上げた『和歌題絶句』は前述のように天保十年（一八三九）の叙と跋を具えるため、これらは文化末年から天保年間にかけて、「姫水娯観」の蔵書印主によって入手されたと見られる。いずれも漢詩文であることから、蔵書印主はこれらが読める人物であったと考えられる。

文化から天保にかけて小城藩にいた儒者には、小城藩九代藩主・鍋島直堯《なおたか》に仕えた橋本岡陰《はしもとこういん》と鴨打謙斎《かもうちけんさい》がおり、いずれも『佐賀先哲叢話』（佐賀郷友社、一九四一年）に伝が立てられている。以下、同書などにより両名について簡単に紹介する。

橋本岡陰（一七九二～一八七二）、通称善右衛門、岡陰は号で、乗化とも号した。江戸の昌平黌で古賀精里《こがせいり》について学び、帰国の後、興譲館の教授となった。小城藩十代藩主・鍋島直亮《なおすけ》の教育係や佐賀城の西丸聞番の要職も務めた。[11] ひろく経史百家に通じたほか、詩を善くしたが、遺稿は散佚して伝わらない。

鴨打謙斎、字は庸熙、通称大之進は、肥後の辛島塩井《からしまえんせい》に入門した後、江戸に遊学し、古賀侗菴《とうあん》および佐藤一斎について経学を修めた。帰国後、興譲館の教官となったが、主に経学を談じて詩は好まず、そのために詩文は世に伝わらなかった。

かりにこの両者のいずれかが「姫水娯観」の蔵書印主であったとすれば、橋本岡陰の可能性が高い。小城鍋島文庫の『和歌題絶句』は、舜仁法親王の叡覧を経た献呈本である。昌平黌に遊学した岡陰は林家と繋がりがあり、五山と共通の人脈をもっている。[12] また佐賀城の西丸聞番を勤める要職に就いており、かつ詩歌を好んだ。一方、謙斎は詩歌を好まないとされることから、『和歌題絶句』や『今詩歌絶句』のような漢詩集に関心があったとは考えにくい。したがって、謙斎よりは岡陰の方が『和歌題絶句』の献呈先としてふさわしい。

橋本家は下川三省の子孫が零落した後、小城藩の儒学を担った。岡陰の号も、興譲館が置かれていた桜岡の北側に住居を構えての名乗りではなかったか。たとえ「姫水娯観」の蔵書印主が岡陰・謙斎のいずれでもなかったとしても、小城藩には舜仁法親王の叡覧を経た『和歌題絶句』を鑑賞しうる知識人がいた。その人は肥前佐賀の地で、寛永寺で催された風雅な詩歌合に思いをはせていたに相違ない。

注

1 中尾友香梨・中尾健一郎「小城鍋島文庫蔵書解題稿（二）」（『佐賀大学全学教育機構紀要』五号、二〇一七年三月）所収。

2 山岸徳平「漢詩集と勅撰和歌集との関係的背景」（『国語と国文学』十八巻五号、一九四一年五月）三七～三八頁を参照。ただし厳密に言えば『六如淇園和歌題百絶』の部立は、春・夏・秋・冬・雑の五部で構成されており、雑部と恋部が分けられた六部構成の『和歌題絶句』とはやや異なる。

3 『六如淇園和歌題百絶』および同じ和歌題絶句を収める『六如菴詩抄遺編』巻下については『詩集日本漢詩』第八巻（汲古書院、一九八五年）所収の影印版と佐野正巳氏による同書の解題を参考にした。『六如菴詩抄遺編』巻下冒頭の「倭歌題」傍注に、「安楽心院一品親王の詩会席上に題を探る。寛政戊午（十年）より庚申（十二年）の年に至るまで百六十余首を得たり」（原漢文）とある。歌会の際に詠まれた和歌題絶句はこの頃の作である。

4 国文学研究資料館鵜飼文庫所蔵の『和歌題絶句』にも小城鍋島文庫本と同じく朱印が捺されており、やはり献呈本であっただろう。

5 舜仁法親王の伝は、『織仁親王行実』（高松宮家、一九三八年）十七章「王子」に「舜仁入道親王」として掲載されている。「書法は巧みにして、和歌にも亦秀で、御詠中佳調少からず」と、和歌に巧みであったとして、九首の和歌が引かれている。なお、『織仁親王行実』は、法親王の関東入りの年を文化六年（一八〇九）とする。

6 「橐籥《たくやく》に資す」の語は、佐藤一斎の『言志後録』に「必使之就師於他邦、資其橐籥、然後有成（必ず之れ〈子弟〉をして師に他邦に就《つ》き、其の橐籥に資せしめ、然る後に成る有り）」の用例がある。この叙では、フイゴを通して金属を精錬するように、切磋琢磨を助けること。山田準・五弓安二郎訳注『言志四録』（岩波文庫、一九三九年）一一三頁の解説を参考。

7 『近世人名録集成』第二巻（勉誠社、一九七六年）所収『広益諸家人名録』二集（天保十三年刊）による。同書に恭黙は「詩」（漢詩）の人とされている。

8 『万葉集』巻十一、寄物陳思・二四二五では、「こはたの里」を「木幡の山」に作る。なお、本章で引用する勅撰集所収の和歌は、特に断らない限り、『新編国歌大観』（角川書店、一九八三～一九九二年）による。

9 和歌の検索に際しては、日本文化研究所「和歌データベース・和歌 語句検索」を用いた。

10 堀川貴司「定型としての七言絶句――「詩歌合（文明十五年）」を例に」（『続五山文学研究：資料と論考』笠間書院、二〇一五年）に、詩歌合では題の字を前半の二句に詠み、後半二句ではその内容を発展させるが、五山僧は後半にさらに興趣を感じさせる表現上の工夫をおこなっていることを指摘している。五山もおそらく五山僧の先行作品を知っており、これを意識したと考えられる。

11 野口朋隆「小城藩における政治と教育――藩校興譲館の設立と文武修行」（生馬寛信・青木歳幸編『小城の教育と地域社会』佐賀大学地域学歴史文化研究センター、二〇一〇年）を参考。

12 文政七年か八年に書かれた五山の伊達箕亭宛て書簡（書簡番号二〇）によれば、五山はこの頃に林家の詩会にたびたび招かれていた。五山と岡陰の間に接点らしい接点はないが、昌平黌の人脈の繋がりで献呈本を受け取った可能性はあるだろう。なお、五山の書簡については、大谷篤蔵ほか解読『菊池五山書簡集』（松本文庫資料集二、松本文庫、一九八一年）を参考し、年代の推定は同書の略注によった。

25 孔子さまの物語
『聖蹟図説諺解』

土屋育子

『聖蹟図《せいせきず》』とは、聖人である孔子の生涯の事跡を文と図で伝える書物である。江戸時代に出版された『聖蹟図説諺解《せいせきずせつげんかい》』は、中国から伝来した『聖蹟図』を漢字仮名交じりに翻訳し、簡潔な注釈を施したものである。現存する最も古い『聖蹟図』として元代に描かれた二種があり、それらに基づく二つの系統が明代に継承されている。日本にも二つの系統がもたらされ、『聖蹟図説諺解』を始めとして、さまざまな『聖蹟図』が編纂され、孔子の教えを広く伝える役割を果たしたのである。

孔子の事跡を伝える『聖蹟図』

偉人や英雄の事跡は人々の関心を引き、さまざまな形をとって伝えられていくが、儒教の始祖とされる孔子も例外ではない。ここで取り上げる『聖蹟図説諺解《せいせきずせつげんかい》』（万治《まんじ》二年［一六五九］刊）は、聖人である孔子の事跡を描いた図に説明文を付した『聖蹟図』をもとに、林羅山《はやしらざん》（一五八三～一六五七）が漢字仮名交じり文で翻訳し、簡潔な注釈を施したものである。
孔子は名を丘、字を仲尼《ちゅうじ》といい、今からおよそ二千五百年前の中国・春秋時代、紀元前六世紀から紀元前五世紀にかけて生きたと伝えられる。孔子の事跡が書かれている書には、孔子の弟子たちがまとめた『論語』を始めとして、春秋時代の歴史書『春秋左氏伝《しゅんじゅうさしでん》』、孔子一門の逸話を集めた『孔子家語《こうしけご》』、哲学書の『淮南子《えなんじ》』などが挙げられる。しかし、孔子の生涯を伝記としてまとまった形で最も古いものは、紀元前一世紀に書かれた司馬遷《しばせん》『史記《しき》』の「孔子《こうし》世家《せいか》」であり、また、その弟子たちについて述べた『史記』「仲尼弟子列伝《ちゅうじていしれつでん》」によって補足することができる。

では、文字による伝記に連続した絵を付した、「画伝」としての『聖蹟図』は、いつごろ登場したのだろうか。文献によれば唐・宋の時代にすでに作られていたと伝えられるものの、残念ながら当時のものは残っていない。現在見ることができるのは、モンゴルの元以降のものである。

本章では、孔子さまの挿絵つき伝記である『聖蹟図』が中国でどのように継承されたのか、そして、江戸時代の日本に伝来したのち編纂された、翻訳版の『聖蹟図説諺解』がどのようなものであったのかについて概観してみよう。

『聖蹟図』の登場と継承

『聖蹟図』の初出は、元・王振鵬《おうしんほう》の『聖蹟図』と言われている。王振鵬（字は朋梅《ほうばい》）は生没年不明だが、元の仁宗《じんそう》（第四代皇帝。在位一三一一～一三二〇）の頃の人で、元代を代表する宮廷画家であった。

現在王振鵬画と確認される『聖蹟図』は、どうやら二種類あるようである。「どうやら」というのは、以前の研究では一種類しか言及されておらず、あまり知られていないと思われるからである。

まず一つは、王振鵬画、王振鵬と同時代の人、兪和《ゆわ》による説明と賛詩が付された『聖蹟図』全十図である（以下兪和本と呼ぶ)。竹村則行氏によれば、王振鵬画『聖蹟図』(全十図)は、神州国光社の一九〇八年刊の影印があるが、原画の所在は不明とする。画像については、竹村氏の論文に佐藤一好氏所蔵の神州国光社刊影印『聖蹟図』全十図を転載されているものを見ることができる。この『聖蹟図』は、のちの明代に出版された張楷《ちょうかい》『聖蹟図』に大きな影響を与えている。

もう一つは、「国立博物館所蔵品統合検索システム」のサイトで公開されている、王振鵬「孔子一世蹤跡図《こうしいっせいしょうせきず》」(東京国立博物館蔵。以下東博本と呼ぶ)であるが、以前の研究で言及しているものはない。表紙題簽《だいせん》には、大字で『孔聖一世蹤跡之図』、小字で「王振鵬画併題書(王振鵬画併びに題書)」と書かれている。こちらは全十八図、説明文のみで、賛詩はない。図は、構図そのものは先の神州国光社影印本と似るものが多いが、いくつかは左右が逆になったものがある。説明文もまた、兪和本のものとはやや異なっている。

冒頭には、明人による序が二つ付されている。李東陽《りとうよう》(正統十二年〔一四四七〕正徳十一年〔一五一六〕)の正徳五年序、楊循吉《ようじゅんきつ》(天順二年〔一四五八〕~嘉靖二十五年〔一五四六〕、字君卿、号南峰、直隷呉県〔今の江蘇省蘇州市〕の人)の序(年紀なし)である。巻末の奥書《おくがき》には、商務局による該書収蔵の経緯と、王振鵬のごく簡単な行状が記されている。該書収蔵の経緯を次に示しておこう。

> 此本崎人荒木千洲所蔵。今維明治十有二年春二月購得、蔵之於当局。伝聞為此原本崎陽寺院之珍蔵也。本年秋八月装潢成。商務局蔵。(製品図画掛印)

大意は次のとおりである。この本は長崎の人、荒木千洲《あらきせんしゅう》(一八〇七~一八七六)が所蔵していたもので、明治十二年(一八八六)二月に購入され、商務局に蔵されることになった。伝え聞くところでは、この原本は長崎の寺院の珍蔵にかかるものであった。同年秋八月に装丁した、ということである。荒木千洲は、長崎奉行所に設けられていた唐絵目利《からえめきき》という役職につき、また絵師でもあった人物である。長崎の寺院で所蔵されていたのが、荒木千洲の手に渡り、荒木の死後、買い取られたということであろう。商務局とは、明治十二年一月、大蔵省内に設置された内局で、貿易・商業振興を担った。製品図画掛とは、局内に置かれた係である。

元のあと、明の時代になると、出版文化の隆盛も相まって、さまざまな『聖蹟図』が現れる。それらは二つの系統に分類することができ、元代の二つの王振鵬『聖蹟図』それぞれを継承している。兪和本を受け継ぐのが張楷《ちょうかい》本・何《か》廷瑞《ていずい》本、東博本を受け継ぐのが呉嘉謨《ごかぼ》本である。

張楷本は現存するものとして、明代に刊行された聖蹟図の中で最も古いとされる。明代中期の正統九年(一四四四)序、張楷（字は式之《しょくし》。一三九八～一四六〇）という官吏が出したものと伝えられるが、この張楷本そのものは現存していない。張楷本の構成について後出の何廷瑞本序によれば、『史記』「孔子世家」から二十九の事跡を選び、「図」を描き、その図について『史記』「孔子世家」に基づく文章で説明し、自作の詩で誉めたたえる（この詩を「賛」または「賛詩」という）構成であったという。

その後、何珣《かしゅん》（字は廷瑞《ていずい》）という官吏が、張楷本をもとに新たに刊行することを計画し、彼の死後、弘治十年（一四九七）に刊行された『聖蹟図』がある。この何廷瑞本は、増補した九条分と合わせて全三十八条の事跡を載せる。増補した事跡には賛詩が付されていないことから、張楷本の姿をある程度うかがうことができる。

一方、張楷本・何廷瑞本とは別の系統とされるのが明・呉嘉謨の『孔聖家語図《こうせいけごず》』で、万暦《ばんれき》年間（一五七三～一六二〇）に刊行されている。該書も日本に伝わり、江戸時代に刊行された『孔子行状図解《こうしぎょうじょうずかい》』の祖本となった。

清代以降、聖蹟図はさらに多様化するが、ここでは明代までにとどめておく。

日本における『聖蹟図』

明代に編纂された『聖蹟図』は江戸時代の日本にもたらされ、それらの影響を受けて、日本でも『聖蹟図』が作られることになる。

日本で最も古い出版物としての『聖蹟図』は、薩摩藩で明の張楷本に基づいて翻刻されたという『孔子聖蹟之図』である。慶長十三年（一六〇八）鹿児島藩初代藩主島津家久《しまづいえひさ》の跋（文之玄昌《ぶんしげんしょう》の代作）が付されている。それによれば、島津家久の曾祖父忠良《ただよし》が聖蹟図を屏風に仕立てて、座右に置いてつねに閲覧できるようにしていたが、家久は曾祖父の志を引きつぎ、子弟教育のために絵師に模写させたのだという。原本となった張楷の『聖蹟図』が日本に伝えられた時期は江戸初期（あるいはそれ以前）と推測されるが、薩摩で模写され、版刻されていたのである。

その次に成立年代が判明しているものとして『聖蹟図説諺解』を挙げることができるが、詳しくは後で述べることにする。

元禄四年（一六九一）刊行の『新刊聖蹟図』は、陰刻《いんこく》（文字や絵画をくぼませた彫り方）の版面が印象的な本で、何廷瑞本を翻刻して、原文に訓点が附されている。

以上に張楷本・何廷瑞本を受け継いだ和刻本であるが、もう一つの系統である明の呉嘉謨『孔聖家語図』を祖本としたものも刊行されている。それが、小林高英《こうえい》述、高田円乗《えんじょう》画『孔子《こうし》行状《ぎょうじょう》図解《ずかい》』（嵩山房《すうざんぼう》、寛政元年［一七八九］）である。該書は呉嘉謨本に基づいて原文に訓点を施しているが、版面の上に文、下に図を掲げるという変更を行っている。さらに、『孔子行状図解』に基づきつつ漢字仮名交じり文にし、本文そのものにも増補・改編を行っているのが、瑞陽《ずいよう》先生口授、天民《てんみん》、鸞洲《らんしゅう》先生画『孔子事跡図解』（嵩山房、文化二年［一八〇五］）である。この『孔子事跡図解』は、呉嘉謨本系統の『孔子行状図解』だけでなく、張楷本系統の『聖蹟図』なども参考にしている。なお、『孔子行状図解』と『孔子事跡図解』を刊行した嵩山房・小林高英によれば、両書の刊行には孔子の事跡や教えを人々に広く伝える意図があったことがうかがえ、『孔子事跡図解』の増補・改編はその意図に沿ったものと考えられる。

『聖蹟図説諺解』の構成とあらすじ

『聖蹟図説諺解』は、上下二巻二冊、全二十七条で、それぞれに説明文と図が付されている。底本は張楷本だと推定されるが、賛詩は引きつがれていない。図は第十と第二十三に二図ずつある以外は、一条に一図で、全二十九図となっている。

構成は次のとおりである【❶】。

上冊：史記世家（朱熹《しゅき》『論語集註』序説）　五丁
　上巻（第一条から第十五条まで）　二五丁
下冊：下巻（第十六条から第二十七条まで）　二二丁
　張楷跋（正統九年）・鄧棨跋（正統十年）　五丁
　刊記（万治二年）　一丁

巻頭の「史記世家」には、「漢司馬太史遷　撰／宋朱文公熹　纂」と記されている。これは、朱熹『論語集註』「序説」で、『史記』「孔子世家」などをもとに、孔子の生涯をダイジェストで紹介する内容となっており、他の『聖蹟図』

でも巻頭に掲載されている。

　続いて、二十七の事跡が図とともに並べられている。各事跡にはタイトルが付されていないため、仮の図題を括弧に入れて付し、それぞれの内容を簡単に挙げておく【❷】。

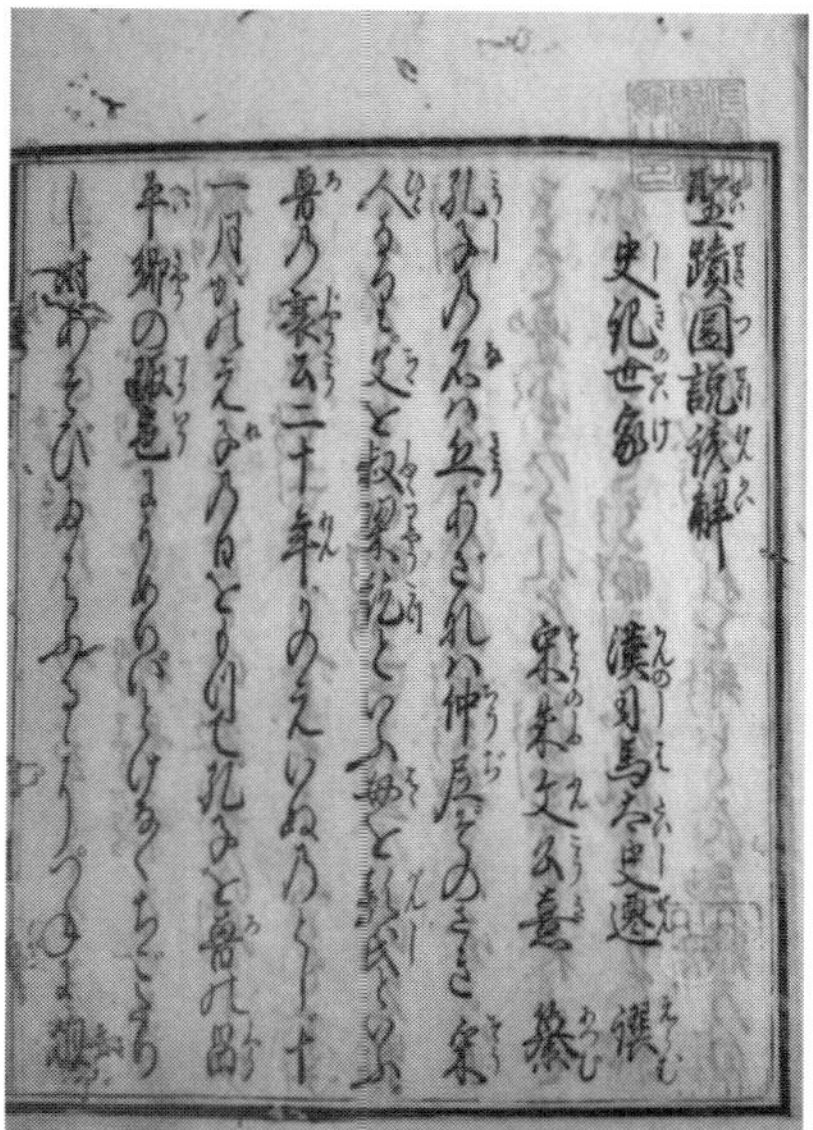

❶『聖蹟図説諺解』巻首

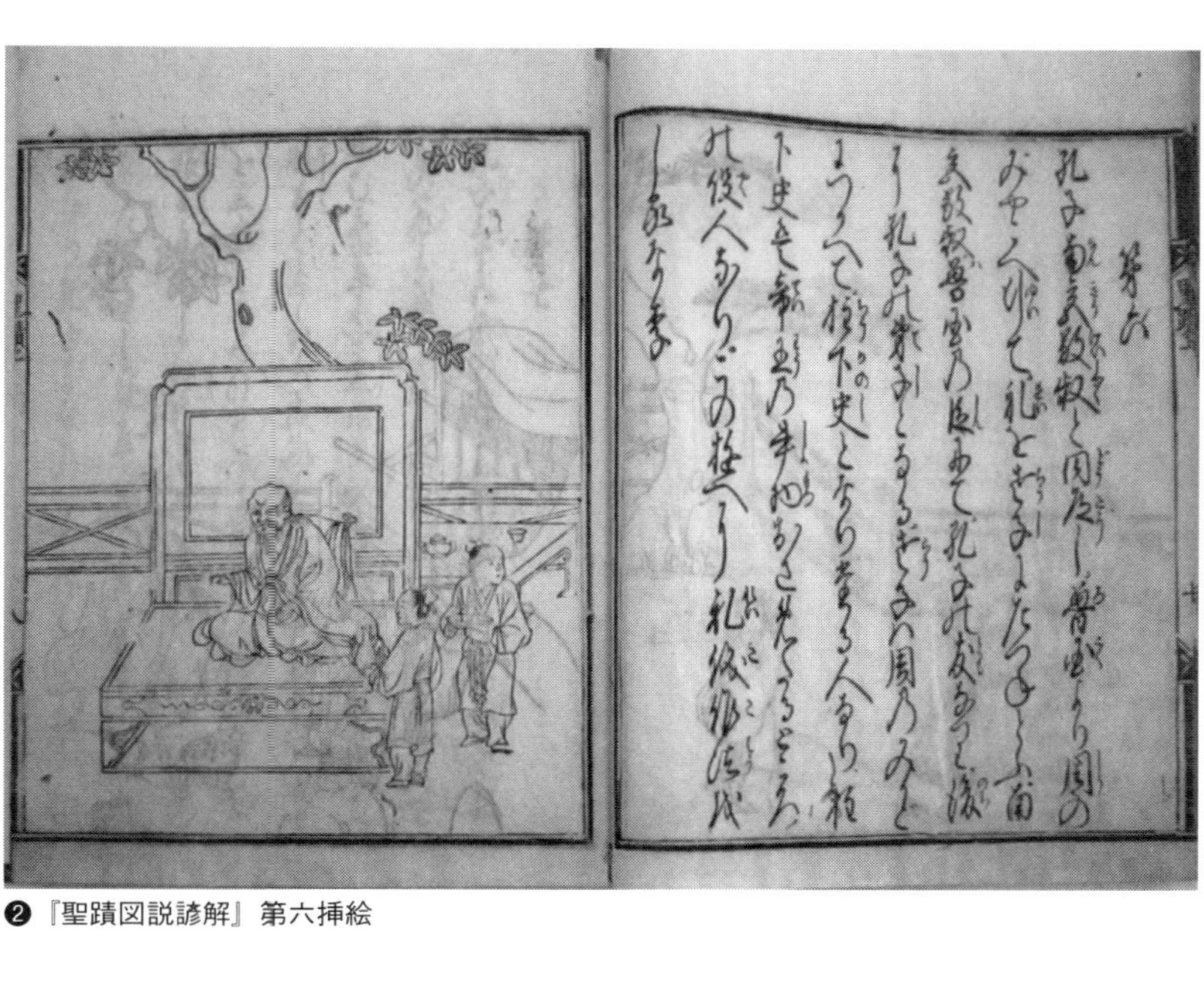

❷『聖蹟図説諺解』第六挿絵

上巻

第一（尼山致禱）孔子の母が跡継ぎを望んで尼山に祈ったこと

第二（俎豆礼容）孔子が子どものとき、祭礼のまねをして遊んでいたこと

第三（職司委吏）孔子が成年後、委吏《いり》（穀物倉庫の管理役人）になったこと

第四（職司乗田）孔子が乗田《じょうでん》（動物を飼う役人）になったこと

第五（学琴師襄）孔子が琴の奏法を師襄《しじょう》に学んだこと

第六（問礼老聃）老子に面会して礼について教えを請うたこと

第七（在斉聞韶）斉の国で音楽に興味を抱き、三ヶ月間音楽を学んだこと

第八（晏嬰阻封）斉の景公が孔子を臣下にしようとしたが、重臣の晏嬰《あんえい》が反対したこと

第九（退修詩書）魯の定公のとき、孔子は仕官せず、弟子に詩書を教えたこと

第十（夾谷会斉・帰田謝過）魯の定公と斉の景公が夾谷《きょうこく》で会見したとき、孔子が定公の窮地を救ったこと

第十一（誅少正卯）孔子がまつりごとを乱した大夫の少正卯《しょうせいぼう》を死刑に処したこと

第十二（匡人解囲）陳の国へ向かう途中、匡《きょう》の人に通行を阻まれたこと

第十三（醜次同車）衛の霊公夫妻が車に同乗し、その副車に乗ることを孔子に強制したこと

第十四（宋人伐木）宋の司馬桓魋《しばかんたい》が木を引き倒し、孔子と弟子たちを殺そうとしたこと

第十五（東門貽誚）鄭の人が孔子を見て、喪家《そうか》の狗《いぬ》に似ていると言ったこと

下巻

第十六（楛矢貫隼）孔子がハヤブサを射貫いた矢を見て、いにしえの楛矢《こし》だと見抜いたこと

第十七（適衛撃磬）孔子が衛の国で磬《けい》という楽器を打ったとき、通行人が批評したこと

第十八（西河返駕）孔子が黄河に沿って晋に向かおうとしたが、やめて帰国したこと
第十九（霊公問陣）衛の霊公が軍事について孔子にたずねたこと
第二十（子路問津）旅の途中、道を尋ねた子路に二人の隠者が孔子を批判したこと
第二十一（在陳絶糧）孔子が陳と蔡両国の軍に包囲され、食糧が尽きて何日も苦しんだこと
第二十二（子西沮封）楚国が孔子を任用しようとしたとき、楚の子西《しせい》が妨害したこと
第二十三（杏壇礼楽）孔子は季康子《きこうし》の招きで帰国したが、仕官することなく、弟子を教育したこと
第二十四（西狩獲麟）西の大野で麒麟が捕まり、孔子が嘆き悲しんだこと
第二十五（夢奠両楹）孔子が病気にかかり、七十三歳で亡くなったこと
第二十六（治任別帰）弟子たちが三年の喪に服したこと
第二十七（漢高祀魯）漢の高祖が魯の孔子廟に行幸して、みずから太牢《たいろう》の祀《まつ》りを行ったこと

以上二十七条の事跡は、すべて『史記』「孔子世家」に見えている一方、巻頭にある「史記世家」とは多少出入りがある。

『聖蹟図説諺解』の跋文

本文が第二十七条で終わったあとに、張楷、鄧棨《とうけい》の二つの跋文が置かれている。

張楷の跋は、「右孔子世家一通は、漢の太史公（＝司馬遷）が史記にのぶるところ、宋の朱文公（＝朱熹）のあつめたるところなり」から始まっているように、本来は巻頭の「史記世家」直後に置かれているものである。たとえば、先に見た何廷瑞本『聖蹟図』や、『聖蹟図説諺解』のあとに出た和刻本の『新刊聖蹟図』などでは、「史記世家」の直

後に、張楷の「右孔子世家一通、漢太史公司馬氏所述、宋朱文公晦菴所纂者也」から始まる文が置かれている。『聖蹟図説諺解』の場合、なぜ張楷の文が跋文となっているのかは不明である。

鄧棨跋は、『聖蹟図説諺解』にのみ残されているもので、他の『聖蹟図』には見られない、大変貴重なものである。この跋文には、『史記』「孔子世家」から二十七条の事跡を取り、『孔子家語』と『孔叢子《くぞうし》』からそれぞれ一条ずつつけ加えて、全二十九条としたことが書かれている。張楷本が二十九条であることは、何廷瑞本の序で記されていたことと一致する。ただ、張楷本を底本としていると推定される『聖蹟図説諺解』は全二十七条で、二条少ないことになるが、『聖蹟図説諺解』は第十と第二十三に二図ずつあることから全二十九図となる。つまり、図については二十九という数になる。ただし、張楷本の原本が伝存しない以上、確かめるすべはないため、指摘するにとどめておく。

本文の特徴

『聖蹟図説諺解』は、中国で出版された『聖蹟図』を漢字仮名交じり文で訳した書であるが、実際の本文はどのようなものなのだろうか。試みに両者を挙げて、比較してみよう。何廷瑞本『聖蹟図』の本文を最初に、次に『聖蹟図説諺解』の本文を掲げることにする。

孔子年三十五、季平子得罪。魯昭公率師撃平子。平子與三家共攻昭公。昭公師敗、奔於齊。〔十五〕

孔子三十五歳《さい》の時に、魯国《ろこく》の執権《しつけん》季平子《きへいし》と云もの罪《つみ》有。魯国の君昭公《せうこう》兵《へい》を以《もつ》て季《き》平子をせむ。季平子・孟孫《もうそん》氏《し》・叔孫氏《しゆくそんし》の三人同道《とうだう》して昭公《せうこう》とたゝかふ。孟孫と叔孫と季平子とを三家《か》となつけて、皆《みな》魯国の執権《しつけん》なり。昭公《せうこう》

うちまけて、わがくにをのき、斉《せい》のくにへはしる。斉《せい》は魯国のきたどなりの国なり。〔第七〕

傍線箇所が漢文の原文にはない、つまり翻訳の際に補われた注釈である。通常、原文が漢文であれば、注釈は本文の途中か、一区切りしたところで、小さな文字や二行にして割り注という形式で挿入されることが多い。しかし『聖蹟図説諺解』では、本文の流れを阻害しないように、簡潔な文で付け足すように注釈を施していることがわかる。それはあたかも講師が事項の説明をはさみながら講義をしているかのようで、大変わかりやすいものになっている。

林羅山は『聖蹟図説諺解』以外にも、中国の古典籍に訓点を施した書籍を数多く手がけている。それらのほとんどは幕府の命を承けたもので、人々の教化を目的の一つとしていたという。よって『聖蹟図説諺解』も、聖人孔子の事跡を広く人々に伝えるという意図を持って編纂されたと考えられるであろう。

人々の教化のために

漢文の素養を持った江戸時代の人であれば、『史記』や『論語』を通して、孔子の生涯はなじみのあるものであった。その伝記に絵図が付随しているだけでなく、漢字仮名交じり文で翻訳され、必要な箇所には注がつけられた『聖蹟図説諺解』は、やさしく学べる孔子の伝記として、さらに広い読者を想定していたと思われる。該書の原本は、万治二年版（佐賀大学附属図書館小城鍋島文庫蔵本・国立公文書館蔵本等）のほか、元禄十一年（一六九八）版（静嘉堂文庫蔵本等）も伝存している。再版されたということは、おそらく該書の売れ行きを反映してのことであろう。

このように、『聖蹟図説諺解』とそれが生み出された背景から、日本における『聖蹟図』受容の一端をうかがい知ることができるのである。

参考文献

加地伸行『聖蹟図にみる孔子流浪の生涯と教え　孔子画伝』（集英社、一九九一年）。

竹村則行『『孔子聖蹟図』和版集成』（花書院、二〇一四年）。

永冨青地「江戸期における『聖蹟図』の出版について」（『中国——社会と文化』三十三号、二〇一八年）。

王振鵬／孔子一世蹤跡図　出典：国立博物館所蔵品統合検索システム　https://colbase.nich.go.jp/collection_items/tnm/A-5612?locale=ja（二〇二四年十月六日閲覧）。

鄭振鐸『中国古代版画叢刊』第一冊（上海古籍出版社、一九八八年）。

中村幸彦「林羅山の翻訳文学——『化女集』『狐媚集』を主として——」（『中村幸彦著述集』第六巻、中央公論社、一九八二年）。

土屋育子「『聖蹟図説諺解』翻字と現代語訳」（『佐賀大学文化教育学部　研究論文集』十七集二号、二〇一三年）。

土屋育子「『孔子事跡図解』翻字と解題」（『東北大學中國語學文學論集』二十八号、二〇二三年）。

26

楊貴妃物語の翻案と艶笑小説
『通俗明皇後宮伝』

土屋育子

『通俗明皇後宮伝《つうぞくめいこうこうきゅうでん》』は、中国・唐の皇帝玄宗《げんそう》と楊貴妃を始めとする彼の后妃たちとの生活を、性愛描写を中心として描いた艶笑小説である。作者は「自辞矛斎蒙陸《じじむさいもうろく》」、本名山口輝《き》雄《ゆう》という人物で、本作の前編に当たる『通俗如意君伝《つうぞくにょいくんでん》』も著している。『通俗如意君伝』『通俗明皇後宮伝』のいずれも中国の先行する作品に基づいているだけでなく、作者による増補を経て翻訳されている。その背景には、江戸時代における唐話学習の流行があった。

『通俗明皇後宮伝』とは

ここに取り上げるのは、『通俗明皇後宮伝《つうぞくめいこうこうきゅうでん》』、全五巻、明和八年（一七七一）刊の、ジャンルでいえば艶笑小説と呼ばれる作品である。書名にある「明皇」とは中国・唐（六一八～九〇七）第九代皇帝玄宗《げんそう》のことで、彼の諡《おくりな》である「道大聖大明孝皇帝」にちなむ呼称である。したがって書名は、玄宗の後宮を舞台として、玄宗と彼の后妃たちとの生活を描いたお話という意味である。しかし、国文学の研究者からは「大変行儀の悪い本」と言われている。それは、セ

❶『通俗明皇後宮伝』挿絵

クシャルな描写がかなりの部分を占めている小説だからである【❶】。

作者は「自辞矛斎蒙陸《じじむさいもうろく》」とあるが、なんとも人を食ったようなペンネームである。この人物は、序文末尾や挿絵に見える印「輝雄」から、江戸中期の「山口輝雄《きゆう》」であることがわかっている。彼は当時、江戸座の雑俳点者《ざっぱいてんじゃ》として知られていた。江戸座とは其角《きかく》の流れをくむ俳諧の流派で、雑俳点者の雑俳とは当時の通俗的な俳句のこと、点者とは寄せられた句を判定する選者をいうので、現代なら新聞などの文芸欄の選者といったところであろうか。彼の生い立ちについては、のちほど述べることにしよう。

目次や本文はひとまずおいて、先に巻五の末尾を見ると、刊行年のわきに「小石川　雁義堂」と版元が記されている。雁義堂《がんぎどう》とは、江戸小石川伝通院前の雁金屋儀助《かりがねやぎすけ》（青山氏）である。その次の行に見えるのが「前編通俗如意君伝五冊出来」の文句だが、これはつまり、『通俗如意君伝《つうぞくにょいくんでん》』（明和四年［一七六七］）が前編、そして『通俗明皇後宮伝』を後編として、前編と後編のセットで出版されたことを示している。

このうち『通俗如意君伝』は、中国明代の『則天皇后如意君伝』（以下『如意君伝』）という小説を底本として翻訳したものである。なお、書名に冠せられる「通俗」とは、ここでは中国の小説を翻訳したものを意味する。

『如意君伝』がいつ日本に伝来したのかについては、当時の輸入書籍目録である唐本持《からほんも》ち渡書《わたりしょ》などに記録がないため、はっきりとはしない。とはいえ、『如意君伝』をもとに『通俗如意君伝』が書かれ、さらに後編として『通俗明皇後宮伝』が作られた、という経緯をたどったことは間違いないであろう。

『如意君伝』

『如意君伝』の書誌

それではまず『如意君伝』から、どのような書物なのか見ていくことにしよう。

『如意君伝』は、またの名を『閫娯情伝《こんごじょうでん》』という（巻首題による）。「閫娯」は「閫」が女性の部屋である閨房を指すので、閨房の楽しみといった意味である。「如意君」とは、唐の則天武后《そくてんぶこう》（六二四?〜七〇五）が寵愛した薛敖曹《せつごうそう》のことであるが、この物語にだけ登場する架空の人物である。成立年代は刊記がないため不明であるが、嘉靖《かせい》年間（一五二二〜一五六六）には成立しており、万暦《ばんれき》年間（一五七三〜一六二〇）の前半には刊本となっていたと推測されている。

『如意君伝』は中国の原本が残っておらず、最も古い版本は、宝暦三年（一七六三）、東都の小川彦九郎、巳七刊の、訓点が付された和刻本である。見返し右側に「呉門　徐昌齢《じょしょうれい》」とあり、呉門は蘇州にある地名であるが、徐昌齢については不明である。同じく見返しに記される版元の「東都　清閟閣《せいひつかく》」については、小川彦九郎が中国風につけた仮の名ではないかと推測される。序に見える「華陽散人」については、明代小説『鴛鴦針《えんおうしん》』の作者呉拱宸《ごきょうしん》との説がある。跋の「相陽　柳伯生《りゅうはくせい》」は、末尾の「因刊于家、以与好事之人云」とあることから、小川彦九郎その人が書いたとするのが妥当であろう。

『如意君伝』の内容

『如意君伝』は中短篇程度の長さで、章や回で分けられていないが、内容からおおよそ三つに分けられる。1武后と薛敖曹が出会う前、2武后と薛敖曹の出会いから別れまで、3武后と薛敖曹が別れたあとの後日談、である。1から順を追って、少し詳しく見ていこう。

1　武后と薛敖曹が出会う前

ここでは、武后の生い立ちから宮中で政治の実権を握り、ついには自ら即位して国号を周に改めるまで、ほぼ歴史書の記述に基づきつつ、簡略化してまとめている。ここで、武后が佞臣《ねいしん》や酷吏を採用する一方、国政には有能な狄仁傑《てきじんけつ》を採用したと述べたあと、「惜しいかな。一薛進められて欲を逞《たくま》しくし淫を恣《ほしいまま》にする、勝《あ》げて道《い》うべきや」という一文が置かれている。「残念なことだが、一人の薛姓の者をすすめられ、淫欲にふけったことは語らねばならない。」この一文は、武后の政治的手腕に対して一定の評価を下し、武后の荒淫を非難しつつ、本作を執筆する理由を弁明したものと解釈できるであろう。

続いて薛敖曹の生い立ちが語られるが、モデルはあれど架空の人物であるため、作者の創作にかかる箇所である。薛敖曹は、身の丈七尺あまり、眉目秀麗、経書・史書にひろく通じ、書画琴奕諸芸にすぐれるとあり、儒士として造型されている。ただ、一物が壮大異常で、そのために自分に合う女性がいないことを悲しんでいた、とする。

2　武后と薛敖曹の出会いから別れまで

この内容は物語の主要な部分を占めている。

六十歳を過ぎた武后は、馮小宝《ふうしょうほう》という無頼の男を寵愛し、僧として懐義《かいぎ》と改名させた。しかし、懐義は横暴なふるまいが増えて手がつけられなくなり、結局謀殺された。武后は七十歳となっても若々しい姿を保ち、若い張昌宗《ちょうしょうそう》、易之《えきし》兄弟を寵愛した。ところが、張兄弟も老齢の武后を侮《あなど》って外に女を囲い、武后の相手をするとき、手を抜くようになった。武后の不満を受けた宦官牛晋卿《ぎゅうしんけい》が、武后の運命の人、薛敖曹を推薦することになる。

延載《えんさい》二年（六九四）の春、武后にお目通りした薛敖曹は、その巨大な一物のみならず、誠実な人柄が武后を感嘆させ、「如意君」の号を授かるに至る。二人は四季折々に、趣向を凝らした遊びを繰り広げる。

しかし、敖曹はどれほど寵愛をうけても、武后が敖曹の一族へ富貴を与えることを断り続けた。そればかりか、湖北に流された廬陵王《ろりょうおう》（廃位された中宗）を呼び戻し、皇太子とするように武后に進言する。一度追放した者を赦すことはできぬと武后が答えをしぶると、敖曹は匕首《あいくち》を取り出し、一物を断ち切ろうとした。武后はびっくり仰天して慌てて止めに入り、敖曹の進言を承諾した。このように薛敖曹は、武后の意の如く性の相手をするだけの存在ではなく、立身出世も一族の富貴も望まず、武后にとって必要であれば、体の一部を賭けてでも耳に逆らう進言も辞さない、清廉な忠臣としての存在でもあったのである。この点、武后が以前寵愛した僧懐義、張昌宗・易之兄弟とは、まったく異なっていることは明らかである。

しかし、そんな平穏な日々も、武后自身が老いを自覚したことによって終わりを迎える。元統《げんとう》二年（一三三四）、七十六歳となった武后は体の衰えを感じ、敖曹を武氏一族の武承嗣《ぶしょうし》に預けることにした。敖曹との別れの宴で武后は涙を流し、それぞれの秘部に灸を据えて、愛のしるしとする。この行為は明代の妓楼で妓女と客の間で行われていたもので、作品の舞台となった時代ではなく、物語が書かれた時代の風俗が反映されている点で興味深い。

3　武后と薛敖曹が別れたあとの後日談

宮中を離れた後の話として、まず、長安の名妓温栢香《おんはくこう》が薛敖曹に迫るが、薛敖曹の一物が大きすぎて未遂に終わる顚末が描かれる。一方、武后は再び張兄弟を呼び寄せて情を交わすが、もはや薛敖曹とのときのような満足は得られなかった。満たされぬ思いから、武后は敖曹へ手紙を送った。敖曹は手紙を読んで涙したが、再び宮中に入れば、二度と出てこられないことも見通していた。武承嗣に知られぬよう、千里の馬を盗んで逃げ出し、行方不明となった。天宝年間、成都で敖曹を見かけた者がいて、若々しい姿で仙人のようだったと伝えられるが、その後どうなったかはわからない、と結ぶ。

最後の3では、薛敖曹の登仙までが語られる。薛敖曹は武后と出会う以前も、別れたあとも女性と交わることがなく、結果論かもしれないが、武后に一途の愛情を捧げたことが示されている。また、1・2の部分で見たように、薛敖曹は立身出世や富貴を求めず、儒士、忠臣であることも強調されていた。そのような人物であったからこそ、薛敖曹は仙人になったのだ、ということであろう。

ところで、巨根の持ち主といって、中国の歴史上最も有名なのは、秦の嫪毐《ろうあい》である。薛敖曹の描写には、この嫪毐に関する記述から影響を受けていることが指摘されている。司馬遷《しばせん》『史記《しき》』呂不韋列伝《りょふいれつでん》によれば、もともと秦王政《しんおうせい》（のちの始皇帝）の母趙姫《ちょうき》と男女の関係にあった呂不韋が、身の危険を回避するため、自分の代わりにあてがったのが巨根の嫪毐であった。ただ、王の後宮に生身の成人男性を入れるわけにはいかないので、宦官に偽装させたのである。この策が功を奏し、嫪毐はめでたく趙姫に気に入られ、そればかりか趙姫を後ろ盾にして宮廷で権勢を持つに至った。しかし、そのことを快く思わない者が現れて、秦王政に密告した。嫪毐は反乱を起こして対抗しようとしたものの、秦王政に先手を打たれて敗れ去り、趙姫の間に生まれた二人の子どもも殺された。

この嫪毐のエピソードと比べてみると、『如意君伝』における薛敖曹がいかに造型されているか、より明らかになる。『如意君伝』では、薛敖曹を理想的な儒士・忠臣として造型し、そのようなすぐれた資質を持つ人物は最後に登仙するという因果応報譚として描いている。「貞女は二夫にまみえず」という言葉があるが、薛敖曹はその逆で、武后というたった一人の女性に誠実に仕え、その働きによって登仙する資格を得たということであろう。結末では薛敖曹の登仙のみ記して、武后の末路についてはまったく言及していないことも、作者が描こうとしたのが薛敖曹、すなわち如意君の一代記であることを示している。

『通俗如意君伝』

先に述べたように、『通俗如意君伝』は中国明代の小説『如意君伝』を翻訳したもので、大筋は『如意君伝』に沿っているが、次に示すように全五巻二十一回に分けられている。なお本文は、漢字カタカナ交じりで記されている。

巻一　武后出身　武后称制　薛氏名誉　二張殊渥　晋卿関策　薛氏延登　薛氏奇遇
巻二　武后改元　武后爛蕩　武后神髄　薛氏席寵
巻三　武后秘玩　武后獲丹　二張穿腓
巻四　武后奇交　弄等茎会　衆屄列会
巻五　薛氏風暁　薛氏別宴　二張再遇　薛氏脱塵

『通俗如意君伝』を原典の『如意君伝』と比較してみると、訳者の増補にかかる部分がかなり含まれている。それは敖曹が登場して以降に顕著で、『如意君伝』には見えないエピソードが多く盛り込まれており、その部分に関してはもはや翻訳ではなく翻案というべきである。

具体的にいえば、『通俗如意君伝』巻二「薛氏席寵」、巻三の三回分、巻四の三回分、巻五の「薛氏風暁」「二張再遇」が、増補された部分である。これらの部分では、たとえば、媚薬を用いて行為に及ぶ、侍女も加えて媚薬を用いながら行う、また、宮女たちに秘部を露出させ、一つ一つ品評して、そのあとそれぞれ敖曹に挑ませる、というような、訳者による大胆な脚色が見られる。状況設定をさまざまに変えながら、淫楽にふけるさまが描写されており、訳者の工夫をうかがうことができる。

ただし、訳者の増補によって、主題が変質していることも注意すべきであろう。とくに、『通俗如意君伝』巻三「衆屄列会」では、武后の命令によって、薛敖曹が複数の宮女と交わるさまが描かれる。薛敖曹は、武后に初めて謁見したとき、自分のものが大きすぎて女性と接したことがなく、結婚相手も見つからないと告白している。薛敖曹は武后と出会うことで、ようやく自分に合う相手を見つけたことになったわけであるから、ここで宮女とやすやすと交わるというのは設定としてやや無理がある。そもそも『如意君伝』の結末で薛敖曹が登仙するのは、彼が儒士かつ忠臣で、武后に一途に仕えたからであるという因果応報によるものであった。しかし、『通俗如意君伝』では他の女と交わる挿話が加えられるということは、訳者が『如意君伝』に見える因果応報をさほど重視していなかったことを示している。むしろ訳者にとっては、登場人物たちがいかに目を引く状況で楽しむかを描くことが、主たる目的となっていたのであろう。このような改変によって、『如意君伝』が有していた因果応報譚としての性格は薄められ、『通俗如意君伝』独自の娯楽性の高い艶笑小説が指向されることになったと言えよう。

『通俗明皇後宮伝』

『通俗如意君伝』には底本の『如意君伝』が存在していたが、『通俗明皇後宮伝』の場合、現時点で『明皇後宮伝』という書は見つかっていない。ただ、本文を検討すると、訳者が参照したであろう資料をある程度推定することができるため、それらの参考資料をまとめて、『明皇後宮伝』という名称とした可能性が考えられる。まず、目次とあらすじを挙げ、次に、先行する作品との比較を行いながら、詳しくみていくことにしよう。

目次とあらすじ

目次と巻ごとのあらすじは次のとおりである。

巻一　李唐世系　明皇即位　賄皇后宦

太古から唐の建国と玄宗の即位まで。玄宗は後宮に美女を集め、山東の倡人趙元礼《ちょうげんれい》の娘（のちに趙麗妃《ちょうれいひ》となる）と契る。元献《げんけん》皇后からの誘いを受け、玄宗は久しぶりに一夜をともにする（のちに粛宗《しゅくそう》を生む）。

巻二　嗣謙立坊　廃后武寵

玄宗は寵妃の趙麗妃の子謙《けん》を皇太子とする。王皇后は廃位され庶人に落とされた。新たに武恵妃《ぶけいひ》が後宮に入り、寵愛を受ける。

巻三　梅妃越武　東京偶宴　太真入宮

武恵妃が寿王瑁《じゅおうぼう》を生む。高力士《こうりきし》が莆田《ほでん》から連れてきた采蘋《さいひん》という女性が、新たに玄宗に愛される。梅を好むことから梅妃《ばいひ》と呼ばれた。玄宗は洛陽に行幸し、妃たちと楽しむ。李林甫《りりんぽ》が武恵妃と結託して、三人の太子を陥れる。武恵妃が四十歳で亡くなる。寿王妃楊氏の美貌を知った玄宗は後宮に迎えた。

巻四　楊族列土　沈香亭興　韓夫不辞

玄宗は楊氏を気に入って貴妃とした。楊貴妃への寵愛により、楊氏一族は恩典に浴した。牡丹の見頃に沈香亭で遊宴を催し、玄宗は李白《りはく》を召し出す。李白は泥酔状態で清平調の曲を書き上げ、みな驚嘆する。しかし、高力士の横やりで褒美は沙汰止みとなった。別の日、宮女十三人を集め、秘部を品評する会を催した。また別の日、蓬莱宮《ほうらいきゅう》の遊宴で泥酔した玄宗は、介抱していた韓国夫人と通じた。

巻五　幸華清宮　随蝶所幸　虢与釗睦　貴妃登仙

玄宗は毎年十月に華清宮《かせいきゅう》の温泉に出掛けて、翌年春まで滞在した。楊貴妃は茘枝《ライチ》を好んだが、遠方からの輸送は人々を苦しめた。あるとき楊貴妃は玄宗の機嫌を損ねて、宮中から出されたが、すぐに呼び戻されて、以前よりも愛された。春、沈香亭での花見では、玄宗が宮女と貴族の若者を集め、風流の陣と称して乱交に及んだ。

玄宗は異国へ軍勢を派遣し、東は渤海《ぼっかい》、遼東《りょうとう》、高句麗《こうくり》、倭国《わこく》、扶桑《ふそう》を手に入れんとの志があった。わが日本の熱田の神霊が仙女と化し、楊貴妃となって、明皇を惑わせ軍備を怠らせた。馬嵬駅《ばかいえき》で死んで、もとの倭国に帰ったのである。明皇は蜀からみやこに帰ったあと、道士の楊通幽《ようつうゆう》を天界の楊貴妃のもとへ行かせた。楊通幽は金の釵《かんざし》と螺鈿《らでん》の小箱を証拠の品として預かって戻ってきた。

先行作品との比較

次に、巻一から順を追って、少し詳しく見てみよう。

巻一から巻三までに登場する后妃たちの名は、『旧唐書《くとうじょ》』『新唐書《しんとうじょ》』『資治通鑑《しじつがん》』等の歴史書にほぼ見えている。具体的には、元献皇后、趙元礼の娘（趙麗妃）、劉花妃（歴史書では劉華妃）、王皇后、武恵妃、皇甫徳義《こうほとくぎ》（歴史書では徳儀。「徳儀」は后妃の称号の一つ）、劉才人である。

とくに巻三に見える三人の太子の配流事件は、歴史書に詳しい記事がある。ここでは『旧唐書』（巻百十一）から事件のあらましを見てみよう。

太子瑛《えい》（母趙麗妃）、鄂王瑤《がくおうよう》（母皇甫徳義）、光王琚《こうおうきょ》（母劉才人）の三人は、武恵妃が寵愛を独占して、自分たちの母親が冷遇されていることに不満を募らせていた。そのことを玄宗の耳に入れた者がいて、玄宗は立腹して三太子を廃しようとした。臣下の張九齢《ちょうきゅうれい》が諫めたが、李林甫が武恵妃と結託して玄宗をそそのかした。結局三太子は庶人に落とされ、配流先で亡くなり、武恵妃の子寿王瑁が皇太子となった。しかし武恵妃は三太子のたたりを恐れるあまり、病気になって亡くなった。

このように『通俗明皇後宮伝』の前半は、歴史書に見える玄宗の后妃に関する記事をもとに書かれている。その上で、歴史的な記述の間に、玄宗と、先に挙げた后妃たち一人一人との性愛描写を加えていることがわかる。ただし唯一の例外は、巻三に登場する梅妃である。梅妃は歴史書等に見えない架空の人物であるが、作者不明の「梅妃伝」に彼女に関する話が描かれている。『通俗明皇後宮伝』巻三冒頭の「梅妃越武」は「梅妃伝」に基づいている。冒頭、梅妃が宮中に上がることになった経緯はおおよそ次のような内容である。

玄宗お気に入りの宦官高力士が、使者として閩粤《びんえつ》（福建と広東。『通俗明皇後宮伝』は「越」に作るが、「粤」が正しい）

に赴いた折、福建莆田の江仲遜《こうちゅうそん》という医者の娘采蘋が美貌なのを見て、都に連れ帰った。玄宗は采蘋を大変気に入り、采蘋が梅の香りを好むことにちなみ、梅妃と呼ぶようになった。

このあとに『通俗明皇後宮伝』では玄宗との性愛描写が挿入されるが、もとになった「梅妃伝」にはそのような描写はない。「梅妃伝」の続きは次のような話になっている。梅妃は玄宗に気に入られるが、あとから現れた楊貴妃によって次第に寵愛を奪われる。楊貴妃は嫉妬深く智恵が働き、心優しくおっとりした梅妃では対抗できなかったのである。やがて安史の乱が起こり、玄宗は西に逃れ、楊貴妃は死に、残された梅妃は行方不明になった。乱のあと、玄宗の夢枕に梅妃が現れて亡骸の場所を教え、玄宗によって葬られたところで終わる。『通俗明皇後宮伝』では、「梅妃伝」の安史の乱の勃発から梅妃を弔《とむら》う結末までの部分は採用されていない。

梅妃の話に続く「東京偶宴」では、洛陽に行幸した玄宗が、冷遇していた皇甫徳義と劉才人の二人を呼び寄せ、愛する場面が描かれる。そして「太真入宮」では武恵妃が亡くなり、入れ替わるように楊貴妃が登場したところで巻三が終わり、巻四から巻五にかけて、今度は楊貴妃を中心とした物語が描かれることになる。

楊貴妃が登場して以降の記述の底本となっているのは、宋・楽史《がくし》（九三〇～一〇〇七）撰「楊太真外伝《ようたいしんがいでん》」である。「楊太真外伝」は上下二巻に分かれる。上巻は、楊貴妃の生い立ちから、寿王の妃となったあと、玄宗の御意により貴妃に立てられたこと、楊氏一族が栄華を極めたこと、玄宗との愛情深く華やかな日常が描かれている。下巻は、安史の乱が起こり、逃避行の途中、馬嵬駅で楊貴妃が命を落としたこと、叛乱収束後、道士を天界に遣わし、天界の楊貴妃から記念の品を受け取ったこと、失意の玄宗が崩御するまでが語られる。

そのほかに楊貴妃の事跡を主題としたものとして、唐・陳鴻《ちんこう》「長恨歌伝」と唐・白居易《はくきょい》（七七二～八四二）「長恨歌」がつとに知られている。もともと「楊太真外伝」は、「長恨歌伝」をベースにして、より多くのエピソードを加えているため、両者で共通する部分がかなりある。ただ、『通俗明皇後宮伝』と「長恨歌伝」「楊太真外伝」を比べてみると、訳者はかなり「楊太真外伝」を参照していたのではないかと推測できる。

『通俗明皇後宮伝』巻四「楊族列土」「沈香亭興」では、「楊太真外伝」上巻半ばから描かれている楊氏一族の栄華や沈香亭での酒宴の場面が共通している。増補されているのは、「沈香亭興」後半の宮女十三人を集めて行われた、秘部を品評する会の場面である。同様の趣向は、『通俗如意君伝』巻四にも見られることから、訳者が意図的に挿入したものだろう。また、続く「韓夫不辞」では、玄宗と韓国夫人が交合する場面が増補されている。

巻五でも「楊太真外伝」をふまえていることがわかる。「幸華清宮」の華清宮での遊び（下巻）や、「随蝶所幸」の楊貴妃が茘枝《ライチ》を好んだが、茘枝を遠方から運ぶことが人々の負担となったこと（下巻）と楊貴妃が寧王の紫玉笛を盗んで吹き鳴らしたことが玄宗の機嫌を損ね、宮中から出されたこと（上巻）などが描かれる。また、「虢与剣睦」の楊《よう》国忠《こくちゅう》と楊貴妃の姉虢《かく》国夫人が密通する話は、「楊太真外伝」下巻の「虢国は又た国忠と乱る（虢国又与国忠乱焉）」から脚色したものであろう。次の「貴妃登仙」で描かれる春の沈香亭で行われた乱痴気騒ぎは、訳者の増補にかかるのであろう。そのあと、教坊の王大娘《おうだいじょう》が雑伎を披露する場面は「楊太真外伝」上巻、玄宗と楊貴妃が双六で遊ぶ場面は下巻を下敷きにしている。双六で興じたあとは、お決まりのように二人が抱き合う場面が挿入される。このように、「楊太真外伝」に基づきつつ、エピソードを再構成して、その間に性愛描写を挿入していることがわかる。

双六の場面の次に、突如、「偖《サテ》又此《コノ》楊貴妃《ヤウキヒ》ト申スハ、旧《モト》仙女ナリトイフ叓《こと》アリ。コレ仙女ニハ非《あら》ズ」という一文が現れる。楊貴妃を仙女とするのは、「長恨歌」「長恨歌伝」「楊太真外伝」に天界に楊貴妃を訪ねる話があるからであろうが、『通俗明皇後宮伝』が楊貴妃は仙女ではないとはどういうことなのか。該当箇所を訳文で示そう。

玄宗は即位したあと、外夷をおさえて一統せんと謀り、西方へ軍勢を差しむけ討伐し、渤海、遼東、高句麗、倭国、扶桑を手に入れようとの志があった。わが日本の熱田の神霊が仮に仙女と化して、蜀の弘農の楊玄琰《ようげんえん》の娘となり、長安の禁中に入り、宮女となって、貴妃と呼ばれて寵を得て、明皇をとろかして武備を怠らせ、異域を攻撃することをとどめられた。馬嵬駅《ばかい》で死んで、もとの倭国にお帰りになった。明皇が蜀からご帰京なされたあと、蜀の臨邛《りんきょう》県から道士の楊通幽という者がやってきて、李少翁の術で楊貴妃の魂を探すといって、蓬壺《ほうこ》にまたがって大真院にたどり着いた。験《しるし》の螺鈿《らでん》のはこ、金の釵《かんざし》を預かって帰ってきた。これは我が国の熱田とも、富士山とも、紀の熊野ともいう。深秘にして筆をここにとどめる。

この記述は、明皇による日本攻略を阻止すべく、熱田神宮の神霊が化したのが楊貴妃で、馬嵬駅で死んだあとは、日本に戻ったという日本にのみ伝わる俗説に基づく。続いて、道士の楊通幽を天界の大真院に派遣した話は、「長恨歌伝」「楊太真外伝」を襲っている。しかし、楊貴妃の死後、熱田神宮の神霊が日本に戻ったことと矛盾が生じることを避けるため、大真院のありかを「熱田とも、富士山とも、紀の熊野とも」とつけ加えたのではあるまいか。

『通俗如意君伝』『通俗明皇後宮伝』の訳者

作者山口輝雄については、花咲一男氏の研究にしたがって紹介しよう。

山口輝雄（弘称・熊治郎）は享保十八年（一七三三）の生まれ、山口家は常陸牛久《ひたちうしく》藩一万石の藩主の家柄である。輝雄の父山口弘長は、和泉伯太《いずみはかた》藩（今の和泉市）の藩主渡辺基綱《わたなべもとつな》が大坂御定番として在番中、妾に生ませた男子四人のうちの第二子である。享保十四年（一七二九）、二十七歳のときに、山口弘豊《やまぐちひろとよ》（牛久藩の藩主。輝雄の祖父）の養嗣子となり、弘豊の娘を娶《めと》った。それまで姻戚関係などがなかった両家が、弘長を養子にしたのは、弘豊が大坂在番中に渡辺基綱と親しくなったからではないかと推測されている。ただ、山口家には深刻な事情があって、弘豊の嫡子は夭折し、山口家の血筋を引くのは女子だけだったのである。ところが、弘長も正室との間にもうけた一男が早世し、さらには正室まで亡くなってしまった。

一方、祖父の弘豊は享保十六年（一七三一）に隠居して家督を弘長に譲っていたが、享保十八年（一七三三）に側室が弘倉を生み、元文五年（一七四〇）にまた別の側室が弘道を生んだ。享保十八年生まれの輝雄から見れば、弘倉は同い年、弘道は年下だが、甥と叔父の関係であり、しかも輝雄の母は側室の祖母井氏であるから山口家の血を直接引いていない。となれば、輝雄が置かれた立場は、生まれたときからすでに肩身の狭いものであったであろう。

やがて祖父弘豊が宝暦五年（一七五五）に没し、翌年父弘長が弘倉を養嗣子としたことで、輝雄が家督を継ぐ可能性はほぼ無くなった。さらに、弘倉が明和五年（一七六八）八月に没して九月に弟弘道が嗣子となり、父弘長も同年十一月に六十二歳で亡くなった。この頃の輝雄の状況は、花咲氏が次のように述べているのに尽きるであろう。「弘弥は三十六歳で父の庇護を失ったが同時にその束縛からも解放され……この頃から輝雄名の現れるのも故なしとしない」。また、「輝雄」を弘弥・熊治郎と推定するのは、「輝」は「棄」と、「雄」は「熊」と同音で、「棄熊」、つまり「家を棄てた熊治郎の意を通わせた」のだという。

山口輝雄が『通俗如意君伝』『通俗明皇後宮伝』を世に出した時期は、このように彼自身の身辺に大きな変化が起こった時期と重なっている。訓点が付された和刻本『如意君伝』の刊行は宝暦三年（一七六三）であるが、『通俗如意君伝』は明和四年（一七六七）、『通俗明皇後宮伝』は明和八年（一七七一）となっている。仮に輝雄が宝暦本を見て翻訳に着手したのであれば、十年足らずの間に訳業を完成させたことになる。あくまで憶測だが、著作に没頭することで身辺の風雨をやりすごしていたのだろうか。

唐話学習の流行と翻訳・翻案

訳者山口輝雄が生きた時代は、享保の改革と寛政の改革の中間にあたる。荻生徂徠《おぎゅうそらい》が始めた古文辞《こぶんじ》学派（蘐園《けんえん》学派）の影響によって、唐話《とうわ》の学習が盛んになり、その格好の教材として中国の白話（当時の話し言葉）小説が認識された。そのようなムーブメントの中で、中国の好色文学も、江戸の文人や漢詩人にひそかに愛読されていたようである。江戸初期の中国語学者岡嶋冠山《おかじまかんざん》は、『水滸伝《すいこでん》』などを翻訳したことで知られるが、彼が唐話の学習に『肉蒲団《にくぶとん》』（清代の好色小説）を朝夕手元から離さなかったというエピソードが伝えられている（雨森芳洲《あめのもりほうしゅう》『橘窓茶話《きっそうさわ》』巻上）。また、江戸時代における中国小説のブームは、多くの訳本を生み出しただけでなく、読本の登場を促したことでも知られている。『通俗如意君伝』『通俗明皇後宮伝』の登場も、まさにこのような時代の流れと連動していたのである。

参考文献

太田辰夫・飯田吉郎編『中国秘籍叢刊』（汲古書院、一九八七年）。

『通俗如意君伝』太平書屋、一九八一年（付録に花咲一男「山口輝雄《きゆう》について」を収める）。

『通俗明皇後宮伝』太平書屋、一九八一年（付録に花咲一男「『通俗明皇後宮伝』『通俗如意君伝』の訳者について」を収める）。

中野三敏「漢文戯作の展開」（『戯作研究』笠間書院、一九八一年）。

中村幸彦「通俗物雑談――近世翻訳小説について」（『中村幸彦著述集』第七巻、中央公論社、一九八四年）。

鈴木久美「噺本の作り手達――飛談語・さしまくら・都鄙談語三篇」（『国文学研究』百三十八集、二〇〇二年）。

小川陽一『明代の遊郭事情　風月機関』汲古書院、二〇〇六年）。

羅莞翎「『如意君伝』の内容と特徴――明代中期における艶情小説の出現」（『集刊東洋学』百十二号、二〇一五年）。

竹村則行「梅妃からみた『長生殿』の楊貴妃像」（『日本中国学会報』四十七集、一九九五年）。

付録

佐賀大学附属図書館所蔵

小城鍋島文庫古典籍目録データベースのご案内

https://crch.dl.saga-u.ac.jp/kotenseki/index.php

●小城鍋島文庫古典籍目録データベースについて

小城藩は佐賀藩の支藩です。その藩主家と藩校に伝わる蔵書が、昭和三十年代に佐賀大学に寄贈され、小城鍋島文庫と名付けられました。古典籍と史料を合わせて、約1万点が蔵されています。解題が執筆できた書目はまだ数が限られていますが、今後もデータを蓄積していきます。

●画像を見るには？

典籍の一部は、佐賀大学附属図書館貴重書デジタルアーカイブ（https://www.dl.saga-u.ac.jp/#ogi）にて画像を確認することができます。

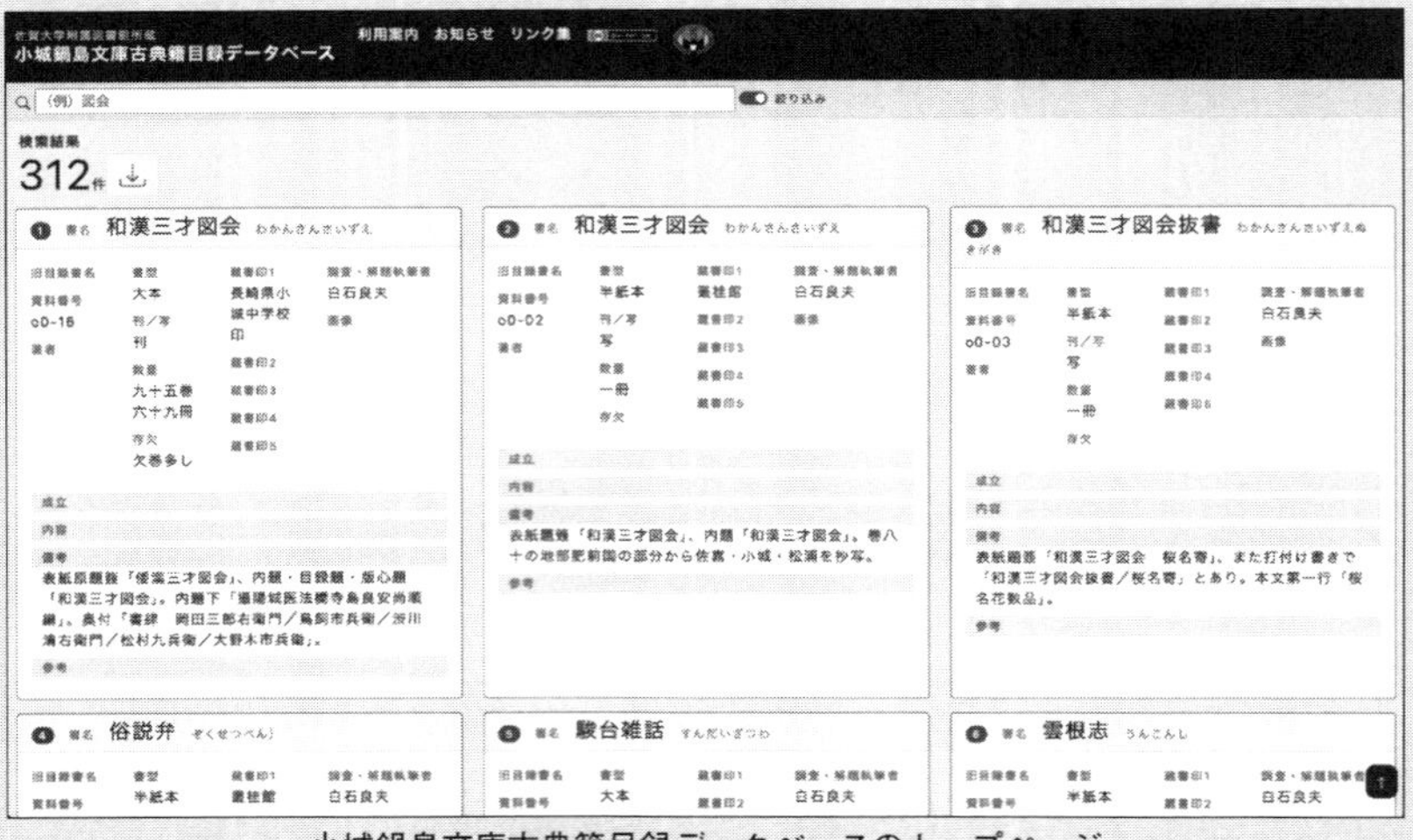

小城鍋島文庫古典籍目録データベースのトップページ

小城鍋島文庫の蔵書印データベースから見えるもの

二宮愛理

概要

まず、これまでに確認できた小城鍋島文庫における蔵書印の概要を記す。小城鍋島文庫の資料に見える蔵書印は、これまでの調査で確認できた限り、九九種、一一三〇点である。一冊の資料に複数種類が押されている例も多数あるため、蔵書印のある資料そのものは八〇三点である。そのほか、判読、区別が不十分で今回の調査から除外したものが多数ある（七三頁❶、七五頁❷など）。

九九種のうち、主要なものを多い順に挙げていくと、

荻府学校（大）……二〇三
曲肘亭……一二四
荻府学校（小）……一〇二
叢桂館蔵……七七
荻亭蔵書……七六
藤……七五
荻府蔵書……五四
荻黌蔵書……四二
小城蔵書……三八
紀伊……三二
小城藩……三〇
藤直愈印……三〇
不弐之印……二二
菴蘿園……二二
長崎県小城中学校印……一八

桜岡小学 ……………一五
田潛之印 ……………一三

以下一桁台が続く。印主はわかっている限り、藩主、藩校、その他に分けて表にした。

藩主印どうしの関係

次に、藩主の印と藩校印の関係について述べる。小城鍋島文庫のうち、漢籍については高山節也氏による先行研究がある。なお、第六代藩主直員の長男である直嵩は藩主ではないが、藩主に準ずるものとして紹介する。

「荻府學校」小印・「荻府學校」大印・「荻黌藏書」三点の学校印が鈐印されるものが現存漢籍数の半数を超え、学校印同士の重複は二点しかない。このことは、学校印三種は同一学校における書籍蒐集の過程で、それぞれ時期をずらして一括鈐印された可能性を示唆する。一方では藩主関係の個人印が四七点にあって個人同士の相互の重複は無い。その他の個人印は約三十種である。一方学校関係印の鈐印されるものに個人印が重複して鈐印されている場合がかなり多いのは、個人蔵書が寄贈あるいは購入等を経て、学校蔵書となった経緯を想定せしめる事実であろう。*1

ここで指摘されている藩主印の重複は、漢籍に限った場合は見られないが、文庫全体に範囲を広げると例がある。『五倫書《ごりんしょ》』(o34-38)には、元茂《もとしげ》の印と見られる「紀伊」と、直能《なおよし》の印と見られる「藤」があり、更に「荻府学校(大)」が押されている。他にも『鷹三百首《たかさんびゃくしゅ》』(o75-12)には、元茂印「紀伊」、直嵩《なおたけ》印「叢桂館蔵」、そしてこの度、中尾友香梨氏によって直悆印と指摘された「曲肘亭」（「まえがき」参照）の三点があり、『桐火桶《きりびおけ》』（o951-09）には直能印「藤」、直嵩印「叢桂館蔵」、直悆印「曲肘亭」の三点がある。

元茂と直能の場合は親子で、直嵩と直悆は兄弟での相続であると考えられるが、数代を経た直嵩にも藩主家の蔵書が相続されたことを物語っている。ただ、現在確認できるのは前述の数例のみである。

藩主印と藩校印の関係

高山氏が指摘する「個人蔵書が寄贈あるいは購入等を経て、学校蔵書となった」という関係のうち、藩主の印に関するものは、「荻府学校」大小と、元茂、直能、直嵩、直悆《なおます》の間で顕著に見られる。

まず、「荻府学校（大）」は、数としては二〇三点と、文庫の蔵書印の中でも最も数が多い。元茂の印「紀伊」「元茂」は合わせて三七点確認できるが、うち二七点が「荻府学校（大）」と、二点が「荻府学校（小）」と重複している。また、直能の印「藤」「伯養」は七六点中七一点と大多数が「荻府学校（大）」と重複し、大印を持たない『孟子集註《もうししっちゅう》』（ok-033）一点のみが「荻府学校（小）」と重複している。したがって、直能の印がある七六点中、学校印がないのはわずか四点[*2]ということになる。

このように、大印でとくに目立つのが元茂と直能であるが、それに加え、直嵩の印「叢桂館蔵」も、七七点のうちの七点とけっして多くはないが、大印との重複がある。それら七点は、元茂と直能の蔵書になかったものである。

高山氏はこの「荻府学校」の印について、以下のように述べる。

> 「荻府學校」大印は寛政元年本を最終とし、それ以降の鈐印がなくなる。このころにまとまった受け入れがあって、

それを機にこの大型印を刻した可能性がある。「範囲表」から想定しやすいのは、鍋島直嵩の没後寄贈のことがあった可能性であるが、他にも元茂旧蔵の歴代正史の一括寄贈等の可能性もある。次に「荻府學校」小印が作られ、これは嘉永三年までの鈐印である。*3

小城の藩校興譲館の前身である文武稽古所は、直愈によって天明四年（一七八四）に創設された。寛政元年（一七八九）が下限とすれば、それまでに藩校の第一次蔵書群とも言うべき受け入れがあり、その中心が元茂と直能の旧蔵書であったと見るべきであろう。さらに直嵩の「叢桂館蔵」との関係を考えると、第一次蔵書群を整えた際、元茂と直能の蔵書になかったものを直嵩の蔵書で補うかたちで寄贈したということが考えられるのではないか。

とすれば、元茂と直能の蔵書のうち、大印を持たないものは、第一次受け入れの際、何らかの理由で蔵書の群から外れていたのではないかと考えられる。そこで、『桐火桶』（o951-09）に注目したい。これは直能、直嵩、直愈、三人の印が押されているという珍しい例であったが、直能蔵書の大多数が持つ「荻府学校（大）」の印を持たない。琴線に触れたか何かによって直愈が藩校に収めず、自分の架蔵としたのかと想像を逞しくしたくなる。

続いて、「荻府学校」の小印である。大印二〇三点に対し、小印は一〇二点とほぼ半数である。藩主の印と重複している例は、前述の元茂二点、直能一点に加えて、直嵩の「叢桂館蔵」に四点、直愈の「藤直愈印」に七点見える。小印を第二次蔵書群と考えるならば、元茂と直能の蔵書で第一次蔵書群に漏れていたもの、および直嵩と直愈の蔵書を新たに加えたということになるだろう。高山氏が指摘する下限の嘉永三年（一八五〇）は、直愈の子直尭《なおたか》が隠居した年である。

また、「荻府学校（小）」は「荻亭蔵書」と七点重複している。これら小城（荻）の名前が入った印にはわからないところが多いが、とりあえず藩主のものと見なした。

「不弐之印」と「菴蘿園」

これら印主のわかっているものに加え、「荻府学校（大）」と関係の深さが指摘できるのが、「不弐之印」と「菴蘿園」である。この二印は常に二つ一緒に、すべて重複して二二点押されており、二二点のうち一九点が「荻府学校（大）」と重複している。ここから、前述の元茂や直能の印と同じ関係が見て取れ、第一次蔵書群の一部として収められたのではないかと考えられる。

では、これらの印主は誰なのか。そこで注目したのが、『広益《こうえき》以呂波《いろは》雑韻《ざついん》刊誤《かんご》』（o81-08）と『八種《はっしゅ》画譜《がふ》（唐六如画譜）』（oksh-68）に、直能の「藤」印があることである。「不弐」は「ふじ」と通じる。このことから、これら二つの印も直能のものではないかと思われる。「菴蘿園」は「菴没羅《あんもら》園」の略であり、中インドの毘舎離国《びしゃりこく》にあった庭園とされる。あるいは桜岡の庭園をそれに見立てた号であろうか。

以上、調査に基づき作成したデータベースによって判明したことを簡単に述べた。残念ながら、資料の保全等の関係で調査が思うように進まず、現時点でのデータベースはまだまだ不完全である。今後の課題としては、不明印の解読、整理分類、蔵書印どうしの数的な分析をさらに進めることなどがある。

注

1 高山節也「小城鍋島藩の漢籍と学校」（『小城の教育と地域社会』佐賀大学地域学歴史文化研究センター、二〇一〇年）。

2 『職原抄』（o32-01）には「荻府蔵書」が、『桐火桶』（o951-09）には前述のとおり直嵩の二印がある。『六家集』（o954-08）と『みちのき』（o962-01）は「藤」印のみである。

3 注1に同じ。

あとがき

小城鍋島文庫研究会は満十二年を越えた。その間、『十帖源氏立圃自筆書入本』（笠間書院、二〇一八年）、『和学知辺草』（文学通信、二〇二三年）を出版した。ほぼ毎月継続してきた例会での輪読・注釈作業の成果である。

これらと並行して、研究会は文庫の悉皆《しっかい》調査による解題集を計画した。年に数回の合同調査をおこない、その途中経過の公開を兼ねて、展示会やシンポジウムなどを開催していた。だが、新型コロナ禍という不測の事態にみまわれて、佐賀に集まっての調査も不可能になり、悉皆網羅の解題集は断念せざるをえなかった。

本書は、それに代わるものである。

メンバーが文庫調査で出会った資料をつかって書いた。執筆にあたっては、とくに統一した方針をもうけず、自由に書くこととした。文庫の本をかたる、文庫の本でかたる、がコンセプトである。当初計画の解題集では、執筆者の個性と主観を極力殺すことを想定していたのだが、一転して、多様多彩な切り口と取り組みでアプローチする企画となった。

かのニュートンは、ペストの大流行で田舎に籠り、「研究に没頭できる」と言ったという。人類史上の遺業をひきあいに出すのは気恥ずかしいが、ささやかながらわれわれも、この禍《わざわい》を転じたと自負してもよさそうである。

本書刊行をもって、小城鍋島文庫研究会を発展的に解散する。会員各位には、研究会運営へのご協力に感謝するとともに、この十年余で得たスキルを糧《かて》にして社会や学界でいっそう活躍されんことを願ってやまない。

佐賀大学附属図書館は、われわれの研究を理解してくださり、なにかと便宜を賜った。日本学術振興会からは資金面での援助を得た。展示会やシンポジウムに関心を示して来場してくださった市民の方々にも支えられた。文学通信には、『和学知辺草』についで面倒なお願いを引き受けていただいた。

ほか、左の諸機関にも感謝申し上げたい。

国立大学法人佐賀大学／佐賀大学地域学歴史文化研究センター／小城市立歴史資料館／雅俗の会／佐賀新聞／笠間書院

ター、2010 年 10 月)
36. 井上敏幸「中林梧竹二十五歳の筆蹟」(『佐賀大国文』39 号、2010 年 12 月)
37. 青木歳幸『小城の医学と地域医療:病をいやす』(佐賀大学地域学歴史文化研究センター、2011 年 10 月)
38. 青木歳幸「貴重書紹介『孟子通』」(『ひかり野』36 号、2012 年 8 月)
39. 白石良夫「貴重書紹介『十帖源氏』」(『ひかり野』37 号、2013 年 7 月)
40. 白石良夫・青木歳幸・佐賀大学地域学歴史文化研究センター・小城市立歴史資料館『小城藩と和歌:直能公自筆『岡花二十首和歌』の里帰り』(佐賀大学地域学歴史文化研究センター、2013 年 10 月)
41. 井上敏幸「直能の和歌」(『小城藩と和歌:直能公自筆『岡花二十首和歌』の里帰り』佐賀大学地域学歴史文化研究センター、2013 年 10 月)
42. 沼尻利通「佐賀大学小城鍋島文庫『十帖源氏』の挿絵と覆刻」(『小城藩と和歌:直能公自筆『岡花二十首和歌』の里帰り』佐賀大学地域学歴史文化研究センター、2013 年 10 月)
43. 白石良夫「小城鍋島文庫『十帖源氏』のこと」(『佐賀学Ⅱ』岩田書院、2014 年 4 月)
44. 沼尻利通「野々口立圃『十帖源氏』の初版と覆刻」(『雅俗』13 号、2014 年 7 月)
45. 伊藤昭弘「貴重書紹介「戊辰戦争戦況図」」(『ひかり野』38 号、2014 年 8 月)
46. 伊藤昭弘『小城城と牛津宿:小城藩政の展開と人々の経済活動』(佐賀大学地域学歴史文化研究センター、2014 年 10 月)
47. 朱全安「藩儒下川三省の登用にみる小城藩漢学教育の端緒」(『千葉商大紀要』52 巻 1 号、2014 年 9 月)
48. 日高愛子「飛鳥井雅章と鍋島直能:「道」の相伝と和歌」(『佐賀大国文』43 号、2014 年 12 月)
49. 伊藤昭弘「貴重書紹介「老中奉書」」(『ひかり野』39 号、2015 年 8 月)
50. 白石良夫「鍋島直嵩主催の歌合」(『柳川資料集成月報』22 号、2016 年 3 月)
51. 三ツ松誠『花守と介次郎:明治を担った小城の人びと』(佐賀大学地域学歴史文化研究センター、2016 年 10 月)
52. 伊藤昭弘「「小城藩日記データベース」について」(『佐賀大学地域学歴史文化研究センター研究紀要』12 号、2017 年 6 月)
53. 三ツ松誠「貴重書紹介「柴田介次郎上海談聞書」」(『ひかり野』41 号、2017 年 10 月)
54. 吉岡誠也「貴重書紹介「行政官達(戊辰軍功賞典につき)」」(『ひかり野』42 号、2018 年 10 月)
55. 三ツ松誠・村上義明『京の雅と小城藩』(佐賀大学地域学歴史文化研究センター、2019 年 10 月)
56. 村上義明「貴重書紹介『新編水滸画伝』」(『ひかり野』43 号、2019 年 10 月)
57. 白石良夫「『十帖源氏』の異版と著者書入本:小城鍋島文庫本の位置づけ」(『注釈・考証・読解の方法:国語国文学的思考』文学通信、2019 年 11 月)
58. 沼尻利通「佐賀大学附属図書館小城鍋島文庫蔵『うつほ物語』延宝五年版本の巻序」(『福岡教育大学国語科研究論集』61 号、2020 年 2 月)
59. 伊藤昭弘『小城藩日記の世界:近世小城二〇〇年の記憶』(佐賀大学地域学歴史文化研究センター、2020 年 10 月)
60. 伊藤昭弘「貴重書紹介　近世の疫病:小城藩日記データベースを用いて」(『ひかり野』44 号、2020 年 10 月)
61. 伊藤昭弘「「小城藩日記」と小城藩日記データベースについて」(『葉隠研究』90 号、2021 年 3 月)
62. 白石良夫「『十帖源氏』の刊・印・修:古典文庫解説卑見」(『雅俗』20 号、2021 年 7 月)
63. 三ツ松誠「貴重書紹介『旧約全書・新約全書』」(『ひかり野』45 号、2021 年 10 月)
64. 中尾友香梨『小城藩主鍋島直能:文雅の交流』(佐賀大学地域学歴史文化研究センター、2022 年 3 月)
65. 佐賀大学図書館「貴重書紹介「旧記方」」(『ひかり野』46 号、2022 年 7 月)
66. 伊藤昭弘『佐賀藩と小城藩:本家と分家の複雑な関係』(佐賀大学地域学歴史文化研究センター、2022 年 11 月)
67. 中尾友香梨・中尾健一郎「『和学知辺草』考:神道について」(『雅俗』23 号、2024 年 7 月)
68. 中尾健一郎・中尾友香梨「『和学知辺草』の歌学」(『熊本大学教育学部紀要』73 号、2024 年 12 月)

6. 久保山正邦「謎の本「あたうかたり」」(『佐賀大学文学論集』7 号、1966 年 2 月)
7. 麻生朝道「天草本平家物語巻二の二から巻三までの底本について」(『佐賀大学人文紀要』1 号、1966 年 7 月) → 『平家物語:小城鍋島文庫本』(汲古書院)に再録
8. 島津忠夫「佐賀藩の文事:鍋島諸文庫とその展開」(『佐賀大学人文紀要』2 号、1966 年 7 月) → 『島津忠夫著作集』第 10 巻に収録
9. 杉本勲「佐賀支藩の蘭学について:小城藩の場合」(『史淵』100 号、1968 年 3 月)
10. 山下宏明『平家物語研究序説』(明治書院、1972 年)
11. 赤瀬信吾「佐賀鍋島文庫蔵「自讃歌註」をめぐって」(『国語国文』47 巻 10 号、1978 年 10 月)
12. 鈴木博「中世の謎々を解く」(『滋賀大学教育学部紀要(人文社会教育)』29 号、1980 年)
13. 杉谷昭「佐賀大学附属図書館小城鍋島文庫本「航米日録」について」(『佐賀大学教育学部研究論文集』31 号、1983 年 7 月)
14. 吉田幸一『十帖源氏』(古典文庫、1989 年 1 月)
15. 大久保順子「『三国物語』の二本に関して:小城鍋島文庫本と広島大学蔵本」(『仮名草子集成』第 32 巻、東京堂出版、2002 年)
16. 井上敏幸「元禄文学と『葉隠』⑧:武士道と歌道」(『葉隠研究』49 号、2003 年)
17. 宮島敬一『小城鍋島藩と島原の乱:小城鍋島文庫に見る』(佐賀大学文系基礎学研究プロジェクト、2004 年 8 月)
18. 松尾正幸・石丸保博「郷土資料(小城鍋島文庫)を活用した小学校歴史授業の改善——島原の乱の授業と教材の開発」(『佐賀大学教育実践研究』22 号、2005 年)
19. 松尾正幸・森周蔵「郷土資料(小城鍋島文庫等)を活用した高校日本史授業の改善——島原の乱の授業と教材の開発」(『佐賀大学文化教育学部研究論文集』10 巻 1 号、2005 年 9 月)
20. 松尾正幸・南里昌芳「地域資料(小城鍋島文庫等)を活用した中学校社会科(歴史的分野)の提案——「島原の乱」を教材化した授業を通して」(『佐賀大学文化教育学部研究論文集』10 巻 2 号、2006 年 1 月)
21. 井上敏幸「表紙解説『寛永行幸記』」(『ひかり野』30 号、2006 年 2 月)
22. 相原宏美「山科言継筆「堀河院艶書合」の性格と書承:青山学院大学本から佐賀大学小城鍋島文庫本へ」(『古代中世国文学』22 号、2006 年 6 月)
23. 伊藤昭弘『成立期の小城藩と藩主たち』(佐賀大学地域学歴史文化研究センター、2006 年 10 月)
24. 青木歳幸「表紙解説『民間格致問答』」(『ひかり野』31 号、2007 年 3 月)
25. 青木歳幸『海外交流と小城の洋学:小城鍋島文庫にみる』(佐賀大学地域学歴史文化研究センター、2007 年 10 月)
26. 井上敏幸「近世佐賀の出版:「近世の活字文化と佐賀藩」展開催によせて」(『佐賀大学地域学歴史文化研究センター研究紀要』2 号、2008 年 3 月)
27. 井上敏幸『黄檗僧と鍋島家の人々:小城の潮音・梅嶺の活躍』(佐賀大学地域学歴史文化研究センター、2008 年 10 月)
28. 生馬寛信・青木歳幸『小城の教育と地域社会』(佐賀大学地域学歴史文化研究センター、2010 年 10 月)
29. 青木歳幸「小城蘭方医研究——宮崎玄益・元立、相沢柳沢・柳逸」(『佐賀大学地域学歴史文化研究センター研究紀要』2 号、2008 年 3 月)
30. 高木昭英「小城鍋島文庫本『平家物語』雑感」(『九州龍谷短期大学紀要』55 号、2009 年 3 月)
31. 千葉氏研究プロジェクト『中世小城の歴史・文化と肥前千葉氏』(佐賀大学地域学歴史文化研究センター、2009 年 10 月)
32. 青木歳幸「小城藩の医学稽古」(『佐賀大学地域学歴史文化研究センター研究紀要』4 号、2010 年 2 月)
33. 高山節也「江戸時代の漢籍目録:地方外様大名支配下における漢籍の受容について」(『日本漢文学研究』5 号、2010 年 3 月)
34. 佐賀新聞「小城鍋島文庫漢籍 300 点評価:高山・二松学舎大教授が調査」(『佐賀新聞』2010 年 8 月)
35. 高山節也「小城鍋島藩の漢籍と学校」(『小城の教育と地域社会』佐賀大学地域学歴史文化研究セン

» 翻刻・影印――当文庫本を校合に使ったもの

1. 小城藩日記（宝永七年）　『元武公御年譜』傍注引用（『佐賀県近世史料』第２編第２巻、佐賀県立図書館、2012 年）
2. 犬塚源内并僧落長助御仕置一件　『元延公御年譜』傍注引用（『佐賀県近世史料』第２編第２巻、佐賀県立図書館、2012 年）
3. 御印帳御政務遠格式写　『元延公御年譜』傍注引用（『佐賀県近世史料』第２編第２巻、佐賀県立図書館、2012 年）
4. 元武公御年譜　『佐賀県近世史料』第２編第２巻（佐賀県立図書館、2012 年）
5. 金粟様御年譜　『佐賀県近世史料』第２編第２巻（佐賀県立図書館、2012 年）
6. 漢和集　大島富朗「翻刻「細川幽斎和漢・漢和聯句」」（『学苑』674・679 号、1996 年）

» 蔵書目録・書目解題・図録等

1. 佐賀大学附属図書館『小城鍋島文庫目録』（佐賀大学附属図書館、1961 ～ 1976 年）
2. 島津忠夫「小城鍋島文庫善本書目解題」（『佐賀大学文学論集』３号、1961 年９月）→『島津忠夫著作集』第 10 巻に収録
3. 島津忠夫『西日本国語国文学会鍋島諸文庫展示目録』（佐賀大学、1965 年９月）→『島津忠夫著作集』第 10 巻に収録
4. 高山節也「小城鍋島文庫漢籍経部分類目録」（『佐賀大国文』11 号、1983 年 11 月）
5. 高山節也「小城鍋島文庫漢籍史子集叢書部分類目録」（『佐賀大国文』12 号、1984 年 11 月）
6. 井上敏幸『小城鍋島文庫・深江文庫展示目録』（私家版、2001 年 10 月）
7. 飯塚一幸『小城鍋島文庫目録近代文書編』（佐賀大学文系基礎学研究プロジェクト、2005 年３月）
8. 高山節也「小城鍋島藩「興譲館所蔵目録」漢籍・現存小城文庫漢籍対照表」（『小城の教育と地域社会』2010 年 10 月）
9. 高山節也「『興譲館目録』未見小城文庫在庫漢籍一覧」（『小城の教育と地域社会』佐賀大学地域学歴史文化研究センター、2010 年 10 月）
10. 白石良夫「小城鍋島文庫蔵書解題稿（一）」（『佐賀大国文』44 号、2016 年３月）
11. 中尾友香梨・中尾健一郎「小城鍋島文庫蔵書解題稿（二）」（『佐賀大学全学教育機構紀要』５号、2017 年３月）
12. 小城鍋島文庫研究会『小城鍋島文庫蔵書解題集（試行版）』（私家版、2017 年５月）
13. 中尾友香梨・白石良夫・大久保順子・土屋育子・沼尻利通・日高愛子「小城鍋島文庫蔵書解題稿（三）」（『佐賀大学全学教育機構紀要』７号、2019 年３月）
14. 中尾友香梨・白石良夫・大久保順子・土屋育子・沼尻利通・中尾健一郎・村上義明「小城鍋島文庫蔵書解題稿（四）」（『佐賀大学全学教育機構紀要』８号、2020 年３月）

» 研究論文・報告

1. 島津忠夫「夫木和歌抄五句索引のこと」（『和歌史研究会会報』２号、1961 年６月）
2. 岡村光則「小城鍋島文庫本新古今和歌集」（『佐賀大学文学論集』３号、1961 年９月）
3. 島津忠夫「小城鍋島文庫本平家物語をめぐって」（『佐賀大学文学論集』４号、1962 年９月）→改稿して『平家物語：小城鍋島文庫本』（汲古書院）に解題として再録 →『平家物語試論』（汲古書院、1997 年）に再々録 →『島津忠夫著作集』第 10 巻に収録
4. 島津忠夫「小城鍋島文庫「忠度集」」（『王朝文学』７号、1962 年 10 月）
5. 黒木俊弘「鍋島文庫に於ける体育関係書の分類」（『体育学研究』７巻１号、1963 年）

25. 歌合集　　青木歳幸・白石良夫『小城藩と和歌：直能公自筆『岡花二十首和歌』の里帰り』（佐賀大学地域学歴史文化研究センター、2013 年 10 月）
26. 小城藩日記（抄）　　伊藤昭弘『小城城下と牛津宿：小城藩政の展開と人々の経済活動』（佐賀大学地域学歴史文化研究センター、2014 年 10 月）
27. 十帖源氏　　中尾友香梨ほか「小城鍋島文庫蔵『十帖源氏』翻刻稿（一）」（『佐賀大学文化教育学部研究論文集』20 巻 1 号、2015 年 8 月）
28. 十帖源氏　　中尾友香梨ほか「小城鍋島文庫蔵『十帖源氏』翻刻稿（二）」（『佐賀大学文化教育学部研究論文集』20 巻 2 号、2016 年 2 月）
29. 十帖源氏　　小城鍋島文庫研究会「小城鍋島文庫蔵『十帖源氏』翻刻篇（三）：玉鬘巻～真木柱巻」（『佐賀大学地域学歴史文化研究センター研究紀要』11 号、2017 年 3 月）
30. 十帖源氏　　小城鍋島文庫研究会「小城鍋島文庫蔵『十帖源氏』翻刻篇（四）：梅枝巻～竹河巻」（『佐賀大学地域学歴史文化研究センター研究紀要』12 号、2017 年 6 月）
31. 十帖源氏　　白石良夫・中尾友香梨・小城鍋島文庫研究会校訂『佐賀大学附属図書館小城鍋島文庫蔵　十帖源氏　立圃自筆書入本　翻刻と解説』（笠間書院、2018 年 3 月）
32. 要集一覧　　宮武正登・伊藤昭弘『千葉の城・鍋島の城：小城武士の本拠を探る』（佐賀大学地域学歴史文化研究センター、2018 年 10 月）
33. 直茂公御年譜（抄）　　宮武正登・伊藤昭弘『千葉の城・鍋島の城：小城武士の本拠を探る』（佐賀大学地域学歴史文化研究センター、2018 年 10 月）
34. 直能公御年譜（抄）　　宮武正登・伊藤昭弘『千葉の城・鍋島の城：小城武士の本拠を探る』（佐賀大学地域学歴史文化研究センター、2018 年 10 月）
35. 和学知辺草　　中尾友香梨ほか「小城鍋島文庫蔵『和学知辺草』翻刻稿（上）」（『佐賀大学地域学歴史文化研究センター研究紀要』14 号、2019 年 9 月）
36. 桜岡詩歌　　三ツ松誠・村上義明『京の雅と小城藩』（佐賀大学地域学歴史文化研究センター、2019 年 10 月）
37. 岡月詩歌　　三ツ松誠・村上義明『京の雅と小城藩』（佐賀大学地域学歴史文化研究センター、2019 年 10 月）
38. 不忘集　　三ツ松誠・村上義明『京の雅と小城藩』（佐賀大学地域学歴史文化研究センター、2019 年 10 月）
39. 歌集　　三ツ松誠・村上義明『京の雅と小城藩』（佐賀大学地域学歴史文化研究センター、2019 年 10 月）
40. 新拾葉集　　三ツ松誠・村上義明『京の雅と小城藩』（佐賀大学地域学歴史文化研究センター、2019 年 10 月）
41. 岡花百首歌合　　三ツ松誠・村上義明『京の雅と小城藩』（佐賀大学地域学歴史文化研究センター、2019 年 10 月）
42. 和学知辺草　　中尾友香梨ほか「小城鍋島文庫蔵『和学知辺草』翻刻稿（中）」（『佐賀大学地域学歴史文化研究センター研究紀要』15 巻、2020 年 10 月）
43. 佐賀藩寺社方抜書（小城祇園社旧記）oc7-46　　『佐賀県近世史料』第 10 編第 7 巻（佐賀県立図書館、2021 年 3 月）
44. 和学知辺草　　中尾友香梨ほか「小城鍋島文庫蔵『和学知辺草』翻刻稿（下）」（『佐賀大学地域学歴史文化研究センター研究紀要』16 巻、2021 年 12 月）
45. 小城藩日記（抄）　　伊藤昭弘『佐賀藩と小城藩：本家と分家の複雑な関係　史料集』（佐賀大学地域学歴史文化研究センター、2022 年 11 月）
46. 和学知辺草　　中尾友香梨ほか編、小城鍋島文庫研究会校注『和学知辺草　翻刻・注釈・現代語訳』（文学通信、2023 年 4 月）

小城鍋島文庫に関する先行研究一覧

●白石良夫・二宮愛理　作成

»　翻刻・影印──当文庫本を底本にしたもの

1. 俳諧旅枕　島津忠夫『俳諧旅枕』(西日本国語国文学会翻刻双書、1961 年)
2. みちのき　白石悌三「立圃三点(西日本俳諧資料散歩三)」(『近世文芸資料と考証』3 号、1964 年 2 月)
3. 葉隠聞書　城島正祥『葉隠』(江戸資料叢書、人物往来社、1968 年)
4. 一目千本(花すまひ)　『洒落本大成』第 6 巻(中央公論社、1979 年)
5. 平家物語　島津忠夫・麻生朝道『平家物語:小城鍋島文庫本』(汲古書院、1982 年 5 月)
6. あたうかたり　鈴木棠三『中世なぞなぞ集』(岩波文庫、岩波書店、1985 年)
7. 異字同体　佐々木盛行『異字同体解読字典　影印版』(西日本文化協会、1988 年)
8. 漢和百韻　吉田幸一『雄長老集』下(近世文芸資料、古典文庫、1997 年)
9. 有馬陣関係文書　田久保佳寛「小城鍋島文庫有馬陣関係文書」(宮島敬一『小城鍋島藩と島原の乱』佐賀大学地域学歴史文化研究センター、2004 年 8 月)
10. 元茂公御年譜(5 ～ 8)　岩松要輔・田久保佳寛・鈴木敦子「元茂公御年譜」(宮島敬一『小城鍋島藩と島原の乱』佐賀大学地域学歴史文化研究センター、2004 年 8 月)
11. 泰盛院様御代御書附　伊藤昭弘『成立期の小城藩と藩主たち』(佐賀大学地域学歴史文化研究センター、2006 年 10 月)
12. 元茂公御代御政事之部　伊藤昭弘『成立期の小城藩と藩主たち』(佐賀大学地域学歴史文化研究センター、2006 年 10 月)
13. 諸色御遣方目安　伊藤昭弘『成立期の小城藩と藩主たち』(佐賀大学地域学歴史文化研究センター、2006 年 10 月)
14. 郡奉行掟　伊藤昭弘『成立期の小城藩と藩主たち』(佐賀大学地域学歴史文化研究センター、2006 年 10 月)
15. 諸役人勤格式帳渡シ方　伊藤昭弘『成立期の小城藩と藩主たち』(佐賀大学地域学歴史文化研究センター、2006 年 10 月)
16. 郡奉行勤格式　伊藤昭弘『成立期の小城藩と藩主たち』(佐賀大学地域学歴史文化研究センター、2006 年 10 月)
17. 人工体普録　松田清「小城鍋島文庫所蔵「人工体普録」」(『佐賀大学地域学歴史文化研究センター研究紀要』1 号、2006 年 10 月)
18. 小城藩日記(抄)　青木歳幸『海外交流と小城の洋学:小城鍋島文庫にみる』(佐賀大学地域学歴史文化研究センター、2007 年 10 月)
19. 直能公御年譜 oc3-6　『佐賀県近世史料』第 2 編第 1 巻(佐賀県立図書館、2009 年)
20. 小城藩日記(抄)　青木歳幸・野口朋隆『『小城藩日記』に見る近世佐賀医学・洋学史料』(佐賀大学地域学歴史文化研究センター、2009 年 3 月～ 2010 年 3 月)
21. 元武公御年譜 oc3-8　『佐賀県近世史料』第 2 編第 2 巻(佐賀県立図書館、2012 年)
22. 元延公御年譜 oc3-11　『佐賀県近世史料』第 2 編第 2 巻(佐賀県立図書館、2012 年)
23. 八重一重　青木歳幸・白石良夫『小城藩と和歌:直能公自筆『岡花二十首和歌』の里帰り』(佐賀大学地域学歴史文化研究センター、2013 年 10 月)
24. 桜のひこばえ(抄)　青木歳幸・白石良夫『小城藩と和歌:直能公自筆『岡花二十首和歌』の里帰り』(佐賀大学地域学歴史文化研究センター、2013 年 10 月)

86	□遠斎図書記	不明	1	兵要録筆授
87	庭瀬□東□□図書記	不明	1	四大奇書第一種
88	研□堂蔵書記	不明	1	晋書
89	油屋杳安（小城上町）	不明	1	伽羅先代萩
90	翠篁園	不明	1	穀堂遺稿抄
91	芳桂	不明	1	夫木和歌類句集
92	蘭雲亭蔵書	不明	1	古文正宗
93	小俣氏図書記	不明	1	坤輿図識
94	小俣積善堂図書記庫	不明	1	坤輿図識
95	尚徳館蔵書印	不明	1	資治通鑑
96	惕所	不明	1	山陽詩鈔
97	集義精舎	不明	1	山陽詩鈔
98	百千斎	不明	1	晦庵先生朱文公文集
99	蒿□	不明	1	晦庵先生朱文公文集

注１　同名資料が複数ある場合、書名の後に部数を記した。例えば、四書集註（計２部）。
注２　□は判読できなかった文字。

48	清陰所蔵	不明	1	四書自課録
49	田潜之印	不明	13	読荀子、徂徠集（計４部）、周礼、儀礼鄭註、礼記集説、春秋非左、読書録、輟耕録、泉志、論衡、古文真宝俚諺鈔
50	寿	不明	8	古今和歌集、内侍所御法楽千首和歌、公宴和歌御会始、仙洞和歌御会始、和歌御会（禁裏法皇）、法皇御所柿本両社御法楽、俳諧今朝の春、俳諧しめ縄
51	福嶋清印	不明	7	言葉のやちまた、山陽文稿、竹外二十八字詩、謝選拾遺、論語集註（後藤点）、詩韻含英異同弁、王陽明文粋
52	橋似峯之図書	不明	6	江家次第、趙註孟子、説文解字五音韻譜、二程全書、朱子大全、芸苑卮言
53	福豊	不明	4	民間格致問答、改定音訓五経、中庸章句（後藤点）、孟子集註（後藤点）
54	福清	不明	3	山陽文稿、竹外二十八字詩、詩韻含英異同弁
55	清	不明	3	諸例撰要、御目付留、唐詩品彙
56	榎斎珍蔵	不明	3	白虎通徳論、全唐詩鈔、全唐詩鈔補遺
57	姫水娯観	不明	3	今四家絶句、和歌題絶句、南汎録
58	松田印章	不明	2	十八史略、小学
59	士葆	不明	2	四書訓蒙輯疏（計２部）
60	□免井	不明	2	あくたゆめ、千代田問答
61	誠求堂蔵書記	不明	2	資治通鑑、唐宋八家文読本
62	楳崎光信	不明	2	四書訓蒙輯疏（計２部）
63	山本蔵	不明	1	深志先蹤録
64	□□門	不明	1	読史余論
65	珍宝	不明	1	士談会稿
66	釈氏大祈	不明	1	五車韻瑞
67	凌波閣蔵書印	不明	1	元詩選
68	田吉	不明	1	西山遺事
69	寺井文庫	不明	1	小学句読詳解
70	久野家蔵	不明	1	康熙字典
71	小山蔵書	不明	1	詩経集伝
72	墨田蔵書	不明	1	紫式部日記傍註
73	多福文庫	不明	1	朱子大全
74	佃屋	不明	1	婦人寿草（和漢婦人寿草）
75	湖氏蔵書	不明	1	古文奇賞
76	山田文庫	不明	1	四書大全説約合参正解
77	雲竹蔵書	不明	1	四書大全説約合参正解
78	松屏書庫	不明	1	九経補註
79	鳳池鄭澄私印	不明	1	韻府群玉
80	遼海祝氏蔵書	不明	1	太平御覧
81	隋宣堂蔵書	不明	1	木葉抄
82	石動	不明	1	万国史略
83	井芹	不明	1	山陽遺稿
84	子鱗	不明	1	徂徠集
85	栄斎	不明	1	皇朝史略

				礼記集説、春秋括例始末左伝句読直解、春秋胡氏伝、五経集註、経典釈文、四書大全、詩韻含英異同弁、明鑑易知録（尺木堂）、宋名臣言行録、大学衍義（計2部）、補義荘子因、八種画譜、縹緗対類大全、孔子家語、顔子家訓、唐宋八家文読本、壮悔堂文集、虞初新志、岑嘉州詩集、敬業堂詩鈔、唐詩品彙、文選音註
33	荻府蔵書	藩主	54	詩経名物弁解、春秋左氏伝觿、遺老物語、東武実録、都名所図会、拾遺都名所図会、都林泉名勝図会、摂津名所図会、河内名所図会、和泉名所図会、住吉名勝図会、大和名所図会、伊勢参宮名所図会、東海道名所図会（計2部）、木曾路名所図会（計2部）、職原抄、職原鈔参考（増註職原鈔）、明良帯録、三省録、年中行事、名家手簡、音曲玉淵集、延齢松詩歌前集（計2部）、玉山講義附録、節序詩集、文語解、舜水先生文集、四書集註（学・庸・論・孟）、四書集註抄、四書白文（計2部）、大学問答、春秋左伝、春秋、経典釈文、国語、貞観政要、歴代君鑒、小学句読詳解、小学句読口義詳解、近思録、朱子語類大全、書言故事大全、円機活法（新刊校正）、円機活法、李太白詩（分類補註李太白詩）、唐柳河東集、唐韓昌黎集、東莱先生古文開鍵、氷川詩式、韓文起
34	荻黌蔵書	藩校	42	続日本王代一覧、大日本史、皇朝史略、古事記、神皇正統記、日本政記、校正落穂集、山陵志、責而者草、皇統略、貞丈雑記、令義解、万国公法訳義、三省録、士官必携、鈐録、道理図解、志都能岩屋、和訓のしおり中編、和訓のしおり前編、和蘭文典　後編、摂西六家詩鈔、礼記疏、十三経註疏、三魚堂四書大全、周易折中、欽定書経伝説彙纂（計2部）、詩経伝説彙纂、春秋左氏伝校本（計2部）、国朝諸老先生論孟精義、明史、王鳳洲先生綱鑑会纂、漢書評林、後漢書、宋元通鑑、明鑑易知録（尺木堂）、福恵全書、太平御覧、武経七書直解、唐宋八家文
35	小城蔵書	藩主	38	百練抄、柳営秘鑑、明良洪範、諸家人物誌、花押藪、帝余鑑図説、雑話燭談、唐土名勝図会、寛永行幸記、制度通、金銀図録、近小牘礼、唐土訓蒙図彙、仮名安驥集、安驥集、香道軒の玉水、香道袖の橘、仄韻（計2部）、仄韻礎、新撰対類（計2部）、平家物語評判秘伝抄、江州姉川戦記、水滸画伝、女百人一首、詩林良材、毛詩品物図攷、春秋左伝（杜氏集解）、戦国策、八種画譜、性理大全、新序、晦庵先生語録類要、医林状元済世全書、広文会宝、岑嘉州詩集、唐詩品彙
36	小城藩	藩主	30	智恵の環（取り合わせ）、古史伝、管子纂詁、補註蒙求国字解（計3部）、国郡全図、坤輿図識、真政大意、議事院談、令義解校本、仏蘭西法律書、万国公法訳義、延喜式、職原抄校本、武雑記補註、西洋開拓新説、聖武記、漢書評林（計2部）、後漢書（計2部）、三国志、国語定本、聯邦志略、孔子家語、経世文編抄、続文章軌範評林註釈、唐宋八家文読本、続唐宋八家文読本
37	長崎県小城中学校印	学校	18	倭漢三才図絵、小学纂要、韓子解詁、神皇正統記、通語、万国史記、本草綱目啓蒙、文体明弁纂要、文章奇観続編、文章奇観、三国志、明朝紀事本末、荀子増註、近思録、楚辞燈、壮悔堂文集、韓文起、魏叔子文選要
38	桜岡小学	学校	15	輿地誌略、初学知要、刪定家道訓、幼学綱要（計2部）、歩操軌範、歩兵運動軌範、練兵訓語、天文図解（計2部）、三語便覧、桜岡小学、四書大全説約合参正解、唐律、桑土芻言
39	桜岡図書館印章	学校	8	幼学綱要（計2部）、茶湯弊帚記、乱雷盆舫、利休百会之招、挿花岸之松、生花心得之弁（計2部）
40	佐賀県小城中学校印	学校	4	万国通鑑、日本名家経史論存、文章奇観続編、史記評林
41	小城藩蔵書印	藩主	2	礼記疏、四書朱子本義匯参
42	小城藩松本蔵	藩士	1	近思録
43	荻府主人	藩主	1	劉子
44	弘道館図書印	佐賀藩校	1	晏子春秋
45	弘道館蔵書印	佐賀藩校	1	王陽明文粋
46	岩蔵小学	学校	1	訓蒙作軌範
47	清陰	不明	4	諸例撰要、御目付留、唐詩品彙、唐詩拾遺

30	荻府学校（大）	藩校	203	瞻草、和語連珠集、朱氏談綺、拾芥抄、指月夜話、筆記周易本義、古文尚書国字解、中庸解、異称日本伝、駿府政事録、近世畸人伝、三国通覧図説、大唐年代記、江家次第、五倫書、幼学類編、甲陽軍鑑、甲陽軍鑑末書、師鑑抄、古今軍林、宜禁本草集要歌、天球合考、虞書暦象俗解、本朝食鑑、簠簋内伝金烏玉兎集、仮名文字遣、類字仮名遣、日本釈名、広益以呂波雑韻刊誤（計２部）、斉東俗談、和爾雅、名物六帖、三源一覧、源氏抜書、十帖源氏、沙石集、平家物語、清水物語、海道記（鴨長明海道記）、枕草子、四季物語（歌林四季物語）、和歌作式（喜撰式）、三体和歌、無名抄、愚秘抄、三五記、桂明抄、和歌功能、千種、詞林三知抄、類字名所和歌集（計２部）、和歌題林抄、明題部類抄、二十一代集、詞花和歌集、新和歌類句集、万葉集、万葉伊呂波寄、夫木和歌抄（計２部）、夫木和歌類句集、自讃歌註（宗祇著）、和歌抜書、歌集、新拾葉集、大江千里集（句題和歌）（計２部）、斎宮集、平朝臣忠度集、源三位頼政家集、土御門院御集、衆妙集、烏丸光広家集、仙洞御製、挙白集、日野大納言弘資集、天神御詠歌、土御門院百首（中院御百首）、藤川百首、武家百人一首、新百人一首、後花園院御製和歌、御着到百首和歌、陽光院殿御点取、御会　慶安二～承応二、本源自性院殿追善和歌、仙洞御会、新院御会　承応四～明暦二、新院御会　明暦二～三、新院御会始（後西天皇等）、禁裏御会　寛文一〇（計２部）、禁裏御会　寛文一一、易然集、御当座和歌之認、禁裏御会　延宝元、禁裏御会始、飛鳥井家会始、飛鳥井家会、里亭会始、手鑑写、新歌仙・中歌仙・古歌仙、武林歌仙（計２部）、堀河院艶書合、女房家歌合、漢和集、八景、八重一重、岡月詩歌（計２部）、不忘集、景物詩、桜岡詩歌、弁道、文語解、四時幽賞（計３部）、羅山林先生集、精里集初集・二集、春秋釈例、四書自課録、周易古注、倭版周易、易経蒙引、書経集註（計２部）、尚書通考、洪範皇極内篇、詩経大全、儀礼経伝通解、礼記、礼記集説（計６部）、礼記集説大全、文公家礼（家礼）、国朝諸老先生論孟精義、四書大全、説文解字五音韻譜、字彙、古今韻会挙要、史記、晋書、宋書、南斉書、梁書、陳書、魏書、北斉書、周書、隋書、北史、唐書、五代史、宋史、遼史、金史、元史、資治通鑑、資治通鑑綱目、人代紀要、戦国策、古列女伝、武備志、馮氏錦嚢秘録、管窺輯要、林子、三才図会、書言故事紀林、韻府群玉、孔子家語、臣軌、二程全書、近思録、朱子語類大全、大学衍義、性理大全、異端弁正、医学入門、赤水玄珠、本草綱目、証治準縄、天文新書、八種画譜（唐六如画譜）、居家必要事類全集、卓氏藻林、歳事記麗、五車韻瑞、雪峰即非禅師如語、荘子鬳斎口義、宗徳経、朱子大全、楚辞、楚辞弁証、唐柳河東集、芸苑巵言
31	荻府学校（小）	藩校	102	春秋左伝雕題略、大学問答、論語集註鈔説（四書章句集註鈔説の内）、孟子集註鈔説（四書章句集註鈔説の内）、読荀子、世説講義、大日本史、歴代名臣要覧（計２部）、海岸備要、徂徠集（計４部）、栗山文集、静寄軒集、精里集初集･二集、三体詩抄（三体家）、春秋左氏伝校本（計２部）、礼記集説（計６部）、春秋胡伝、孟子集註、四書講義困勉録、汪武曹四書大全、周会魁校正四書大全、四書疏註撮言大全、周易述義、毛詩正文、詩経説約、周礼、儀礼鄭註、春秋非左、春秋胡氏伝、五経集註、中庸集略、論語或問、四書大全（計２部）、四書翼註、四書朱子本義匯参、康熙字典、二十二史箚記、綱鑑易知録（尺木堂）、明朝紀事本末、汲冢周書、福恵全書、晋書、隋書、唐書、五代史、資治通鑑綱目全書、通鑑擥要（計２部）、東華録、東都事略、南宋書、八家集、晏子春秋、宋名臣言行録、広名将譜、白虎通徳論、陔余叢考、縹緗対類大全、韻府拾遺、荀子、近思録、大学衍義、大学衍義補、読書録、韓非子、輟耕録、泉志、野客叢書、論衡、琅邪代酔編、歳事記麗、文子、船山詩草、全唐詩鈔、全唐詩鈔補遺、元詩選、古文正宗、古文鴻藻、随園詩話、芸海珠塵、欧北集、王昌齢詩集、杜少陵先生詩分類集註、晦庵先生朱文公文集、清名家文粋、経世文編抄、文選（六臣注文選）、文選音註（計２部）、王遵厳文粋、劉誠意文鈔
32	荻亭蔵書	藩主	76	春秋左氏伝觽、大学問答、大日本史、読史余論、通議、武徳安民記、遺老物語、参河後風土記、東武実録、烈祖成績、諸家人物誌、藩翰譜、坤輿図識補、玉石志林、西洋紀聞、西洋雑記、洋外紀略、英吉利紀略、夷匪犯境聞見録、合衆国小誌、唐土名勝図会、制度通、海国兵談、近時海国必読書、海防彙議（計２部）、海国図志（計２部）、兵学小識、三兵活法、熕礮用法、練熕司法、泰西海陸必要正真火器製造書、西洋砲術火具篇補遺、遠西火攻精選、遠西奇器述、秋野七草考、行書類纂、要馬秘極集（計２部）、馬書、江州姉川戦記、東遊記、山水奇観、春草堂詩鈔、延齢松詩歌前集、玉山講義附録、訳文筌蹄、穀堂遺稿抄、周易本義、毛詩品物図攷、四書精言自課録（四書自課録）、四書白文、

				匠材集、産衣、連歌花千句、順徳院中殿御会、八景詩ひらかな付、桜町院卿臣うた、弁道、洪範皇極内篇、詩経大全、礼記集説大全、汲家周書、中山伝信録、白虎通徳論、野客叢書、文子
12	曲肘亭	直愈	124	古今雑事集篇、花紅葉都咄、石山寺由来観音御利生記、御入峰御行列記、弔心記、和字功過自知録、大日本国帝王年代目録（大日本王代記）、京城勝覧、女房次第、大和西銘、本朝女鑑、婦人養草、大和為善録、和語陰隲録、和礼儀統要約集、和礼儀要約、公事根源、装束図式、一目千本（花すまひ）、十二月物語、年賀式、手本　琵琶引、鷹三百首（計２部）、かざし抄、伊勢物語闕疑抄、うつほ物語、河海抄、十帖源氏、源氏小鏡、湖月抄、雲隠六帖、狭衣下紐、狭衣物語、大鏡、水鏡、青葉のふゑの物がたり、尤之双紙、祇園物語、鑑草、聖蹟図説諺解、可笑記、三国物語、種生伝、東関紀行（長明道之記）、菅家須磨記、西行物語、徒然草参考、袖中抄、詠歌大概抄（計２部）、桐火桶、更科之記（悦目抄の別名）、歌林良材集、藻塩草、木葉抄、為範卿御筆哥書、渚の玉、和歌俗説弁、類字名所和歌集、類字名所和歌集抜書（計２部）、歌枕名寄、名所和歌、和歌題、明題和歌全集、僻案抄、古今栄雅抄、古今和歌集打聴、新古今和歌集聞書（新古今和歌集新鈔）、夫木和歌抄、三翁和歌永言集、詞林尾花末（五社奉納和歌）、歌仙歌集、赤染衛門集、六家集、拾遺愚草員外、長明寂蓮家集、後鳥羽院御集、順徳院御集、梶の葉（計２部）、続田心和歌集、叢桂館御詠、堀河百首肝要抄、土御門院百首（中院御百首）、藤川百首、藤川百首抄（定家百首四文字題抄）、百人一首拾穂抄、武家百人一首、新百人一首、水無瀬殿御法楽百首（水無瀬殿御奉納百首続歌）、秀吉御会歌、夏祝言、飛鳥井雅永百首和歌、禁裏御会始和歌、仙洞水無瀬御法楽、仙洞御製、忠敬百首、高野山和歌、歌仙（版本）、武林歌仙、堀河院艶書合、恋十五番歌合（水無瀬殿恋十五首歌合）、千五百番歌合、定家家隆歌合、職人尽歌合（七十一番職人歌合）、岡花百首歌合、〔明和九年歌合集〕、狂文宝合記、連歌新式追加并新式今案、増補名所方角抄、連歌至宝抄、無言抄、匠材集、産衣、連歌花千句、口真似草、誹諧旅枕、うづら衣、順徳院中殿御会、八景詩ひらかな付、桜町院卿臣うた、泉志
13	藤直愈印	直愈	30	西山遺事、孫子国字解、東遷基業、落穂集、五事略、麻乃籬、滑川談、紅毛雑話、絵本稽古帳、音曲玉淵集、鞍鐙明鑑、華陽皮相原稿、華陽皮相、安多武久路、本朝弓馬要覧、かざし抄、仄韻礎、悦目抄、古今和歌集打聴、徂徠集、毛詩正文、春秋左氏伝、標箋孔子家語、荀子、琅邪代酔編、群書治要、書言故事大全、歳事記麗、全唐詩鈔、全唐詩鈔補遺
14	直愈之印	直愈	1	百富士
15	□直亮印	直亮	1	春詠浪華名所
16	彩衡	直亮	1	春詠浪華名所
17	□愛	直亮	1	春詠浪華名所
18	又新館	直亮？	7	山陽詩鈔、東莱博義、国語、小学句読詳解、小学句読口義詳解、円機活法、四大奇書第一種
19	又新舎	直亮？	6	智恵の環（計２部）、輿地誌略、仏蘭西法律書、道理図解（計２部）
20	又新館主	直亮？	2	新論、四書朱子異同条弁
21	尚軒	直虎	5	詩語砕金、幼学詩韻、幼学詩韻　続編、四書集註（道春点）、唐宋詩醇
22	温故	直虎？	2	詩語砕金、雲上明覧大全
23	半酣	直虎？	2	詩語砕金、雲上明覧大全
24	皆可	直虎？	1	唐宋詩醇
25	青山緑水	直虎？	1	唐宋詩醇
26	周魚	直虎？	1	唐宋詩醇
27	竹間風印	直虎？	1	唐宋詩醇
28	□外之淳	直虎？	1	唐宋詩醇
29	□□□□□翠	直虎？	1	唐宋詩醇

蔵書印一覧

→印影は巻頭口絵をご参照ください

●白石良夫・二宮愛理・脇山真衣　作成

通し番号	印文	印主	数	書籍
1	紀伊	元茂	32	五倫書、師鑑抄、宜禁本草集要歌、仮名安驥集、鷹三百首、喫茶数寄、仄韻、沙石集、平家物語、漢和集、四書大全、古今韻会挙要、晋書、宋書、南斉書、梁書、陳書、魏書、北斉書、周書、隋書、北史、宋史、遼史、金史、元史、武備志、書言故事紀林、縹緗対類大全、医学入門、医林状元済世全書、東坡先生詩
2	元茂	元茂	5	徒然草、周会魁校正四書大全、玉篇、人代紀要、戦国策
3	藤	直能	75	拾芥抄、駿府政事録、職原抄、五倫書、仮名文字遣、類字仮名遣、広益以呂波雑韻刊誤（計２部）、三源一覧、源氏抜書、十帖源氏、海道記（鴨長明海道記）、枕草子、四季物語（歌林四季物語）、三体和歌、桐火桶、愚秘抄、三五記、桂明抄、和歌功能、千種、詞林三知抄、類字名所和歌集（計２部）、明題部類抄、二十一代集、詞花和歌集、新和歌類句集、万葉集、万葉伊呂波寄、夫木和歌類句集、自讃歌註（宗祇著）、和歌抜書、歌集、新拾葉集、大江千里集（句題和歌）、平朝臣忠度集、源三位頼政家集、六家集、土御門院御集、烏丸光広家集、仙洞御製、挙白集、日野大納言弘資集、天神御詠歌、土御門院百首（中院御百首）、藤川百首、新百人一首、後花園院御製和歌、御着到百首和歌、御会　慶安二～承応二、本源自性院殿追善和歌、仙洞御会、新院御会　承応四～明暦二、新院御会　明暦二～三、新院御会始（後西天皇等）、禁裏御会　寛文一〇、禁裏御会　寛文一一、易然集、御当座和歌之認、飛鳥井家会始、飛鳥井家会、新歌仙･中歌仙･古歌仙、堀河院艶書合、女房家歌合、みちのき、八景、不忘集、景物詩、四時幽賞、孟子集註、韻府群玉、近思録、異端弁正、八種画譜（唐六如画譜）
4	伯養	直能	1	八重一重
5	朝散大夫	直能	1	八重一重
6	不弍之印	直能？	22	和語連珠集、朱氏談綺、指月夜話、異称日本伝、大唐年代記、訓蒙要言故事、幼学類編、天球合考、簠簋内伝金烏玉兎集、日本釈名、広益以呂波雑韻刊誤、斉東俗談、羅山林先生集、四書集註（計２部）、管窺輯要、林子、臣軌、八種画譜（唐六如画譜）、居家必要事類全集、歳事記麗、荘子鬳斎口義
7	菴蘿園	直能？	22	和語連珠集、朱氏談綺、指月夜話、異称日本伝、大唐年代記、訓蒙要言故事、幼学類編、天球合考、簠簋内伝金烏玉兎集、日本釈名、広益以呂波雑韻刊誤、斉東俗談、羅山林先生集、四書集註（計２部）、管窺輯要、林子、臣軌、八種画譜（唐六如画譜）、居家必要事類全集、歳事記麗、荘子鬳斎口義
8	桜岡（縦長）	直能？	4	詩語砕金、続詩語砕金、幼学詩韻、幼学詩韻　続編
9	桜岡（正方形）	直能？	1	夫木和歌類句集
10	直頼	元武	3	三体和歌、和歌題林愚抄、新古今和歌集
11	叢桂館蔵	直叢	77	古今雑事集篇、和漢三才図会、俗説弁、御入峰御行列記、古文尚書国字解、中庸解、古今武家盛衰記、武家続盛衰記、近代公実厳秘録、本朝女鑑、婦人養草、大和為善録、公事根源、撈海一得、手本　琵琶引、鷹三百首（計２部）、和爾雅、うつほ物語、河海抄、源氏小鏡、狭衣下紐、青葉のふゑの物がたり、可笑記、三国物語、西行物語、徒然草参考、詠歌大概抄、桐火桶、為範卿御筆哥書、渚の玉、類字名所和歌集抜書、歌枕名寄、名所和歌、和歌題、明題和歌全集、僻案抄、新古今和歌集聞書（新古今和歌集新鈔）、三翁和歌永言集、謌林尾花末（五社奉納和歌）、六家集、拾遺愚草員外、長明寂蓮家集、後鳥羽院御集、順徳院御集、梶の葉（計２部）、続田心和歌集、藤川百首抄（定家百首四文字題抄）、水無瀬殿御法楽百首（水無瀬殿御奉納百首続歌）、夏祝言、飛鳥井雅永百首和歌、禁裏御会始和歌、忠敬百首、堀河院艶書合、恋十五番歌合（水無瀬殿恋十五首歌合）、定家家隆歌合、職人尽歌合（七十一番職人歌合）、連歌新式追加并新式今案、増補名所方角抄、連歌至宝抄、無言抄、

ま

や

ら

わ

た

な

は

さ

書名索引

ま

や

は

た

な

さ

人名索引

執筆者一覧（小城鍋島文庫研究会）

中尾 友香梨（なかお ゆかり）　研究代表者　佐賀大学教授　漢文学

　著書『江戸文人と明清楽』（汲古書院　2010年）

白石 良夫（しらいし よしお）　元佐賀大学教授　国語国文学

　著書『注釈・考証・読解の方法』（文学通信　2019年）

進藤 康子（しんとう やすこ）　九州情報大学非常勤講師　近世和歌文学

　共著『和歌文学大系』第74巻（明治書院　2007年）

大久保 順子（おおくぼ じゅんこ）　福岡女子大学教授　国文学

　共編『仮名草子集成』第65巻（東京堂出版　2021年）

土屋 育子（つちや いくこ）　東北大学教授　中国古典文学

　著書『中国戯曲テキストの研究』（汲古書院　2013年）

中尾 健一郎（なかお けんいちろう）　熊本大学教授　漢文学

　著書『古都洛陽と唐宋文人』（汲古書院　2012年）

日高 愛子（ひだか あいこ）　熊本大学准教授　和歌文学

　著書『飛鳥井家歌学の形成と展開』（勉誠出版　2022年）

村上 義明（むらかみ よしあき）　熊本学園大学准教授　近世文学

　共編『和学知辺草　翻刻・注釈・現代語訳』（文学通信　2023年）

二宮 愛理（にのみや あいり）　九州共立大学講師　平安文学

　共編『和学知辺草　翻刻・注釈・現代語訳』（文学通信　2023年）

脇山 真衣（わきやま まい）　(株)LITALICO　ジュニア指導員　近世文学

　共編『和学知辺草　翻刻・注釈・現代語訳』（文学通信　2023年）

編者

中尾友香梨
白石良夫
二宮愛理

→プロフィールは 375 頁参照

小《お》城《ぎ》鍋島《なべしま》文庫《ぶんこ》の古典籍たち
書物は語る

2025（令和 7）年 3 月 31 日　第 1 版第 1 刷発行

ISBN978-4-86766-085-0　C0095　

発行所　株式会社 **文学通信**
〒 113-0022　東京都文京区千駄木 2-31-3　サンウッド文京千駄木フラッツ 1 階 101
電話 03-5939-9027　Fax 03-5939-9094
メール info@bungaku-report.com ウェブ https://bungaku-report.com

発行人　岡田圭介
印刷・製本　モリモト印刷

ご意見・ご感想はこちらからも送れます。上記のQRコードを読み取ってください。

※乱丁・落丁本はお取り替えいたしますので、ご一報ください。書影は自由にお使いください。